高等学校应急管理专业系列教材

应急交通管理

主　编　吴建军
副主编　吕　莹　屈云超

中国教育出版传媒集团
高等教育出版社·北京

内容简介

本书全面介绍了公路、铁路、公共汽电车、城市轨道交通等多种交通方式的应急管理理论与处置机制，系统地阐述了不同交通系统的突发事件与应急管理要点，对交通应急管理领域的学习研究和工程实践进行了完整的梳理。

应急交通管理是应急管理体系的重要组成部分。本书内容分为九章，具体包括应急管理概述、应急管理体系、交通运输应急管理、交通风险管理、公路交通应急管理、铁路运输应急管理、城市轨道交通应急管理、城市公共汽电车应急管理、综合交通系统应急管理。

本教材适用于应急管理、交通运输及相关专业本科生、硕士研究生的专业学习，同时可供相关领域科研人员、管理人员、技术人员作为实践参考与辅助决策用书。

图书在版编目（CIP）数据

应急交通管理 / 吴建军主编 ；吕莹，屈云超副主编. 北京 ：高等教育出版社，2025. 9. -- ISBN 978-7-04-062661-2

Ⅰ. F502

中国国家版本馆CIP数据核字第2024UK4111号

Yingji Jiaotong Guanli

策划编辑 付雅楠　责任编辑 张 欣　封面设计 张 楠　版式设计 杨 树
责任绘图 马天驰　责任校对 马鑫蕊　责任印制 耿 轩

出版发行	高等教育出版社	网　址	http://www.hep.edu.cn
社　址	北京市西城区德外大街4号		http://www.hep.com.cn
邮政编码	100120	网上订购	http://www.hepmall.com.cn
印　刷	河北信瑞彩印刷有限公司		http://www.hepmall.com
开　本	787mm×1092mm　1/16		http://www.hepmall.cn
印　张	20.5		
字　数	460千字	版　次	2025年9月第1版
购书热线	010-58581118	印　次	2025年9月第1次印刷
咨询电话	400-810-0598	定　价	59.00元

物 料 号　62661-00

前言

随着中国经济的飞速发展,城市化进程的不断加快,交通系统作为城市运行的血脉,其安全与效率日益受到社会各界的广泛关注。党的二十大报告明确提出要加强应急能力建设,完善国家应急管理体系,建立大安全大应急框架,并加强国家区域应急力量建设。“十四五”期间,我国交通系统的发展在注重质量效益和安全生产的同时,还需要打造保障有力的安全应急服务体系。交通运输部制定并印发的《综合运输服务“十四五”发展规划》指出,要“健全应急运输保障体系。建立健全多部门联动、多方式协同的综合交通应急运输管理协调机制”。因此,为了提升城市交通系统的安全与服务水平,必须完善国家综合交通应急管理体系,提高城市的综合交通应急管理水平。

然而,当前的应急交通管理面临着诸多挑战。城市交通流量的日益增长、交通基础设施的脆弱性以及应急管理体系的不完善,都对应急交通管理的响应速度和效率提出了更高的要求。同时,大数据逐渐改变了人们的思维,多维、精准的大数据必将影响应急管理的运行模式。中华人民共和国应急管理部的组建给我国应急管理工作提供了全新的起点和要求。如何通过科学的方法和先进的技术,提高应急交通管理的效能,成了摆在我们面前的一项紧迫任务。

本教材旨在分析应急交通管理的现状,探讨存在的问题,全面介绍我国主要交通系统(如公路、铁路、城市轨道交通等)有关应急交通管理的基本理论、应急预案、处置机制,系统地介绍不同交通系统的突发事件与应急管理要点,培养学生“综合交通、综合灾害、协同响应”的系统观,使学生了解不同交通系统的应急管理特点,掌握应急交通管理相关理论方法,具备分析和解决应急交通管理问题与进行交通系统应急管理的能力。

本教材的第一部分为应急管理体系相关内容,由第一章至第四章组成,第一章主要介绍了应急管理的概念,突发事件的定义、类型及特征以及应急管理的发展趋势;第二章主要介绍了我国的应急管理体制与机制,以及应急预案与编制方法;第三章分析了交通运输应急管理中突发事件分类和分级,介绍了交通运输应急管理体系,并针对不同交通方式进行应急管理要点的分析;第四章主要分析交通风险管理的作用和工作流程,介绍主要的交通风险评价方法及模型,以及综合交通枢纽运营安全风险评价。

本教材的第二部分为交通系统应急管理相关内容，由第五章至第九章组成，介绍交通系统组成以及应急交通管理的要点。针对应急交通管理措施的特性，依次从城际交通（公路、铁路）、城市交通（道路、地铁、公交）、综合交通的角度，介绍各种交通方式的应急管理特点以及交通运输组织理论。第五章介绍了公路交通突发事件分类、分级与应急管理体系，公路交通突发事件应急预案，公路交通突发事件应急管理机制，公路交通运输应急处置与组织，重点介绍了公路应急交通运输组织理论与方法；第六章分析了铁路运输突发事件分类、分级和应急管理体系，介绍了铁路运输应急预案，以及铁路运输应急管理机制，重点介绍了铁路应急运输组织调度模型；第七章分析了城市轨道交通突发事件分类与分级，城市轨道交通应急预案与应急管理机制，重点介绍了城市轨道交通应急运输组织、调度与管理模型；第八章分析了城市公共汽电车突发事件分类与分级，介绍了城市公共汽电车应急预案与应急管理机制，介绍了城市公共汽电车应急运输组织、调度与模型；第九章从综合交通系统出发，分析综合交通系统的应急管理体系，探索综合交通系统应急疏散理论、模型与方法。需要注意的是，由于部分交通工具的应急交通管理组织方式有相似之处，所以本书的部分章节内容可能有所交叉和重合，如铁路和城市轨道交通的部分。

本教材由吴建军任主编，吕莹、屈云超任副主编，参与编写工作的人员有：吴建军、赵飞飞、曹丹妮（第一章），吕莹、赵飞飞、尹玮奇、曹丹妮（第二章、第三章），吕莹、陈旭浩（第四章），屈云超、刘勇宏、尹玮奇、杨爽（第五章），吴建军、王宁（第六章），吴建军、屈云超、王兴蓉、曹丹妮、尹浩东（第七章），吴建军、王璐瑶、王宁（第八章），吕莹、屈云超、曹丹妮（第九章）。

本教材在写作过程中，引用了大量珍贵的文献资料和学术观点，相关内容已经在参考文献中列出，在此向各位专家、同行表示衷心的感谢。由于时间仓促，书中不足和疏漏之处在所难免，敬请各位专家、同行、读者批评指正。特别感谢高等教育出版社编辑的指导与支持！感谢所有采用本教材的老师、学生以及读者的信任和建议！

吴建军

2024 年 12 月于北京交通大学

目录

第一章　应急管理概述……………1
第一节　应急管理的概念……………2
一、应急管理的定义……………2
二、应急管理的特点……………2
第二节　突发事件的定义、类型及特征……………3
一、突发事件的定义……………3
二、突发事件的类型……………4
三、突发事件的特征……………5
第三节　应急管理的发展趋势……………6
一、全球性突发事件概述……………6
二、我国应急管理发展现状及趋势……………17
三、国外应急管理发展现状及趋势……………22
四、我国交通运输应急管理工作的挑战与趋势……………25
思考与练习……………27
即测即评……………27

第二章　应急管理体系……………29
第一节　应急管理体制……………30
一、我国应急管理体制建设的背景……………30
二、我国应急管理体制的主要内容……………31
第二节　应急管理机制……………33
一、风险防控机制……………34
二、监测预警机制……………34
三、信息报送机制……………36
四、应急决策与处置机制……………38
五、应急联动机制……………42
六、宣教动员机制……………43
七、信息发布机制……………44
八、恢复重建机制……………45
九、调查评估机制……………47
第三节　应急预案概述……………50
一、应急预案概念及编制……………50
二、应急预案管理体系……………51
三、应急预案管理……………52
思考与练习……………54
即测即评……………54

第三章　交通运输应急管理……………55
第一节　交通运输应急管理概述……………56
一、交通运输突发事件分类……………56
二、交通运输突发事件分级……………58
三、各种交通运输方式突发事件的特征及成因……………60
四、交通应急管理系统管理流程……………67
第二节　交通运输应急管理体系……………69
一、交通运输应急预案……………70
二、交通运输应急管理体制……………73
三、交通运输应急管理机制……………74

四、交通运输应急管理法制 ……………76
第三节 交通运输应急管理要点 …………………………… 77
一、公路交通运输应急管理 ……………77
二、铁路交通运输应急管理 ……………79
三、城市轨道交通应急管理 ……………81
四、城市公共汽电车应急管理 …………82
五、综合交通运输应急管理 ……………84
思考与练习 ……………………………… 85
即测即评 ………………………………… 85

第四章 交通风险管理 …………… 87
第一节 风险管理概述 ……………… 87
一、风险管理的作用 ……………………87
二、风险管理工作的基本情况 …………89
第二节 风险管理的工作流程 …… 91
一、计划和准备 …………………………91
二、风险识别 ……………………………92
三、风险评估 ……………………………93
四、风险控制 ……………………………96
五、风险监测、风险预警和风险沟通 …………………………………97
第三节 交通风险评价方法 ……… 98
一、路径风险评价模型概述 ……………98
二、经典路径风险评价模型 …………100
三、改进风险评价模型 ………………105
四、可接受风险准则 …………………111
第四节 综合交通枢纽运营安全风险评价 ……………116
一、综合交通枢纽运营安全风险管理概述 ………………………………116
二、综合交通枢纽风险识别 …………119
三、综合交通枢纽运营安全风险评价 ……………………………………126
思考与练习 ……………………………… 129
即测即评 ………………………………… 129

第五章 公路交通应急管理 …… 131
第一节 公路交通应急管理概述 ……………………………… 133
一、公路交通突发事件分类和分级 ……………………………………133
二、公路交通突发事件应急管理体系 ……………………………………134
第二节 公路交通突发事件应急预案 ……………………… 135
一、公路交通突发事件应急预案分类 ……………………………………135
二、公路交通突发事件应急预案框架 ……………………………………136
三、公路交通突发事件应急预案编制现状 ………………………………138
第三节 公路交通突发事件应急管理机制 ……………………… 140
一、监测预警机制 ……………………141
二、信息报送与处理机制 ……………144
三、应急响应机制 ……………………145
四、应急保障机制 ……………………147
第四节 公路交通运输应急处置与组织 ………………………… 149
一、突发事件处置原则及流程 ………149
二、公路交通应急处置措施 …………151
三、公路应急交通组织策略 …………153

第五节　公路应急交通运输组织理论与方法……157
一、应急交通疏散路径诱导模型……157
二、应急可逆车道优化设计模型……160
三、交叉口信号控制模型……161
四、路段可变限速模型……164
五、匝道流量控制模型……166
六、大数据下的公路交通应急管理与决策支持……170
思考与练习……171
即测即评……171

第六章　铁路运输应急管理……173
第一节　铁路运输应急管理概述……174
一、铁路运输突发事件分类和分级……175
二、铁路运输突发事件应急管理体系……177
第二节　铁路运输应急预案……179
一、铁路运输应急预案分类……179
二、铁路运输应急预案内容……181
三、铁路运输应急预案编制现状……185
第三节　铁路运输应急管理机制……187
一、铁路运输应急管理处置原则及流程……187
二、铁路运输应急管理机制……190
第四节　铁路突发事件应急交通组织与管理……192
一、铁路客运应急处置措施……192
二、铁路行车计划调整措施……196
第五节　铁路应急运输组织调度模型……199
一、突发事件下铁路列车运行调整模型……200
二、区间失效条件下的铁路列车运行调整模型……202
思考与练习……203
即测即评……204

第七章　城市轨道交通应急管理……205
第一节　城市轨道交通应急管理概述……206
一、城市轨道交通突发事件分类和分级……207
二、城市轨道交通突发事件应急管理体系……210
第二节　城市轨道交通应急预案……213
一、城市轨道交通应急预案分类……213
二、城市轨道交通应急预案框架……215
三、城市轨道交通应急预案编制现状……216
第三节　城市轨道交通应急管理机制……219
一、监测预警机制……219
二、信息处理机制……220
三、应急响应机制……221
四、协调联动机制……223
五、应急保障机制……223
六、后期处置机制……224

第四节 城市轨道交通应急运输组织与调度………225
一、突发事件行车调整方案………225
二、突发大客流客运组织调整方案………227
三、典型突发事件下城市轨道交通应急运输组织与调度………228
第五节 城市轨道交通突发事件应急管理模型………232
一、数据驱动的城市轨道交通客流预测和预警………232
二、城市轨道交通突发事件影响估计………235
三、扰动情况下城轨延误列车运行调整模型………239
四、运营中断场景下列车小交路运行调整模型………244
思考与练习………247
即测即评………247

第八章 城市公共汽电车应急管理………249
第一节 城市公共汽电车应急管理概述………249
一、城市公共汽电车突发事件分类和分级………251
二、城市公共汽电车应急管理体系………254
第二节 城市公共汽电车应急预案………256
一、城市公共汽电车应急预案分类…256
二、城市公共汽电车应急预案框架…257
三、城市公共汽电车应急预案编制现状………260
第三节 城市公共汽电车应急管理机制………261
一、监测预警机制………262
二、应急响应机制………262
三、信息发布机制………264
四、信息处理机制………265
五、协调联动机制………265
六、善后处置机制………266
七、沟通协调机制………266
第四节 城市公共汽电车应急运输组织与调度………266
一、城市公共汽电车突发事件应急处置原则及流程………267
二、城市公共汽电车突发事件的应急响应措施………268
三、城市公共汽电车突发事件运输组织调整手段………271
第五节 城市公共汽电车突发事件应急管理模型………274
一、公共汽电车线路调整模型………274
二、公共汽电车时刻表调整模型…277
三、公共汽电车应急调度模型………279
思考与练习………282
即测即评………282

第九章 综合交通系统应急管理………283
第一节 综合交通系统应急管理概述………283
一、综合交通系统简介………283

二、综合交通系统突发事件及应急管理特点 …………………………288
第二节 综合交通系统应急管理体系 …………………… 291
一、综合交通系统应急管理体系内容 ……………………………………291
二、综合交通系统应急管理机制 …292
第三节 综合交通系统应急疏散 …………………………… 297
一、综合交通系统应急疏散目标 …297
二、综合交通系统应急疏散原则 …298
三、综合交通系统应急疏散内容 …299
第四节 综合交通系统应急疏散模型与方法 ………………… 304
一、道路与公交联合疏散 ……………304
二、地铁与公交的接驳公交网络设计 ……………………………………308
思考与练习 ……………………………… 310
即测即评 ………………………………… 310
主要参考文献 ………………………… 311

第一章 应急管理概述

应急管理是一项具有基础性、超前性和综合性的工作。应急管理作为管理领域的新兴学科，是一门综合运筹学、战略管理、信息技术以及各种专门知识的交叉学科，是针对突发事件的决策优化。随着社会的快速发展，如何从容地应对突发事件、提高应急管理水平，对应急管理进行更深入的研究是必要的。

我国应急管理的发展经历了漫长且不断完善的过程。自 1949 年到 2003 年，我国的应急管理主要由各级政府部门负责，各部门独立开展工作，负责管辖领域内的灾害处置。2003 年“非典”之后，我国开始重视防控工作中的不足之处，针对各领域开始着手建立相应的应急预案、体制、机制、法制。2008 年，“一案三制”的提出，标志着我国应急管理体系初步形态已形成。从 2008 年至今，我国逐渐形成了以《中华人民共和国突发事件应对法》(简称《突发事件应对法》)为中心，各单项法律法规相配套的应急法制体系；构建了以国家应急预案为最高级别，各地方、企事业单位预案为分支的应急预案体系；构建了预防监测、应急响应和处置、善后救助恢复等环节的应急管理机制。2013 年至 2018 年，我国开始重构应急管理体系，修订了国家应急预案，实行党政同责的制度。2018 年 3 月，第十三届全国人民代表大会第一次会议通过了组建应急管理部的决定，标志着我国应急管理工作进入法治化、制度化、规范化的发展阶段。

中国的发展进入了新时代，相应政治、经济、社会发展和国际形势风云变幻，而我国现行的应急管理体系还存在着一些问题，新时代国家治理体系建设对应急管理提出了更高的要求。特别是随着国际形势日益严峻，突发公共卫生事件、恐怖袭击等对社会经济以及个人带来的严重后果，使得应急管理也越来越受到国家和社会的重视。2020 年 2 月 21 日，《教育部关于公布 2019 年度普通高等学校本科专业备案和审批结果的通知》将“应急管理专业”纳入“新增审批本科专业名单”，并进一步开设相关课程，设置相应的培养方案。2020 年 10 月 29 日，中国共产党第十九届中央委员会第五次全体会议通过的《中共中央关于制定国民经济和社会发展第十四个五年规划和二〇三五年远景目标的建议》提到，要“完善国家应急管理体系，加强应急物资保障体系建设，发展巨灾保险，提高防灾、减灾、抗灾、救灾能力”。由此可见，良好的应急管理体系对于我国经济发展、社会稳定具有至关重要的意义。

第一节
应急管理的概念

一、应急管理的定义

应急管理是指各级人民政府及其部门、基层组织、企事业单位、社会团体等，遵循统一规划、分类指导、分级负责、动态管理的原则，针对自然灾害、事故灾难、公共卫生类突发事件的监测预警、处理救援、恢复重建等环节采取一系列应对措施的过程，从而最大限度减少损害，保障社会安全稳定。

应急管理是对突发事件进行的全过程管理。根据突发事件的预防、预警、发生和善后四个发展阶段，应急管理可分为预防与应急准备、监测与预警、应急处置与救援、事后恢复与重建四个过程。同时，应急管理又是一个动态管理，包括预防、预警、响应和恢复四个阶段，均体现在管理突发事件的各个阶段。根据《中华人民共和国突发事件应对法》（以下简称《突发事件应对法》），我国建立了"统一领导、综合协调、分类管理、分级负责、属地管理为主的应急管理体制"。

二、应急管理的特点

应急管理是一项重要的公共事务，既属于政府的行政管理职能，又是社会公众的法定义务。同时，应急管理活动又受法律的约束，具有与其他行政活动不同的特点。

（一）政府主导性

政府主导性体现在两个方面。一方面，政府主导性受法律约束。《突发事件应对法》规定，县级人民政府负责本行政区域内的突发事件应对工作。涉及多个行政区域的，由有关行政区域的共同上一级人民政府负责或者由各个有关行政区域的上一级人民政府共同负责，政府的责任由法律明确。另一方面，政府的主导性是由政府的行政职能决定的。政府掌握着行政资源和大量社会资源，行政组织结构严密，社会动员能力强，无论是相对于非政府组织还是个人，都具有无可比拟的行政优势。

（二）社会参与性

《突发事件应对法》规定了公民、企业和其他组织有参与应急行动的义务，并依法规定了全社会管理突发事件的义务。政府虽然是应急管理的主体，但如果没有全社会的共同参与,就难以在应对突发事件方面取得良好的效果。

(三) 行政强制性

在处理突发事件时,一些政府应急管理的原则、程序和方法有别于正常情况,权力更加集中,决策和管理程序更加简单,而一些管理行动变得更加具有强制性。当然,这些非常规的行政措施必须得到相应的法律法规保障。应急管理活动不仅受到立法的约束,还必须正确行使法律赋予的应急管理权限。利用法律法规标准化和约束管理流程,以确保应急控制到位。

(四) 目标广泛性

应急管理追求社会保障、社会秩序和社会稳定,注重人民利益和经济、社会、政治等方面的公共利益。它的出发点和目标是把人民的利益放在首位。保障人民群众生命财产安全,保障人民群众安居乐业,为全社会公众提供公平公正的服务。

(五) 管理局限性

一方面,突发事件的不确定性决定了应急管理的局限性。另一方面,突发事件发生后,即使管理人员做出了正确的决策,但在很短的时间内指挥、协调和保证物资供应仍是一项艰巨的任务。尤其是以前从未发生过的一些新的突发事件,更难以满足重要保障要求。此外,受突发事件影响的公众经常会感到紧张、恐慌,增加了政府应对突发事件的难度。

当前,经济持续健康发展、政局稳定、社会稳定是我国公共安全形势的主流。但影响科学发展、安全发展、和谐发展的因素很多,应急管理面临着前所未有的风险和挑战,也面临着新的发展机遇和有利条件,伴随着各类矛盾凸显和突发事件频发的背景,防范与处置突发事件的工作任务将更加繁重、艰巨。

第二节 突发事件的定义、类型及特征

一、突发事件的定义

突发,顾名思义就是突如其来的、出乎预料的、令人猝不及防的状态;事件,则是指历史上或社会上发生的大事情。我国《突发事件应对法》中将突发事件定义为：突然发生，造成或者可能造成严重社会危害，需要采取应急处置措施予以应对的自然灾害、事故灾难、公共卫生事件和社会安全事件。按照社会危害程度、影响范围等因素，自然灾害、事故灾难、公共卫生事件分为特别重大、重大、较大、一般4级。突发事件分级标准由国务院或国务院确定的部门制定，作为突发事件信息报送和分级处置的依据。社会安全事件分级另有规定。

二、突发事件的类型

突发事件依据其发生原因、机理、过程、性质和危害对象不同进行划分，可分为如下类型：

（一）自然灾害

自然灾害主要包括：干旱、洪水、台风、冰雹、沙尘暴等气象灾害；地震、滑坡、泥石流等地质灾害；风暴潮、海啸和赤潮等海洋灾害；森林草原火灾、农作物病虫害等生物灾害。

由于自然地理环境和独特的地质条件，我国是世界上受自然灾害影响较严重的国家。自然灾害频繁发生，给社会造成了巨大损失。在全球气候变化的大背景下，需要重点防范极端天气事件，特别是气象灾害引发的自然灾害。

（二）事故灾难

事故灾难主要包括道路、铁路、民航、水运等交通运输事故，工矿、商贸等企业安全生产事故，城市水、电、燃气、热力等公共设施设备事故，核与辐射事故，环境污染事故等。我国正在加速工业化进程，由于各企业整体安全保障能力薄弱，部分地区和企业未尽安全生产责任、措施不力、监管不力，重特大事故时有发生，给国家和人民生命财产安全造成严重损失。

（三）公共卫生事件

公共卫生事件主要包括传染病、不明原因的疾病、食物中毒、动物流行病以及其他对公共卫生和生命安全有严重影响的事件。目前，人类宣布消灭的唯一传染性病毒是天花。全球新发的30种传染病仍会威胁人们的生命健康安全，如“非典”、新型冠状病毒导致的肺炎等。在我国，职业病危害、食品药品安全事故数量均呈上升趋势。

（四）社会安全事件

社会安全事件主要包括恐怖袭击、经济安全案件、民族宗教案件、涉外突发事件、重大刑事案件、群体特大案件等。我国面临许多非传统安全挑战，包括金融犯罪的复杂战斗，利用计算机网络等高科技手段从事财产侵占和破坏犯罪活动。这些活动多种多样，危害公众生命财产安全。因此，对社会安全事件的预防和处理，不能忽视和麻痹大意。为了杜绝社会安全事件,减少其造成的重大社会影响,需要建立公益表达机制和矛盾协调化解机制,标本兼治,将社会安全事件消灭在萌芽中。

对突发事件进行分类,有助于明确突发事件管理主体,提高突发事件处理的便捷性、专业性和科学性。突发事件的分类虽然是静态的,但突发事件的演化过程是动态的,而且不同的突发事件往往相互关联,因此不同部门应对突发事件需要进行协调。另外,在处理突发事件的过程中,要遵循专业处理的原则,避免造成次生性灾害。

三、突发事件的特征

一般情况下,突发事件具有以下特征:

(一) 突发性和紧迫性

突发事件往往是由于长期积累的问题和冲突无法有效解决,突破某种阈值后突然发生的。这要求应急管理人员能够动员并有效调动所有人力、物力和财力资源,以控制局势的演变并消除不利影响。一般来说,应急需求在紧急情况下迅速增长,在紧急情况结束时急剧下降。因此,突发事件应急管理要坚持以预防为主的原则。

(二) 不确定性

不确定性是由人们在现有知识的基础上对世界以及事物的看法、决定的局限性导致的。突发事件因为其影响因素复杂,从发生到结束都处于不断变化的过程中,若只是根据以往的经验,人们很难对事件的发展方向做出准确的判断。现在,世界发展的各种复杂因素的相互影响,使得新型突发事件不断涌现,并且事件的类型、发生时间等更加剧了突发事件的不确定性。如果突发事件得不到有效控制,可能发生次生灾害和灾难性后果。因此,在应急决策过程中,要注重基于经验的科学决策,充分展示应急管理者的创新能力。

(三) 危害性

突发事件会给公众带来巨大的生命和财产损失,扰乱社会正常运转,甚至挑战政府的合法性。突发事件会影响公共机构,影响对象为社会公众群体,因此通常具有强烈的危害性。

(四) 扩散性

一方面,扩散性意味着突发事件往往会突破地理限制,向更广泛的地理和空间范围蔓延。另一方面,突发事件往往会引发次生灾害,并形成一系列灾害。前者需要在应急管理中建立区域应急联动、区域应急协调和国际应急联动机制,后者需要各相关部门加强应急合作和协调。

第三节
应急管理的发展趋势

一、全球性突发事件概述

（一）全球性突发事件的趋势

当今世界，各种突发事件频频发生。在经济全球化的影响下，国家之间的政治、经济、社会交流日趋紧密。如何有效应对突发事件，尽可能预防和减少突发事件，最大限度地减少和避免突发事件造成的危害，是各国政府面临的重大挑战。积极预防和努力减少各种自然灾害、事故灾难、公共卫生事件、社会安全事件造成的损失，成为各国政府的重要任务。全球性突发事件的发生具有以下特点：

1. 自然灾害频发，破坏性大

20 世纪初至 21 世纪 20 年代，全球自然灾害的发生率，特别是洪灾、暴风雨和干旱等，呈急剧上升趋势（见表 1-1 和图 1-1）。仅在 2020 年，全球共发生约 400 次自然灾害（不含流行性疾病），受影响的国家和地区达 123 个，共造成 15 082 人死亡，9 896.67 万人受影响，直接经济损失 1 731.33 亿美元。其中，洪水灾害最为频繁，比历史偏多 43%。温室气体排放量持续增加是导致洪水、干旱和风暴等与天气有关的自然灾害增多的主要原因。其中，世界范围内的重大自然灾害呈现出频发的态势。1990—2020 年全球死亡人口排名前 50 的自然灾害见表 1-2。

表 1-1 1900—2019 年全球范围内气象类、地质类与生物类自然灾害的分布情况

单位：次 /10 年

时期	1900—1909	1910—1919	1920—1929	1930—1939	1940—1949	1950—1959	1960—1969	1970—1979	1980—1989	1990—1999	2000—2009	2010—2019
气象类	28	72	56	72	120	232	463	776	1 498	2 034	2 975	1 206
地质类	40	28	33	37	52	60	88	124	232	325	358	311

续表

生物类	5	7	10	3	4	2	37	64	170	361	613	267
总数	73	107	99	112	176	294	588	964	1 900	2 720	3 946	1 784

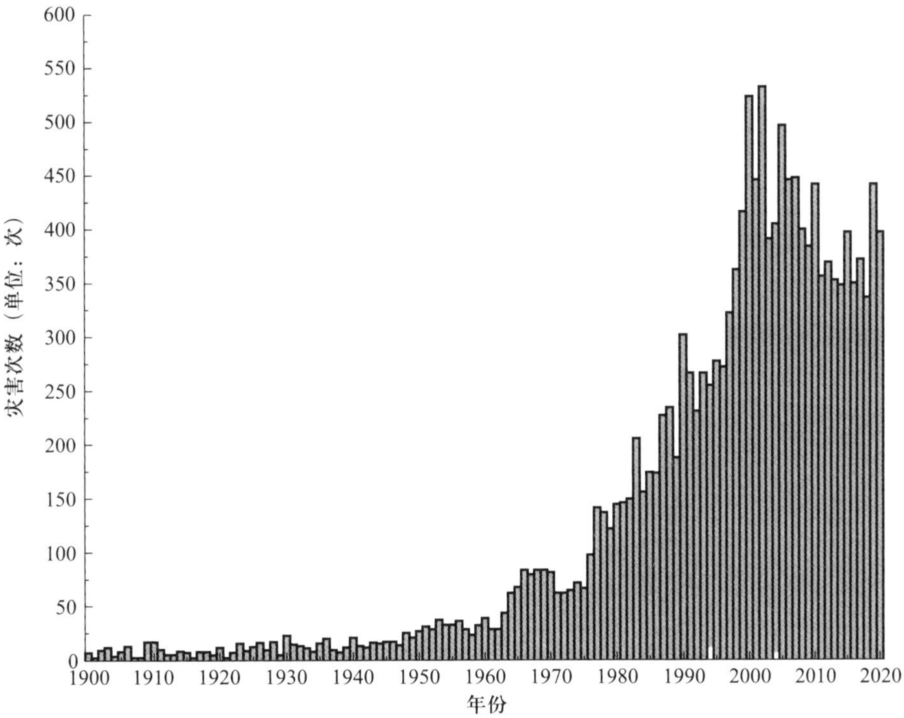

图 1-1 全球自然灾害发展趋势(1900—2020 年)

资料来源:国际灾害数据库。

表 1-2 1990—2020 年全球死亡人口排名前 50 的自然灾害

编号	时间	影响国家和地区	灾害类型	死亡人口（人）	直接经济损失（亿美元）
1	2010/1/12	海地	地震	222 570	80
2	2004/12/26	印度尼西亚	地震	165 708	44.516
3	1991/4/29—5/10	孟加拉国	风暴	138 866	17.8
4	2008/5/2—3	缅甸	风暴	138 366	40

续表

编号	时间	影响国家和地区	灾害类型	死亡人口（人）	直接经济损失（亿美元）
5	2008/5/12	中国	地震	87 476	850
6	2005/10/8	巴基斯坦	地震	73 338	52
7	2010/6—8	俄罗斯	极端高温	55 736	4
8	1990/6/21	伊朗	地震	40 000	80
9	2004/12/26	斯里兰卡	地震	35 399	13.165
10	1999/12/15—20	委内瑞拉	洪水	30 000	31.6
11	2003/12/26	伊朗	地震	26 796	5
12	2003/7/16—8/15	意大利	极端高温	20 089	44
13	2001/1/26	印度	地震	20 005	26.23
14	2010/2—2011/11	索马里	干旱	20 000	—
15	2011/3/11	日本	地震	19 846	2 100
16	2003/8/1—20	法国	极端高温	19 490	44
17	1999/8/17	土耳其	地震	17 127	200
18	2004/12/26	印度	地震	16 389	10.228
19	2003/8/1—11	西班牙	极端高温	15 090	8.8
20	1998/10/25—11/8	洪都拉斯	风暴	14 600	37.936
21	1999/10/28—30	印度	风暴	9 843	25
22	1993/9/29	印度	地震	9 748	2.8
23	2003/8	德国	极端高温	9 355	16.5
24	2015/4/25	尼泊尔	地震	8 831	51.74
25	2004/12/26	泰国	地震	8 345	10
26	2013/11/8	菲律宾	风暴	7 354	100
27	2020/6—8	英国、法国、比利时、荷兰	极端高温	6 340	—
28	2013/6/12—27	印度	洪水	6 054	11
29	1991/11/5—8	菲律宾	风暴	5 956	1
30	2006/5/26	印度尼西亚	地震	5 778	31

续表

编号	时间	影响国家和地区	灾害类型	死亡人口（人）	直接经济损失（亿美元）
31	1995/1/17	日本	地震	5 297	1 000
32	1998/5/30	阿富汗	地震	4 700	0.1
33	2018/9/28	印度尼西亚	地震	4 340	14.5
34	2007/11/15—19	孟加拉国	风暴	4 234	23
35	1997/11/2—4	越南	风暴	3 682	4.7
36	1998/7/1—8/30	中国	洪水	3 656	300
37	1998/10/25—11/8	尼加拉瓜	风暴	3 332	9.877
38	2015/6/29—8/9	法国	极端高温	3 275	—
39	2010/4/14	中国	地震	2 968	5
40	1998/6/9—11	印度	风暴	2 871	4.69
41	1996/6/30—7/26	中国	洪水	2 775	126
42	2004/9/17—18	海地	风暴	2 754	0.5
43	2003/8	葡萄牙	极端高温	2 696	—
44	2004/5/23—6/1	海地	洪水	2 665	—
45	1998/5/26	印度	极端高温	2 541	—
46	1992/12/12	印度尼西亚	地震	2 500	1
47	1990/7/16	菲律宾	地震	2 412	3.696
48	1998/2/4	阿富汗	地震	2 323	0.1
49	1997/10/19—11/17	索马里	洪水	2 311	—
50	2003/5/21	阿尔及利亚	地震	2 266	50

资料来源：应急管理部－教育部．减灾与应急管理研究院，等．2020 年全球自然灾害评估报告．2020.

从全球性自然灾害影响范围与程度来看，虽然因灾致死人数在逐渐降低，但造成的经济损失以及影响范围则日益扩大。1970—2000 年每 10 年发生的灾害次数分别为 1 200 次、3 000 次、4 800 次，灾害导致死亡的人数分别为 200 万人、100 万人、98 万人，受灾人口分别为 7 亿人、1.3 亿人、1.8 亿人，平均每年导致数百万人无家可归。20 世纪 60—80 年代 30 年间自然灾难造成的经济损失增加了 2 倍，即由 60 年代的 400 亿美元增加到 80 年代的 1 200 亿美元。2020 年世界上规模较大自然灾害一共有 313 次，造成 15 082 人死亡,9 896.67 万人受影响,直接经济损失 1 731.33 亿美元。与近 30 年(1990—2019 年)均值相比,2020 年较大自然灾害频次减少 4%,死亡人口减少 73%,影响人口减少 50%,直接经济损失增加 29%。与近 10 年(2010—2019 年)均值相比,2020 年较大自然灾害频次减少 6%,死亡人口减少 67%,影响人口减少 41%,直接经济损失减少 2%。①

同时,不同国家由于经济社会发展水平不同,主要受冲击的对象和影响程度也不同。由表 1-3 可知,2020 年全球灾害频次与损失排名前 10 的国家(或地区)大部分为发展中国家,各个国家也因自然灾害而遭受巨大损失。

表 1-3　2020 年全球灾害频次和损失排名前 10 的国家(或地区)

国家	频次(次)	国家	死亡人口(人)	国家	直接经济损失(亿美元)
印度尼西亚	29	英国	2 558	美国	766.00
美国	23	印度	2 316	印度	264.30
中国	13	法国	1 952	中国	230.92
印度	11	比利时	1 460	克罗地亚	80.00
越南	11	巴基斯坦	630	日本	60.00
土耳其	10	中国	464	洪都拉斯	50.00
菲律宾	9	尼泊尔	448	澳大利亚	39.00
伊朗	8	荷兰	400	巴西	36.00
墨西哥	8	阿富汗	328	加拿大	25.00
巴西、法国、意大利、泰国、阿富汗	7	越南	310	伊朗	23.58

根据网络资料整理。

2. 人为事故性技术灾难多发,危害严重

伴随着现代科学技术的进步与发展,包括爆炸、火灾和交通事故类的技术灾难的发生率也呈快速增长的趋势(见图 1-2)。与自然灾害相比,技术灾难发生的时空范围通常较小,但不排除偶然发生大型事故的可能。比如,1965 年美国东部地区电力负载超标,发生大规模电力中断,20.72 万平方千米、3 000 万人口受到影响;1981 年美国密苏里州海厄特摄政大饭店三个悬浮通道发生垮塌,由于信息交流不畅及偷工减料,导致 114 人死亡;1986 年苏联切尔诺贝利核反应堆熔毁造成 31 人当场死亡,135 000 人受伤,经济损失达 28 亿美元。在 20 世纪 90 年代,这些事故平均每年造成的死亡人数达 8 000 人,67 000 人受到灾难影响,而且经济损失巨大,但是仍然很难把握其内在的规律。

① 资料来源:应急管理部 - 教育部 . 减灾与应急管理研究院,等 . 2020 年全球自然灾害评估报告 . 2020.

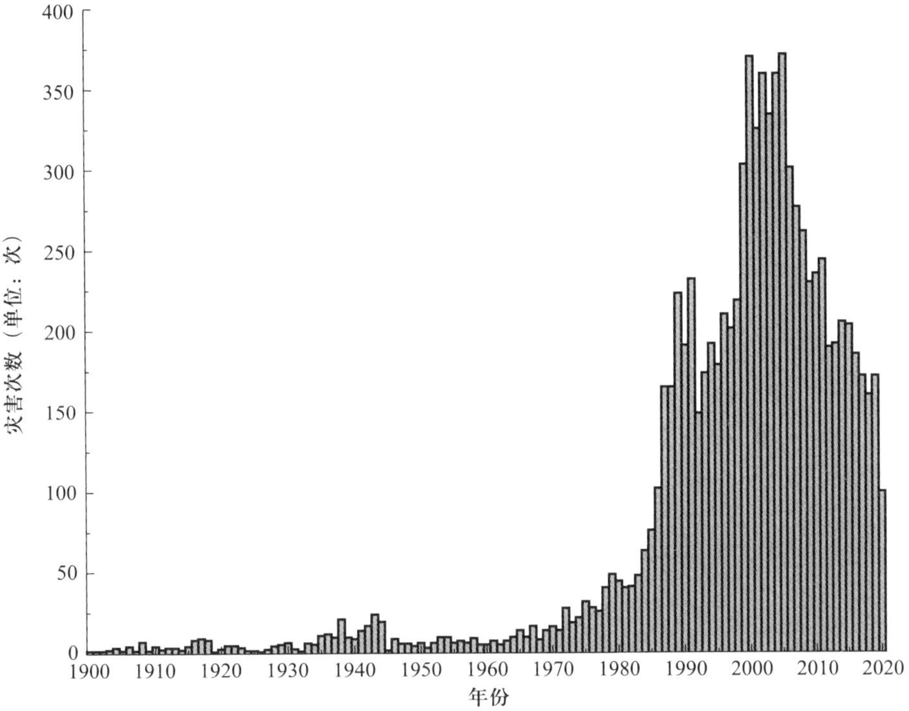

图 1-2　全球技术灾难发展趋势

资料来源：国际灾难数据库。

21 世纪以来，全球范围内的技术灾难如核泄漏、空难、交通事故等层出不穷。2010 年，墨西哥湾一座石油钻井平台发生故障并爆炸，造成石油泄漏，并造成 11 名工人死亡，另有 17 人受伤，至少 2 500 平方千米的海水被石油覆盖。石油泄漏影响了多种生物的生存环境以及当地的渔业和旅游业。2011 年，由于地震影响福岛第一、第二核电站发生核泄漏，该次核事故等级与切尔诺贝利核事故同级。2014 年，MH370 航班从吉隆坡飞往北京首都国际机场，227 名乘客和 12 名机组人员全部遇难，经过多方救援，一无所获。2021 年 4 月，台铁太鲁阁 408 次列车在前往花莲县大清水隧道时，与隧道附近滑落的施工车辆相撞，列车脱轨，造成 50 人死亡、146 人受伤。尽管受到新型冠状病毒公共卫生事件的影响，2020 年全球航空事故数量下降了 50% 以上，但 2019 年全球重型客机失事死亡人数从 257 人增加到 299 人。

总体来看，化工事故在科技事故中的比重在增加，与此同时，城市技术灾难也在增加。据统计，20 世纪损失最高的前 100 起技术灾难包括 18 起化学事故、34 起城市火灾和 48 起其他事故。在 20 世纪最致命的 100 起技术灾难中，包括 20 起化学事故、21 起城市火灾和 59 起其他事故。

3. 突发公共卫生事件地域传播性强，影响范围广

据统计，全球每年大约有 1 300 万人死于传染性疾病，主要是麻疹、肺炎、霍乱、艾滋病、肺结核以及疟疾等。此外，传染性疾病还可能引发癌症等其他疾病。据统计，世界约

6% 的人口处于慢性传染性疾病导致的癌症风险之中。绝大多数传染性疾病的患者来自发展中国家,慢性传染性疾病已经成为这些国家发展的主要障碍。发达国家也面临着全国性流行疾病以及食源性疾病的威胁,比如主要在欧洲国家流行的肺结核和白喉等疾病近年来出现反弹的趋势,而在美国,每年有 10 000 ~ 40 000 人死于流行性感冒。

除了这些常见的传染病以外,公众健康危机的另一个重要来源是生物危机。生物危机在某种程度上比传统的危机更为复杂,典型的有各种环境下的病虫害侵袭、人类或动植物中暴发的疾病或食品中毒事件。严重的生物危机不仅会产生直接的环境影响,还会对社会、社区、商业和国际事务产生间接影响。

生物危机常常为长期性事件,并且经常需要长期不断的资源供给;拥有生物风险源的区域的管理者可能并不是最终的生物危机管理者,因而需要高级的追踪技术识别危机。2003 年暴发的"非典"疫情就是一个典型案例,而 2009 年全球暴发的甲型 H1N1 流感再次将同样的问题摆在了各国政府面前:2009 年 3—4 月,甲型 H1N1 流感首先在墨西哥暴发,而后迅速传遍全球。截至 2010 年 8 月 6 日,世界卫生组织统计显示,全球至少有 18 449 人因感染甲型 H1N1 流感死亡。

2014 年 8 月,西非埃博拉疫情在利比里亚、塞拉利昂和几内亚造成 330 多人死亡。埃博拉疫情主要发生在热带雨林附近的中非和西非偏远村庄。该病毒由野生动物传播给人类,并在人与人之间传播。2018 年 8 月,刚果民主共和国(DRC)也暴发了埃博拉疫情。截至 2020 年 6 月,已有 4 500 多人被感染,2 264 人死亡,死亡率超过 50%。

2020 年 1 月,世界卫生组织命名"2019 新型冠状病毒",并将此次疫情划入"国际关注的突发公共卫生事件"(PHEIC),同年 3 月宣布此次疫情有大流行趋势,截至 2022 年 3 月 10 日,全球累计确诊的数据如表 1-4 所示。

表 1-4 截至 2022 年 3 月 10 日全球新冠确诊及死亡人数 单位:人

区域	确诊人数总数	死亡人数
欧洲	185 513 805	1 897 675
美洲	148 475 359	2 654 909
东南亚	56 335 465	767 622
西太平洋	30 049 923	190 747
东地中海	21 375 560	337 612
非洲	8 478 759	170 507
总数	450 228 871	6 019 072

资料来源:世界卫生组织网站。

4. 全球恐怖主义威胁加重

2001 年"9·11"恐怖袭击事件之后,全球恐怖主义活动达到了空前的规模。这些新型的、大规模和灾难性的恐怖主义与传统形式的恐怖主义不同，它们具有全球性力量，并且经常对诸多国家产生相当大的冲击。现代恐怖主义一般在公众场合进行恐怖活动，容易造成大规模平民伤亡。自 20 世纪 80 年代以来，恐怖分子将目标指向了平民。据统计，跨国恐怖分子活动的数量在 1980—1990 年减少了 60%，但同时，此类行为所导致的死伤人数却增加了将近 20%。2020 年全球恐怖主义指数（GTI）显示，恐怖主义造成的死亡人数自 2014 年达到顶峰之后连续五年下降。自 2014 年以来，死亡人数已减少 59%，降至 2019 年的 13 826 人。但冲突仍然是恐怖主义的主要驱动因素，2019 年因恐怖主义造成的人员死亡事件中有 96% 以上发生在已有冲突的国家。

现代恐怖主义活动经常瞄准现代社会的关键设施和场所进行攻击，并导致其处于瘫痪状态。加油站、汽车站和火车站、商场、大型建筑物等场所都成了恐怖分子的目标，一些危险场所如化工厂、核电厂和堤坝存在着重大风险。2010 年，一节地铁车厢在莫斯科地铁“卢比扬卡”站发生爆炸。之后，“文化公园”站发生第二次爆炸，“和平街”站发生第三次爆炸，造成 41 人死亡、74 人受伤。

现代恐怖分子的袭击手段也更加多样化。除了爆炸、枪击、刀刃等传统手段外，生物恐怖主义、化学武器也被使用，危害很大，比如 1995 年的日本东京沙林毒气事件和 2001 年的美国炭疽事件。同时，恐怖分子还利用高新技术开展活动，比如雇用网络专家，在网上组织恐怖袭击，利用较少且分散的终端集中攻击特定目标，一次成功的攻击造成的实质性损失会十分严重。然而，恐怖分子生存的费用、逃跑的风险以及资金的耗费却显著地降低。

5. 粮食安全问题日益突出

2023 年底，世界人口达到 80 亿，到 2050 年，世界人口预计将接近 100 亿。2019 年全球人均粮食消费量为 350 千克，比 2009 年的 325 千克增长 7.7%。由于全球粮食生产分布不均，一些发展中国家，特别是撒哈拉以南的非洲国家粮食短缺问题加剧。

新型冠状病毒引发了全球性大流行病和经济危机，给全球粮食体系带来前所未有的挑战。为控制新冠疫情而采取的措施，对粮食供应造成严重干扰。长期遭受饥饿的人数在新型冠状病毒肺炎疫情之前远超 8 亿人的基础上急剧增加。此外，由于厄尔尼诺和拉尼娜现象的周期性变化，极端天气事件频繁发生，严重旱涝灾害等自然灾害威胁全球粮食生产。自 2020 年 9 月以来，联合国粮食及农业组织连续四个月下调粮食产量预测，表明新冠疫情和恶劣天气削弱了粮食供应增长的潜力。

6. 经济危机严重影响全球发展

经济全球化是当今全球经济和技术发展的产物，满足了生产力进一步发展的一些要求，促进了各国经济的快速发展。随着全球化进程加快，世界各国之间的联系越来越紧密，而这种联系在经济领域最为突出。一方面，经济全球化促进了世界市场不断扩大和地区统一，深化了国际分工，促进了生产、资源、人员、贸易、投资、金融等生产要素的全球优化、分配并提高了效率。另一方面，世界经济的不稳定性将变得司空见惯。在经济全球化进程中，各国经济的相互依存度从未像现在这样高。许多国家的对外贸易依存度在 30% 以上，有的在 50%~60%。在这样的环境下，经济波动和危机的国际传播已成为常态，不可避免。任何一个国家的内部失衡都有可能进一步体现为外部失衡,很快就会影响到与其贸易和投资关系密切的国家,最终导致所有国家的失衡和各种危机局面。

比如 1997 年爆发的亚洲金融风暴,就导致东南亚诸多国家发生了严重的金融危机。货币贬值、股市狂跌,很快波及所有经济部门,引发全面的经济危机:企业破产、工人失业、物价上涨、外债增加、人民生活水平急剧下降。经济危机的加剧又导致了社会动乱,许多地方抢劫、骚乱频频发生,各种冲突不断。

另一个例子是 2007 年 8 月发生的美国次贷危机。这是一场由次级抵押贷款机构破产、投资基金被迫关闭、股市震荡引发的金融风暴,致使全球主要金融市场的流动性不足而产生危机。次贷危机迅速波及整个欧洲和东南亚,引发严重的区域性金融危机,进而波及拉丁美洲,形成事实上的全球金融风暴。次贷危机对国际金融秩序造成重大冲击和破坏,导致金融市场出现强烈的信贷紧缩,损害蔓延至实体经济。这是美国自 20 世纪 30 年代大萧条以来最严重的金融危机。

(二)全球突发事件的变化特点

从国际上看,突发事件的性质正在发生变化,这些变化不仅改变了可预知的危险,也叠加了未知的风险。与此同时,突发事件的背景条件也在发生变化,正在以灾难传播、沟通和响应的变化表现出来,以及社会和经济中关键系统变得日益脆弱,给政府管理公共和社会问题的能力带来了重大挑战。

1. 突发事件诱因增多,复杂性增加

随着经济和科技的飞速发展,人类社会的分工越来越细化,技术的复杂程度越来越高,应对突发公共事件变得越来越困难。从形成演化规律来看,突发事件本身更加复杂、多变,由此产生的后果更加严重,形成复杂庞大的体系,导致应急管理工作难度增加。这项任务比以前更加复杂和艰巨。具体表现如下:不同致灾因素的复杂多变与叠加,不同致灾组织的相互作用和影响,不同因素和条件的复杂组合,形成了综合多变的突发事件。这不仅需要考虑效率与公平、自由与安全、威胁与成本等各种冲突,还需要考虑道德、利益博弈、资源配置等。在各因素影响下,需要建立多部门、多学科、多区域的协商协作机制。无论是天灾还是人祸,都是人类共同面临的挑战,应对此类紧急情况需要广泛的全球合作,如经验和资源的共享。

2. 突发事件发生频率高,破坏程度大

随着城市化步伐不断加快,人口与产业集中程度逐步提高,暴发突发公共事件的可能性也变得越来越大。从世界范围来看,自然或人为因素所引发的重大突发公共事件给世界各国的人民带来了深重的灾难。城市规模的显著扩张和由此产生的一系列影响给现有的应急管理系统带来了严峻的挑战。由于城市规模化发展,面临的突发事件呈现出密集、聚集、叠加的特点,在各种突发事件中表现出非线性连锁,具有更快的速度、更多样化的渠道、更广阔的时空传播特性,造成更加严重的伤害。

我国目前已经进入城市化的加速期、关键期和“城市病”的多发期。城市的承载能力越来越不适应急剧增长的人群需求;城市群的不断涌现和扩展延伸,导致地质、环境容量过载；不合理的工程活动和各类事故诱发各种灾难，或造成各种灾难的耦合。发达国家上百年工业化进程中分阶段出现的问题，在我国改革开放40余年来集中凸显，呈现出结构性、复合性、压缩性的特点。

3. 突发事件的网络联动影响程度更高

从影响的速度、程度和幅度来看，突发事件的重大变化可在短时间内对不同时空区域产生广泛影响，“蝴蝶效应”呈明显上升趋势。当今，随着互联网时代的到来，区域性事件甚至可对偏远地区造成影响。世界主要城市和工业中心的灾难性自然灾害造成的破坏可能扰乱该国的经济体系，并对全球市场产生影响。从影响规模来看，大规模突发事件对现代社会，特别是对关键社会资源和行政能力的影响正在增加，并且这种趋势将持续下去。

（三）影响全球突发事件变化的主要因素

影响全球突发事件变化的因素有很多。这些变化有的直接受到单个因素的影响，有的也受多个因素的相互作用影响，更为重要的是，这些因素本身也在变化，使得全球突发事件变化呈现更加复杂、多元的特点。

1. 世界人口不断增长

根据联合国人口署的预测，到2080年世界人口将达到顶峰，突破106亿，在此后将逐渐下降，到21世纪末降至103.5亿。这些增长主要体现在城市人口的增加上，以中等和低收入国家，尤其是亚洲和非洲居多（见表1–5）。

表1–5　全球城市与农村人口的增长情况　　单位：百万人

年份	1950	1970	1990	2010	2030（预计）
世界城市人口	737	1 332	2 275	3 495	4 965
世界农村人口	1 798	2 367	3 020	3 412	3 426

资料来源：International Federation of Red Cross and Red Crescent Societies，World Disaster Report 2010：Focus On Urban Risk.

人口增长以及人均收入的增加，将增加对食品、水源、能源和土地的需求（包括居住地和耕地），会加大各种环境压力，并导致新型传染病的发生和传播等问题。总体而言，世界人口经历了三个变化。一是人口老龄化。这增加了整个人类系统的脆弱性。例如，流行病学家认为中长期全球流感的潜在影响，可能增加对各种传染病的脆弱性，并且随着人口老龄化而更具破坏性。二是移民活动。这可能导致感染和新的未知感染的风险。除了经济和政治因素外，海平面上升、沿海地区下沉、干旱、缺水等环境问题也可能导致大规模移民。三是城市人口增加。随着全球化的发展，“区域城市”正在成为全球经济的主导力量。此类中心城市的发展都将超过城市的承受能力、基础设施的承受能力以及基本健康和卫生设施的供应能力。同时，大城市群落中人口、活动和资产的集中增加了其遭受诸如自然灾害、技术性危害以及传染性疾病事件的风险。

2. 全球变暖、环境污染等问题突出

全球气候变化及其负面影响是人类共同关注的问题。工业革命以来的人类活动，特别是发达国家，在工业化进程中消耗了大量的能源资源，从而导致大气中温室气体浓度上升，这是全球变暖的一大特征。在过去的50年里，它影响了世界的自然生态系统。它对人类社会的生存和发展产生了巨大的影响并带来了严峻的挑战。根据科学研究，1906—2005年世界平均地表温度上升了0.74℃，预计到21世纪末将上升1.1℃~6.4℃。20世纪中叶以来全球平均气温上升主要是由于化石燃料的燃烧和土地利用的变化。随着未来气候变暖的加剧，海平面上升趋势将更加强烈，全球极端天气和气候变化的频率可能增加。降水分布不均更加明显，强降雨频率增加。干旱地区可能扩大，土壤荒漠化和水资源短缺可能加剧。

此外，过度捕捞、污染、环境退化和外来物种的入侵也会给生态系统带来重大变化，导致某些物种灭绝。20世纪90年代中期，全世界约有5 200种动物和34 000种植物濒临灭绝。从长远来看，对生物多样性的破坏显著改变了自然灾害的性质。多样性扩展了系统内的潜在相互作用，从而提供了高度的稳定性和韧性。生物多样性可以决定生态系统对灾害的抵抗力和复原力。

3. 新兴科学技术飞速发展

随着科学技术的发展，各行各业的兴起与发展也日新月异，正日益改变着社会的经济、政治、文化以及生活。一方面，科学技术是推动人类社会发展的生产力和革命性力量。另一方面，科学技术也使人类面临各种风险。科学技术是人类认识和改变自然的力量。人类活动决定了它是否具有积极或消极的影响。在这种情况下，有必要正确审视当今世界科技发展趋势，关注科技对经济、社会、生活发展的影响。

此外，科学技术的快速发展显著提高了资源的利用率，但也直接导致了土地、矿产等不可再生资源日益枯竭。在科技发展过程中，社会整体发展结构和态势发生了较大变化，对于普通人来说，科技发展极大地提升了原有生活质量；对于国家来说，科学技术是第一生产力，也是增强国家核心竞争力的关键手段。科学技术使得人与人之间的交流日益便捷，但也使得消极影响的传播范围更大、速度更快。

4. 社会结构变迁，社会管理难度增加

世界各国正发生着剧烈的变化，尤其是人口方面。由联合国发布的《世界人口展望(2017年修订版)》预测，全球60岁以上的人口数量将由2017年的9.62亿上升至2050年的21亿和2100年的31亿，60岁及以上人口的增长速度已经超过年轻人口增速，全球人口正在步入老龄化阶段。而且不仅是发达国家面临人口老龄化，发展中国家也面临着同样的困扰，人口老龄化有可能成为21世纪最重要的社会趋势之一。从整个社会来看，人口特征尤其是不同年龄阶段的人口比例变化会影响全社会的消费需求情况。如各国的房价会随着老龄化程度的提升而下降。韩国、日本、意大利、希腊、葡萄牙、西班牙等老龄化较严重的国家，实际房屋价格涨幅均低于平均水平，甚至出现下跌趋势。各国经济发展速度、经济实力各不相同，经济发展的重心不断转移。伴随着知识经济时代的到来，发达国家和发展中国家之间的收入与财富差距呈不断扩大的趋势，发展问题可能以大规模无法控制的移民流、犯罪活动甚至是恐怖活动的形式呈现在国际舞台上。

二、我国应急管理发展现状及趋势

进入21世纪以来，我国自然灾害、事故灾难、公共卫生和社会安全事件时有发生。2003年的“非典”、2008年年初南方雪灾、5月汶川地震，以及2020年年初开始的新冠肺炎疫情，都造成了我国人民生命财产的巨大损失。这些特大事故的发生，对我国应急管理提出了新的挑战和要求，同时也促进了我国应急管理的快速发展。

（一）我国突发事件的主要类型及其特点

针对突发事件的分类方式与角度很多，本书按照《中华人民共和国突发事件应对法》和《国家突发公共事件总体应急预案》的规定，将我国突发事件的类型分为自然灾害、事故灾难、公共卫生事件和社会安全事件（见表1-6）。

表1-6　我国突发事件的主要类型

类型	示例
自然灾害	水旱灾害、气象灾害、地震灾害、地质灾害、海洋灾害、生物灾害和森林草原火灾等
事故灾难	工矿商贸等企业的各类安全事故、交通运输事故、公共设施和设备事故、环境污染和生态破坏事件等
公共卫生事件	传染病疫情、群体性不明原因疾病、食品安全和职业危害、动物疫情，以及其他严重影响公众健康和生命安全的事件
社会安全事件	恐怖袭击事件、经济安全事件和涉外突发事件等

1. 自然灾害发生频繁，威胁严重

近年来，由于气候变暖，我国异常天气和气候变化频繁发生，高温、洪涝、干旱等风险加大，地质灾害风险也随之增加。这些高风险地区集中在东部人口密集、经济发达的地区。随着经济全球化和城市化进程的快速推进，各种灾害风险交织叠加，我国自然灾害面临更加复杂严峻的形势和挑战。受气候异常、林区可燃物超载、野火源管理困难等因素影响，部分林区发生森林火灾的风险较高。在汛期，洪水、台风、山体滑坡和泥石流风险很高。防范和化解重大灾害风险、保障人民群众生命财产安全、保障经济社会可持续发展的压力越来越大。近年来，我国自然灾害及其衍生和次生灾害的突发性和危害性进一步增加。2001年至2019年，我国每年平均因自然灾害死亡人数超3 000人（不包括2008年汶川地震数据，此次灾害死亡人数为69 227人），17 923人失踪，需要紧急转移安置受灾群众1 510万人，经济损失超8 451亿元（见表1-7）。自然灾害是一个系列链条，易于引发次生灾害和衍生事件，因此具有很强的社会危害性。

表 1-7　全国因自然灾害死亡人数与经济损失统计(2001—2019 年)

年份	2001	2002	2003	2004	2005	2006	2007	2008	2009	2010
直接经济损失(亿元)	1 942.2	1 717.4	1 884.2	1 602.3	2 042	2 528	2 363	11 752	2 524	5 339.9
受灾人口(万人次)	3.7	3.7	4.9	3.4	4	4.3	4	4.8	4.8	42 610.2
受灾死亡人口(人)	2 538	2 384	2 259	2 250	2 475	3 186	2 325	88 928	1 528	6 541

年份	2011	2012	2013	2014	2015	2016	2017	2018	2019	
直接经济损失(亿元)	3 096.4	4 185.5	5 808.4	3 373.8	2 704.1	5 032.9	3 018.7	2 644.6	3 270.9	
受灾人口(万人次)	43 290.0	29 421.7	38 818.7	24 353.7	18 620.3	18 911.7	14 448.0	13 553.9	13 759.0	
受灾死亡人口(人)	1 014	1 530	2 884	1 818	967	1 706	979	589	909	

资料来源:国家统计局网站。

2. 安全生产任重道远

我国安全生产形势总体稳定。“十三五”期间,铁路重大事故、道路运输重大事故的死亡人数分别下降 75% 和 69%,水上较大事故起数明显下降,民航实现连续安全飞行 124 个月。随着相关制度不断完善,我国应急救援处置能力不断提升,海上搜救成功率达到 96.2%。全国生产安全事故起数、死亡人数从历史最高峰 2002 年的 107 万余起、13 万余人,降至 2020 年的 3.8 万余起、2.74 万余人,按可比口径累计分别下降 85.1% 和 70.9%;重特大事故从 2001 年的 140 起、2 556 人降到 2020 年的 16 起、262 人,累计分别下降 88.6% 和 89.7%。

然而,我国安全生产的困难局面并没有根本改变。我国经济快速发展,能源、资源和交通供应长期紧张,安全生产基础薄弱。一些地区和企业不履行职责,不受监管。2021 年以来,国内安全生产形势总体平稳。但是在矿山,发生严重事故数量和死亡人数均同比增加。道路交通、燃气、隧道建设等行业重特大事故集中,安全形势严峻、复杂。主要表现如下:一是事故和伤亡总数高。表 1-8 显示了 2000 年至 2019 年的全国安全事故、道路交通事故及死亡人数统计。二是重大事故多。根据生产安全事故造成的人员伤亡或直接经济损失,《生产安全事故报告和调查处理条例》将生产安全事故分为四个等级。特别重大事故,是指造成 30 人(含 30 人)以上死亡,或者 100 人(含 100 人)以上重伤(包括急性工业中毒,下同),或者 1 亿元(含 1 亿元)以上直接经济损失的事故;重大事故,是指造成 10 人(含 10 人)以上 30 人以下死亡,或者 50 人(含 50 人)以上 100 人以下重伤,或者 5 000 万元以上(含 5 000 万元)1 亿元以下直接经济损失的事故;较大事故,是指造成 3 人(含 3 人)以上 10 人以下死亡,或者 10 人(含 10 人)以上 50 人以下重伤,或者 1 000 万元以上(含 1 000 万元)5 000 万元以下直接经济损失的事故；一般事故，是指造成 3 人以下死亡，或者 10 人以下重伤，或者 1 000 万元以下直接经济损失的事故。事故不仅导致人民生命财产的损失，而且在国内外都产生了负面影响。三是违法违规生产经营建设活动屡禁不止，安全基础不强，隐患排查治理不彻底，安全管理监督不到位，这个问题在一些地方和企业中更加突出。四是环境安全形势严峻。100 多年来发达国家在工业化进程中阶段性出现的环境问题，在我国发展的 40 多年内集中出现，表现出结构、复合、压缩等类型特征。由于活跃的社会和经济活动，区域和流域的环境问题和事件逐渐增加。其中，因生产事故和交通事故造成的环境污染和生态系统破坏事件显著增加。

表 1-8　2000—2019 年全国安全事故、道路交通事故及死亡人数统计

年份	2000	2001	2002	2003	2004	2005	2006	2007	2008	2009	2010
安全事故（起）	—	1 000 629	1 073 434	963 976	854 570	727 945	627 158	506 376	413 752	379 248	363 383
安全事故死亡人数（人）	120 351	130 491	139 393	137 070	136 755	126 760	112 822	101 480	91 172	83 196	79 552
道路交通事故（起）	616 971	764 919	773 137	667 507	517 889	450 254	378 781	327 709	265 204	238 351	219 521
道路交通事故死亡人数（人）	93 853	105 930	109 381	104 372	107 077	98 738	89 455	81 649	73 484	67 759	65 225
万车死亡率	14.7	13.5	11.9	10.8	9.9	7.6	6.2	5.1	4.3	3.6	3.2

年份	2011	2012	2013	2014	2015	2016	2017	2018	2019		
安全事故（起）	347 728	336 988	309 303	305 688	67 107	63 205	52 988	49 543	40 477		
安全事故死亡人数（人）	75 572	71 983	69 453	66 048	44 760	43 062	37 852	34 567	29 519		
道路交通事故（起）	210 812	204 196	198 394	196 812	187 781	212 846	203 049	244 937	200 114		
道路交通事故死亡人数（人）	62 387	59 997	58 539	58 523	58 022	63 093	63 772	63 194	52 388		
万车死亡率	2.8	2.5	2.3	2.2	2.08	2.1	2.06	1.93	1.8		

3. 公共卫生事件影响大,防控难

公共卫生事件是指突然发生,造成或者可能造成社会公众健康严重损害的重大传染病疫情、群体性不明原因疾病、重大食物和职业中毒以及其他严重影响公众健康的事件。

传染病是由各种病原体感染引起的具有传染性质的疾病。不同种类的传染病能够在人与人、动物与动物或人与动物之间相互传播,危害性大。在人类历史上有非常多的传染病,例如天花、鼠疫、霍乱、结核、白喉等,给人类的健康造成了严重威胁,无数个人、家庭为此付出了惨痛的代价。近几年随着科学技术的发展和医学的长足进步,在预防和控制传染病方面已经取得重大的突破。目前危害人类的大多数传染病都得到了有效控制,有的甚至已经被消灭或基本消灭。然而,20 世纪 70 年代以来,人类传染病的一些新变化给传染病的防治带来了新的挑战。一方面,已被控制或根除的传染病卷土重来。另一方面,艾滋病、"非典"、埃博拉、出血热等新型传染病不断涌现,其中包括在世界范围内传播的传染病。

2003 年"非典"疫情,仅我国内地就报告 SARS 病例 5 327 例,其中死亡 249 人,国家统计局数据表明经济损失高达 933 亿元人民币,约占 2003 年 GDP 的 0.8%。2005 年我国内地发现的 H5N1 高致病性禽流感病例 24 例,其中死亡 15 例。2009 年又暴发了甲型 H1N1 流感。2013 年我国首次发现人感染 H7N9 禽流感,至 2014 年 2 月底全国共确诊 377 例。我国每年通过网络直报系统报告的突发公共卫生事件有上千起,其中约 70% 为传染病疫情。2020 年年初新冠疫情暴发,截至 2023 年 5 月 5 日世界卫生组织宣布新冠疫情不再构成"国际关注的突发公共卫生事件"时,新冠疫情造成全球 6 921 614 人死亡。

同时食品污染和食物中毒重大事件时有发生,日常生活食物中毒事件不断,占每年报告的突发公共卫生事件的 15% 左右,食品安全已成为继人口、资源和环境之后的第四大社会问题。农产品违规使用高毒、高残留农药和食品非法添加现象(如非法添加三聚氰胺、瘦肉精、塑化剂等)仍未杜绝,化学性污染的危害显著,细菌性食物中毒、食用农产品源头农业投入品滥用、食品生产经营中滥用食品添加剂、亚硝酸盐中毒、有毒动植物性食物中毒等食品安全事件和食源性疾病时有发生。2004 年至 2011 年,卫生部(现国家卫生健康委员会)通过公共卫生应急网络直报系统共收到全国中毒报告 3 398 起,中毒 106 567 人,死亡 1 693 人,主要发生在家庭和集体食堂,特别是农村地区。2018 年全国共报告食物中毒 291 例,累计报告 7 856 例,死亡 98 人。其中,细菌性食物中毒病例数和中毒人数分别占总数的 36.77%(107/291)和 63.11%(4 958/7 856),主要致病因素为沙门氏菌、副溶血性弧菌、大肠埃希氏菌、金黄色葡萄球菌及肠毒素等。

此外,全国职业病危害也呈上升趋势,特别是矿工的尘肺病和化工厂的职业病尤为严重。

4. 社会安全形势复杂严峻

我国改革发展正处于关键阶段,各种利益关系交织,维护社会稳定挑战重重,社会安全面临的形势更加复杂严峻。

由于经济社会发展存在不平衡,改革过程中机制和法制不完善,经济快速发展中社会发展相对滞后，对社会治安影响很大。在新的国际形势下，国际恐怖活动的风险不容忽视，国内外极端分子的各种恐怖袭击也威胁着社会安全。

随着中国社会的进步和发展，经济、文化、思想观念发生了变化，整个社会呈现出新的结构形式和特点，社会发展的需要随之发生了变化，对社会保障治理的要求也同样发生了变化，需要采取综合性的社会保障治理实践，开创社会保障治理新格局。所有公民都希望生活在一个幸福安宁的社会中，社会治安治理肩负着建设和谐社会的使命。特别是近年来，各类社会保障事故频发，迫切需要加强社会保障治理。传统社会安全治理方式重监管，新型社会安全治理重法治，综合运用多种手段建立防范体系，建设安全治理文化，改善安全治理环境，提升安全治理水平和质量。

（二）我国应急管理工作面临的挑战

近几年来，我国经济社会发展取得了丰硕成果，应急管理整体实力有所提升，应急处置工作成效显著。一是自然灾害增多，但人员伤亡和财产损失明显减少。二是国民经济平稳较快发展，能源、交通等各行业快速发展，安全生产形势持续改善。三是在贸易频繁、人员涌入、病毒变异加剧等情况下，能够有效防控各类重大流行病和传染病的传播。四是全国信访群众案件总量和参与人数持续下降，社会大局保持稳定。但是暴露出来的问题也不少，如：

2003 年 SARS 暴发期间，运输业开始紧急运送救灾物资和人员。此后，我国交通运输部门不断完善应急交通相关法规，如颁布《公路交通突发事件应急预案》《水路交通突发事件应急预案》《关于道路运输应急保障车队建设的指导意见》等文件，规范应急物资运输、防疫管理和应急救治、医疗等事项。即便如此，2020 年年初新冠疫情暴发，大部分地区仍然缺乏口罩、消毒剂、防护服等物资，部分地区生活必需品紧缺，应急物资不足。由此可见，采取大规模的防疫和管理整治措施方法有待改进，疫情联动应对机制有待优化。

总体来看，我国应急管理工作面临的挑战主要体现在以下 4 方面。

1. 我国的社会环境复杂

当前，受全球气候变化影响，极端天气增多趋势显著，自然灾害的突发性、异常性和复杂性在增加，发生严重自然灾害的可能性在增加，人民生命财产安全和经济社会可持续发展面临严峻挑战。科学认识灾害规律，有效缓解灾害风险，实现人与自然和谐共生，需要全社会共同努力。

新冠肺炎疫情发生以来，各方携手应对人类共同挑战已成为国际共识。中国与国际社会分享减灾救灾应急管理“中国成就”“中国经验”“中国方案”，为国际减灾和世界可持续发展作出自己的贡献：一是防灾减灾方面。包括国际减灾与政策研究、自然灾害风险防范能力建设、自然灾害监测预警体系建设、减灾关键技术研究、空间技术在减灾领域的应用。二是应急救援方面。在重特大自然灾害、事故灾难应急救援政策制定与合作机制、城市搜救能力和救援队伍建设、应急救援训练基地联盟和国际培训师资网络建设、社会力量参与救灾机制、应急救援物资装备研发及跨国救援物资装备储备库建设等方面开展合作。三是安全生产方面。共同开展安全生产战略规划和政策研究、安全生产执法能力建设,并在重点行业领域开展安全生产法律法规与技术标准、安全生产风险管控和科技支撑能力建设,帮助企业建立安全生产管理体系和提升安全管理能力等。

2. 城市化发展带来新的挑战

21 世纪是城市化发展的世纪,经济全球化、工业化、城镇化和信息化将是世界经济、社会和人文环境发展的主旋律。随着城市化进程的加快,城市越来越成为人类社会经济生活的中心。此外,随着社会信息化的形成和跨国公司的介入,城市在新的分工中扮演着越来越重要的角色。城市具有空间集中、人口密度高、经济多元化、集聚化、开放高效、社会活动广泛等特点。由于人口众多、建筑密集、财富集中,城市是经济、文化和社会的中心。因此,城市灾害具有损失大、影响大、突发性强、灾害损失严重等特点。

3. 科学技术依赖性问题层出不穷

自然灾害、事故灾难、公共卫生事件和社会安全事件等各类突发事件的关联性越来越强,互相影响、互相转化,导致产生次生、衍生事件或各种事件的耦合。水、电、油、气、通信等生命线工程和信息网络一旦被破坏,轻则导致经济损失和生活不便,重则会使整个社会陷入瘫痪。例如,汶川地震和玉树地震暴露出农村和学校、医院等公共服务设施抵御自然灾害的能力相当薄弱等。2022 年 1 月,位于南太平洋岛国汤加的洪阿哈阿帕伊岛火山突然猛烈喷发,导致汤加多地受灾,电力、通信、航路一度中断,不少房屋、设施、农作物被毁,水源被污染,物资极度紧缺。这些都暴露出应急管理工作对于科技的依赖性。

4. 影响社会安全的不稳定因素值得关注

我国当前安全环境中存在不稳定因素,如经济社会收入差距较大,独立性、选择性、多样性和意识形态活动差异较大等。不仅资源约束趋紧,环境污染、生态系统退化等问题也时有发生。在经济发展方面,农业基础薄弱,主要依靠工业实现经济增长,过度依赖物质资源的投入和土地、资金等低成本的收益。现代服务业处于发展过程中,科技创新能力不足,城乡发展差距较大,经济发展动力不足。这些在一定程度上直接或间接影响了社会的安全稳定。

三、国外应急管理发展现状及趋势

气候变化、快速城镇化等问题日益突出,各种灾害频发,严重影响人民群众生命财产安全、社会经济发展。在应急管理的新背景下,研究总结国外应急管理体系的发展和趋势,可借鉴发达国家在建立应急管理机构、设计应急管理机制等方面的优势。分析新形势下的新发展能够为我国应急体系建设、应急研究人员和应急机构管理人员提供参考。

(一)国外应急管理机构发展现状

经过长期发展,美国已形成一套完整的应急管理机构体系,由联邦、州、县、市、社区五级机构组成。在联邦政府中,总统作为“总司令”负责协调工作,可以宣布全国进入紧急状态。在联邦一级,应急管理事务由联邦应急管理局与国土安全部负责。在地方层面,各州、市、县均设有应急响应中心,负责处理可控范围内的突发事件。在社区层面,应急管理是基于志愿者的非营利组织的职责。此外,许多美国民间社会组织积极参与应急响应和救援,让政府系统和民间社会组织能够协调合作。

在加拿大,应急管理系统从上到下分为三个层次:联邦、州和市。在联邦一级,专门设立了公共安全部,负责联邦应急管理。其下属的政府响应中心是国家应急管理体系的核心,负责监督和协调联邦应急响应。每个州、市都有相应的危机应对机构,负责辖区内发生的安全事件的应对和支持。加拿大应急管理的一个关键特征是健全的法律制度。各级政府都制定了详细的应急管理法律法规,对规划和组建应急队伍、准备应急资源等各个环节都有明确的规定。

在日本,从中央到地方都设置了应急管理机构,以首相为第一责任人,内阁办公室负责统筹协调,内阁会议负责审查和制定应急响应规则,警察、消防和其他国家部门提供支持和合作。内阁总理拥有处理安全紧急情况的最高决策权。内阁办公室负责沟通和协调应对突发事件,确定灾害较详细情况,向相应的下属部门传达信息,并让地方政府制定对策。措施最终将通过防灾机制、中央防灾委员会等决策机构确定,最后由地方各部门开展具体的救灾活动。

（二）国外应急管理发展趋势

在国际上,一些发达国家高度重视应急管理工作,对于应急预案及相关管理工作都进行了积极探索,并取得了明显成效。国际应急管理的发展趋势主要体现在以下几点:

1. 转向综合性、预防性、协调性的减灾与应急管理

第一,单一事件处置越来越不能满足应急管理的工作要求,各国向多种事件综合管理转变。从单纯的自然灾害处置向各类突发事件管理延伸,使得公共卫生、事故灾难、社会安全等突发事件的应急处置工作日渐完善。第二,从“重在处置”向“预防为主”转变。提前对各类潜在危害因素打“预防针”,保持警惕,未雨绸缪。第三,从单方面减灾转变为综合、系统减灾。不再单单重视减轻灾害的后果,而是转变为减轻灾害风险、加强风险管理,并将减灾与可持续发展相结合。第四,应对一个方面或者一个区域的突发事件已不能满足减灾及应急管理的要求,需要关注更多领域、更大区域的发展。由一个地区减灾向整个国家减灾转变,由一个国家减灾向区域减灾和全球减灾转变,更加强调运用先进的科技手段与方法同灾害防治、应急管理相结合,更加强调合作、协调、联动和高效。

2. 强调政府在应急管理中的重要作用

怎样才能做到灵活有效地应对与管理各种突发事件,并在灾害发生后能够在较短的时间内控制事态、降低损失、维护政府公信力,是应急管理工作的一个重要方面,也是世界各国政府面临的重要挑战。应对突发事件的水平往往体现着一个政府的管理水平和能力的高低。许多国家对于突发事件的应急管理给予充分的重视,规划建立了具有本国特色

的应急管理制度，并且形成了具有本国特色的应急管理体系。总体表现在以下五个方面：① 强化领导权威，形成强有力的指挥协调中心。② 成立领导直属的综合应急管理机构，协助领导开展综合应急管理工作。③ 成立一个由各方代表组成的委员会，负责决策、联系和协调应急管理问题。④ 依托现有机构，重新界定现有机构职能，重塑现有机构职能结构，强化应急管理职能，构建政府应急管理体系。⑤ 加强政府间相互支持和良好合作，形成政府间应急管理合作体系。

3. 建立全政府、全社会网络应急管理体系

全政府、全社会网络应急管理体系主要表现在：一方面，强调政府在应急管理中的重要作用；另一方面，确保政府的各个执行机构与社会的一些公共组织、私人团体及个人都能实现良好的合作。并且公民、工商业组织及社会组织都能高度参与应急管理工作。比如在德国，社会化、组织化、专业化的志愿者在应急管理中承担了重要的职责，是应急管理的救援主体。德国的志愿者制度有一套激励和约束制度，保证志愿服务体系有效运行和可持续发展。据统计，德国目前有 2 300 万名志愿服务者，但德国总人口只有 8 000 万。志愿者覆盖多种公共服务领域，业余时间参加登记区的专业培训，并根据需要提供专业的志愿服务。在应急管理领域，德国有 5 个私人志愿救援组织和几个国家控制的专业志愿者团体。例如，消防领域的志愿者有 120 万人，但全职员工不到 3 万人。在卫生防疫领域拥有志愿者 50 万人，远远超过全职工作人员。拥有专业志愿者 80 000 人的联邦技术救援部只有全职工作人员 800 人。

国外还注重在应急管理中运用市场化手段。比如，在德国的灾难救援体系中，全覆盖的国家强制保险以及各种社会保险作为一种具有代表性的市场化手段，发挥了重要的作用。以 2009 年科隆档案馆倒塌事件为例。档案馆是在附近地铁开挖过程中突然倒塌的，与档案馆两侧相连的民居同时损毁并且需要拆除，由此产生了需要进行临时安置以及房屋重建的居民。在这一突发事件的处置中，受灾居民的临时安置由科隆市财政局出资，房屋重建则由承保公司按照合同出资；其后保险公司会通过法律途径起诉引发档案馆倒塌事故的责任主体，比如有可能是地铁建筑公司，而地铁建筑公司在开工之前也购买了相应的工程事故保险，承保方也会通过再保险的方式将风险进一步转移出去。这种全覆盖的连环保险，至少发挥了 3 个方面的作用：一是灾难发生前对风险进行社会分摊；二是灾难发生后损失赔偿的多元主体，而不是国家独力支撑；三是通过费率杠杆撬动安全意识，即安全生产是有经济杠杆激励的，因为承保企业对于投保企业的保险费率是随着安全生产水平的升高而降低的。

4. 完善应急管理程序，推进突发事件应对的制度化、规范化建设

包括对突发事件发生发展的演化规律进行研究，对突发事件的类别、等级及其应对阶段进行划分与确定，针对突发事件应对过程中的信息管理、资源保障、演练培训等关键要素进行分析并制定相应的规划与方案等。由于突发事件的种类繁多，针对不同的事件所采取的措施也有所不同，因此应急管理的程序也不是千篇一律的。因此，完善应急管理程序存在着巨大的困难，往往只能勾勒出应急管理程序的主线，这也是各国应急管理流程的共同之处。比如在美国，联邦和各州处置突发事件主要通过一些相关的紧急计划来进行，

这些计划都规定了详细的步骤。从工作程序上看，处置过程大致分为四步：一是发生前的预警措施，包括制订预案、组织培训和演练；二是事件发生后的快速反应，防止危害进一步扩大；三是事件发生后的恢复和重建工作，这一阶段的主要任务是恢复正常的生产、生活秩序；四是进一步减少危害，总结经验教训。

5. 通过法制体系授权，保证应急管理工作顺利进行

古代社会的应急管理是人治之下的管理，主观随意性突出，往往因事设法，一切都随统治者的喜好而定，因而经常发生侵犯人权的现象。相比而言，现代社会普遍崇尚法治，无论在常规行政管理中还是在应急管理中都要依法行政，强调依法管理。现代国家都普遍确立了法律在应急管理中的主导地位，这包括制定与执行紧急状态法、行业安全法律法规、突发事件应对预案等一系列常规与非常规状态下的法律与法规。与此同时，因各国具体情况不同，法律的表现形式和法制体系也有所不同。

四、我国交通运输应急管理工作的挑战与趋势

交通运输是应急管理体系的重要组成部分。借鉴国外有益经验，对提高我国交通运输部门应急管理能力和水平，更好地服务交通强国建设具有现实意义，是实现交通应急管理体系和能力现代化、防范和化解重大风险的必然要求，是推进国家治理体系和能力现代化的必然要求。我国始终贯彻“以人为本，生命至上”的原则，满足人们对美好生活的向往，努力建设和平美丽的中国。

（一）交通运输应急管理体系的挑战

我国交通运输应急管理体系建设仍存在以下挑战：

1. 应急指挥及统一协调能力需要提升

2018 年以前，我国应急管理模式是按突发公共事件类别、原因分别由对应的行政部门负责，例如属于交通运输领域的由交通运输部负责。在应急处置过程中，形成分层的指挥体系，按事件后果分级标准实施相应级别的行政干预。我国水上交通安全管理由中央垂直管理与属地管理相结合；公路、铁路等由行业指导与属地管理相结合；交通运输部相关职能部门承担各自职责范围内的应急管理工作。2018 年我国应急管理体制和机制有了重大改革，第十三届全国人大一次会议批准了《国务院机构改革方案》，成立应急管理部，强化应急管理的综合协调职能，将政府各个相关部门、社会可动员和支配的相关资源纳入统一的指挥调度系统，提高综合协调能力，这也是当前各国应急管理工作的共同要求和趋势。

2. 交通运输应急管理法律法规需要完善

我国应急管理法律体系经历了从无到有、从分散到综合一直不断完善的过程，以《中华人民共和国宪法》为依据，以《中华人民共和国突发事件应对法》为核心，以含紧急状态的相关法律法规为配套，不断完善应急管理相关的法律法规。党的十八大以来，应急管理工作逐步走上了规范化、法治化的轨道，与交通应急有关的法律法规不断出台，如《中

华人民共和国道路运输条例》《中华人民共和国内河交通安全管理条例》《中华人民共和国河道管理条例》《中华人民共和国海上交通安全法》《中华人民共和国海上交通事故调查处理条例》《铁路运输安全保护条例》《交通运输突发事件应急管理规定》等。但是有些法律法规,不够全面,缺乏交通运输领域的专门立法。现有的部分法律条例在内容上较为抽象,缺乏具体的配套制度、实施细则和办法,可操作性不强。

3. 编制科学、系统的应急预案

2018 年,我国交通运输部出台了交通运输应急综合预案,提高了交通运输突发事件的应对和保障能力,发挥了交通运输部门应对突发事件的作用。中央和地方交通主管部门借鉴美国交通应急预案的经验,明确了中央应急预案框架内的相关关系。为自觉配合应急行动,避免现场指挥混乱,需要有关部门广泛参与制定应急预案。交通应急预案内容需要定期更新,相关技术和管理不断更新。同时,对国内外交通部门的突发事件进行调查、反思、总结、比较和改进,以提高应急预案的效用。

4. 应急管理人才培养培训需要加强

交通安全应急管理专职人员配备不足,道路安全应急专业知识培训不足。加强交通安全应急管理人才队伍建设,不仅可以完善应急专家库,还可以组织多层次的教育培训。基层交通部门,使用实践案例和现场教育来提高现实世界的应急响应能力。加强中央和地方政府交通应急管理人员培训,强调应急理论和应急预案的制定和实施。此外,发挥交通智库的作用,完善交通突发事件理论研究,为领导决策提供智力支持。

5. 重视高新技术在交通运输应急管理中的应用

加强交通安全应急响应关键技术研究,推动前沿技术在交通应急响应中的实际应用,特别是需要更好的技术和信息化能力支撑。最大限度地利用大数据、物联网、移动互联网、智能感知、数据融合等技术,建立集监测、预警、管控于一体的网络智能安防监控平台和基础数据信息系统,互联互通,注重共享。

(二)交通运输应急管理工作的趋势

要深刻认识做好交通应急管理工作的方式和规律,加强党的领导,健全体制机制,用好制度。贯彻落实“两个坚持、三个转变”机制核心理念,全力抓好重点目标任务落实,使应急管理综合能力和水平不断提高。一是坚决贯彻落实党中央、国务院决策部署,做好安全生产、交通服务保障工作。二是深入总结突发事件如疫情防控工作经验,完善规划,夯实应急管理基础。三是继续推进交通应急体系和功能现代化,推动高质量发展。四是坚持底线思维,强化紧迫感,加强情景建设,提高防范和应对重点风险能力。五是完善应急工作运行机制。六是充分发挥交通综合应急指挥中心的信息化优势,打造专业化应急任务中心、智能化信息交换中心、常态化调度指挥平台。七是全力做好安全生产和应急处置工作,加强部门协调和源头防范。八是主动配合有关部门做好重大活动交通安全工作,确保万无一失。

思考与练习

1. 结合具体应急管理实例，阐述应急管理的特点，说明每个特点在实例中的体现。

2. 查阅资料，对突发事件的每一类别各举 3~4 个例子。

3. 当今世界各类突发事件频繁发生，在工作生活中需要有居安思危的意识，请谈一谈中国在当前突发事件频发的大背景下，都做了哪些努力。

4. 科学技术会导致技术事故灾难，也为应急管理工作探索出更多的可能性，在科技日益飞速发展的今天，如何看待科学技术对于应急管理的影响。

5. 请思考我国交通运输领域的应急管理工作还需要做出怎样的探索。

即测即评

第二章
应急管理体系

我国应急管理体系的建设经历了漫长且日趋成熟的过程,形成了应急预案,建立健全了应急管理法制、体制和机制。在当今时代发展因素复杂多变的情况下,更需深化应急管理体系改革,寻求新突破、新进展。政府及其他公共机构在突发事件的事前预防、事发应对、事中处置和善后恢复过程中,通过建立必要的应急管理体系,采取一系列必要措施,应用科学、技术、规划与管理等手段,保障公众生命、健康和财产安全,促进社会和谐健康发展。

应急管理法制的建设在深入总结群众实践经验的基础上,制定了各级各类应急预案,形成了应急管理体制机制,并且最终上升为一系列的法律、法规和规章,使突发事件应对工作基本上做到了有章可循、有法可依。应急管理法制是指针对突发事件及其引起的紧急情况,制定或认可的处理国家权力之间、国家权力与公民权利之间、公民权利之间各种社会关系的法律规范和原则的总称。它是一个国家法律体系的基本组成部分。我国应急法制体系发展经历了三个重要时期:2003 年“非典”疫情暴露的应急立法需求是应急法制体系的形成阶段;2008 年“5·12”汶川大地震后的密集立法是应急法制体系的快速发展阶段;2018 年应急管理体制改革之后的立法趋势是应急法制体系的革新阶段。

《中华人民共和国突发事件应对法》的颁布实施标志着我国应急法制体系建设进入了一个全新的发展阶段,由“一事一法”模式进入了综合性立法模式。此外,在对法律法规进行全面梳理的基础上,形成了“1+5”的应急管理法律体系框架,1 是应急管理方面的综合性法律,5 是五个方面的单行法律,包括安全生产、消防方面的法律,以及自然灾害防治、应急救援组织、国家消防救援人员方面的法律。

我国形成了统一指挥、专常兼备、反应灵敏、上下联动的应急管理体制和综合协调、分类管理、分级负责、属地管理为主的工作体系。突发事件全过程中各种制度化、程序化的应急管理方法与措施组成了重要的应急管理机制。应急管理体制、机制与法制,结合应急预案的制定与修订,共同形成了我国的应急管理体系。

第一节 应急管理体制

一、我国应急管理体制建设的背景

灾难自古就有，人类社会甚至可以说是在灾难应对的基础上建立和发展完善起来的。我国历史文化悠久，在漫长的社会发展进程中，不断经历着各种各样的灾难，从远古时期的大禹治水再到今天面对新型冠状病毒引起的肺炎疫情的现代化综合应急管理，我国积累了丰富的应急管理经验。自古以来，许多应急管理思想就已经形成，例如“居安思危，思则有备，有备无患”“凡事预则立，不预则废”“亡羊而补牢，未为迟也”……这些安全观念和方略，对应的应急管理模式及理念不断更新发展，具体做法也在不断迭代进步，无疑对当今的应急管理工作有着借鉴意义。

中华人民共和国成立以来至 2002 年，是以议事协调机制为主的单灾种管理时期，我国逐步建立了以部门为主的应急管理模式，为应急管理工作奠定了良好的基础。针对多地区、多类型、多级别的突发事件和重大灾害，我国最开始的应急模式是多头管理，依靠非常设机构协调不同部门履行职责。但专业化、单一化的单灾种分类管理不能适应新的需要，存在职责不够清晰、条块分割、信息沟通不畅、资源难以整合、协调力度不够等问题。此阶段处于机构膨胀但效率较低的时期，部门分割，权责独立，不同政府部门之间联系合作较少，小规模灾害的应对仍以地方政府为主，中央政府的应急机构只提供协调服务。

2003 年“非典”疫情至 2007 年是我国以“一案三制”为核心的应急管理体系初步建设时期。在认真总结 2003 年应对“非典”疫情的经验和教训的基础上，我国开始实行统一的领导体制，整合各种力量，提高突发事件的处置效率。“非典”疫情引起了长时间、广泛的社会恐慌，暴露了我国应急管理存在的重大缺陷，即在应对重大突发事件的前期准备、灾害预警、应急预案、信息整合、应急响应和灾后恢复等方面都存在薄弱环节。我国开始对突发事件的应对工作进行系统梳理和总结并开始在部分城市尝试建立一套适应社会发展轨迹的突发事件管理体系。2006 年 4 月，国务院办公厅设置国务院应急管理办公室（国务院总值班室，简称应急办），全面履行政府应急管理职能。国务院各部门和各级地方政府作为突发事件应急管理工作的行政主体，按照行业管理职责和区域管理职责开展工作，国务院应急办统一负责协调和信息汇总。2007 年颁布实施《中华人民共和国突发事件应对法》，初步建立了以该法为核心、以各部门及各地制定的涉及应急管理领域和社会安全管理领域的多部法律法规为配套的应急管理法律法规体系，保障了应急管理全过程有章可循、有法可依。

2008 年至 2017 年是我国应急管理的实践、完善及反思时期，我国成功应对了一系列重特大突发事件，例如，2008 年汶川大地震、山西襄汾尾矿库溃坝事故，2010 年玉树地震，2013 年雅安地震，2014 年晋济高速岩后隧道特大事故，2015 年天津滨海新区爆炸事故等，体现出应急管理的政治优势和机制灵活性，同时也暴露出应急管理中主体关系不顺、局部运行不畅、条块联动不足等问题。

2018 年 3 月，根据第十三届全国人民代表大会第一次会议批准的《国务院机构改革方案》，中华人民共和国应急管理部成立。应急管理部的成立是中国政府在新时代应对社会矛盾，立足本国国情顺势而为的产物。应急管理部组建后，总揽中国应急管理与防灾减灾救灾工作。应急管理部的成立为我国应急管理工作带来了新的发展机遇。应急管理部的组建有效贯通防灾减灾、安全生产、应急救援等领域的应急管理工作，构建了一支反应迅速、能力全面的应急队伍，有助于解决应急能力发展不平衡、不充分的难题，最大限度地满足人民群众日益增长的安全需求。这是新时代我国应急管理发展面临的机遇。

科学技术发展为应急管理体制创新发展提供了技术支撑。现代大数据、物联网、移动通信、云计算、人工智能、数字孪生，以及无人机、智能救援装备等的快速发展为应急管理目标的实现提供了新的技术手段和管理方法，特别是在风险分析与情景模拟、突发事件监测预警、复杂情景下的搜救与救援、应急指挥决策辅助等方面，极大地提高了现代应急管理的效率和响应速度，使得应急管理工作更加精准、高效。

党的十九届五中全会提出，全面建成小康社会、实现第一个百年奋斗目标之后，我们要乘势而上开启全面建设社会主义现代化国家新征程、向第二个百年奋斗目标进军。这意味着中国进入了一个新的发展阶段。在新发展阶段，我们要贯彻新发展理念、构建新发展格局，这是对应急管理工作提出的新要求。

党的二十大报告明确了推进包括应急管理在内的国家安全体系和能力现代化的总体要求。应急管理是国家治理体系和治理能力的重要组成部分，与生态文明建设、社会治理、城市治理、基层治理等一道构成中国式现代化的新型治理工具箱。应急管理现代化作为推进中国式现代化的安全保证和推进国家安全体系和能力现代化的关键抓手，需要持续围绕应急管理体制和体系建设两个主要方面维护国家总体安全，进而保障经济社会高质量发展。

二、我国应急管理体制的主要内容

2006 年，国务院应急管理办公室，承担国务院应急管理的日常工作和国务院总值班工作，履行值守应急、信息汇总和综合协调职能，发挥运转枢纽作用。各级应急管理领导机构及办事机构的成立，使我国的应急管理模式朝着常设性、综合性和协调性的方向发展，为推动应急管理工作奠定了坚实的组织基础。2018 年，我国成立应急管理部，标志着我国应急管理体系进入了一个新阶段。这一举措的实施，有利于加强灾害应急管理的统筹协调，解决了灾害应对存在的严重碎片化问题，提高了灾害应急管理的专业能力，实现了灾害应急救援资源的整合及信息统一发布，形成了对灾害风险整合式治理的局面。

下面介绍我国当前应急管理体制的构成及特点。

（一）我国应急管理体制的构成

根据《国家突发事件总体应急预案》的规定，我国应急管理组织指挥体系包括以下三项：

1. 国家层面指挥体制

党中央、国务院对特别重大突发事件应对工作作出决策部署，根据实际需要设立国家突发事件应急指挥机构，指定相关负责同志组织突发事件应对工作，成员由党中央、国务院、中央军委有关部门及地方党委和政府负责同志等组成；必要时，可派出工作组或者设立前方指挥部指导有关工作。

中央和国家机关有关部门按照职责分工组织协调指导本领域突发事件应对管理工作，承担相关国家突发事件应急指挥机构综合协调工作，具体职责在相关国家专项应急预案中予以明确。其中，公安部负责协调处置社会安全类重大突发事件；国家卫生健康委负责卫生应急工作；应急管理部负责组织指导协调安全生产类、自然灾害类等突发事件应急处置工作；生态环境部负责协调处置突发生态环境事件应急工作；中央网信办负责协调处理网络安全、网络数据安全与信息安全类突发事件。

2. 地方层面指挥体制

县级以上地方党委和政府按照有关规定设立由本级党委和政府主要负责同志牵头组成的突发事件应急指挥机构，统一指挥协调本地突发事件应对工作；根据实际需要设立相关类别突发事件应急指挥机构，组织、协调、指挥突发事件应对工作。突发事件发生后，可视情况设立现场指挥机构，统一组织指挥现场应急处置与救援工作，并结合实际按规定成立临时党组织，加强思想政治工作，发挥战斗堡垒作用。

乡镇（街道）、开发区、工业园区、港区、风景区等应当完善应急管理组织指挥体系，明确专门工作力量，细化应急预案，做好本区域突发事件应对组织协调工作。村（社区）应当增强监测预警、信息报告、先期处置和组织动员能力，依法健全应急管理工作机制，做好本区域应急管理相关工作。

相邻地区应当建立信息共享和应急联动机制，共同做好区域性、流域性、关联性强的突发事件防范应对工作。

3. 专家组

各级各类突发事件应急指挥机构建立相关专业人才库，根据实际需要聘请有关专家组成专家组，为应急管理提供决策建议，必要时参加突发事件应急处置工作。

（二）我国应急管理体制的特点

《中华人民共和国突发事件应对法》规定：国家建立统一指挥、专常兼备、反应灵敏、上下联动的应急管理体制和综合协调、分类管理、分级负责、属地管理为主的工作体系。

（1）综合协调，有两层含义：一是政府对所属各有关部门、上级政府对下级各有关政府、政府与社会各有关组织及团体的协调；二是各级政府突发事件应急管理工作的办事机构进行的日常协调。综合协调是在分工负责的基础上，强化统一指挥、协同联动，以减少运行环节、降低行政成本，提高快速反应能力。

（2）分类管理，是指按照自然灾害、事故灾难、突发公共卫生事件和社会安全事件四类突发事件的不同特性实施应急管理，具体包括：根据不同类型的突发事件，确定管理规则，明确分级标准，开展预防和应急准备、监测与预警、应急处置与救援、事后恢复与重建等应对活动。此外，由于一类突发事件往往由一个或者几个相关部门牵头负责，因此分类管理实际上就是分类负责，以充分发挥诸如防汛抗旱、核应急、防震减灾、反恐等指挥机构及其办公室在相关领域应对突发事件的作用。

(3) 分级负责，是指根据突发事件的影响范围和突发事件的级别，确定突发事件应对工作由不同层级的政府负责。需要强调的是，不管哪一等级的突发事件，事发地都要履行先期处置的职责。一般来说，一般和较大的自然灾害、事故灾难、公共卫生事件的应急处置工作分别由发生地县级和市级人民政府统一领导；重大和特别重大的突发事件，由省级人民政府统一领导，其中影响全国、跨省级行政区域或者超出省级人民政府处置能力的特别重大的突发事件应对工作，由国务院统一领导。社会安全事件由于其特殊性，原则上也是由发生地的人民政府组织处置，但必要时上级人民政府可以直接处置。履行统一领导职责的地方人民政府不能消除或者有效控制突发事件引起的严重社会危害的，应当及时向上一级人民政府报告，请求支持。接到下级人民政府的报告后，上级人民政府应当根据实际情况对下级人民政府提供人力、财力支持和技术指导，必要时可以启用储备的应急救援物资、生活必需品和应急处置装备；有关突发事件升级时，应当由相应的上级人民政府统一领导应急处置工作。

(4) 属地管理为主，是指突发事件应急处置工作原则上由地方负责，即由突发事件发生地的县级以上地方人民政府负责。在此基础上，我国法律、行政法规规定由国务院有关部门对特定突发事件的应对工作负责的，应当以国务院有关部门管理为主。大量的事故灾难类突发事件统计表明，80% 的人员死亡发生在事发最初 2 小时内，是否在第一时间实施有效救援，是突发事件应对的关键。因此，必须明确地方政府是发现突发事件苗头、预防发生、先行应对、防止扩散（引发、衍生新的突发事件）的第一责任人，赋予其统一实施应急处置的权力。出现重大突发事件，地方政府必须及时、如实向上级报告，必要时可以越级报告。实行属地管理为主，让地方政府能迅速反应、及时处理，是适应反应灵敏的应急管理机制的必然要求。当然，属地管理为主并不排斥上级政府及其有关部门对其应对工作的指导，也不能免除发生地其他部门和单位的协同义务。

以上几个部分不可分割，共同构成了具有中国特色的应急管理体系的核心内容。

第二节
应急管理机制

应急管理机制包括风险防控、监测预警、信息报送、应急决策与处置、应急联动、宣教动员、信息发布、恢复重建、调查评估等，是从预防与应急准备、监测与预警、应急处置与救援到事后恢复与重建等方面全方位、全过程的管理。应急管理机制涵盖了突发事件的事前、事发、事中和事后的应对全过程中各种系统化、程序化、规范化、科学化和理论化的方法与措施，对全力防范化解重大安全风险，提高隐患排查治理精准化、科学化水平，增强应对处置各类灾害事故能力，切实推进应急管理体系和能力建设具有重要意义。

一、风险防控机制

党的十九大报告明确提出，要形成有效的社会治理、良好的社会秩序，使人民获得感、幸福感、安全感更加充实、更有保障、更可持续。风险管理作为一种创新的科学管理手段和工作抓手，对社会治理中切实增强应急管理工作的预见性、针对性、科学性和主动性，提升城市运行水平和应急保障能力具有重要意义。

风险防控是指根据法律、政治、社会、经济等综合考虑所采取的一种风险控制措施，是面临风险者进行风险识别、风险估测、风险评价、风险控制，对风险实施有效的控制和妥善处理风险所致损失，期望达到以最低的成本获得最大安全保障的一项管理活动。

风险防控是以危险源辨识和风险评估为基础，以风险控制为核心，以不安全行为管控为重点的安全管理方法，其运用系统的原理，对相关企业各工作场所、各工作岗位中存在的不安全因素进行全面辨识、分析评估；对辨识评估后的各种不安全因素，有针对性地制定管控标准和措施。同时借助信息化的管理手段，建立危险源数据库，使各类危险源始终处于动态受控的状态。风险管理体系是全面、系统的循序渐进的现代安全管理方法，是能够集中解决相关企业安全管理问题的长效机制，能够不断提升各企业安全管理水平。风险管理的内容将在第四章具体介绍。

二、监测预警机制

监测预警机制包括建立健全突发事件预警指标体系和管理制度，完善预警信息快速发布机制，规范预警级别的动态调整及解除，并充分利用多种形式的预警信息发布手段，扩大预警发布渠道。通过规范和细化各类预警响应措施与协调联动机制，增强突发事件预警响应能力。

（一）监测预警的定义

监测预警是指政府为有效预防和处置突发事件，针对监测和预警工作，建立能够灵敏、准确地昭示风险前兆，及时提供危险警示的机构、制度、网络和举措。监测预警的目标是加强对各类突发事件发生、发展及衍生规律的研究，完善监测预警网络，提高综合监测和预警水平，确保风险隐患早发现、早研判和早解决。

监测预警包括监测和预警两个阶段。监测是指以科学的方法，收集重大危险源、危险区域、关键基础设施和重要防护目标等的空间分布、运行状况以及社会安全形势等有关信息，对可能引起突发事件的各种因素进行严密监控，收集有关风险发生的信息，及时掌握风险和突发事件变化的第一手信息，为科学预警和及时采取有效措施提供信息。预警是指根据有关突发事件过去和现在的数据、情报和资料，运用逻辑推理和科学预测的方法和技术，对未来可能出现的风险因素、发展趋势和演变规律等做出估计与推断，并发出确切的警示信号或信息（预警信号），使政府和公众提前了解事态发展的趋势，以便及时采取应对策略，防止或消除不利后果的一系列活动。

监测预警能够有效辨识并提取隐患信息，灵敏、准确地昭示危险前兆、提前进行预测预警、采取有关措施，以便超前反馈、及时布置、防风险于未然，最大限度地降低事故影响。监测预警具有如下特点：① 快速性。监测预警需要在信息的收集、传递、处理、识别和发布过程中保证其时效性。② 准确性。监测预警不仅需要从生产生活中复杂的信息来源中准确判别并收集信息，还需要对信息做出科学准确的判断。③ 完备性。监测预警应当全方位、多角度分析已有信息并做出相关决策，相关决策也应从多层面考虑，不可片面。④ 连贯性。为防止监测预警结果片面错误，每项分析必须建立在前一项分析的基础上，以确保连贯的一致性和准确性。

（二）监测预警的内容

在突发事件监测预警工作中，一些国家和地区通过多年的实践，积累了丰富的经验，尤其是欧美的发达国家对突发事件监测预警非常重视，很早就开展了这方面的工作。总的来说，国外相关实践经验主要表现在以下方面：充分利用监测数据，进行科学合理的分析处理；利用现代技术手段，实现实时预警预报、协调联动；有效的执行组织和监督机制；通过软、硬件设施的建设提升预警效率和精度；高度重视各行业日常脆弱性评估工作的开展。例如，美国纽约州高速公路管理局在布法罗市 I–190 州际高速公路 9 号出口匝道处布设了基于 ITS 的逆行警示系统，系统由多普勒雷达探测、动态路况信息牌组成，可以警示逆行车辆驾驶人。亚利桑那州交通厅在凤凰城 I–17 州际公路布设了热检测系统。该系统由 90 台安装在主干道和出口匝道上的热检测摄像机组成，在 2018 年共监测 15 起逆行交通事件。

对于国内的监测预警工作，《中华人民共和国突发事件应对法》第三章专门对监测与预警工作进行了详细规定。其中，第 58 条规定：“国家建立健全突发事件监测制度。县级以上人民政府及其有关部门应当根据自然灾害、事故灾难和公共卫生事件的种类和特点，建立健全基础信息数据库，完善监测网络，划分监测区域，确定监测点，明确监测项目，提供必要的设备、设施，配备专职或者兼职人员，对可能发生的突发事件进行监测。”在我国，结合信息技术等众多智能技术的监测预警在交通、气候、农业等众多领域中得到应用。例如，广东省建设了“两客一危一重货”智能监控预警融合平台（“两客”指班线客车及旅游包车，“一危”指危化品运输车，“一重货”指重型货车）。该平台在公安、交通运输等部门的业务监管系统的基础上，融合汇聚各个有关部门“两客一危一重货”重点车辆卫星定位、智能视频监控、违章违法信息等数据资源，进行风险监测预警，重点关注驾驶员生理疲劳、双手脱把、未系安全带、接打手机、抽烟等不安全驾驶行为，并进行实时干预处置，应用监控数据预警及处置车辆违章记录等数据，智能评定道路运输企业、车辆、驾押人员的风险等级。

三、信息报送机制

为有效预防、及时控制和妥善处理各类突发事件，需要建立健全信息报送机制，提高快速反应和应急处理能力，切实保障人民生命与财产安全，保证社会生产的正常运行，维护社会稳定。信息报送机制中，不同区域、机构之间的信息交流，信息的汇总分析，传递的及时性与准确性都非常重要。

（一）信息报送的定义

信息报送是应急管理的基础性工作，贯穿于应急管理的全过程，是及时妥善处置各类突发事件的前提，直接体现和反映应急管理工作的能力和水平。建立健全信息报送机制，提高信息报送工作的规范化、程序化、制度化水平，对于及时掌握情况、科学决策、有效开展应对工作，具有重要意义。

应急管理信息报送可分为突发事件信息报送和应急管理常态工作信息报送。突发事件信息报送，是指当突发事件发生或可能发生时，各级应急管理部门在接到下级部门、专业机构、社会组织或公众的报送信息后，依据突发事件分级标准或重要程度，及时、准确、客观地向同级部门或上级部门报送，为突发事件的各项应对工作提供信息支持和保障的过程。应急管理常态工作信息报送，是指各级应急管理部门在日常应急管理工作中，收集、分析、汇总本系统、本行业、本单位、本辖区的工作进展情况，各类影响公共安全的重要信息，以及国内外应对重大突发事件的做法、经验、教训等，及时向上级应急管理部门报送的工作过程。其报送内容主要包括应急管理组织体系建设、信息报送体系建设、应急预案制定与演练、宣教动员活动开展情况、指挥技术支撑体系建设、突发事件风险评估、隐患排查等信息。

信息报送对于突发事件的应急管理具有重要意义，是沟通各部门、各机构的信息共享保障，是决策与反馈的基础。因此，突发事件的信息报送应当遵循以下原则：

(1) 及时准确，客观真实。最先发现或接到发生突发事件相关信息的个人或部门应在第一时间向突发事件应急工作领导小组报告，不得延报，并且要客观准确地反映突发事件的详细情况，对报送信息不断跟踪完善，努力做到早发现、早报告、早控制、早解决，为决策和处置工作争取宝贵的时间，减少和避免突发事件造成的损失和影响，不得迟报、漏报、谎报和瞒报，为科学决策与处置提供准确依据。

(2) 要素齐全，体例规范。信息报送工作要严格遵循报送要求，确保要素齐全、体例规范、内容清楚，全面地反映应对突发事件和常态应急管理工作。

(3) 跟踪反馈，强化研判。在事件情况发生变化后，应当及时续报事件有关变化的情况，贯穿预测预警、应急处置、善后恢复全过程，做到有情况、有分析、有研判、有建议、有措施。根据情势的变化随时报告最新的进展、采取的措施和需要解决的问题等，并对相关信息进行反复核对与跟踪，便于领导科学决策。

（二）信息报送的内容

突发事件信息报送内容包含时间、地点、原因、事件类别、损失情况、影响范围、发展趋势、处置措施等，以及签发人、信息提供者或单位、联系方式等信息。

根据规定，各专项应急指挥部办公室、区县应急委、相关部门和专业机构负责及时收集、整理、分析各类应急管理工作信息，并按照应急办的有关规定和要求报送，涉及领导人视察、调研、检查、指挥等方面的应急管理工作信息应于当日报送。应急管理工作信息内容应做到主题鲜明、言简意赅、用词规范、逻辑严密、条理清楚。

信息报送机制可以依法建立健全信息报送和共享制度，重视社会舆情，不断拓宽信息报送渠道，规范突发事件信息报送和处置程序，健全综合应急管理机构与专项应急机构的会商通报机制，加强军地之间、部门之间、区域之间的信息交流与共享，做好信息汇总和研判分析工作，提高信息报送的及时性和准确性。

《中华人民共和国突发事件应对法》明确规定了责任追究、举报奖励、设立基层信息员、建立全国统一的突发事件信息系统、多种途径收集突发事件信息、隐患和预警信息的上报与通报、应急处置信息上报、事故调查上报等各项内容。其中第 59 条规定："县级以上地方人民政府应当建立或者确定本地区统一的突发事件信息系统，汇集、储存、分析、传输有关突发事件的信息，并与上级人民政府及其有关部门、下级人民政府及其有关部门、专业机构、监测网点和重点企业的突发事件信息系统实现互联互通，加强跨部门、跨地区的信息共享与情报合作。" 第 60 条规定："县级以上人民政府及其有关部门、专业机构应当通过多种途径收集突发事件信息。县级人民政府应当在居民委员会、村民委员会和有关单位建立专职或者兼职信息报告员制度。公民、法人或者其他组织发现发生突发事件，或者发现可能发生突发事件的异常情况，应当立即向所在地人民政府、有关主管部门或者指定的专业机构报告。接到报告的单位应当按照规定立即核实处理，对于不属于其职责的，应当立即移送相关单位核实处理。" 第 61 条规定："地方各级人民政府应当按照国家有关规定向上级人民政府报送突发事件信息。县级以上人民政府有关主管部门应当向本级人民政府相关部门通报突发事件信息，并报告上级人民政府主管部门。专业机构、监测网点和信息报告员应当及时向所在地人民政府及其有关主管部门报告突发事件信息。有关单位和人员报送、报告突发事件信息，应当做到及时、客观、真实，不得迟报、谎报、瞒报、漏报，不得授意他人迟报、谎报、瞒报，不得阻碍他人报告。" 第 62 条规定："县级以上地方人民政府应当及时汇总分析突发事件隐患和监测信息，必要时组织相关部门、专业技术人员、专家学者进行会商，对发生突发事件的可能性及其可能造成的影响进行评估；认为可能发生重大或者特别重大突发事件的，应当立即向上级人民政府报告，并向上级人民政府有关部门、当地驻军和可能受到危害的毗邻或者相关地区的人民政府通报，及时采取预防措施。"

《国务院关于全面加强应急管理工作的意见》提出："特别重大、重大突发公共事件发生后，事发地省级人民政府、国务院有关部门要按规定及时、准确地向国务院报告，并向有关地方、部门和应急管理机构通报。要进一步建立健全信息报告工作制度，明确信息报告的责任主体，对迟报、漏报甚至瞒报、谎报行为要依法追究责任。在加强地方各级人民政府和有关部门信息报告工作的同时，通过建立社会公众报告、举报奖励制度，设立基层信息员等多种方式，不断拓宽信息报告渠道。建设各级人民政府组织协调、有关部门分工负责的各类突发公共事件预警系统，建立预警信息通报与发布制度，充分利用广播、电视、互联网、手机短信息、电话、宣传车等各种媒体和手段，及时发布预警信息。”

《国家突发公共事件总体应急预案》规定：“发生特别重大、重大突发事件，造成重大人员伤亡或者社会影响较大的，省级党委和政府或者负责牵头处置的中央和国家机关有关部门发布信息。国家层面应对时，由国家突发事件应急指挥机构或者中央宣传部会同负责牵头处置的部门统一组织发布信息。一般情况下，有关方面应当在 24 小时内举行首场新闻发布会。”

四、应急决策与处置机制

应急决策与处置是应急管理的核心，不同的决策行为往往会产生不同的决策效果。应急决策与处置可界定为一种在不确定条件下对各种突发事件进行准确研判并采取非常规应急处置措施的决策情景。突发事件发生后，履行统一领导职责或者组织处置突发事件的应急管理部门应当针对其性质、特点和危害程度，立即组织有关部门，调动各种应急资源和社会力量，依照相关法律、法规、规章的规定采取应急处置措施，进入应急决策与处置环节。应急决策与处置是应急管理的关键环节，其目的是充分发挥各级各类应急指挥机构的统一指挥和协调作用，强化各方面的协同配合，形成有效处置突发事件的合力。

（一）应急决策与处置的定义

应急决策与处置包括应急决策和应急处置两个方面。应急决策是指当突发事件发生时，决策者在时间紧急、资源有限和事件不确定的情况下，为了尽可能地减少人员伤亡和财产损失，而确定应采取哪些应对突发事件的方案和措施的过程。应急决策是一种非程序化决策，具有紧急性、主观性、有限性、渐进性和时效性等特点。应急处置是指当突发事件发生时，承担应急处置职责的部门或人员在有关政府部门领导的指挥下，为保障生命和财产安全，最大限度地减少突发事件所带来的负面影响，而采取的一系列具体行动方案和工作措施。

应急决策与应急处置本身是一个连贯且相互影响的过程，是密不可分的，决策包含处置，而处置又是决策的延续。应急决策与处置机制主要由组织体系和运作机制组成。组织体系包括对突发事件应急决策与处置的中枢系统、现场应急指挥和处置系统以及各种保障系统；运作机制则是指应急决策与处置的程序、方式和关键环节等。因此，对应急决策与处置机制的研究，实质上是对应急决策与处置的各个组成部分和要素之间、整体与部分之间和各个组织部门之间的相互作用、协调和配合的过程进行系统研究，即对应急决策与处置的环境和原则、组织体系与职责、现场指挥机构与职责运作流程、关键问题及支撑体系进行的研究，目标是建立一个“决策科学、处置迅速、权责明确、上下配合、左右协调顺畅”的决策与处置机制，充分发挥各级各类应急指挥机构的统一指挥和协调作用，强化各方面的协同配合，形成有效处置突发事件的合力，为实践提供理论的支撑和指导。

应急决策与处置具有显而易见的不可逆转性，它要求在有限的时间和资源约束下做出重大决策和快速反应。一般而言，应急决策与处置的特点包括：第一，快速决策。因为突发事件的发生、发展具有紧急性，需要决策者当机立断。第二，资源有限性。可供决策者利用的时间和信息等资源非常有限。第三，决策后果的不确定性。事态的发展危及决策所涉主体、决策者的根本利益，并且决策的后果很难预料。

从运作流程来看，应急决策与处置具有紧急、有限、不确定等特点。尽管其过程也与常规决策一样会包括问题的察觉与认定，决策目标的确立，决策方案的拟订，决策方案的评估、抉择、实施与调整等步骤，但应急决策毕竟时间紧迫，因而常常需要快速决策，并通常难于进行充分的问题认定和方案分析。应急决策因为信息等条件约束很强，有时不会一次完成，可能要随着信息的逐步充分和情况的逐渐明朗，而由一连串逐步修正的决策构成，从而也呈现渐进决策的特点。应急决策的运作方式分广义和狭义两种。广义指所有应急决策的方式，包括决策组织方式、决策表决方式等。狭义则只是应急决策的表决方式。从决策组织方式来看，由于时间紧迫而需要快速决策，因此应急决策通常都不会采用大规模组织决策方式，而采用小团体决策模式。从决策表决方式来看，应急决策通常很难采用全体一致规则，而比较多地采用多数制，有时甚至会采用个人决断或首长负责制。

理想的应急决策与处置机制应该能适应危机管理和决策的实际需要，做到以人为本、迅速有效、精准科学、规范灵活、协调统一、权责明确。

1. 以人为本

应急决策与处置必须坚持以人为本。保护公众生命安全是应急管理的首要责任，要尊重生命权，在应急处置与救援中必须以人为本，把保护和挽救公众生命放在首位，坚持“先救人，后救物”的原则。同时，在确保救护人员生命安全的前提下，进行有效施救，兼顾管理对象、工作人员及所有相关者的具体权利与利益。抢救出来的人又可以成为应急救援力量的补充。应急救援还要充分利用高科技成果，运用专业人员的专业知识和能力，建设专业应急队伍，实现突发事件的专业处置。

2. 迅速有效

突发事件的破坏性和连带性，要求应急处置与救援必须迅速有效。在时间急迫的情况下，不容久拖不决，有关决策主体必须迅速决策。突发事件发生后，能否首先控制住事态，使其不扩大、不升级、不蔓延，是应急处置的关键。因此，突发事件管理者必须在最短的时间内做出反应，积极调查、分析事件发生的原因和可能的发展方向，制定出最佳的解决方案，为应急处置争取时间，全力控制事态的发展。根据充分授权、及时决策的要求，对直接指挥和处置的负责人应该充分信任，确保其迅速有效决策。

3. 精准科学

精准科学是理性决策的要求。一方面要如实地公布突发事件信息，用权威、真实的声音占领宣传的主阵地，安抚民心，减少民众的疑虑，消除谣言与小道消息。另一方面，要按照突发事件的实际需求开展回应，切忌纸上谈兵或生搬硬套。要将应急预案与突发事件的具体形势和真实情况相结合，制定切实可行的处置计划，实现资源的优化配置与合理利用。在应急决策与处置过程中，要按照科技、专业处置的要求，充分利用和借鉴各种科技成果和专业人员的专业知识、专业能力，充分发挥专家顾问组的作用。

4. 规范灵活

应急决策通常要依法进行，也要灵活处置。依法行政原则是政府在紧急状态下处置突发事件必须遵循的首要原则。然而，在紧急状态下，为了及时有效地阻止危害的扩大，消除危险，政府可以行使行政紧急权，特事特办，简化应急处置措施，以迅速控制事态发展，最大限度地减少突发事件造成的损失。应急决策既要体现法治的精神，在一定的法治框架下进行，同时也要为应急决策者预留灵活处置的制度空间，以便他们能灵活有效地应对特征各异的危机局面。

5. 协调统一

在突发事件的处置过程中，参加处置的部门和人员比较多，各处置主体以及所辖部门工作性质、职责不同，各自的利益取向会有差异，需要介入的方式和程度也不相同，如何组织、指挥和协调这些部门和人员朝着一个目标努力就显得十分重要。应急决策相关主体不能各自为战，而必须协调一致，相互支持和配合，形成应对突发事件的强大统一体。同时，应急处置工作需要跨部门甚至跨地域调动资源，因而必须形成高度集中、统一领导与指挥的应急管理指挥系统。其中，统一领导的关键是发挥政府的主导作用，调动全社会力量，形成应急的合力。

6. 权责明确

在我国，突发事件按照分级响应、属地为主、条块结合、以块为主、逐级提升的原则，根据事发地政府是否有足够的应对能力，来确定应急响应行动的级别和程序。在应急决策与处置过程中，要明确不同层级的决策责任和处置任务，强化应急决策与处置的责任制，实现决策权和决策责任相统一。应急处置与救援同样要遵循属地管理、分级响应的原则，建立以当地政府应对突发事件为主的分级响应机制。“谁主管，谁负责”，要一级抓一级，一级对一级负责，层层分解责任，层层落实责任，人人承担责任，各司其职，各负其责。

（二）应急决策与处置的内容

应急决策与处置虽然集中在突发事件发生后的紧急应对阶段，但也贯穿于突发事件应对的全过程。具体而言，应急决策与处置主要包括以下六个方面的工作内容。

1. 应急响应

针对不同级别和类型的突发事件，制定应急启动机制，并科学规范执行启动的组织机构和启动程序。加强应急启动的宣传教育和培训演练，做到涉及人员熟知流程，明白各自的工作任务和职责。建立特殊重大情况下的预案调整机制，遇有特殊重大紧急情况应灵活妥善处理，以确保突发事件得到及时处理。建立应急启动后的跟踪评估机制，应急响应启动后，要继续关注事态的发展，及时做好后续应急工作。

2. 现场指挥

现场指挥要求建立现场指挥部，及时开展指挥协调工作。合理区分战略决策、战役指挥、战术行动三个层级，建立专业化的决策处置程序，制定指挥权转移制度。现场指挥包括现场指挥部的建立，不同部门、不同地区、不同单位以及与军队之间的指挥协调。现场指挥部是指在应急决策与处置过程中，由相关部门组织的、临时性地应对突发事件的决策、指挥与处置机构。其主要职责为：迅速设立事件应急处置现场指挥部营地，指挥现场应急处置工作；确定应急救援的实施方案、警戒区域、安全措施；向上级部门和领导汇报和通报事件有关情况；根据实际情况指挥救援队伍施救；负责对事态的监测与评估。要明确现场指挥部的成立条件、构成要素、职能定位、组织架构和工作流程。要建立动态灵活的现场指挥机制，根据“谁先到达谁指挥，逐步移交指挥权”的原则建立和规范现场指挥权的交接方式和程序，提高应急管理领导者的现场研判和决策水平。

3. 资源调配

全面调集人、财、物、通信、技术等各种资源开展应急处置工作。通过与生产厂家签订救灾物资紧急购销协议、建立救灾物资生产厂家名录等方式，进一步完善应急救灾物资保障机制。依托信息技术，建立统一的应急管理资源地图和资源调配机构，明确紧急情况下对人、财、物、通信、技术等各种资源进行紧急调配的条件、程序和方法，提高资源调配的效率，实现应急救援资源根据灾情特点、灾区需求以及抢险救援需求在不同地区和部门之间科学、有序、快速调度。

4. 专家参与

完善应急管理专家参与机制，明确紧急情况下专家参与应急抢险救援的条件、方式和工作程序。建立各级应急管理专家库，吸收专家开展会商、研判、培训和演练等活动，充分发挥专家的咨询与辅助决策作用。充分听取、吸纳专家对预防和处置各类突发事件的意见，发挥应急管理专家在突发事件会商、应急管理科普宣教和培训、风险隐患排查和治理、应急管理法治建设等日常工作方面的专业咨询和技术支持作用。

5. 紧急征用

明确应急状态处置过程中，紧急征用社会资源、采取强制性市场管理措施等的法律依据。完善紧急情况下的征用和借用机制，明确紧急征用和借用的启动条件、基本程序以及相应的补助、补偿、赔偿标准和程序，提高政府运用各种应急社会资源的行为透明度、确定性和可预见性。

6. 临时救助安置

临时救助安置是指国家对因天灾人祸、意外事故等造成家庭生活陷入困境而进行的应急性、过渡性救助和临时性生活场所安置，是一种非定期、非定量的临时生活救助和安排制度。要明确临时救助安置的启动条件、标准和运作程序。根据救灾工作台账，做好灾民的救助工作，保证他们的基本生活水平，并给予一定的医疗救助金。民政部门通过募捐、购买等方式准备好灾民救济衣被和救济粮等，符合条件的可纳入最低生活保障。

五、应急联动机制

加强综合协调联动是所有应急管理体系都需要思考和探索的问题。国内外的经验表明,突发事件尤其是重特大突发事件的应对工作,通常具有跨部门、跨行业、跨地区的特点,仅靠单个部门或地区往往难以胜任。良好的应急联动机制可以使相关部门在面对突发事件时,各司其职、齐心协力地促使联动工作顺利进行。

(一)应急联动的定义

应急联动是指发生的突发事件超出某一组织或地区的控制范围,由没有隶属关系的组织相互配合、相互支持,共同应对突发事件的行为。应急联动既是一个活动过程,也是一套运行机制。

建立应急联动机制的目标,是通过建立应急管理联席会议制度、专题工作小组和应急管理工作交流制度等,形成应急整体联动的有效机制,增进不同区域、不同部门以及国家之间的应急管理合作。

应急联动应当遵循以下工作原则:

(1) 依法实施,狠抓落实。在应急联动工作中,严格按照相关法律、法规的要求,将工作做实做细,并在实践中不断总结、探索和创新应急联动的工作机制,将行之有效的联动机制长效化、制度化、规范化。

(2) 立足实际,形式多样。根据应急工作需要和联动对象具体情况,采取签署联动协议、建立协调机制等多样化的方式推进应急联动工作。

(3) 统一规划,分级负责。以现行应急体制为基础,以应急联动工作机制为抓手,国家、省、市各相关单位、相关区县政府根据工作安排各司其职,建立健全多领域、多层级、多对象的应急联动工作网络。

(4) 整合资源,互利互惠。坚持整合应急资源、保障信息畅通,实现与联动对象的优势互补和资源共享,降低应急成本,提高应对能力。

(二)应急联动的内容

《中华人民共和国突发事件应对法》第39条规定:“国家综合性消防救援队伍是应急救援的综合性常备骨干力量,按照国家有关规定执行综合应急救援任务。县级以上人民政府有关部门可以根据实际需要设立专业应急救援队伍。县级以上人民政府及其有关部门可以建立由成年志愿者组成的应急救援队伍。乡级人民政府、街道办事处和有条件的居民委员会、村民委员会可以建立基层应急救援队伍,及时、就近开展应急救援。单位应当建立由本单位职工组成的专职或者兼职应急救援队伍。国家鼓励和支持社会力量建立提供社会化应急救援服务的应急救援队伍。社会力量建立的应急救援队伍参与突发事件应对工作应当服从履行统一领导职责或者组织处置突发事件的人民政府、突发事件应急指挥机构的统一指挥。县级以上人民政府应当推动专业应急救援队伍与非专业应急救援队伍联合培训、联合演练,提高合成应急、协同应急的能力。”

《国家突发事件总体应急预案》指出：中央和国家机关有关部门应当结合各自职责，加强突发事件相关应急保障体系建设，完善保障预案，指导督促地方健全应急保障体系和快速反应联动机制，确保突发事件发生后能够快速启动应急保障机制。《国务院关于全面加强应急管理工作的意见》指出：各地区、各部门要加强沟通协调，理顺关系，明确职责，搞好条块之间的衔接和配合。建立和完善应对突发公共事件部际联席会议制度，加强部门之间的协调配合，定期研究解决有关问题。

六、宣教动员机制

社会运行和应急管理工作，主责在政府，主体是人民。人民群众的积极参与，是国家应急管理体系的重要组成部分。社会的良好运转离不开广大人民的付出与支持，突发事件的应急处置和恢复重建，离不开广大人民的理解与配合。社会运行和应急管理工作必须建立健全社会动员体系，坚持全社会共同参与的工作格局。

（一）宣教动员的定义

宣教动员包括宣传教育与社会动员两个方面。

应急管理中的宣传教育是指通过有计划、有组织、有系统的教育活动，使民众采取有利于突发事件应对的行为，消除或减少危险因素，提高安全意识和应急技能的过程和活动。

应急管理中的社会动员，是指为了应对可能发生或已经发生的突发事件，各级党委、政府启动动员措施，使突发事件预警及影响区域内的各类机构（各级政府机构、企事业单位、部队等）、社会群体和普通公众在可预见领域具有心理准备和应对技能，在必要时转入应急状态。充分调动一切社会力量，通过预备培养、预警动员、应急动员等不同层次的社会动员手段，在政治、经济、科技、教育等方面组织有效的群体防范、应急引导、恢复重建活动。

（二）宣教动员的内容

应急宣教动员能有效提高公众的应急意识和应急能力，增强政府应对突发事件的综合能力，具有十分重要的意义。

1. 应急宣教动员是进一步推进应急管理工作的必然要求

随着世界许多地区地震、海啸等自然灾害，交通事故、生产安全事故等事故灾难，新冠疫情等公共卫生事件，恐怖袭击等社会安全事件不断发生，政府的应急工作越来越困难。如果广大群众能提前了解情况，更好地做到自救互救，那么生命和财产的损失就会大大减少。

2. 开展应急宣教动员是提高政府处置突发事件能力的迫切要求

在应急管理相关人员群体中大力开展应急宣教工作，让其充分了解掌握应急知识、应急法律法规和应急处置的科学方式方法等，可以大大提高他们处置突发事件的能力；在普通群众中广泛开展应急宣教工作，可以提高其应急意识和风险防范意识，提升他们应对危险时的处置能力，形成社会公众积极开展自救互救的良好氛围，在突发事件发生时，可以与政府形成强大的合力来应对各种突发事件。

3. 开展应急宣教动员是增强公众安全意识和忧患意识的重要举措

通过应急宣教，使广大公众认识到突发事件的预兆、发生后的巨大危害和严重后果，促使公众增强预防和处置突发事件的责任感，提高公众对各种信息的识别能力，从而提高对风险的防范能力，及时应对处置各类突发事件。

我国相关法律、法规对应急管理过程中的宣教动员提出了明确的要求。《中华人民共和国突发事件应对法》第 6 条明确规定："国家建立有效的社会动员机制，组织动员企业事业单位、社会组织、志愿者等各方力量依法有序参与突发事件应对工作，增强全民的公共安全和防范风险的意识，提高全社会的避险救助能力。" 第 67 条规定："发布一级、二级警报，宣布进入预警期后，县级以上地方人民政府除采取本法第六十六条规定的措施外，还应当针对即将发生的突发事件的特点和可能造成的危害，采取下列一项或者多项措施。" 第 77 条规定："突发事件发生地的居民委员会、村民委员会和其他组织应当按照当地人民政府的决定、命令，进行宣传动员，组织群众开展自救与互救，协助维护社会秩序；情况紧急的，应当立即组织群众开展自救与互救等先期处置工作。"

《国务院关于全面加强应急管理工作的意见》指出："研究制订动员和鼓励志愿者参与应急救援工作的办法，加强对志愿者队伍的招募、组织和培训。" "健全社会捐助和对口支援等社会动员机制，动员社会力量参与重大灾害应急救助和灾后恢复重建。" "构建全社会共同参与的应急管理工作格局。全面加强应急管理工作，需要紧紧依靠群众，军地结合，动员社会各方面力量积极参与。要切实发挥工会、共青团、妇联等人民团体在动员群众、宣传教育、社会监督等方面的作用，重视培育和发展社会应急管理中介组织。鼓励公民、法人和其他社会组织为应对突发公共事件提供资金、物资捐赠和技术支持。积极开展基层公共安全创建活动，树立一批应急管理工作先进典型，表彰奖励取得显著成绩的单位和个人，形成全社会共同参与、齐心协力做好应急管理工作的局面。"

七、信息发布机制

信息发布工作是突发事件应对工作的重要内容。西方发达国家早就将突发事件信息发布工作纳入最高决策体系，深入探索信息化条件下舆论传播的特点和规律，提高舆论引导的能力和水平。我国从开始全面推行新闻发言人制度以来，在突发事件的信息发布方面取得了长足的进步，在充分满足公众知情权的同时，有效引导了社会舆论。

（一）信息发布的定义

这里的信息发布就是指应急信息发布。应急信息发布是指在应急管理工作中，行政机关或授权组织依照法定程序，及时、准确、有效地向社会受众发布信息的行为或过程。应急信息发布机制是指围绕应急信息发布工作所形成的政府内部各级之间、各部门之间、行政机关与新闻媒体之间、政府和社会受众之间所形成的程序化、专业化的工作流程。

建立应急信息发布机制的目标，是坚持及时主动、准确把握、正确引导、讲究方式、注重效果、遵守纪律、严格把关的原则，公开透明地发布信息，充分发挥主流媒体的作用，正确引导舆论和公众行为，及时消除社会上不正确信息造成的负面影响。

（二）信息发布的方式与内容

信息发布方式主要包括授权发布、散发新闻稿、组织报道、接受采访、举行新闻发布会等。应当充分利用各种通信手段和传播媒介，采用广播、电视、报刊、互联网、手机短信、电子显示屏、宣传车或组织人员通知等方式，快速、及时、准确地将突发事件信息传播给社会各界和公众。对老、幼、病、残、孕等特殊人群以及医院、学校等特殊场所和警报盲区，应当采取有针对性的公告方式。

在突发事件事前、事中、事后的各个不同阶段，需要不同的信息发布内容。

1. 突发事件潜伏期：信息发布准备

信息发布准备的主要工作内容包括：风险评估；制定预案；建立工作机制；确定新闻发言人；开展相关培训；建立与媒体、专家等的沟通渠道。

2. 突发事件暴发期：信息发布

信息发布的主要工作内容包括：调查突发事件事实真相；简单明了地向公众发布信息并表达关注；向公众及时提供切实可行的行动信息(包括何时何地获得更多信息)；承诺保持沟通，及时传递最新消息；努力树立和维护政府官员及新闻发言人的公信力。

3. 突发事件延续期：进一步发布

进一步发布的主要工作内容包括：教育公众，使其了解面临的风险；继续向公众提供背景材料和重要信息；寻求公众对应急行动的理解与支持；听取公众的反馈意见并及时纠正错误信息；修正不实信息；提出各种应对方案，并进行解释。

4. 突发事件恢复期：信息发布善后

信息发布善后的主要工作内容包括：继续教育公众，增强其应急能力；说服公众支持政府各项政策，服从各种资源的调配；及时通报恢复工作的进展情况。

5. 突发事件评估期：信息发布总结

信息发布总结的主要工作内容包括：认真分析并总结引发危机的原因和危机处置过程中出现的问题、失误和有效经验；对政府部门的信息发布工作的有效性进行评估，撰写信息发布经验总结报告；对信息发布预案进行修订；重点对新闻发言人工作和应对媒体的工作进行评估。

八、恢复重建机制

恢复重建机制是指在突发事件应急处置和救援基本结束后，围绕受影响区域社会秩序及人民生活、生产的恢复，围绕受影响区域重建工作，建立一套从过渡性安置、调查评估、规划、实施到相关监督管理的工作流程。这是应急管理的核心机制之一。

（一）恢复重建的定义

恢复重建是消除突发事件短期、中期和长期影响的过程，主要包括两类活动：一是恢复，即使社会生产、生活运行恢复常态；二是重建，即对于因灾害或灾难影响而不能恢复的设施进行重新建设。美国在《国家突发事件管理系统》中将恢复定义为“公共服务和现场恢复计划的开展、协调和实施；政府功能和公共服务重建；提供住房和促进恢复的个人、私人部门、非政府和公共援助项目的实施；为影响人群提供长期的关爱和治疗；社会、政治、环境和经济恢复的其他措施；突发事件评估以吸取教训；完成突发事件报告；减轻未来突发事件影响的积极措施。”

恢复重建从过程来看可分为损失评估、短期恢复和长期重建。从内容来看，不仅是物理上的重建，还应该包括经济、文化和精神的重建。总体来看，灾后恢复重建的过程要经过以下 5 个阶段。① 准备阶段：成立小组，核实灾损。② 计划阶段：编制灾后恢复重建规划。③ 实施阶段：整合各种力量，动员社会各种力量积极参与。④ 验收阶段：对恢复重建工作进行验收与评估。⑤ 反思与灾后评价阶段：站在应急管理整体的高度，对恢复重建工作进行反思。

（二）恢复重建的内容

恢复重建主要针对灾难造成的物质和社会两个层面的损失。物质层面有基础设施的破坏、企业财产损失、家庭财产损失等；社会层面有人员伤亡、经济破坏、心理创伤、环境破坏等。相应地，其工作任务包括物质方面及精神方面的重建。

突发事件善后恢复和重建是整个应急管理运行机制中的重要环节。它有以下三个方面的含义：① 解决和控制与突发事件问题相关的、可能导致再度发生突发事件的各种问题，巩固处置成果。② 对突发事件造成的破坏进行社会、物质、心理和组织等方面的重建和恢复。③ 通过对突发事件发生原因、处理过程进行细致分析，总结经验教训，提出改进意见，不断提高应急管理水平。同时，对涉及责任事故的责任人给予相应处理。根据各国实践经验，突发事件恢复领域重点在于自然灾害和事故灾难。在采取必要的应急措施后，突发事件的威胁已经在社会可控范围内，社会秩序基本稳定后，应急指挥部则要对应急措施做出调整，停止执行或降低执行强度，以结束应急状态，筹备进行事后恢复重建相关事宜。此外，还得注意防止次生、衍生事故发生，不能对事后工作掉以轻心。善后恢复和重建工作流程如下：

(1) 成立恢复小组。这个小组不同于应急小组，其任务就是使社会从被破坏的环境中恢复过来并寻求进一步发展，恢复小组成员多来自政府及其资金、项目、技术管理部门，还要有评估专家、利益相关者，并明确各自职责。

(2) 确定恢复目标。收集突发事件的危害程度、灾后资源需求等资料，进行评估和规划，在此基础上确定恢复目标。目标的确定既要考虑恢复灾前水平，又要考虑抓住机遇，为灾后发展提供后劲，乃至实现组织管理结构重组。

(3) 制定恢复计划或规划。恢复目标和对象确定后，就要安排恢复秩序，分配恢复所必需的资源，制定补偿政策和激励机制，建立恢复工作中团队、个人及其相互联动的机制。

（4）实施。在突发事件事后恢复和重建工作中，地方政府必须承担主要实施责任。上级人民政府应当根据受影响地区遭受的损失和实际情况，提供资金、物资支持和技术指导，组织其他地区提供资金、物资和人力支援，国务院和省级政府制定扶持有关行业发展的优惠政策，受影响地区的人民政府应组织实施恢复计划，依据计划或规划，有步骤、分阶段地恢复灾后生产生活秩序，恢复社会稳定。

九、调查评估机制

调查评估机制是应急管理机制的重要部分。它是对突发事件的原因、处置过程、结果进行客观、科学、规范的调查评估，对应急制度的完善和发展有促进作用，对于推动应急管理工作迈向规范化、系统化、科学化的管理轨道具有重要意义。

（一）调查评估的定义

调查评估是一种以实用性为目的的科学方法，在现代管理实践中广泛存在。它包括调查与评估两个阶段，是集实证性与规范性内容于一体的操作过程。调查指在一定的流程指导下，由特定的人或者小组、委员会等，获得被调查事件、部门、项目、政策等相关信息的过程。评估指组织特定的小组、委员会等，对事件的流程、方案、计划及结果等进行定性或定量评价。

调查评估是一项复杂的工作，通常而言必须遵循以下基本原则：

1. 独立性

调查评估是一个信息发现和整理的过程，调查评估存在的意义就是提供有别于常规的信息渠道，因此独立性是调查评估的首要原则。这种独立性主要表现在以下几方面：不应受决策层的影响；不应受执行部门态度的影响；不应受利益群体的影响；不应受社会公众或媒体舆论压力的影响；不应受物质和经济利益的影响。保证调查评估的独立性主要依靠调查评估制度的设计和对调查评估者的选择。

为保障调查评估的客观性、科学性，要在调查评估的全过程中引入专家参与和社会参与机制。尤其是，应急处置的根本原则是以人为本。因此，事件涉及的群体对于事件处置的感受、理解和评价是决定处置效果的一个重要因素，同时其也是获取突发事件和处置过程的相关事实的重要信息来源。因此，在突发事件应对评估过程中，要尽可能地采取多种主动措施推动公众参与到调查评估中来。

2. 客观性

客观性要求调查评估主体在现有知识、信息和技术、方法条件下，尽量维持调查评估的客观、真实。虽然任何调查评估均具有客观性的部分，但是调查评估是一个辅助环节，而非决策环节。调查评估的目的是发现整理信息，并在此基础上进行符合逻辑和有限度的推理，应尽量避免掺杂评估者主观性的论断。

3. 规范性

为了坚持独立性和客观性原则，调查评估必须遵循一定的规范，需要对调查评估主体、程序、原则、经费、责任以及结果，都做出明确、详细的规定，以此保证调查评估的科学性和有效性，规范调查评估者的行为。

4. 经济性

调查评估是有成本的，并且这种成本的关系并非是线性的，为了获得详细、具体的信息，付出的成本会加倍地增加。此时，就需要考虑发现信息与付出成本之间的平衡，此即经济性原则。调查评估者把调查评估的范围、深度控制在一个有效、可接受的程度即可。

5. 公正性

对应急处置措施应在当时当地的特定情景下进行调查评估，充分考虑处置者在突发事件下的局限性，对突发事件应对给予公正的评价。

6. 科学性

采用科学的方法，调查获取突发事件应急处置信息，杜绝主观、武断、缺乏证据而作出评估判断。在客观事实、证据和结论之间要给予科学、符合逻辑的论证。

7. 发展性

调查评估并非目的，提高突发事件应对能力和效果，改进和完善应急管理工作才是目的。在调查评估中必须坚持发展性原则，始终以发现问题、解决问题、改进工作为主要目的，建设性地开展工作。

（二）调查评估的内容

调查评估机制是一种规范性、经济性、科学性的调查评估工作办法，一套完整的调查评估机制，应回答“为什么评估、评估什么、谁来评估、如何组织评估、怎样评估、评估结果如何”等一系列问题。一个完整的应急管理调查评估机制，也应包括以上基本要素，即调查评估的目的、调查评估的对象、调查评估的主体、调查评估的流程、调查评估的指标体系和调查评估的结果。

1. 调查评估的目的

一般而言，建立调查评估机制的目的，是查明突发事件的发生原因、经过和损失情况，总结突发事件应对工作的经验教训，制定改进措施，提高应急管理能力。

2. 调查评估的对象

一般而言，调查评估的对象分为以下三类：

第一类是方案或者计划的调查评估。此类视角将调查评估视为决策前的一个分析过程和决策支持的一个方法。这一视角更多用于比较、分析各种方案、计划或者项目的可行性及其相对的优缺点。此类调查评估也可称为预评估，对于各类应急预案的调查评估可以归于此类。

第二类是结果的调查评估。一是了解、认知某项活动、干预措施或者已执行政策所产生效果的各个方面。二是比较判断这些行动实际效果与预期效果间的差异。此类调查评估也可称为后评估。另外，无论政府还是市场实践中，任何行动或动作都具有多方面的影响，特别是在一个多约束的环境下，这就使得“效果”本身成为一个多目标的集合。对于组织或其他主体而言，“效果”就演化为“绩效”，以包含其多目标的内在性质。绩效本身就表示一个要素结构。一个常见的绩效要素结构是“3E”模型，即将绩效表征为经济（Economy）、效率（Efficiency）和效益（Effectiveness）三个要素。在此之上，又发展出质量、公平、责任、回应等绩效要素。

第三类是过程的调查评估。此类调查评估也可能包含对方案的调查评估和对结果的调查评估内容，但主要集中在整个活动或执行的过程方面。这种调查评估强调过程，是一个与强调方案和结果完全不同的视角，关注的焦点更为偏向实证性的一面。

3. 调查评估的主体

调查评估的主体包括组织者和实施者。组织者是调查评估活动的发起者和推动者，在调查评估过程中负有监督和督促的责任。实施者是具体开展调查评估行为的群体，通常为调查评估组。调查评估实施者不仅需要对对象进行评估，更需要发现问题并提出解决方案。

调查评估按主体来源不同，可分为内部评估与外部评估。内部评估就是由活动执行组织内部的成员担当调查评估者所完成的调查评估。外部评估是指由活动执行组织外部的调查评估者所完成的调查评估。内部评估具有熟悉活动过程、信息资料易获得、评估结论与实际结合更紧密等优势，但容易受到既有框架和视野的限制，客观性也容易被质疑。外部评估虽然容易引入更多视角，相对客观中立，但在获取信息方面面临更大的困难，也会消耗更大的成本，结论容易理想化。

4. 调查评估的流程

调查评估按照流程的规范性与否，可分为正式评估与非正式评估。正式评估是指调查评估主体按照预设的调查评估方案，根据一定的调查评估标准，采取一定的形式，通过特定程序，最终以规定的报告格式和内容汇总调查评估判断和结论，提交规定组织或机构的调查评估。正式评估具有调查评估方法科学化、过程标准化以及结论客观化的特点，在调查评估中居于主导地位。由于正式评估要求具有严密的调查评估方案、遵循严格的调查评估程序和原则，需要具有专业素养的调查评估分析专家、充足的调查评估活动经费等，所以正式评估必须基于一定调查评估制度和权威授权之下进行，使用范围相应有限。非正式评估是指不对调查评估主体、调查评估形式和标准，以及调查评估程序作出特别的限制，调查评估者只需要根据所掌握的正式和非正式信息及资料作出相对主观的评价和判断。这种调查评估的特点是方式灵活、简单易行、成本低廉、随意性强、主观性强。虽然这种调查评估具有较多的局限，但也可作为正式评估的一种辅助和补充。

评估按照介入时机，可分为执行前评估、执行中评估和执行后评估。在活动执行前就进行的评估称为执行前评估，这是一种预测性评估，重点在于可行性分析和对活动结果及其发展方向进行预测。在活动执行中进行的评估称为执行中评估，目的是准确地获得执行信息，反映执行效果，并及时反馈和纠偏，增加过程控制。执行后评估是在活动执行完成后进行的评估，相对会更全面、更综合、更具有系统性。

5. 调查评估的指标体系

指标体系就是从哪些方面对调查评估对象进行评价。指标体系是否合理、全面,关系到调查评估质量的好坏。同时指标体系还包括调查评估方法的确定,即用什么方法对调查评估指标进行统计、分析和说明。

6. 调查评估的结果

调查评估的结果一般包括直接成果(评估报告)和间接成果(以评估结果为依据所采取的改进行动或责任追究等)。调查评估的结果不仅仅是得到对事实状况的描述,而且是在对调查评估结果进行鉴别和分析的基础上,及时有效地贯彻改进方案。这就需要有一个强有力的组织或部门,负责改进方案的有效实施。

第三节 应急预案概述

一、应急预案概念及编制

应急预案,是指各级人民政府及其部门、基层组织、企事业单位、社会团体等为依法、迅速、科学、有序应对突发事件,最大限度减少突发事件及其造成的损害而预先制定的工作方案。一项具有一般性、概括性特征的预案包括总则、组织体系、运行机制、应急保障、监督管理等内容。其中,总则涉及预案编制的目的、依据、适用范围以及对事件的分类、分级规定等。此外,有的还涉及一般的工作原则、应急预案体系的组成与功能等。组织体系除出现突发事件后的应急管理领导机构外,还会对办事机构、工作机构、地方或下属机构进行规定。另外,由于应急管理往往会涉及很多专业性问题,所以成立专家组也是编制预案的一个重要要求。尽管应急管理是在事件发生之后的一些具体的措施和做法,但是,一般还要对预案进行更全面的考虑,除了应急处置之外,也将预测、预警等放进运行机制设计的内容中来。而善后处置、事故的调查评估、恢复重建等内容也属于应急预案应该包括的范畴。资源是应急管理中最重要的内容,所以需要将物资资源和人力资源、资金等都纳入应急预案中,国家应急预案还对医疗卫生、交通运输保障、治安维护、人员防护、通信保障、公共设施等资源进行了特别强调,并最后提到科技支撑的作用与价值。

应急预案编制是一个循序渐进地发现、分析和解决问题的过程。其重要性表现在两个方面:一是,应急预案涉及应急管理中各部门的协调,具有高度的复杂性,在有代表性的编制团队中可以对风险评估、脆弱性分析、合作协议、指挥协调和资源配置等众多问题进行充分细致的协商审议，最终形成具有共性的认识。可以在事件发生前，就把一些可预期的“难点”事先解决，这可以提高应急预案的科学性与可行性。二是，进行应急预案编制活动，有助于造就一支熟悉应急工作和深入了解应急预案的专家队伍。应急预案编制在启动前要经过一系列培训活动，在编制工作中，还要定期举办研讨会、讲习班，进行深入交流、沟通，有助于从整体和系统上提高参与编制人员和应急管理部门干部的专业素养。同时通过应急预案编制的程序性业务工作，对本辖区或本单位风险特征和能力缺失会有更深入和细致的把握，特别有助于在应急响应的全过程中避免盲目行动，减少失误。重大突发事件情景贯穿在应急预案编制的全过程，应急管理人员正是通过对各类情景的理解、认知和把握，逐渐提高了应急预案编制和应急响应的实际能力。

各级人民政府应当针对本行政区域多发易发突发事件、主要风险等，制定本级政府及其部门的应急预案编制规划，并根据实际情况变化适时修订完善。单位和基层组织可根据应对突发事件的需要，制定本单位、本基层组织的应急预案编制计划。

编制应急预案应当在开展风险评估和应急资源调查的基础上进行。① 风险评估。针对突发事件特点，识别事件的危害因素，分析事件可能产生的直接后果以及次生、衍生后果，评估各种后果的危害程度，提出控制风险、治理隐患的措施。② 应急资源调查。全面调查本地区、本单位第一时间可调用的应急队伍、装备、物资、场所等应急资源状况，以及合作区域内可请求援助的应急资源状况，必要时对本地居民应急资源情况进行调查，为制定应急预案提供资源依据。

二、应急预案管理体系

应急预案按照制定主体可分为政府及其部门应急预案、单位和基层组织应急预案两大类。下面主要介绍政府及其部门应急预案，该应急预案由各级人民政府及其部门制定，包括总体应急预案、专项应急预案、部门应急预案等。

总体应急预案是应急预案体系的总纲，是政府应对突发事件的总体制度安排，由县级以上各级人民政府制定。总体应急预案主要规定突发事件应对的基本原则、组织体系、运行机制，以及应急保障的总体安排等，明确相关各方的职责和任务。

专项应急预案是政府为应对某一类型或某几种类型突发事件，或者针对重要目标物保护、重大活动保障、应急资源保障等重要专项工作而预先制定的涉及多个部门职责的工作方案，由有关部门牵头制定，报本级人民政府批准后印发实施。

部门应急预案是政府有关部门根据总体应急预案、专项应急预案和部门职责，为应对本部门（行业、领域）突发事件，或者针对重要目标物保护、重大活动保障、应急资源保障等涉及部门工作而预先制定的工作方案，由各级政府有关部门制定。

三、应急预案管理

（一）审核、审批、备案和公布

应急预案编制完成后需经过审核、审批、备案后才可向社会公布，法律、行政法规另有规定的，从其规定。审核内容主要包括应急预案是否符合有关法律、行政法规，是否与有关应急预案进行了衔接，各方面意见是否一致，主体内容是否完备，责任分工是否合理明确，应急响应级别设计是否合理，应对措施是否具体简明、管用可行等。国家级应急预案报国务院审批，地方各级人民政府应急预案报本级人民政府审批，并在 20 个工作日内向上一级人民政府有关部门报备。

自然灾害、事故灾难、公共卫生类政府及其部门的应急预案应向社会公布。对确需保密的应急预案，按有关规定执行。

（二）应急演练

《突发事件应急演练指南》将应急演练定义为“各级人民政府及其部门、企事业单位、社会团体等组织相关单位及人员，依据有关应急预案，模拟应对突发事件的活动”。就目前国内的情况而言，应急预案是应急管理的主要依据，而应急演练则是检验预案有效性的主要手段，因此强调演练要依据预案具有明显的时代背景。实际上，演练的目的既可以是检验既有预案（依据预案），也可以是探索新的预案（至少不能完全依据现有预案），前者属于示范性和检验性演练的范畴，而后者则属于研究性演练的范畴。

应急预案编制单位应当建立应急演练制度，根据实际情况采取实战演练、桌面推演等方式，组织开展人员广泛参与、处置联动性强、形式多样、节约高效的应急演练。专项应急预案和部门应急预案应至少每 3 年进行一次应急演练。

地震、台风、洪涝、滑坡、山洪、泥石流等自然灾害易发区域政府，重要基础设施和城市供水、供电、供气、供热等生命线工程经营管理单位，矿山、建筑施工单位和易燃易爆物品、危险化学品、放射性物品等危险物品生产、经营、储运、使用单位，公共交通工具、公共场所等人员密集场所的经营单位或者管理单位等，应当经常有针对性地组织开展应急演练。

应急演练组织单位应当组织演练评估。评估的主要内容包括：演练的执行情况，预案的合理性与可操作性，指挥协调和应急联动情况，应急人员的处置情况，演练所用设备装备的适用性，对完善预案、应急准备、应急机制、应急措施等方面的意见和建议等。鼓励委托第三方进行演练评估。

只有提高演练科目和演练程序与相应预案以及实际应急处置行动的一致性，才能切实提高演练效果。否则，演练与预案以及实际处置行动就将严重脱节。目前，国内在这方面存在的主要问题是演练中的现场指挥架构与应急预案和实际应急处置工作不一致。无论在应急预案中还是在实际现场处置过程中，现场指挥部的组建与正常运行都是至关重要的环节，由相关部门组成不同的工作组，在总指挥的统一指挥下，协同配合，共同完成各项应急处置工作。而在目前的演练活动中，不管是桌面推演还是实战演练，都未涉及现场指挥部组建的环节，各部门都是直接受命于总指挥，这与应急预案中的规定和实际应急处置工作明显不符。

（三）评估和修订

应急预案评估的目的是提高政府及企事业单位的应急准备能力，发现预案中的问题，并针对性地提出预案修订建议，完善预案，使预案能够成为政府及企事业单位提升应急准备能力的指导性文件。应急预案评估的依据和内容应该符合突发事件应急救援的特点，通过评估可以最大限度地保证应急救援行动迅速、有序、有效地开展，尽可能减少人员和财产损失。

应急预案编制单位应当建立定期评估制度，分析评价预案内容的针对性、实用性和可操作性，以实现应急预案的动态优化和科学规范管理。

应急预案的修订有其特殊的条件，当有下列情形发生时，应当及时修订应急预案：有关法律、行政法规、规章、标准、上位预案中的有关规定发生变化；应急指挥机构及其职责发生重大调整；面临的风险发生重大变化；重要应急资源发生重大变化；预案中的其他重要信息发生变化；在突发事件实际应对和应急演练中发现问题需要作重大调整；应急预案制定单位认为应当修订的其他情况。

（四）培训和宣传教育

应急预案编制单位应当通过编发培训材料、举办培训班、开展工作研讨等方式，针对与应急预案实施密切相关的管理人员和专业救援人员组织开展应急预案培训。

各级政府及其有关部门应将应急预案培训作为应急管理培训的重要内容，纳入领导干部培训、公务员培训和应急管理干部日常培训内容。

对需要公众广泛参与的非涉密的应急预案，编制单位应当充分利用互联网、广播、电视、报刊等多种媒体广泛宣传，制作通俗易懂、好记管用的宣传材料，向公众免费发放。

（五）组织保障

各级政府及其有关部门应对本行政区域、本行业（领域）应急预案管理工作进行指导和监督。国务院有关部门可根据需要编写应急预案编制指南，指导本行业（领域）应急预案编制工作。

各级政府及其有关部门、各有关单位要指定专门机构和人员负责相关具体工作，将应急预案规划、编制、审批、发布、演练、修订、培训、宣传教育等工作所需经费纳入预算统筹安排。

思考与练习

1. 梳理我国应急体制建设的过程，谈一谈我国应急管理体制建设过程中的创新点。

2. 结合具体实例，阐述我国应急管理体制的核心特点。

3. 若你是本地的政府工作人员，本辖区内发生了一起重大公共卫生安全事件，你负责相关的信息报送，你会如何开展自己的工作？

4. 查找相关突发事件的应急决策与处置案例，分析其是否符合正确的应急决策与处置原则。若不符合，请指出其在哪方面存在问题。

5. 应急预案需要不断地完善修订，哪些情况下需要及时对应急预案进行修订？

即测即评

第三章 交通运输应急管理

交通运输系统是一个复杂开放的巨系统,其利用固定设备(包括线路、航道、桥梁、隧道、港口、码头、车站、航空港等基础设施)和移动设备(包括车辆、船舶、飞机等交通工具),通过相应的运输组织工作实现人与物的移动。现代交通运输系统是由铁路、公路、水运、航空和管道五种运输方式构成的立体化综合系统,由运载工具、运输线路和运输经营管理系统组成。由于不同运输方式的运输线路和运输工具不同,它们的技术性能、经济特点存在不同之处,在不同范围内需要利用合理的方式进行交通运输。

第一节 交通运输应急管理概述

我国国土面积庞大，自然资源丰富，地形条件错综复杂，社会环境复杂多变，在自然环境和社会环境的双重作用下，经常面临多种多样的突发事件。目前各类突发事件时有发生，不仅包括自然灾害，也涉及事故灾难、公共卫生、社会安全等其他威胁人类安全的事件。

目前，社会经济水平和现代化水平都在不断提高，我国城市化进程也在不断推进，各地的联系日益紧密，因此各类突发事件的影响程度和波及范围也在不断扩大，除事发地区外还会影响周边地区。同时，突发事件造成的影响与人、地理环境、生产力等社会元素的联系也不断加深。交通运输系统提高了人们的出行效率，但重大突发事件可能破坏交通运输线路与交通工具，使现代交通运输系统面临着交通运输资源无法满足不断增加的交通运输需求的矛盾，暴露出交通运输系统在应对突发事件方面的不足。突发事件除了会造成交通运行设施的损毁外，也影响交通运输的需求。例如，在地震、海啸等严重突发事件发生时，会影响人们的生命安全，人们更趋向于从危险地区前往更安全的地区。

当面临突发事件时，依靠完善的交通运输应急管理体系，合理有效地执行应急预案，有助于交通运输部门第一时间积极响应并进行应对，最大限度地减少突发事件对交通运输、人员伤亡和经济损失造成的影响。因此，实现交通运输系统中的应急管理水平与高速发展的交通基础设施建设相匹配，增强交通运输系统的应急反应能力，能够最大限度地减少突发事件对社会的负面影响，从而维护民众生命和财产安全。这对交通运输行业全面落实国家政策，保证我国经济社会可持续发展具有重要意义。

本节首先对交通运输突发事件的四个类别及其对不同交通运输方式的影响进行介绍，其次介绍交通运输突发事件的四个分级，再次对各种交通运输方式在突发事件中的特征及成因进行介绍，最后介绍交通应急系统管理流程的四个阶段。

一、交通运输突发事件分类

根据《交通运输突发事件应急管理规定》，交通运输突发事件主要是指突然发生，造成或者可能造成交通设施毁损，交通运输中断、阻塞的事件，以及需要采取应急处置措施，疏散或者救援人员，提供应急运输保障的事件。

为了对突发事件进行更加合理与有效的管理，参照《突发事件应对法》，交通运输突发事件可以分为自然灾害、事故灾难、公共卫生事件和社会安全事件四个大类。一般情况下，除自然灾害外，交通运输突发事件主要由人、车、路、环境等要素构成的动态交通运输系统中某个环节或多个环节的失控诱发，对交通运输的危害范围和危害时间也有所不同。

各种类型的突发事件及其对交通运输系统的影响主要体现如下：

（一）自然灾害事件

自然灾害主要有气象灾害、地震灾害、地质灾害、海洋灾害、生态灾害等。我国是世界上受自然灾害影响最为严重的国家之一，随着全球气候变暖、海平面上升，由气候异常引发的飓风、暴风雪、洪水、沙尘暴等自然灾害频繁发生，地质灾害也逐渐增多。一般而言，自然灾害事件的危害是由某一片区域沿着一定的方向横扫到另一个区域的，其范围较大，且造成的危害在发生后的一段时间内是随着时间推移不断变化的。

重大自然灾害在全国各个地区时有发生，如暴雨、台风、海啸、地震、洪涝、冰雹、大雪、滑坡等自然灾害造成公路路基、路面、桥梁、涵洞、隧道、渡口等基础设施淹没、坍塌、冲毁、突然下沉、高空坠落、雪封和附属设施损坏、毁坏以及设施设备损坏、毁坏等后果，导致公路交通中断，收费公路的监控系统中断、瘫痪，公路及其附属服务设施、客货运站关闭，以及威胁人员生命健康安全等。

（二）事故灾难事件

事故灾难事件主要是由各类原因造成的，包括公共设施和设备事故、生态破坏事故等。随着经济社会快速发展，交通安全生产形势更加严峻，事故发生频率增加，后果更趋严重，事故预防与处置的难度也越来越大。据统计，2023 年全国交通事故发生数量为 25.6 万起，直接财产损失为 10.5 亿元。交通事故会对城市道路通行能力产生很大的影响，它使本来就很拥挤的道路交通变得更加拥堵，甚至可能导致二次事故。总之，事故灾难的发生会造成交通系统瘫痪，严重危害人民群众的生命财产安全。

（三）公共卫生事件

公共卫生事件的成因包括自然因素和人为因素两类，主要指重大传染病疫情、群体性不明原因疾病、重大食物和职业中毒以及其他在交通运输领域严重影响公众健康的事件。与其他类型突发事件相比，公共卫生事件具有持续时间长、传播范围广的特点。随着跨国交通技术不断进步，人口流动频繁，一旦出现易于传染的疫情很容易造成全球范围的扩散，增加控制难度。例如，2003 年全球大范围暴发的严重急性呼吸综合征（SARS）事件、2014 年的西非埃博拉病毒事件，以及从 2019 年开始至今仍在世界范围肆虐的新冠肺炎事件，给世界各国带来了巨大的人员伤亡和经济损失，使部分生产经营活动难以正常进行、交通运输行业受到严重影响等。仅以新冠肺炎事件为例，全国各个城市采取多种措施来管控公共交通，通过减少客流量来阻止疫情通过公共交通系统扩散。有数据统计在 2020 年 1 月 23 日至 2 月 7 日，有 8 个城市的公共交通停运，除这 8 个城市外的全国轨道交通日均客运量较上一年同时段下降了 70%~90%，2 月份的客运量仅为上一年同时段的 11.7%。之后随着疫情好转，各地的复工复产使得客运量开始提升，在 2020 年 9 月，客运量恢复至上一年同期的 66.3%。但由于疫情影响，人们的出行意愿有所下降，造成出行强度降低，出行方式也有所改变，选择乘坐公交、地铁出行的人数减少。

（四）社会安全事件

社会安全事件指由人为原因直接或间接引发的，由社会公众参与，具有组织性和目的性，对社会稳定和政府管理造成影响，在交通运输领域能引起社会矛盾或导致社会进入对峙状态的一种群体性事件，包括恐怖袭击类事件、涉外类突发事件以及经济方面的突发事件等。社会安全事件发生后，往往会引起公众的恐慌心理、从众心理和非理性状态，造成日常出行的交通需求减少、追求安全保障的交通需求增加。一些非危险性的社会安全事件甚至会吸引公众，使人流和车流在短时间内聚集起来，造成事发地局部范围内交通量增长明显。例如，2014 年昆明火车站发生严重暴力恐怖事件，火车站前道路交通、广场、候车大厅发生混乱，造成 31 人死亡、141 人受伤。事件发生后，对永平路至火车站的区域实行紧急交通管制，安排原本应该驶抵昆明火车站的列车到其他站点临时停靠，影响了道路交通、铁路交通。

表 3-1 归纳了交通运输领域不同类型的突发事件及其对各种交通运输方式的影响。当然，这四个分类并不是绝对和完全独立的。事实上，不同类型的事件之间会存在交叉，例如，事故灾难事件也可以是社会安全事件，而公共卫生事件也可能是一次自然灾害带来的，如由洪水等自然灾害导致的交通事故和交通运输网络瘫痪等。

表 3-1　典型突发事件及其对交通运输方式的影响

事件类型	具体突发事件	对交通运输方式的影响			
		公路	铁路	城市轨道交通	城市公共汽电车
自然灾害	大风、暴风雪、洪水、地震	√	√	√	√
	大雾、沙尘暴	√			√
事故灾难	化学品泄漏、核放射线泄漏	√	√	√	√
	车辆碰撞事故、道路设施毁坏	√	√	√	√
	列车脱轨、供电系统故障		√	√	
公共卫生事件	“非典”疫情、新冠肺炎疫情	√	√	√	√
	学校、工厂等地多人食物中毒、职业中毒	√			
社会安全事件	纵火、爆炸、劫持等恐怖袭击	√	√	√	√

二、交通运输突发事件分级

按照突发事件的特点、严重程度和影响范围（如中断时间、伤亡人数和经济损失）等，我国将影响交通运输系统的突发事件分为一级（特别重大）、二级（重大）、三级（较大）和

四级(一般)四个级别。具体如下:

(一) 一级突发事件

指事态非常复杂,已经或可能造成特别重大人员伤亡、特别重大财产损失的紧急突发事件。

(二) 二级突发事件

指事态复杂,已经或可能造成重大人员伤亡、重大财产损失的紧急突发事件。

(三) 三级突发事件

指事态较为复杂,已经或可能造成较大人员伤亡、较大财产损失的突发事件。

(四) 四级突发事件

指事态比较简单,已经或可能造成人员伤亡和财产损失的突发事件。

特别地,重大(Ⅱ级)及以上的交通运输突发事件和险情,往往涉及以下情形:

(1) 城市轨道交通发生事故,或遭受恐怖袭击、自然灾害、人为破坏等,导致一条(含)以上线路停运。

(2) 在交通运输行业以及交通运输工具上,发现世界卫生组织公布的疫情或发生《中华人民共和国传染病防治法》规定的甲类传染病的事件。

(3) 交通运输或交通运输建设施工事故,造成或可能造成 10 人(含)以上死亡或失踪,或 5 000 万元(含)以上直接经济损失。

(4) 国家干线公路交通毁坏、中断、阻塞或者大量车辆积压、人员滞留,抢修、处置时间预计在 12 小时以上的事件。

(5) 国家干线公路桥梁、隧道以及国、省重点水运设施发生垮塌的事件。

(6) 重要客运枢纽运行中断,造成大量旅客滞留,恢复运行及人员疏散预计在 24 小时以上的事件。

(7) 载运危险化学品或油类的车、船发生事故,造成或可能造成运输物质泄漏、扩散,导致重大生态环境危害、交通阻塞或威胁人民生命安全。

(8) 交通运输船舶与军用船舶发生碰撞的事件。

(9) 重要以上港口或中央管理的交通运输行业企业所属油品码头、危险品仓储堆场发生火灾、爆炸等事件。

(10) 长江干线、珠江、京杭运河、黑龙江界河等国家重要干线航道发生严重堵塞或断航,难以在 24 小时以内恢复通航的事件。

(11) 重要以上港口遭受严重损失,一般港口瘫痪或遭受灾难性损失的事件。

(12) 滚装客船、涉外旅游船、高速客船和载客 30 人以上的普通客船发生危及船舶及人员生命安全的事故或险情;3 000 总吨以上中国籍船舶沉没,或外国籍船舶在我国管辖水域沉没的事故。

（13）30名（含）以上交通运输行业从业人员集体到省级及以上国家机关上访的事件。

（14）交通运输行业从业人员，特别是公共交通、出租客运、线路客运、水路运输等敏感行业集体罢工或罢运，影响社会出行，在24小时内不能平息的事件。

（15）车站、港口、船舶、经营性客货运车辆遭受恐怖袭击或极端暴力袭击的事件。

（16）中国籍船舶或中资方便旗船舶遭遇海盗袭击的事件。

（17）其他任何对省级及以上行政区域造成或可能造成重大社会、经济影响或发生在敏感区域、敏感时段的交通运输突发事件。

三、各种交通运输方式突发事件的特征及成因

现代交通运输体系建设与运行所具有的系统化、信息化、网络化趋势，使交通运输领域突发事件往往具有强烈的危害生命与影响环境特征。从我国国民经济与交通运输的发展现状分析，目前我国交通运输领域突发事件一般具有以下特征：

（1）发生的不确定性。虽然部分突发事件有发生征兆或预告，但是确切发生的时间、地点是无法预见的。突发事件发生后，很难根据以往的经验判断其发展轨迹。最初可能仅仅是道路上一起普通的交通事故，如果处理不及时，最后却有可能导致交通严重堵塞，进而可能出现城市的局部混乱。这就是其中的“连锁反应”和“放大效应”。

（2）处置的高难度性。一般情况下，在发生交通突发事件后，救援力量无法或不能及时到达现场。到现场后，又往往局限于地形环境因素，大型设备施展空间有限，不能充分发挥作用。由于路面人车混杂，还使得交通突发事件的处置过程存在极大的危险性。

（3）后果的广泛社会性。交通运输在人们生产生活中的重要地位决定了交通运输突发事件对社会的重大影响。如果交通事故发生在上下班高峰期的城市主干道，其影响面会迅速扩大，产生“涟漪效应”，可能导致交通进入危机状态。

交通运输突发事件主要表现为突发交通事故、大面积的交通瘫痪、大范围的交通堵塞等。这些交通事件的发生不是单一因素造成的，而是多个因素引起的，致灾因素集合了人、车、设施、自然环境以及相关配套系统等各种因素，具有综合性、复杂性的特点。具体地，交通突发事件的成因主要表现在人为因素、环境因素、设备因素和管理因素四个方面，如图3–1所示。

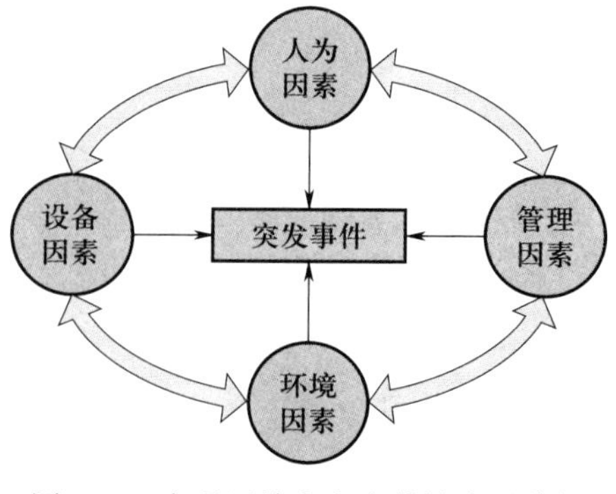

图3–1 交通运输突发事件的成因分析

（一）公路交通运输突发事件的特征和影响因素

公路交通运输突发事件是由自然原因或者人为破坏引发的，会造成公路交通拥堵或中断的事件，需要多个部门、地区进行协同处置。其中，自然灾害、交通事故等会造成交通

基础设施的损毁和交通运行环境的破坏，威胁人员生命和财产安全。此外，公共卫生事件和社会安全事件也会使交通设施、设备丧失功能，对社会造成较为严重的危害。公路交通运输突发事件的时间、地点等无法事先确定，一旦发生紧急情况，公路交通运输系统就无法正常运行，甚至事故参与者的生命也会受到威胁。同时，公路交通运输突发事件的内容也比较广泛，包括恶劣天气等不可抗力造成的一系列紧急事件、车辆行驶中的危险物质泄漏事件等。当这类突发事件发生时，为了在最短的时间内到达事故现场、尽快减少损失和伤亡，需要多个部门之间的沟通协调，保证交通的正常运行。

1. 特征

公路交通运输突发事件除了具有突发事件的突发性、危害性等一般特征外，由于其发生在公路范围特定的区域，还有以下特征：

(1) 成因复杂，较难预测。公路交通运输突发事件预测预报难度大，一般是不可预测或难以准确预测的。尽管突发事件的发生往往有其必然性因素，但其发生则具有一定的偶然性。因而，在突发事件的应对中，只能依照其产生与发展的进程，采取应急处置措施。

(2) 影响面大，有连锁性。公路交通运输突发事件通常成灾快、影响面广、危害大，破坏或威胁公路设施和公路正常运营秩序。它不但扰乱了公路管理机构和收费公路经营单位的正常工作秩序，影响了公共管理目标和职责的实现，打乱了客货运经营企业和公众的正常公路交通出行计划，也对使用公路的人员和车辆的生命、财产安全构成威胁，必须由公路系统应对处理，以保障社会公共安全，维护公路交通正常运营秩序。其次车辆发生事故后不仅本身会车毁人亡，还可能殃及四邻，祸及无辜。车辆发生碰撞或颠覆，其油箱和发动机及车载燃爆物均有可能发生爆炸，而且威力大、势头猛，对其附近的车辆、设施都会产生连锁性灾害。

(3) 发生率高，紧急性强。公路交通运输突发事件在整个世界范围内几乎每时每刻都在发生，特别是公路车祸。因此在处理公路交通运输突发事件时时间紧迫。事件发生后，通常在短时间内就已造成一定损坏，如公路冲毁、桥梁坍塌、人员伤亡、交通拥堵等。公路部门必须迅速采取措施（警戒、警示、撤离等）防止发生衍生事故，及时告知公众谨慎驾驶或改变出行线路，及时调集资源进行处置予以消除或缓解，防止损失扩大、事态升级。因此，应急处置时，即使信息不充分、资源有限，也必须快速果断决策。

(4) 季节影响，涉及面广。公路交通运输突发事件具有季节性强的特点。公路交通运输突发事件中，受气候因素影响的自然灾害占大多数。我国南部和中东部属于季风气候区，尤其在夏季受台风影响，突发洪涝灾害较为频繁；北部属于寒带，冬季降雪量大，容易造成路面结冰导致公路封道。自然灾害等灾害类突发事件，涉及公共利益和群体活动，对社会生产和群众生活产生相当大的影响，且在地域上具有广泛性，其影响范围至少是多个市、往往是多个省同时受灾，点多、面广，必须由公路行业主管部门来处理。

2. 影响因素

影响公路交通运输突发事件的主要因素包括人为、车辆、道路和环境，公路交通运输系统运行的状态取决于各因素间的相互作用（见图 3-2）。

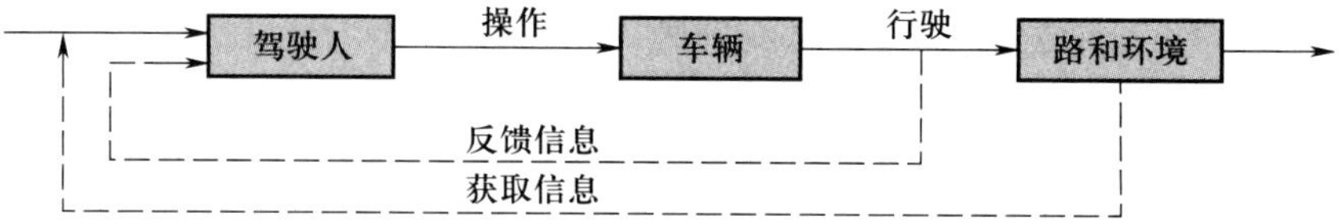

图 3-2 公路交通运输系统运行过程

各影响因素分析如下：

(1) 人为因素。人为因素主要包括车辆驾驶过程中驾驶员的信息处理、视觉特征和反应特征等方面。驾驶员依靠视觉和听觉来获得与交通状况相关的信息，并通过经验做出相应判断的过程称为信息处理。视觉特征由多方面决定，驾驶员的视力和视野受到车辆速度、环境光等因素的影响，会降低对速度和距离的判断能力。车速增加会导致视力下降，长时间注视远方会导致视野变窄，环境光增强会造成视觉障碍等。反应特征指驾驶员从受到刺激到做出反应所需要的时间，影响驾驶员反应的因素与客观刺激和驾驶员自身的主观特征有关。大多数道路交通信息，如各种交通信号、标志、标线等，是利用光线刺激来引起驾驶员的注意，从而对公路交通进行管理。

此外，对于城市道路而言，人为因素不仅包括乘客，还包括城市人口密度和构成的复杂程度等，还包括居民的交通安全意识。流动性人口较多、人口密度较大的城市更容易发生城市道路突发事件，提高人们的交通安全意识可以在一定程度上减少突发事件的发生。

(2) 车辆因素。影响驾驶安全的车辆因素包括制动性能、发动机性能、操纵稳定性能等，只有良好的车辆性能才能保证行车安全。制动性能包括行驶速度、路面附着系数和制动装置的结构等各方面，影响车辆减速、停车的速度。操纵稳定性能分为操纵性能、稳定性能，其中操纵性能指车辆响应驾驶员行为的能力，稳定性能指车辆承受外部扰动以及恢复原先状态的能力，由轮胎、转向系统、空气动力系统等方面决定。

(3) 道路因素。道路因素主要包括道路的几何线形、路面性能、交通安全设施等，需要进行合理设置来保证行车安全。几何线形指道路平面、纵面和平纵线的特性，如果直线路段的长度过短，会破坏线形的连续性，容易发生交通事件。但也不能过长，否则容易造成驾驶员警惕性降低、驶出直线路段的车辆速度过高的问题，降低对突发事件的应对能力。

通常情况下，在高速公路上发生的公路交通运输事故较多。这是由于在高速公路上的限制车速较高，突发事件更容易造成人员伤亡和财产损失，且车辆不能掉头，很难进行交通分流和疏散，因此交通中断的时间相对较长。同时，高速公路上载有燃油、危险品的车辆相对其他公路较多，一旦发生突发事件容易造成有毒有害物质的外泄，它们甚至会引起火灾和爆炸，导致更严重的次生事故。此外，高速公路的封闭性和低连通性也使得救援车辆难以接近事故现场，进而增加了救援难度。

(4) 环境因素。交通环境不仅指道路坡度、弯度、交叉口密度等交通设施本身的复杂程度，还指其他交通方式对城市道路交通进行补充和替代的能力，如城市轨道交通、水路交通等。降低交通设施的复杂性、提高其他交通方式的替代和补充能力，可以减少道路交通的压力，从而降低相关突发事件的发生概率和进行应急处理的难度。

城市地理环境与所处的位置有关，不同地理位置的交通设施形成特点不同，因此道路路网与交通设施布局也不同。例如，由于平原地区的道路土基较为松软，对基础设施要求较高，而山地地区的道路坡路多、坡度大、弯路多、弯度大，对道路线形设计等方面的要求较高。另外，不同位置受自然因素的影响也不同，如北方城市较易受到冰雪、冰冻等天气的影响，南方城市较易受到暴雨、洪涝等天气的影响。

（二）铁路交通运输突发事件的特征和影响因素

铁路交通运输突发事件，是指在铁路运营生产过程中，突然发生的，可能对铁路运输安全和生产秩序造成较大影响，导致人员伤亡、线路中断、财产损失和生态环境破坏等，需要紧急采取应急处置措施予以应对的事件。在影响铁路交通运输的突发事件中，自然灾害类突发事件主要有地震、洪水、冰冻、高温、雷击等；事故灾难类突发事件主要有列车延误、冲突、脱轨、火灾、爆炸等，是由铁路组织存在不足或轨道、通信、信号等设备产生故障导致的，以行车事故的形式表现出来；公共卫生类突发事件主要有呼吸道感染、胃肠道感染、霍乱、细菌性痢疾和传染性腹泻等，通过飞沫、食物或者水源传播在铁路交通中酿成事故；社会安全类突发事件主要有在铁路列车内部发生的爆炸、涉枪、杀人、抢劫、盗窃等公共安全事件，以及在铁路线路上发生的拦截车辆、哄抢物资等事件，危害铁路运输安全等。

1. 特征

与大多数交通运输系统的突发事件相似，铁路交通运输突发事件一般具有因素多样性、不确定性、动态性以及紧迫性等特征。

(1) 引发铁路交通运输突发事件的因素多样性。铁路具有点多、线长、面广的特点，空间上跨越了全国范围内不同地质条件的各类区域，过去的铁路交通运输突发事件主要集中在由线路质量引起的旅客列车脱轨事故、铁路内部及旅客过失导致的旅客列车火灾事故。现在，恐怖袭击、治安案件、疾病传播、雨雪自然灾害等，都可能导致铁路交通运输突发事件发生。

(2) 铁路交通运输突发事件发生的不确定性。由于引发铁路交通运输突发事件的因素多，容易导致铁路交通运输突发事件发生的时间和地点不确定，铁路交通运输突发事件发生的类型和级别不确定，其影响的对象和后果也不确定。

(3) 铁路交通运输突发事件演化的动态性。突发事件发生后的演化是非静态的，决策者所处的是一个动态环境，要面对事件的变化，要使自己的决策目标和有效的决策程序进行快速转换，提高突发事件应急处置的效率。

(4) 铁路交通运输突发事件处理处置的紧迫性。铁路是大众化的交通工具，一列旅客列车少则数百人，多则千余人甚至几千人，一旦发生严重的安全问题，人员生命财产将受到严重威胁，故需要及时采取有效措施，减少人员生命财产损失。

2. 影响因素

随着高速铁路新技术和新装备的不断发展和应用，铁路交通运输突发事件更加复杂。造成铁路交通运输突发事件的影响因素具体如下：

(1) 人为因素。参与铁路安全生产和运营的人员包括路内工作人员和路外人员，路外人员包括乘客、货主、铁路沿线居民、机动车驾驶人员等。路内工作人员操作失误、判断失误、疏忽、违规操作、应急处置不当等会引发突发事件。路外人员违反铁路相关规定、破坏铁路沿线设备设施也会引发突发事件,如违规携带危险品、偷盗通信器材、拆卸铁路设备、在线路上放置障碍物等,以及恐怖分子恐怖袭击等造成的铁路交通运输突发事件。由于人在铁路安全运输中起主导作用,需要对人的相关行为进行有效管理。

(2) 设备因素。设备因素包括铁路运行所需的运输基础设施、安全技术设备、建设材料等方面,如铁轨、车站、信号及通信设备、监控设备、检测设备等。铁路运输需要车辆、机械、供电等多个业务部门互相协作,保证设施设备的正常运行,任何一项存在安全隐患或故障都容易造成列车延误或中断。因此,设备因素影响铁路安全运营,铁路运营部门需要对设备设施的采购、加工、检测、维修等环节进行严格把关,确保设备设施的可靠运行。

(3) 环境因素。环境因素包括自然因素和社会因素,铁路运行环境十分复杂。自然因素包括洪水、冰冻、雨雪、大雾、暴风等恶劣天气以及地震、山体滑坡、泥石流等地质灾害。季节、地理位置不同,受自然因素影响不同,如夏季的洪水灾害和冬季的冰冻天气。社会因素主要包括政治、经济、管理、社会风气等因素,如难民集中涌现、大规模群体性冲突事件等。

(4) 管理因素。管理因素涉及建设部门、施工单位和铁路运营管理部门等,主要指各部门的管理制度和机制。主要表现在组织结构、人员配置、部门职责、措施制定、安全教育、培训演练等方面。完善与铁路交通运输突发事件相关的管理机制和监管机制,能够起到保障铁路安全运营的作用。

铁路运输系统是一个开放的大环境,不同影响因素相互关联、共同作用导致铁路交通运输突发事件发生。因此需要在日常安全生产、运输等方面制定应急措施,从而对各因素进行有效控制,进而达到抑制甚至消除安全风险、提高可持续性发展能力的效果。

(三) 城市轨道交通运输突发事件的特征和影响因素

城市轨道交通运输突发事件,是指在城市轨道交通运输系统的运营过程中,突然发生的,造成或者可能造成线路运营中断、人员滞留和伤亡、设备财产损失和环境破坏等消极后果,甚至造成社会危害和影响社会稳定,需要紧急采取应急处置措施予以应对的事件。典型的突发事件有水灾和地震等自然灾害、列车和设备故障、爆炸、火灾和恐怖袭击等人为破坏、突发高峰客流等。

1. 特征

城市轨道交通运输突发事件一方面具有一般突发事件的基本特点,如不确定性、社会性等,需要与其他各个公共部门共同配合协作,并充分利用群众力量。另一方面,由于所处环境和运输特点不同,城市轨道交通运输突发事件具有自身的特殊性:

(1) 易发性。由于城市轨道交通有许多在地下空间运行的线路,运输场所相对封闭,同时维持正常运行所需的设备设施较多、功能较复杂,且出行需求对客流的影响较为明显,客流高低峰不均衡,因此对轨道交通运营管理的要求较高,任何环节出现问题都可能引发突发事件。

(2) 变异性。城市轨道交通运输系统的网络化特征较明显,突发事件很容易通过轨道网络影响周围线路和站点,引发次生事件,如火灾引起客流混乱下的踩踏事故、单线线路上的列车延误影响相邻线路的乘客出行等。

(3) 严重性。城市轨道列车多是在狭窄的隧道中运行,是一个相对封闭的空间,同时轨道交通能够承载的客流量大。在以上两个因素的作用下,发生城市轨道交通运输突发事件后,客流疏散和应急救援会变得十分困难。

突发事件对城市轨道交通的影响主要是对客流的影响。在网络化运营情况下,当一个站点区间发生突发事件时,其辐射范围会迅速扩散,影响邻近车站或其他车辆的正常运行,进而导致整条线路甚至整个城市轨道网络的延误和中断。例如一旦发生火灾或爆炸,可能造成城市轨道交通运输瘫痪,从而影响公路交通运输,造成更大的影响和损失。

2. 影响因素

城市轨道交通中的人员分为运营人员和乘客。设备系统包括自动扶梯系统、车辆系统、供电系统、环境控制及给排水系统、乘客信息系统、信号系统、通信系统、综合监控系统及火灾报警系统。线路形式分为高架、地面和地下线路三种。因此,城市轨道交通运输系统处在一个开放的环境中,环境条件不断变化,内部和外部因素的共同作用导致了突发事件的发生。城市轨道交通运输突发事件的影响因素如下。

(1) 人为因素。分为工作人员因素和乘客因素。工作人员因素主要指连续工作时间长、设备使用不熟练等造成的失误,乘客因素主要指乘客违反安全规定携带违规物品、扰乱行车秩序等。

(2) 设备因素。城市轨道交通运输设备因素包括列车运行环境中发生的隧道坍塌、轨道断裂等事件,与列车车辆有关的故障、脱轨、追尾及冲撞等事件,以及车站内发生的停电、失火、电梯故障、内部坍塌等事件。

(3) 环境因素。分为内部环境因素和外部环境因素。内部环境因素主要指作业环境因素,包括生产设施所构成的操作环境等。外部环境因素主要包括自然环境因素和社会环境因素两部分。自然环境因素包括雷电、台风、洪涝、冰雹、地震、渗漏等灾害,社会环境因素包括爆炸、恐怖袭击、毒气、传染病等。

(4) 管理因素。管理因素包括事前的预防控制,以及事后进行应急处置的管理体系等。完善事前、事后的管理环节可以有效减少城市轨道交通运输突发事件造成的损失。

在上述影响因素中,人为、设备和环境是主要因素,通过有效管理,可以减轻其对城市轨道交通的影响。城市轨道交通运输系统除全封闭的地下线路不易受到气候等因素的影响外,地面和高架线路中的电弓、接触网等运行设施大多是露天设置,极易受到外部环境的影响。与城市轨道交通相关的突发事件包括行车事故和操作设备、通信系统、通风系统故障等事故灾难事件,水源、排水、车站周围环境和车站内部环境导致的公共卫生事件,针对公众或特定目标进行的造成人员伤亡或财产损失的纵火、爆炸、劫持等恐怖袭击等社会安全事件。

根据对城市轨道交通运输突发事件成因的分析,其突发事件应急处置的难点如下:首先,救援难度大。城市轨道交通站点、站台的结构复杂,有许多在狭窄的地下隧道运行的路段,需要进行持续供电。而突发事件很容易导致供电设备发生故障,因此参与应急救援的成员需要具有高度的专业知识,具备在狭窄空间和黑暗环境中进行作业的能力。其次,由于城市轨道交通不是一个完全开放的环境,容易导致次生、衍生灾难,如由于周围环境的能见度低,乘客的情绪不稳定,造成恐慌蔓延,导致人群踩踏等事件的发生。

(四) 城市公共汽电车突发事件的特征和影响因素

根据《城市公共汽电车突发事件应急预案》的有关定义,城市公共汽电车突发事件是指由城市公共汽电车运营事故、城市公交场站内或公共汽电车车辆上遭受袭击等原因引发,造成或者可能造成人员伤亡、大量人员需要疏散和严重社会危害的紧急事件。

1. 特征

城市公共汽电车突发事件除具有一般突发事件的共性特征之外,还具有以下特征:

(1) 高度的社会敏感性。城市公共汽电车能够为城市生产、居民出行提供基础性服务,覆盖范围较广,因此人们对城市公共汽电车突发事件的关注度较高。

(2) 发生场地的特殊性。城市公共汽电车是在不断移动的,虽然车辆内部设置有监控系统,但并非人员的实时监控,因此难以及时对突发事件进行监测。此外,城市公共汽电车遍布在城市各处,因此相关的突发事件可能发生在城市任何一个地方,而拥堵的交通状况、复杂的道路情况会导致救援车辆难以快速到达,应急处置效率较低。

(3) 所造成损失可能很严重。在上下班的高峰时间段,城市公共汽电车常常是满载的,一旦发生突发事件可能导致大规模的人员伤亡。

(4) 难以排查、监控引起突发事件的危险因素。由于城市公共汽电车内的乘客具有多样性,且车辆停靠站点多、乘客上下车频繁,因此很难控制人为因素,也难以有专门安检设施和足够的时间对易燃、易爆、有毒等危险物品进行检查和探测。

2. 影响因素

导致城市公共汽电车突发事件发生的影响因素可以归纳为以下五个方面:

(1) 驾驶员和乘客因素。城市公共汽电车驾驶员的驾驶特性包括感知特性、判断特性、操作特性。乘客对突发事件的影响主要指违反乘车规定和故意破坏公交运营安全的行为,如人为纵火烧毁公交车等。

(2) 车辆性能因素。城市公共汽电车与其他车辆相比,运行强度高,负载变化大,制动、起步和停车频繁,容易出现部件故障和损坏等情况。同时,由于车辆技术存在不足、维修检测的质量不高以及缺少较为完善的城市公共汽电车的管理制度等原因,容易造成车辆性能下降,引发交通事故等突发事件。

(3) 道路条件因素。主要有道路路面状况、视距、线形、线形组合、交叉口特性、安全设施条件等,在弯道、陡坡、施工等路段,由于视线不良、路况较差,城市公共汽电车容易发生突发事件。

(4) 运行环境因素。包括内部、外部和社会环境。内部环境如车厢空气质量、噪声、震动、有害气体等会使驾驶员注意力难以集中;外部环境如天气状况、道路安全设施、交通量、交通信息等;社会环境包括法律、政治、经济、文化、风俗等大环境。良好的社会环境能够营造有利的氛围，减少城市公共汽电车突发事件。

(5) 安全管理因素。城市公共汽电车主管部门、客运企业是进行城市公共汽电车安全管理的主要机构，通过制定相应制度规范、提高监测技术和控制管理能力等方法，加大对各影响因素的干预程度，从而降低突发事件的风险，提高车辆运行的可控性和交通运输的安全性。

四、交通应急管理系统管理流程

一般而言，交通运输突发事件发生后，首先要进行风险识别和评估，根据事件的不同表现形式、特点以及未来的发展趋势分析事件的影响，预测事件的未来发展趋势。根据分析结果，对突发事件进行分类和分级，启动预测预警系统，向社会发布预警信息，同时启动交通应急管理系统。根据收到的应急信息，政府和有关部门调集应急物资、应急救援设备和相关人员进行有效应对，特别是核心的问题要进行重点应对。另外，由于外部环境、目标的变化和措施执行的不充分性，突发事件不断受到各种不确定因素的影响，因此，交通应急管理必须是连续的、实时的、动态的。随着突发事件的发展，资源的需求会发生变化，决策机构根据实时反馈的信息来调整应对策略。在此基础上，需要对资源的优化分配、调度以及决策方案进行动态管理。在采取一系列救援措施之后，交通应急管理逐渐进入恢复阶段，该阶段分为应急过程中的快速恢复和应急结束后的全面恢复两个部分，直至系统重新回到平衡状态。

一般来说，交通应急管理强调以突发事件的发生作为出发点，发生前属于预警管理，发生后则属于应急管理。有学者用四个“R”来概括应急管理的不同阶段，包括预防（Reduction）、就绪（Readiness）、响应（Response）、恢复（Recovery）四个阶段，可以用图 3-3 来表示。[①] 其中，预防和就绪阶段属于早期阶段，响应和恢复阶段属于应急管理阶段。

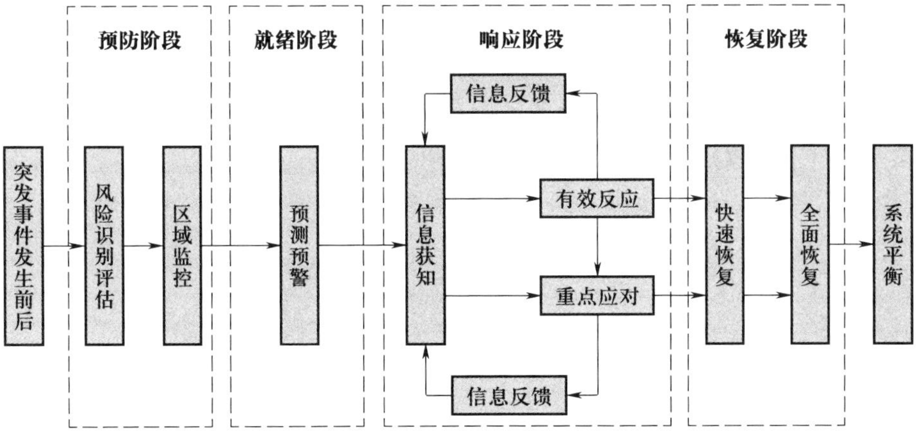

图 3-3　交通应急管理流程

---

① 罗伯特·希斯．危机管理．王成，宋炳辉，金瑛译．北京：中信出版社，2001-01-01.

其中恢复可分为快速恢复和全面恢复两个过程：快速恢复是在应急管理过程中发生的，常常发生在响应阶段；全面恢复是在整个应急管理过程完成之后发生的，与恢复阶段相对应。各个阶段过程的具体内容如下。

（一）预防阶段

在预防阶段，需要及时整理和分析本地区潜在的交通运输突发事件隐患和预警信息，必要时组织相关部门、专业技术人员及专家学者进行会商，对事件影响进行评估并向有关部门报告。有关部门总结事件信息和对事件发生前、中、后的评估结果，按照有关规定定期向社会发布报道、向可能受到事件影响的地区发出警告、向公众宣传应对突发事件的方法，从而减轻甚至避免事件的危害。

在这一阶段，还需要完善交通运输突发事件的监测网络，划分多个监测区域并在各个区域内选择合适的地点作为监测点，建立监测和预警系统，以尽量减轻事件发生后的负面影响。如对恶劣天气、道路条件等可以预见对交通安全造成威胁的薄弱环节发出警告。当监测结果显示发生的可能性增大时，首先进一步对事件可能影响的区域和相关设施进行检测，然后按相应级别发出警报，做好应对突发事件的准备，并向上一级的人民政府和有关部门进行报告，如果情况紧急可越级上报。此外，为了保证在交通运输突发事件发生时能够有效应对，需提前准备好应急救援所需要设备、工具等相关物资，并进行周期性和不定期的检查。

（二）就绪阶段

在就绪阶段，各级地方政府建立一个统一的突发事件信息系统，收集、储存、分析、传递有关交通运输突发事件的信息，从而分析突发事件的性质、特点和可能造成的危害，并与相关的信息系统进行互联互通，加强部门间和跨区域的信息交流与合作。国家和地方政府通过明确发生交通运输突发事件时采用的组织指挥体系和各部门职责，建立事件的预防、预警和处置机制，从而形成一个较为健全的应急预案体系，实现事件发生时的应急保障和事件发生后的恢复和重建。同时，为了能统筹处理突发事件的预防和处置工作，在对交通设施进行规划时，需提前确定好应急所需的基础设施、设备和避难场所的位置。在这一阶段，不同级别应急管理部门针对本辖区可能发生的突发事件采取不同的应急措施。

（三）响应阶段

根据交通运输突发事件的性质、特征和危害程度，按照法律、法规在事件发生后积极调用相关部门、队伍参与应急管理和救援，同时组织社会有关力量共同进行应急处置。包括以下几个方面：组织救援和治疗受突发事件影响人员，进行人员的疏散、撤离和妥善安置等；通过交通管制等措施，以最快速度将造成突发事件的危险源、危险区域进行封锁，防止继续对更多区域造成影响；组织队伍对损毁的交通设施、设备进行抢修，对受伤人员实施医疗救助；根据事件影响情况，调用政府财政预备费和储备的设备、设施、工具等物资进行应急救援；组织公众特别是有相关专长的人员积极参与交通运输突发事件的应急救援活动，提高应急处置的效率。

在此阶段，重点涉及信息获取、有效反应、重点应对和快速恢复等内容。由于事件的发生是应急管理的标志性信号，因此获取事件发生的信息是交通应急管理的第一步。通常出现的问题是，在发生突发事件后，有关该事件情况掌握的信息非常少，为了进行有效应对，需要尽可能对信息进行分析、处理和传达。以控制突发事件的发展形势、减少人员伤亡和财产损失、尽可能恢复事件发生前的稳定状态为目的，进行交通运输突发事件的现场处置与相应救援，对受影响严重的区域和人群实施重点应对。快速恢复是指帮助受事件影响的人群在短时间内恢复基本的生活和工作秩序，为下一步的全面恢复提供良好的基础。

（四）恢复阶段

在这一阶段，首先应当停止在应急情况下实施的一些措施，采取其他的必要措施来防止次生灾害。然后，评估交通运输突发事件造成的损失，制定恢复重建计划，并开展具体的救助、补偿、安置等善后工作。及时组织和协调公安、交通、铁路、民航、建设等有关部门，尽快修复受损的交通设施等，恢复社会秩序。此外，还需要对表现突出的集体和个人给予表彰或者奖励，依法对伤亡人员给予抚恤。之后，对造成突发事件的原因和事件的发展过程进行调查，对事件的应急管理过程进行总结，为制定更高效的应急处置措施提供经验。

第二节　交通运输应急管理体系

应急管理体系是指导人们应对突发事件的基础，建立良好的应急管理体系在应急响应过程中起着至关重要的作用。交通运输应急管理体系的目的是在了解交通运输突发事件发生、发展规律的基础上，采取相应的对策和保障方法，以减轻突发事件的负面影响和相应损失。交通运输应急工作主要涉及公路交通运输、城市客运、水路交通运输和交通运输工程建设等方面，包括城市轨道交通事故处置、公路和航道抢通、水上搜救、溢油应急，以及特殊的政治、军事、救灾和救援相关任务等。我国现行的交通运输应急管理体系由交通运输应急预案、交通运输应急管理体制、交通运输应急机制和交通运输应急管理法制组成。这四个部分既相对独立又密切相关，如何协调各部分相互促进、有效配合，是交通运输应急管理体系高效运转的关键。

交通运输应急预案是指导处理交通运输突发事件的基础，在制定预案的过程中，需要考虑应急组织机构及职责、风险识别与评估、预测预警、信息传递、信息发布、事故后恢复程序、培训与演练等方面。通过应急演练,可以审查和改进应急预案中的不足,分析预案的可操作性和处置效果。交通运输应急管理体制具有明确领导机构设置、部门管理责任的作用,同时成立专家咨询组、应急救援队伍,并建立相应的管理制度。交通运输应急管理机制与应急管理体制相辅相成,具有维持受突发事件影响的管理组织体系正常运作的作用。交通运输应急管理法制主要指国家、交通运输部门颁布的与交通运输突发事件应急相关的法律法规、规章制度、政府文件等,其既包括应急管理法律规范的法律形式体系,也包括应急法律规范的内容体系。

交通运输应急管理体系的构建应当遵循全面性、层次性、可操作性、可重构性、高可靠性等原则。全面性是指交通运输应急管理体系要尽量涵盖各类突发事件及事件发生后产生的多种情况,提前制定相应方案,减少损失和危害;层次性是指交通运输应急管理体系需要根据交通运输突发事件的性质、潜在破坏程度、影响范围、影响规模以及人员和资产损失等情况,采取不同级别的预案处理突发事件,组织不同层次的机构参与应急响应;可操作性是指基于相关专业技术,能够适用多种交通运输突发事件的情况,起到减少事件危害的作用,在其他情况下能够用来进行应急人员的培训和公众应急知识的普及;可重构性是指交通运输应急管理体系中的各个功能模块可以根据实际情况进行组合和重构,以便在突发事件发生时恰当地对事件进行有效控制,缩减事件影响程度和影响范围;高可靠性是指提供多种处置方案,且多种处置方案间应尽可能独立,互不依赖,从而减轻交通运输突发事件对体系功能的影响。

一、交通运输应急预案

近年来,我国不断提高对交通运输突发事件的应急响应与保障能力,有效发挥了交通运输部门在进行应急管理中的作用,但应急预案仍需要不断完善。应急预案应当根据有关法律、法规的规定,针对交通运输突发事件的性质、特点、社会危害程度以及可能需要提供的交通运输应急保障措施,明确应急管理的组织指挥体系与职责、监测与预警、处置程序、应急保障措施、恢复与重建、培训与演练等具体内容。预案的编制需要各相关部门广泛参与,从而促进突发事件应急过程中多个部门的协调运作,避免出现现场指挥混乱的现象。同时,交通运输应急预案还要求定期更新内容,包括所涉及的技术、管理方案等。

交通运输应急预案的编制应遵循合法性、完整性、衔接性、科学性、精准性等原则。合法性是指交通运输应急预案不能超过法律允许的范围,在《中华人民共和国突发事件应对法》《中华人民共和国公路法》《中华人民共和国铁路法》等法律要求的基础上,符合与突发事件相关的法规、制度和管理办法的规定;完整性是指交通运输应急预案体系、功能、应急程序、适用范围均完整,各交通运输应急预案需考虑铁路、公路、水运、航空等方式的工作方法和功能特点的差异,保证应急管理的相关程序与内容有据可依;衔接性是指交通运输应急预案应能够实现不同地区间的应急救援的合作与联系,为处理有较大影响范围的交通运输突发事件提供依据,便于应急管理工作的衔接;科学性是指交通运输应急预案要保持科学合理的态度进行充分细致的调查、统计和分析；精准性是指交通运输应急预案应随着时间、路网结构和其他因素的变化而及时更新，以确保其准确、合理，并在每次使用预案进行应急处置后将结果进行及时反馈，从而修订预案的内容。

交通运输应急预案体系是指交通运输各级预案组成的具有内在联系的预案网络，包括国家交通运输突发事件应急预案、各级政府交通运输部门应急预案、各级企事业单位应急预案和社会基层组织制定的应急预案。我国交通运输应急预案体系的主体包括综合预案、交通方式预案和其他专项预案等，如图 3-4 所示。国家级的应急预案主要由国务院、交通运输部进行编制和修订。各类预案的主要内容包括突发事件的应对原则、组织指挥机制、预警分级和突发事件分级标准、信息报告要求、分级响应及响应行动、应急保障措施等，重点规范国家层面应对行动，体现预案的政策性和指导性。

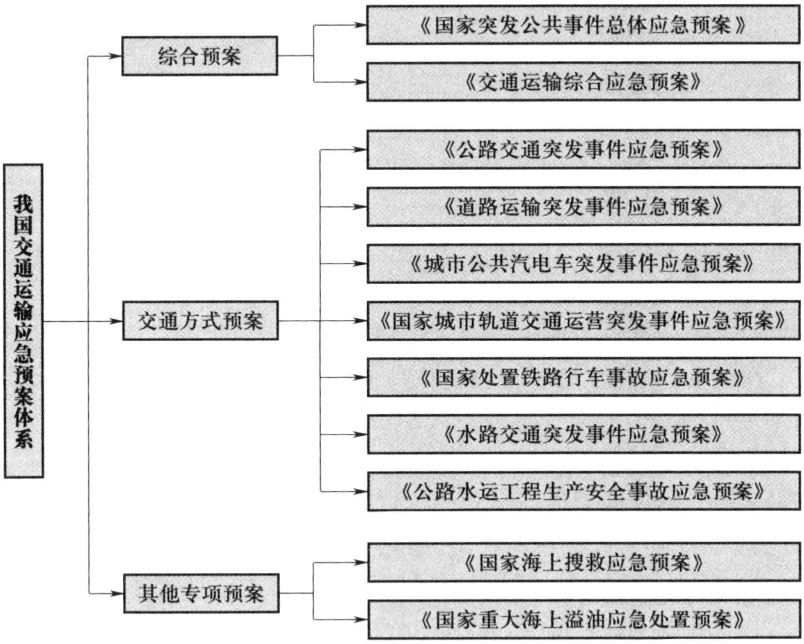

图 3-4　交通运输应急预案体系

（一）综合预案

《国家突发公共事件总体应急预案》明确了突发公共事件分级、分类和预案框架体系，规定了国务院应对特别重大突发公共事件的组织体系、工作机制等内容，是指导预防和处置各类突发公共事件的规范性文件，自 2006 年 1 月实施。该预案旨在预防突发公共事件的发生，提高政府对突发事件的处理能力，最大限度地减少事件对公众生命和财产的损害，起到保障社会稳定的作用。在总体预案中，明确提出了应对各类突发公共事件的六条工作原则：以人为本，减少危害；居安思危，预防为主；统一领导，分级负责；依法规范，加强管理；快速反应，协同应对；依靠科技，提高素质。该预案适用于涉及跨省级行政区划的或超出事发地省级人民政府处置能力的特别重大突发公共事件应对工作。预案规定了突发公共事件发生后相关机构的职责和权限,事件发生地省级人民政府或国务院有关部门需要立即向上级和公众报告事件信息,并迅速启动应急预案对事件发展态势进行控制,进行相应的应急处置。如果事件危害较为严重,可以由国务院相关应急指挥机构或工作组进行统一指挥。

《交通运输综合应急预案》是交通运输部在总结以往应对各类交通运输突发事件成功经验、查找原应急预案体系中存在的问题和不足的基础上编制的,自 2018 年 3 月实施。该预案旨在提高交通运输部门应对突发事件的能力,进一步完善相应体制机制,加强对事件的预防预警工作,并加大对相关新闻、应急知识的宣传工作和通信保障工作,提高交通运输部门的应急响应能力。该预案适用于由国务院及其组成部门或省级人民政府牵头处置,需交通运输部参与处置的事件,涉及自然灾害、事故灾难、公共卫生事件、社会安全事件以及需由交通运输部提供公路、水路等综合运输应急保障的事件。也可以作为由国家部委负责处置且需交通运输部进行响应的突发事件,以及其他需要由交通运输部开展的应急工作的执行参照。

(二)交通方式预案

根据交通运输方式的差异,国务院、交通运输部制定了一系列应急预案,对交通运输突发事件的应急管理做出相应规定,下面介绍相对重要的几部。

《公路交通突发事件应急预案》由中华人民共和国交通运输部制定,自 2009 年 6 月实施,旨在指导不同地区建立更具规范性的应急预案体系,提高应对公路突发事件、保障公路交通正常运行的能力。该预案适用于Ⅰ级公路交通突发事件,或Ⅰ级以下但需要交通运输部作为指导机构进行处理的与公路相关的紧急事件,还可以指导地方政府和运输部门编制公路交通突发事件应急预案、进行事件的应急处置。

《国家处置铁路行车事故应急预案》由国务院办公厅制定,自 2006 年 1 月实施,旨在预防并减少铁路行车事故造成的影响,尽快恢复铁路的正常运输。该预案适用于铁路发生特别重大行车事故,即造成 30 人以上死亡(含失踪),或危及 30 人以上生命安全,或 100 人以上中毒(重伤),或紧急转移人员超过 10 万,或直接经济损失超过 1 亿元,或繁忙干线中断行车 48 小时以上的事故。此外,在国家铁路、国家铁路控股的合资铁路开往地方铁路或非国家铁路控股的合资铁路的旅客列车上发生的重大行车事故也可以利用该预案进行应急处置,在地方铁路和非国家铁路控股的合资铁路上发生的重大行车事故需要由所在地的省级人民政府制定相关应急预案并进行应急处置。

《国家城市轨道交通运营突发事件应急预案》由国务院办公厅制定,自 2015 年 4 月实施,旨在完善与城市轨道交通运营突发事件相关的应急机制,减少运营突发事件造成的人员和财产损失,维持轨道线路的有序运行,维护社会的安全与稳定。该预案适用于因轨道交通中发生列车冲撞或脱轨、设施设备故障或损毁、大客流原因等造成运营中断的突发事件。如果是由于地震、洪涝等自然灾害和人为袭击等社会安全事件影响到轨道交通的运营,需要依据国家的相关预案进行处置,并参考该预案进行客流应急组织。

《城市公共汽电车突发事件应急预案》由中华人民共和国交通运输部制定，自 2018 年 3 月实施，旨在规范城市公共汽电车突发事件的应急管理，并加强有效应对的能力。该预案适用于由交通运输部指导和进行协调的Ⅰ级城市公共汽电车突发事件，同样可以指导地方有关部门进行应急预案的编制和突发事件的应对。

（三）其他专项预案

《国家海上搜救应急预案》由国务院办公厅制定，自 2006 年 1 月实施，旨在建立海上搜救相关的应急机制，按照有关国际公约、双边和多边海上搜救应急反应协定对海上突发事件进行快速应对，对受突发事件影响的人员、船舶、航空器等进行救助。预案规定，由中国海上搜救中心进行指挥、由原交通部承担主要的海上搜救管理工作。该预案适用于在我国管辖水域和海上搜救责任区内发生的海上突发事件，以及在其他区域内发生的，涉及中国籍船舶、船员遇险或可能对我国造成影响的事件。

《国家重大海上溢油应急处置预案》由中华人民共和国交通运输部牵头组织编制，自 2018 年 3 月实施，旨在依法建立国家重大海上溢油应急处置机制，有效应对突发事件，减少相关的财产损失和环境污染。预案规定，由应急处置部际联席会议进行组织和指导。该预案适用于造成或者可能造成我国管辖海域污染的重大海上溢油的应急处置工作。

二、交通运输应急管理体制

随着经济社会的快速发展，特别是城市化进程的深入推进，交通运输突发事件呈现连锁性、衍生性和综合性等特征，任何一个部门都无法单独完成应急管理工作。交通运输应急管理体制是指在发生交通运输突发事件时，由国务院委托交通运输部门主责应对、其他部门配合，或由交通运输部门主责应对，或由交通运输部门配合其他部门主责应对的应急组织体系和各部门的职责。根据《突发事件应对法》的要求，我国建立了基于“统一领导、综合协调、分类管理、分级负责、属地管理”的应急管理体制。具体来讲，统一领导是指交通运输突发事件由国务院和应急管理部统一领导，由各级人民政府和应急管理部门负责本行政区域内的交通运输应急，承担主体责任。综合协调要求各级政府有关部门横向之间、上下级部门纵向之间、政府与社会组织之间，在分工负责基础上强化统一领导、协调联动的程度，以减少运行环节，降低行政成本，提高快速反应能力。根据分类管理的要求，不同交通方式的突发事件由不同的有关部门负责，从而建立起统一高效的指挥体制。根据分级负责的原则，各级地方政府负责协调处置一般性的交通运输突发事件，应急管理部代表中央政府进行统一应对和支持。在发生特大交通运输突发事件时，应急管理部作为指挥部门，协助中央政府指定的负责同志组织开展应急响应工作，确保政令畅通、指挥有效。在发生特别严重的事故、灾难或自然灾害时，除各级应急管理部门外，还需要组建应急管理骨干队伍和应急救援队伍，共同开展应急管理工作。属地管理主要指由事发地的政府承担突发事件应急处置的领导职责，使事发地的有关部门能够快速有效地做出反应。

三、交通运输应急管理机制

应急管理机制是指在突发事件事前、事发、事中和事后各个阶段所采取的制度化、程序化的配套措施与方法。按照应急管理的过程，交通运输应急管理机制主要有监测预警机制、应急决策与处置机制、应急保障机制、调查评估机制。

（一）监测预警机制

突发事件重在预防，而预警就是预防的关键。交通运输突发事件的应对效率在很大程度上受应急监测预警系统的影响，如能建立一套完善的应急监测预警系统，则可以在很大程度上提高应急效率。通过集中整合应急事件信息，建立一套统一的、针对交通运输突发事件的信息收集、分析、监测和预警信息系统，有利于及时采取科学的应急对策。

（二）应急决策与处置机制

1. 应急组织机制

以《交通运输综合应急预案》为例，成立交通运输应急领导小组、应急工作组、专家组、现场工作组作为交通运输应急管理机构。交通运输突发事件的应急管理涉及诸多政府部门，包括交通部门、公安部门、卫生部门、地质气象部门、消防部门、其他部门等。省级、市级、县级交通运输主管部门根据各地的实际情况成立应急管理机构，明确相关职责，组织结构图如图 3-5 所示。

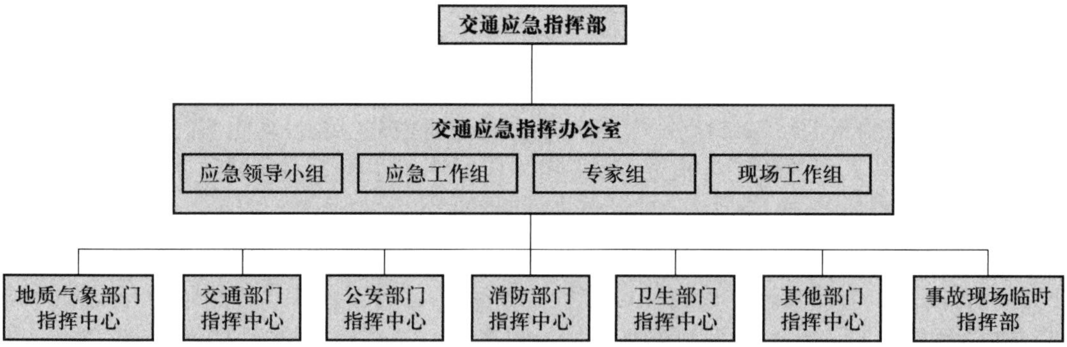

图 3-5　交通运输应急组织结构示例

2. 应急队伍建设机制

“平战结合、因地制宜、分类建设、分级负责、统一指挥、协调运转”是各级交通部门在建立交通应急队伍时所必须遵守的原则。主要指建设具有应急管理专业技能的交通运输及其应急队伍，充分发挥人员的技术特长。同时要以市级、县级为基本单位，培训并建立应急救援和运输保障队伍，提高队伍的覆盖面，从而有效地使队员参与到应急管理中。

应急队伍的建设需结合应急联动机制进行，从而促进专业运输企业、非政府组织等社会力量参与应急管理和应急服务，建立专业队伍并组织兼职队伍，二者相结合建立长效、多方面的应急机制。除交通方面的专业力量和社会力量外，还可以请求人民政府帮助协调人民解放军、武警部队等参与应急处置工作，提高应急效率、维护应急秩序。同时，在全国范围内择优选择大型运输企业，纳入国家紧急运输储备系统，省、市、县各级交通应急管理机构在所辖区域内也建立相应的交通应急保障队伍。通过协商达成突发事件发生时的应急征用协议，包括储备车辆的数量、类型等内容，规范实施应急征用的条件、进行征用的程序，并对参与应急运输人员、车辆、企业的相关行为进行管理，同时不能损害企业的相关利益。在发生交通运输突发事件时，由运输保障小组对物资、抢险设备的调度进行指挥，并组织人员的疏散，同时实施应急抢险、救援工作。

（三）应急保障机制

1. 物资设备保障机制

装备、物资的及时供应，是完成交通应急保障任务的重要保证，也是落实交通应急保障计划、最终完成保障任务的重要内容。应急物资包括抢通物资和救援物资两类，各级应急管理机构应采取社会租赁和采购相结合的方式，储备一批大型机械，加强实物与商业储备的联系、生产能力与技术水平的联系、政府采购与政府拨款的联系等，提高应急物资储备能力。同时，加强省际资源互助，在交通运输部的协调管理下，按照就近原则协调各地方的物资储备和应急队伍，共同完成应急管理的有关任务。

2. 通信与信息保障机制

快速有效的通信与信息保障机制，对于交通应急保障任务的及时性、准确性、高效性都具有重要的作用和意义。应急通信以有线通信系统作为值守应急的基本通信手段，配备专用保密通信设备，以及电话调度、多路传真和数字录音等系统，确保应急救援指挥中心与各地区、各部门的应急管理与协调指挥机构之间联络畅通。利用卫星、无人机、蜂窝移动或集群等多种通信手段，实现事故现场与应急救援指挥中心，各省、市，各有关部门和中央企业应急平台间的视频、语音和数据等信息传输。各省、市，各有关部门和中央企业的应急救援指挥机构要建立固定卫星站，配备车载式卫星小站的应急救援通信指挥车、便携式移动卫星小站以及相应的配套设施，建立移动应急平台，装备便携式信息采集和现场监测等设备，满足卫星通信、无线微波摄像、无线数据、IP 电话以及视频会议等功能要求，在现场实现各种通信系统之间互联的基础上，保证救援现场与异地应急平台间能够进行数据、语音、IP 电话和视频的实时双向通信，最终确保现场交通应急指挥和处置决策。

（四）调查评估机制

交通运输突发事件的应急管理完成后，由该事件响应级别的交通运输主管部门及时开展事后的总结评估工作，统计基础设施的损毁情况和资源利用情况，全面、科学地评价应急处置工作成效，总结存在的问题和改进方向，并按规定上报有关调查评估材料。在调查评估的具体实施过程中，先要建立评估标准，这也是最重要的。依据国家和有关省份交通运输应急体系建设的相关要求和标准，结合事发地的实际情况，进行综合评估。根据最终所选评估指标的特点，选择合适的评估方法，调查事件的基本情况、主要原因、存在的问题、经验、改进建议等，得出评估结论。

四、交通运输应急管理法制

交通运输应急管理法制既包括应急管理法律规范的法律形式体系，也包括应急法律规范的内容体系。我国应急法律体系以《中华人民共和国宪法》为依据，以《中华人民共和国突发事件应对法》为核心，同时包括与应急管理相关的法律法规，是一个在不断完善的体系。

交通运输应急管理法制主要指国家、交通运输部门颁布的与交通运输突发事件应急相关的法律法规、规章制度、政府文件等。从具体内容上看，涵盖宪法中的紧急条款、综合的突发事件应对法或紧急状态法、单行的部门应急法、有关部门关于应急法的实施细则及针对应急管理法制某一独立环节的专门立法等。其中，《交通运输突发事件应急管理规定》是交通运输应急管理法制中的重要法律，它规定了各级交通运输管理部门在突发事件预防、应急管理、事后处置的相应职责。交通运输管理部门需要明确不同运输方式可能产生的风险类别和风险等级，根据运输方式的特点建立不同的应急管理方案，减少突发事件造成的危害，并确定应急管理的责任部门。全国人大常委会通过的涉及交通运输应急的法律有《中华人民共和国公路法》《中华人民共和国铁路法》《中华人民共和国港口法》《中华人民共和国海上交通安全法》和《中华人民共和国海商法》等。国务院发布有关交通运输应急的行政法规有《中华人民共和国公路管理条例》《收费公路管理条例》《中华人民共和国道路运输条例》《国内水路运输管理条例》《中华人民共和国航道管理条例》《中华人民共和国国际海运条例》《港口建设费征收办法》《中华人民共和国港口间海上旅客运输赔偿责任限额规定》《关于不满 300 总吨船舶及沿海作业船舶海事赔偿限额的规定》等，还包括《中华人民共和国防治船舶污染海洋环境管理条例》《中华人民共和国海上交通事故调查处理条例》《中华人民共和国船舶登记条例》《中华人民共和国内河交通安全管理条例》等 17 项条例。颁布执行的部委规章有应对突发公共卫生事件类的《突发公共卫生事件交通应急规定》《交通卫生防疫工作条例》《交通运输公共场所卫生管理办法》《交通食品卫生监督管理办法》等；应对突发自然灾害事件单独的交通规章尚无；应对突发灾难事故类的专项交通规章有《运输船舶消防管理规定》和《中华人民共和国内河交通事故调查处理规定》等。应对交通突发社会安全事件类的有《客船治安管理规定》《出国(境)船舶安全保卫工作规定》《中华人民共和国港口设施保安规则》等。

【典型案例 3–1】
辽宁省冬季交通应急管理案例

【典型案例 3–2】
冬奥交通应急保障案例

【典型案例 3–3】
舟岱跨海大桥交通应急演练案例

第三节
交通运输应急管理要点

由于各种交通方式各具特色,其交通工具以及运输组织方式均有区别,因此,以下分别讲述各个交通系统应急管理的内容要点。

一、公路交通运输应急管理

公路交通发生突发事件时,需要考虑短时间内在局部地区发生大量人流、车流聚集的特征,快速、有效的反应和畅通的救援路线,可以最大限度地减少突发事件造成的人员伤亡和财产损失。公路交通运输应急管理的目标主要是确保突发事件发生后,根据突发事件的特性和影响,制定快速、合理、高效的交通组织与疏散策略,及时发布事件信息和制定的组织方案,从而快速有效恢复路网的交通状况,提高路网整体运行的安全性。此外,公路发生突发事件后,路网中存在大量的社会车辆,因此在进行公路交通运输应急管理时,除了需要保证不同群体的出行需求,还需要尽量减少对常规交通的影响。

公路交通运输系统由若干不同的管理单元构成,运营安全管理及应急处置需要根据管理单元的特性,实施不同的运输组织措施。一般而言,公路交通运输应急管理措施可分为分离的方法、限速的方法、限流的方法、诱导的方法。其中,分离的方法指针对不同交通状况,采用分车道管理或者对某些车道采取封闭管理的方法;限速的方法指针对交通流状况,对车辆行车速度进行控制和管理;限流的方法指通过限制出入匝道流量,保持安全运营;诱导的方法指通过发布信息等手段,对车辆路径进行诱导。根据公路系统管理单元的特性,公路交通运输应急管理措施可分为节点、路段和网络等层面。其中,节点层面主要为交叉口、出入口匝道控制;路段层面主要分为公路主线控制、专用道管理;网络层面主要为疏散路线规划。

(一)交叉口控制

交叉口控制的基本任务是使来自不同方向的车流、人流能够安全、顺利地通过交叉口。在设定应急交通专用道后,需要采取交通管制措施,防止社会车辆进入专用道对应急疏散造成影响,可以通过调整主要道路交叉口、匝道出入口以及重要枢纽处交通信号的方式,如在前往疏散道路的路线上设置信号灯全绿,还可以采取人工指挥的方式进行控制。重点控制经过公路立交桥、道路涵洞、铁路桥涵等地的交通流,同时位于其他道路的车辆需要让行,保障应急救援车辆优先通过。对经过公路立交桥、道路涵洞、铁路桥涵、设施受损交叉口等地的交通流进行重点控制,可以临时实施特殊管制措施来调整车辆运行路线,维持交通秩序,保证交通安全。此外,还可以利用视频监控系统对道路交通状况的实时监测结果,提出进行车流分配和疏散的方案,并设置可变信息板和路侧标志等引导车辆按分流方案行驶,起到减少交通冲突的作用。

(二)出入口匝道控制

公路出入口匝道控制是一种常见的公路交通应急组织方法,通过对出入口匝道的控制,达到减少进出公路主线流量、进一步提高其他道路和整个网络利用效率的目的,具体措施包括匝道关闭和匝道调节等。当匝道上游的公路主线上发生拥挤,或出入口匝道排队长度已经影响到其他道路通行的时候,需要采用匝道关闭的方式来调节交通量,以缓解运行的拥挤状况。该方法将公路上的交通量转移到与该公路平行的其他道路上,如果没有很好地控制匝道关闭的时间或使用的频率,可能造成接收交通量的道路拥挤,不能很好地发挥匝道控制的功能。目前匝道控制的实现方式有设置栅栏、情报板和信号标志等。匝道调节则是指基于公路主线的上下游实际交通情况,在一定时间、一定频率内实施匝道关闭,该方法的适应性更强。常用的匝道调节方式主要有出入口匝道定时调节、出入口匝道动态调节、出入口匝道汇合控制、出入口匝道系统控制等。

(三)公路主线控制

主线控制指在突发事件发生后,当交通需求趋近于公路的通行能力时,合理诱导或调节主线交通流,实现流量的持续稳定,从而有助于提高主线交通的稳定性和安全性。目前较常用的主线控制方法主要有可变限速控制、车道使用控制、主线交通诱导。可变限速控制是指通过对实际情况的分析,根据公路交通、道路条件、天气等的不同状况,采用不同行车速度限制的主线交通控制方法。这种方法对于提高公路交通流均匀性、稳定性、驾驶安全和道路通行能力均具有良好的效果。主线可变限速控制有多种实施方式,可分为全线统一限速,分车道、分车型限速等。车道使用控制也是一种公路主线控制中较常使用的控制方式,当发生车道养护维修、交通事故等导致通行能力丧失时,需要对特定车道采用关闭车道控制。在上下车道的交通流均匀性较差时,即一个方向的交通非常拥挤而另一方向的交通稀少时,可采用可逆车道控制,但这种控制方式对中央分隔带的设置形式有一定要求。车道使用控制的形式包括车道关闭、可逆车道、合乘车道等方式。主线交通诱导是指通过路上可变情报板、车载通信设备、手机短信、无线广播等形式将交通信息直接传递给驾驶员,传递的交通信息包括限速信息、路况信息、车道封闭信息、行车路线诱导信息等,从而直接对驾驶行为进行引导。

(四)专用道管理

专用道主要设置在高速公路、城市快速路、主干路的两侧,供工程抢险、消防救援、医疗救护、警车等车辆在处理应急事务时使用,不允许其他社会车辆进入或停留。应急交通专用道的设置是有条件的,只有同时满足路面状况、道路等级、路肩状态良好等条件,交通标志、信号控制、设施设置良好等交通控制的道路才可以进行设置。还要保障车辆行驶的安全性，使得救援、疏散所需的时间最短。对于应急交通专用道、重要干道的替换道路和在发生突发事件时承担大量交通的道路，应进行优先控制和重点管理，并采取相应的措施保证这些专用道的有效利用。

（五）应急救援疏散路线规划

交通运输突发事件下的应急救援和疏散要求相关交通应急部门及时获取有效信息，迅速进行应急响应，高效选取救援路径，在最短时间内赶到事件现场，并对处于事发区域的路网交通流进行快速疏散，将突发事件的负面影响降到最低。救援和疏散路线的优化问题都可利用静态网络流模型或动态网络流模型进行描述，不同的是，救援方向为从外部前往事发点，疏散方向为从事发点前往外部。

利用静态网络流模型对路线进行优化时，假定路网中的所有特性都是不变的，主要有最大流模型、最小费用流模型、最短路径问题等。最大流模型以获得最大流为目标，通过优化使得在较短的时间内到达终点的流量最大；在疏散救援路线优化问题中，疏散源点的车辆需要在最短的时间内到达疏散终点，还需要找到一个总费用最小的救援方案，对于这种类型的路线优化问题，应该应用最小费用流模型进行优化；最短路径问题利用交通流从源节点到终点必定沿指定的路径连续传播，而且在传播过程中只有一条最短路径的特性来进行优化。而动态网络流模型认为路网中的节点是有权重的，而且路网特性会随时间的推移而变化，它将道路网抽象为一个加权的有向网络，在网络中从起点到终点的车辆可以看成分布在网络中的流，主要有动态最大流模型、动态最快流模型、全局最大流模型等。动态最大流是在一定时间范围内到达终点的流量最大，能够适用于缺乏疏散人数可靠信息的情况。最快流问题与最短路径问题相似，不同的是最快流问题允许流量沿多条路径传播，在疏散问题中，动态最快流问题也被认为是一个与疏散问题有明显关联的最小时间网络结算问题。动态最快流问题将单路径限制放宽到多路径限制，是在单源单汇网络中寻找时间最小的动态网络流问题。

二、铁路交通运输应急管理

铁路是国家重要的基础设施，在提高经济发展水平方面起重要作用。高速度、高密度的运营环境，会伴随着高风险，风险一旦转化为突发事件，将会造成严重的后果，甚至产生巨大的社会影响。铁路交通运输应急管理是铁路系统安全运营的重要保障。铁路交通运输应急管理采用信息收集、信息传输、信息处理、管理与控制决策等现代技术与方法，利用铁路车站、铁路线路与信号、铁路机车与车辆、铁路列车自动控制系统等处理突发事件。其根本目的在于保障人民群众的生命财产安全，促进铁路的和谐、快速发展。铁路交通运输应急管理的主要方式包括调整列车运行图、完善线路信号系统、编制运输计划等。

铁路具有高度集中，各个环节紧密相连、相互协调，网络化的运营特点，任何一个地点、一列列车发生的异常情况都可能影响其他线路或列车，威胁铁路运行的安全。铁路交通运输突发事件的环境和承载体是多种多样的，因此需要考虑多种情况的特点采取不同的应对措施，主要体现为在外界条件发生变化的情况下，开展相应的铁路应急运输组织策略。

（一）列车径路分配与调整

列车径路分配与调整是指在铁路交通运输突发事件发生后，造成列车既定径路区间通过能力严重下降甚至中断，导致列车无法通过的情况下，通过相关方法重新选择列车运行径路，从而实现乘客、物资的输送。列车运行径路分配需要遵循有关原则，以保证路网运行的稳定性：优先安排高等级列车的运行径路，使其能在较优的径路上行驶，并优先满足列车在新径路上的停站需求，尽量与原径路的站点保持一致；在安排跨线行驶时，不允许低等级列车跨至高等级的线路，高等级列车可以跨至低等级线路；尽量减少高等级列车的跨线运行。现行列车径路常分为最短径路、特定径路和迂回径路三种。最短径路为基本径路，特定径路为补充径路，二者共同构成列车输送的正常径路。迂回径路是在日常调度指挥工作中列车运行组织时临时指定的线路，属于非正常径路。在突发事件条件下，影响列车运行径路分配的主要因素有：

(1) 突发事件条件下路网的拓扑结构。突发事件可能造成线路中的部分区间中断，从而改变路网的拓扑结构，在重新选择运行径路时需要依据新的路网拓扑结构来进行。

(2) 突发事件条件下各区间通过能力和车站接发作业的能力。当线路区间受突发事件影响，需要限制列车运行速度，从而导致线路区间的通过能力产生一定程度的下降，车站接发作业能力也会受到影响，因此需重新制定运行计划。

(3) 既有开行方案的列车径路。突发事件发生后，原有运行径路可能无法实现，因此基于原有径路在现有的路网条件下生成新的径路，从而制定新的列车运行组织方案。

(4) 铁路径路上列车的数量。新的列车径路的生成受到现有列车数量的限制，所能调用的列车数量不能高于实际数量。

(5) 线路列车运行图和相关线路。突发事件下对运行组织方案、运行径路的优化需基于各线路上的列车运行图进行，需尽可能满足列车运行计划。

（二）列车运行调整

为了保障列车安全运行，列车在运行过程中涉及多种连锁动作，这使得列车运行存在一定的关联性。当发生突发事件时，列车不能按图行车，会偏离计划运行时刻，导致列车晚点或者延误。同时，未能按照计划运行的列车将占用计划的运行资源，导致后续其他列车不能正常运行。因此，突发事件后需要对列车运行进行动态调整，通过及时调整列车与车站、列车与区间以及列车与列车之间的关系，尽量按照原计划来运行列车，以免影响铁路系统的整体运行。突发事件下的列车运行调整不同于正常条件下运行计划编制，是为了实现更高的准点率、更少的列车总延误时间和更强的处理突发事件次生影响的能力。

列车运行调整的基本原则有：高等级列车优先，同一等级的列车中准点列车优先；同一等级的列车按照最早出发时刻依次出发；部分有特殊要求的列车，可适当优先；高等级列车可越行低等级列车，同一等级的列车也可越行；列车被安排在一条新径路上时，可能与这条路线上原有的列车发生运行时刻的冲突。可以分为以下两种情况：

(1) 安排至新径路的列车低于或等于该径路上原有列车的等级时，按照优先保证列车准点运行的原则，保证原径路列车的运行线路不变，将新安排入径路的列车进行"插空"，从而推定新列车的到发时刻。

(2) 安排至新径路的列车高于该径路上原有列车的等级时，第一种情况仍适用，除此之外，还可以按照优先安排高等级列车的原则，优先安排新进入径路的列车，之后安排原有列车，并推定新列车和原列车的到发时刻。

三、城市轨道交通应急管理

在城市轨道交通的运营过程中，突发事件会在短时间内影响城市轨道交通的多条线路，迫使线路运营中断，甚至造成整体路网瘫痪。城市轨道交通应急管理的目的是通过安全的疏导组织使乘客在较短时间内离开车站，降低突发事件的风险。因此，城市轨道交通的运营部门应分析突发事件的具体情况，采用合适的应急预案并制定应急措施。同时，为了减少人员伤亡和财产损失，需要进行统一指挥，在整合现有资源的基础上，迅速组织现场的人员进行疏散。在此过程中需要考虑行人可能产生的盲从等行为，维护现场秩序，从而提高疏散安全性和应急管理效率。主要措施分为对列车运行的调整和对乘客的引导，如应急列车行车组织和应急客流疏散组织等方面。

（一）应急列车行车组织

应急列车行车组织通过提高突发事件发生时的线路输送能力，减少列车的行车延误，使轨道区段和线路的客运业务尽快恢复，从而达到减少对路网的影响、尽快恢复列车正常运行的效果，可采用措施包括：

1. 调整发车时刻或发车间隔

运营部门根据不同车站的乘客数量情况，改变列车在线路首站的发车时刻和发车间隔，尽快将滞留乘客运送到站或出站。

2. 调整并控制列车速度，减少停靠时间

在合理组织列车运行的基础上，依据列车性能和控制水平，对列车运行速度进行调整，从而减少车辆在站点间的运行时间。同时，维持乘客上下车秩序，优化列车减速和启动环节，减少列车停靠产生的延误时间。

3. 实行应急停站方案

根据列车的时刻表和运行情况，调整并根据实际情况制定特殊停站方案，使车辆能够在同一线路的不同区段、不同站点停车，达到缩短停站时间的效果，同时及时发布列车到站信息供乘客查看。例如，允许列车跨过中断的站点实行跨站停车，减少车站封闭造成的影响。

4. 实行嵌套或者衔接交路方案

设置折返站与应急交路方案，使列车可以在未受到突发事件破坏或影响较小的特定区段运行,减少列车的运行周期以满足更多出行需求。该方法可以结合应急停站方案进行列车组织,如实行跨站停车等。

5. 在具备双线运营条件的线路上,采用列车逆向营运的行车组织方式

由于在发生突发事件时,双向运营列车在不同方向上的发车间隔差距较大,可以利用中间站的渡线将列车转移到发车间隔相对较小的方向,从而实现逆向运行。

6. 加强轨道环线上的乘客转乘和分流

当突发事件导致环线中断时,需尽快组织乘客前往其他线路,通过人工引导等方法加快组织效率,从而保证轨道路网的稳定性。

由于突发事件具有随机性,其影响与波及范围也不尽相同,且各类方法的适用条件有差别,因此有必要根据不同的突发事件类型和等级选用不同的策略。

（二）应急客流疏散

城市轨道交通的应急客流疏散组织是在突发事件发生时,通过流线、人工引导快速组织车站和列车内的乘客离开车站,其疏导组织主要集中在三个方面。

1. 车站设施的引导

在车站内部,位于候车台与站厅之间的楼梯等通道往往会出现客流拥堵,因此在组织客流疏散时,需要在这些通道处进行重点引导。如果突发事件的情况紧急,可通过自动扶梯,加快处在地下的客流向地面疏导的过程。同时,为了提高疏散效率,可以将车站大厅层的进站闸机调整为出站闸机,并加强此处客流的引导与控制,使站台层的客流向出站方向流动。

2. 车站出口处的引导

在各类突发事件场景中,普遍存在一个共同的问题,即在疏导后期部分出口没有客流通过,出口使用率不高。这是因为乘客在选择出口时具有较大的盲目性,常表现出羊群效应特征,导致有些出口排队人数过多,降低了疏导效率。因此,需要优化车站流线组织,增设前往多个出口的指示标志,引导乘客进行站内到站外的疏散。

3. 客流的分散引导

在实际场景中,人们倾向于从他们熟悉的路径逃生,这降低了应急通道和消防出口的疏散效率。因此需要提供更多的流线引导信息,如通过在地面绘制箭头、在通道两端设置引导牌等方式,结合人工引导的方式使乘客能够分散前往不同路径,以在一定程度上减少通行设施的压力。

除了优化疏导组织的方法,还需要提高公众的应急安全意识,使乘客能更准确地按照引导标志和站内工作人员的引导完成疏散过程,提高应急效率,减少人员伤亡。

四、城市公共汽电车应急管理

城市公共汽电车对公众的日常生活的影响巨大,发生突发事件所带来的危害将直接影响人民的生命健康和人身财产的安全。此外,城市公共汽电车突发事件诱因复杂,不同

种类的诱因会有触发和转化的风险，事件造成的危害更加难以预估。因此，城市公交系统要建立动态化应急处理方案，结合实际事件的性质、特征以及危害程度，采取有效的处理机制和控制措施，减少事故带来的恶性影响，从而进一步开展应急处理工作。

城市公共汽电车应急管理的内容主要包括传递信息、组织救援、脱险协助三个方面。传递信息指及时获得发生突发事件的车辆信息，派出相关人员赶到现场，迅速开展应急救援工作。车辆信息主要通过驾驶员反馈来获得。随着车联网技术不断应用，信息反馈的内容更加全面、具体，可以据此对救援形式和资源分配数量进行判断。组织救援指做好管辖区域内公共汽电车故障或交通事故的救援工作，提供牵引、引吊等服务，消除事件对道路交通安全的影响，尽快恢复正常交通秩序。脱险协助指配合医疗、消防部门救援现场人员，协助交警、交通管理部门、路政部门做好现场交通管制工作。根据突发事件的特性，城市公共汽电车应急管理主要通过对车辆运行线路、时刻表等的调整应对突发事件的影响，通过应急调度方法、应急疏散路径规划等对突发事件发生区域内的人员进行疏散。

（一）应急调度方法

在公共汽电车正常运营过程中，经常会出现诸如晚点、车辆故障、线路严重阻塞等突发事件，这时不能继续依照原先的计划进行调度，否则会导致串车、大间隔等问题。因此，需要对突发事件进行分析，根据现有情况及时调整得到新的调度方案并进行应用，从而起到恢复公共汽电车正常运营的作用。

根据是否具备实时性，公共汽电车调度方法分为静态调度和动态调度。静态调度是利用正常运行状态下的公共汽电车车辆情况编制车辆调度计划表，并一直按照该计划表进行运营。动态调度是针对车辆运行中出现的突发事件及时做出调整，从而得到新的调度计划表，车辆按照新计划表进行运营。动态调度是应急管理中的主要调度方法，分为线路动态调度和局域动态调度。线路动态调度是指在已知初始调度信息的前提下，了解道路状况和环境的动态变化，以线路为调整单位，适当、合理地对调度计划进行调整，以便尽量减少对行车秩序的影响。它是应急管理的主要调整方法，对车辆发车间隔或调度形式进行调整。调整车辆发车间隔的常用方法为调频法，即根据实际客流情况增加或减小车辆的发车频率，但这个过程中车辆数目不发生改变。调整车辆调度形式的常用方法为调程法和调站法，调程法即增加或减少车辆运行路线的里程数，调站法即增加或减少停靠的站数。局域动态调度是指通过先进的通信技术、计算机技术对公共汽电车车辆状况进行监控，在突发事件发生后，利用监控中不同区域内的车辆情况进行重新调度。

（二）应急疏散路径规划

车辆路径规划是制定应急疏散计划的重要环节。为提高公共汽电车车辆在应急过程中的运行效率，需要合理规划公共汽电车运行的路径，需考虑车辆的整体分配、行驶路线的优化设置、集结点的位置选择、从疏散点到集结点的行走过程以及从集结点到安全点的疏散过程等多个方面。

根据疏散目标不同，疏散路径规划模型可分为行程时间最小模型、动态交通分配模型、路径双层规划模型。公共汽电车的行程时间由车辆从场站前往集结点、从集结点前往安全点的行程时间以及在集结点的停留时间共同组成，它可以直观地体现模型的疏散效率，适用于较小规模的应急疏散。在发生突发事件后，车辆选择疏散路径时需考虑道路通行能力、交叉口密度等因素的限制以及疏散车辆对某一集结点的行为选择，通过细化每个车辆的疏散时间来优化总疏散时间。

由于应急管理中公共汽电车车辆的分配完全听从决策者的指挥和调度，而决策者或规划者的目的是使得网络的总疏散时间最小化，因此这种情况下若忽略社会车辆的影响，那么车辆分配的结果将是系统最优状态，属于静态路径规划的范畴。

五、综合交通运输应急管理

随着经济和技术的发展，交通运输突发事件的复杂性、交通运输方式之间的关联性不断提高，在处理较严重突发事件时可以结合不同交通运输方式的特点和优势，进行综合交通运输应急管理，提高应急效率。

综合交通运输应急管理预案是有效开展救援的重要指导。其明确了各区域铁路、公路、航空、水运、管道运输的应急程序和应急参与者的职责，能够实现区域间各种交通运输方式的相互配合、紧密衔接，使得应急救援前期准备、应急救援处置、救援后的系统恢复有章可循、有据可依，为应急救援提供行动计划和实施指南。综合交通运输应急管理，需要对重大突发事件进行综合风险与危害评估，综合调配多种交通方式的资源，实现不同运输方式间的衔接与配合，提高综合交通系统应对突发事件的能力。

下面以城市轨道交通与城市公共汽电车两种交通方式的协同应急管理为例，简要介绍综合交通运输应急管理的措施。在城市轨道交通发生突发事件时，运营公司首先可以通过调整列车运行交路的方法进行系统自身的调节，将突发事件的影响控制在最低，但该方式的效果有限。当仅对自身的调节难以在短时间内满足应急管理的需要时，可以结合公共汽电车交通运输系统，采用应急公交与城市轨道交通接驳联动的方式进行共同应对。在此过程中，需要城市轨道交通公司和公交公司根据现场情况进行协调和判断，可能占用大量的地面公交资源。同时，启动公交与轨道交通接驳的时刻需要根据事件的影响进行确定，如果错过最佳时机，会造成大量乘客滞留在城市轨道交通运输系统内，带来较为严重的后果。当突发事件造成我国城市轨道交通中断时，公交应急联动的启动条件如下，满足其中任意一条时就应该启动公交接驳：城市轨道交通线路因突发事故，正线运营双向中断 20 分钟及以上；城市轨道交通线路因突发事故，正线运营单向中断 30 分钟及以上，且部分区间行车组织采用单线双向行车，单向运行中断 20 分钟及以上；城市轨道交通运输系统内突发大客流，导致列车运行双向延误 30 分钟及以上。

根据受突发事件影响和原有线路设置不同，公交线路的调整有以下两种情况。

（1）当轨道交通接驳站点处或接驳站点所在线路发生中断时，如果接驳公交线路存在一定的剩余运力，可以沿着轨道线路的运行中断区间，通过调整、延伸接驳线路，让车辆停靠在轨道交通站点处，如图 3-6 所示。

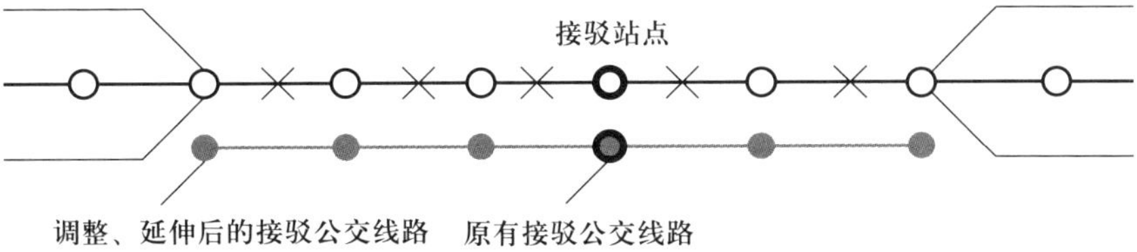

图 3-6　突发事件时公交接驳线路延伸示意图

（2）当轨道交通线路发生中断，并且运行方向与原有公交线路上的部分区间相同时，可以通过调整公交线路的走向、车辆发车间隔和站点位置，使公交站点更接近轨道交通站点的所在处，并在该区段加开区间车，具体如图 3-7 所示。

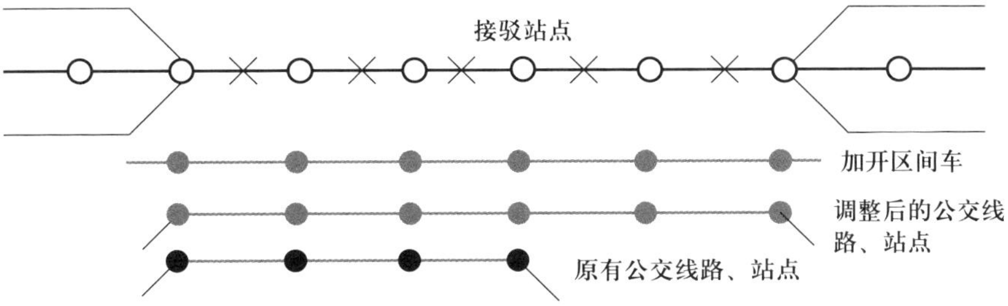

图 3-7　与轨道交通线路走向部分一致的公交线路调整示意图

思考与练习

1. 交通运输应急预案的内容和主要构成是什么？
2. 我国应急管理体系是如何变化的？
3. 应急管理的主要环节是什么？
4. 交通应急管理体系原则是什么？
5. 如何建设交通应急平台？

即测即评

第四章 交通风险管理

风险管理是一项基础性、日常性的工作，是实现应急管理关口前移的重要内容。风险管理工作是经济社会发展经常性、综合性、系统性的基础工作，贯穿规划、设计、建设、运行、管理、发展等环节。因此，城市公共安全风险管理体系建设应立足于通过建立科学、规范、系统、动态的公共安全风险管理长效机制，健全城市"各级政府分级负责、政府部门依法管理、责任主体认真履责、社会公众积极参与"的公共安全风险管理工作格局，完善风险管理工作体制机制，规范标准体系和工作要求，明确配套保障制度，实现风险识别、风险预警、风险评估、风险监测、风险控制、应急准备和应急处置全过程综合管理，切实增强风险应急管理工作的预见性、针对性、科学性和主动性，强化全面预防与应急准备，实现对公共安全风险的有效控制和应对，保障人民生命财产安全和社会和谐稳定。

第一节 风险管理概述

一、风险管理的作用

（一）风险管理是应急管理的"关口前移"

风险管理与应急管理既有区别又有联系（见图 4-1）。应急管理的对象是"突发事件"，主要目标是"预防和减少突发事件及其造成的损害"，管理过程包括事前、事发、事中、事后全过程。尽管应急管理强调"预防为主、关口前移"，要求做好"监测预警"工作，但其管理起点是预防和减少存量风险（已经存在的风险）转化成突发事件，即捕捉突发事件发生的征兆并采取应对措施。因此，应急管理以"事件"为中心，仍是相对被动的。进一步提升应急管理能力，就必须从"事件"之前的"风险"入手，从更基础、更主动的风险管理层面开展工作。

风险管理的对象是“风险”。风险管理能够更加系统地分析和评估各种风险因素，并通过优化规划、建设和管理手段，达到“消除或控制存量风险，预防或减少增量风险”的管理目标。风险管理将起点前移到“增量风险”，是应急管理的“关口前移”，是一种更积极、更主动的管理方式。因此，风险管理能够从源头预防和减少突发事件的发生，控制、减轻或消除突发事件造成的危害，保护人民群众生命财产安全。

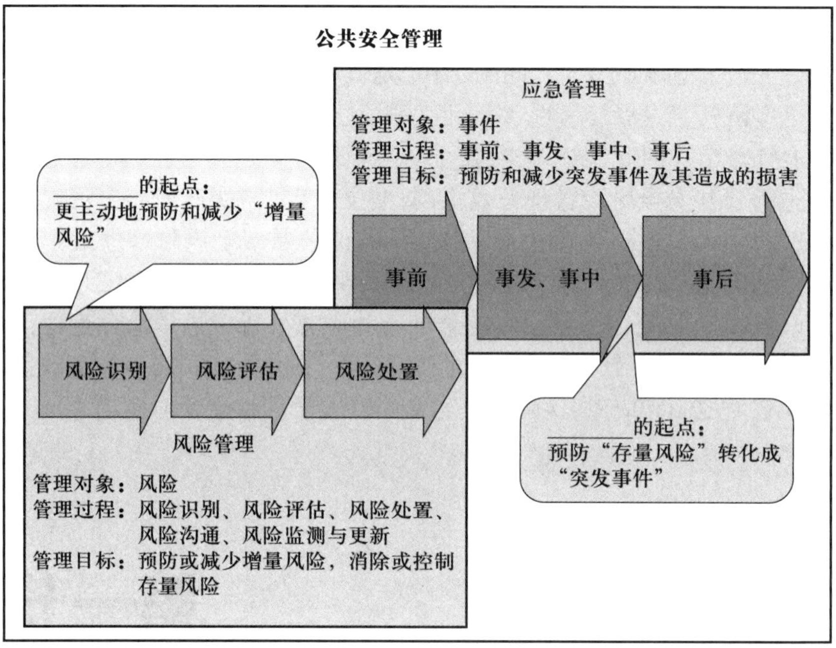

图 4-1 风险管理与应急管理关系示意图

（二）风险管理是更优化的管理策略

风险管理是一种管理策略，而应急管理是一种行动策略。应急管理侧重于在“事件”发生后做出决策，重新组合资源并采取行动，这些决策和行动往往是在有限的时间、有限的信息和高度不确定性的压力下做出的，很难保证资源的最优配置。而风险管理通过对风险源的系统分析与评估，主动采取有针对性的措施避免风险以及损害的产生，从而降低应急管理的成本，使有限资源发挥最大作用。

（三）风险管理在更基础的层面实现“标本兼治”

风险管理渗透在城市“规划、发展、建设、管理、运行、服务”各个环节。在“规划”环节，通过充分考虑风险因素，优化规划设计，可以避免或减少大量增量风险的出现。在“发展”环节，通过统筹分析各种风险，可以避免城市发展中的失衡问题，真正实现科学、可持续发展。在“建设”环节，将风险管理引入城市基础建设中，可以消除或减少风险源，从根本上提升城市承受风险的能力。在“管理、运行、服务”环节，通过系统管理各种类型的风险，可以明确城市管理的需求和重点，优化管理流程，增强风险控制能力，保障城市安全运行，提供更安全、更优质的公共服务。

二、风险管理工作的基本情况

（一）工作范围

各种类型及规模的组织都会面临各种各样的风险，这些风险有可能影响到其目标的实现。应当对组织各项活动中存在的风险进行有效管理。在推进公共安全风险管理体系建设的过程中，要注意依托行政管理体系，充分发挥应急体系整体协调的作用。城市公共安全风险管理区域应涵盖自然灾害、事故灾难、公共卫生事件和社会安全事件四个应急类别，贯穿城市规划、发展、建设、管理、运行和服务各个环节。

（二）工作重点

公共安全风险管理的工作重点，包括城市生命线（水、电、气、热、交通、通信）安全、传染病疫情防控、食品安全、社会稳定、能源保障、生活必需品市场秩序、大型社会活动安全，以及政治、宗教、教育、商业、旅游、文化、体育等敏感场所和人员密集场所的各类风险管理。

（三）风险管理体系和机制

风险管理体系建设重点突出风险分级分类管理体系，建立“横向到边、纵向到底”的公共安全风险管理体系。同时，完善市、区县两级风险分级管理机制，重点推进专项风险管理体系、区域风险管理体系和综合风险统筹协调机制等 6 方面的建设。

1. 专项风险管理体系

相关部门根据职责分工，按照“谁主管，谁负责”的原则，牵头建立健全本领域、本行业、本系统的专项风险管理体系；建立并完善风险管理工作体制、机制、规范、流程、标准和要求；按照应急管理部门的统一要求，组织做好相关风险评估、控制与监测工作，并对区域风险管理相关工作进行指导与检查。

2. 区域风险管理体系

各区县政府和地区管委会建立健全区域风险管理体系，组织开展行政（管理）区域内的风险管理工作，强化重点区域的风险管理；配合相关部门开展风险评估，并落实相关风险控制任务。

3. 重大活动和重要时期风险管理体系

针对重大活动和重要或敏感时期，开展安全风险评估并制定风险控制方案。在涉及民生、社会关注度高的政策、规划、工程项目出台或启动时，参照开展相应的风险评估工作，采取控制措施，做好预案准备，将风险控制在源头。

4. 综合风险统筹协调机制

建立地区综合风险统筹协调机制，加强沟通协调，及时解决工作中存在的问题和可能出现的职责不清、职责交叉、管理缺位等问题，确保风险管理工作落到实处、取得实效。

5. 风险管理社会参与机制

政府督促企事业单位积极履行风险管理主体责任，落实风险隐患排查整改要求，完善风险管理制度与操作流程。

一方面，积极引导公众提高风险防范意识，充分发挥社区、村庄、企业和学校等单位在风险识别和风险排查、监测和风险控制过程中的作用，推动建立政府领导与社会参与相结合的风险管理模式；另一方面，加强风险信息沟通与交流，建立风险导向的社会多方信息共享机制和专家沟通机制，及时向社会公布危险源和危险区域，以提前做好风险防范准备并采取安全防范措施。

6. 配套制度和保障机制

(1) 组织和人员保障。各地区相关部门、政府、管委会应高度重视公共安全风险管理工作，由主要负责人任第一责任人，加强领导、理顺机制、统筹力量、落实责任，要指定工作机构并配备专人具体承担风险管理相关组织协调工作。同时，加强专业培训，推进风险管理专业人才队伍建设，逐步推行在风险管理重点部门成立风险管理专门机构或明确风险管理专门机构的工作。

(2) 风险管理规范和标准保障。应急办牵头组织制定公共安全风险管理实施指南和区域综合风险评估标准，并结合风险管理工作特点和实际情况，研究制定相应的风险管理实施细则、工作规范和专项风险评估标准，推进风险评估地方标准体系建设，逐步探索建立城市公共安全指标体系。

(3) 风险管理资金投入保障。根据各级政府分级负责的公共安全风险管理工作责任，风险评估与控制相关经费按照现行财政管理体制，由市、区县财政部门分别负担，确保风险管理工作的顺利实施。涉及政府固定资产投资的建设项目，按政府投资项目审批的相关管理规定由市发展改革委安排建设资金。

(4) 风险管理科技支撑保障。依托应急委专家顾问和各领域有关专家，组建公共安全风险管理专家组，指导公共安全风险管理工作。要积极整合资源，支持公共安全风险管理相关标准、规范及技术研究和示范等工作。鼓励和培育一批能够为风险管理工作提供有效专业支撑的科研机构；探索建立依托相关科研机构、专家团体和企业的第三方专业化风险评估机制，研究建立相应的资质认定机制。利用物联网等新兴科学技术，逐步建立公共安全风险管理信息化体系。充分发挥监测平台作用，做好公共安全风险监测，做好风险数据的维护更新工作，实现信息资源共享。进一步完善风险预警信息发布平台，做好风险预警发布工作。

(5) 风险管理年度考核制度。研究制定风险管理考核与奖惩办法，按照过程与结果并重的原则，指导、督促、检查风险管理工作的全过程和风险控制工作的实际成效，积极履行政府风险管理职责。

第二节
风险管理的工作流程

风险管理的工作流程，由计划和准备、风险识别、风险评估、风险控制、风险监测、风险预警和风险沟通等环节组成（风险管理工作流程见图 4-2）。

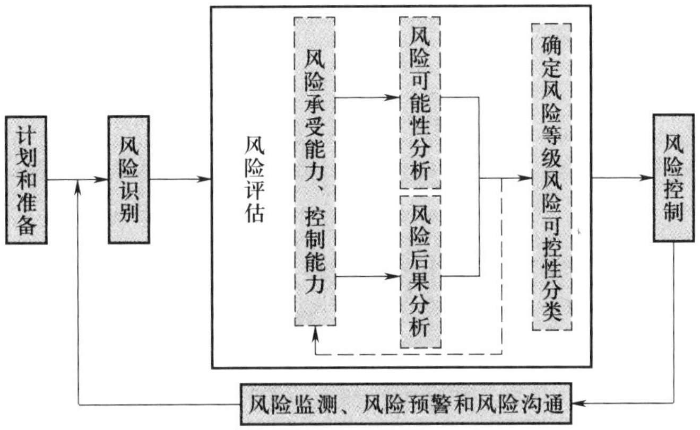

图 4-2　风险管理工作流程

一、计划和准备

计划和准备是风险管理的基础，确保整个风险管理过程的有效性。不同部门对风险管理实施过程可能有不同的要求，在进行风险管理之前，必须做好充分的计划和准备，制定有效的风险管理工作计划，明确风险管理的目标和范围，建立计划编制阶段的机制，主要包括三项任务：了解组织内外环境，建立风险评估标准，做好风险管理保障。

首先，了解组织内外环境。通过明确环境信息，组织可明确其风险管理的目标，确定与组织相关的内部和外部参数，并设定风险管理的范围和有关风险评估标准。运用 SWOT 分析方法，通过分析组织的优势、劣势、机会与威胁，确定组织与其环境之间的关系。

其次，建立风险评估标准。风险评估标准必须反映组织的风险承受能力以及组织的价值观、目标和资源。组织应根据其环境和状态合理确定组织的风险评估标准。风险评估标准是评估风险重要程度时的参考条件，它包括操作性、技术性、经济性、法律性、社会性以及人道意义上的各种标准。设定风险评估标准需要综合考虑相关经费配备、法律及法令规定、社会经济及环境因素、利益相关者的关注程度、影响评估的先后次序以及其他外在因素。随着风险管理工作变得日益重要，西方国家纷纷制定全国性风险管理标准，以更好地指导和推动风险管理的发展。目前在世界范围内影响较大并被国际标准化组织（ISO）认可的国家性标准有澳大利亚 / 新西兰风险管理标准（AS/NZS4 360：1995）、加拿大风险管理标准《决策者指南：加拿大国家风险管理指南》（CAN/CSA-Q850-97）、英国风险管理标准《项目管理第三篇：与商业相关的项目风险管理指南》（BS-6079-3：2000）和日本风险管理标准（JISQ：2001）。其中制定最早并且影响最大的是澳大利亚 / 新西兰风险管理标准。

最后，做好风险管理保障，包括风险识别、评估和处置过程中所必需的人、财、物以及技术等各方面的资源保障。

二、风险识别

风险是发生突发事件并产生不利后果的可能性。风险识别是发现、列举和描述风险要素的过程。具体是指根据风险管理的范围，对存在的风险进行识别和描述，排查并确定各类风险源、风险点、危险源、事故隐患、薄弱环节、具体管理问题、重点防护目标等（统称“风险控制点”）。通过风险识别，主要回答下列问题：可能存在的风险是什么（列举风险 / 可能出现的不利情况）？引发这些风险的因素包括哪些（可能导致不利事件发生的原因、致灾因子、薄弱环节、管理问题等）？风险可能导致怎样的后果（可能造成的突发事件和次生、衍生灾害，以及影响的对象和可能的影响方式等）？

风险识别的目的是确定可能影响系统或组织目标得以实现的事件或情况。一旦风险得以识别，组织应对现有的控制措施（诸如设计特征、人员、过程和系统等）进行识别。

（一）风险识别的程序

⑴ 分析并列出所有可能出现的风险。从不同层面、不同角度分析、列举、细化各种可能发生的风险，将依据资料、数据统计出的风险和分析出的潜在风险进行归纳、汇总，并列出风险清单。

⑵ 排查风险控制点，并列出清单。这些风险控制点是对风险实施有效管理的具体落脚点，要做到具体化、明确化，并尽可能空间化。

⑶ 确定风险及风险控制点列表。根据具体风险管理工作任务（特定时期、特定空间），结合国际、国内及所辖地区经济社会安全形势和所掌握的信息，对已分析和排查出的风险与风险控制点进行必要的筛选、排除和调整，填写风险与风险控制点识别表，进行风险登记。

（二）风险识别的方法

不同类型的风险需要采用不同的分析方法和工具，各单位可根据自身工作特点和实际需要，合理选择、使用分析工具和方法。一般使用的方法和工具主要包括（但不限于）以下四类，应综合使用下列方法和工具。

⑴ 历史数据资料分析。这一分析方法适用于各类风险的识别。

(2) 系统(或流程)分析。对于重要的城市运行系统(如水、电、气、热、交通、通信等),可以运用系统分析方法对每一环节可能出现的不利情况进行全面排查列举。对于流程清晰的突发事件,可以运用此方法,对管理全流程的各个环节进行风险与风险控制点列举。也可借鉴事件树分析(ETA)方法的思路,按事件发展的时间顺序,系统分析事件可能产生的各种后果,定性地了解整个事件的动态变化过程。

(3) 专家经验和讨论会。通过征求内部、外部专家意见,开展自由讨论、座谈和调研等方法,列举可能出现的不利情况。这一方法适用于各类风险,特别适用于缺乏历史数据、无法开展系统(或流程)分析的风险类型。

(4) 相关信息收集。通过有针对性的信息收集(包括公开的媒体信息、情报工作等)获取最新信息,对事件有关现状和趋势作出判断。可根据不同阶段所面临的不同问题,制定有针对性的信息收集要点,通过研判当前形势和发展趋势,列举可能出现的各类不利情况。这一方法适用于各类风险。

无论实际采用哪种方法或技术,关键是在整个风险识别过程中要认识到人为因素和组织因素的重要性。因此,偏离预期的人为及组织因素也应被纳入风险识别的过程中。

三、风险评估

风险评估是针对某种特定的风险,确定其发生的概率及损失程度的工作。风险评估是风险管理工作的一个重要环节,旨在为有效的风险应对提供基于证据的信息和分析。风险评估有助于决策者对风险及其原因、后果和发生可能性有更充分的理解。在风险管理过程中,风险评估并非一项独立的活动,必须与风险管理的其他组成部分有效衔接。

(一) 风险评估的内容和程序

风险评估的内容包括分析风险承受能力和控制能力、风险可能性分析、风险后果分析、确定风险等级和风险可控性分类等环节。

1. 分析风险承受能力和控制能力

风险的可能性和后果受两个因素影响:一是风险所作用对象(客体)的承受能力;二是控制和应对风险的能力。因此,分析风险承受能力和控制能力,是评估风险可能性和后果级别的前提。

首先,分析风险承受能力。风险是通过作用于对象而产生影响和后果的。对象的风险承受能力不同,风险发生的可能性和产生的后果均有可能变化。分析风险承受能力就是分析受风险影响的对象对风险的承受、抵抗能力及其脆弱性,包括系统自身承受能力和社会心理承受能力等。在某些情况下,风险可能是一系列事件叠加产生的结果,或者由一些难以识别的特定事件所诱发。在这种情况下,风险评估的重点是分析系统各组成部分的重要性和薄弱环节,检查并确定相应的防护和补救措施。其基本步骤包括:第一,明确受影响对象。根据风险识别阶段的分析结果,明确某一风险可能影响的具体对象,包括受影响的人群、设施、系统、环境等。第二,分析各类受影响对象的风险承受能力。通过各类情况分析报告、专家会商和专项调研等方式，分析各类受影响对象的物理属性、心理属性等特点，判断其风险承受能力的大小。例如，对人群的风险承受能力可以从心理素质、防灾应急知识、经济能力等方面进行分析；对设施的风险承受能力可以从抗外力能力、安全设施是否充分等方面进行分析。

其次，分析风险控制能力。分析风险控制能力是对所有为避免或减少风险发生的可能性及潜在损失的措施、手段进行分析和评估的过程。这一环节是风险评估工作的重要组成部分。整理和确定现有控制措施，分析各项措施的有效性，既是评估风险可能性和后果的基础，也是查找当前工作不足、提出改进措施的重要途径。评估风险控制能力可以从(但不限于)以下几个方面进行：第一，常态管理水平。包括安全管理规章制度的建设和执行情况、设施设备运行水平、工程技术措施落实情况等。第二，应急管理水平。包括应急组织体系、应急预案、监测预警能力、应急处置能力、应急保障能力(人力、物力、财力、技术水平)、善后恢复能力等。第三，宣传教育培训。包括对系统内部人员日常安全教育培训和对周边民众开展应急常识宣传教育。

2. 风险可能性分析

分析风险可能性是通过对风险的固有属性、受影响对象的风险承受能力、风险管理者对风险的控制能力等要素的综合分析，确定风险发生的可能性的过程。风险可能性分为五级。

风险可能性受风险本身固有属性的影响(如不同传染病疫情的暴发概率不同)，同时与风险承受能力成反比(如人群抵抗力越高，风险可能性越小)，与风险控制能力成反比(如医疗技术水平越高、防范措施越完善，风险可能性越小)。在风险可能性评估中应综合考虑这三个因素。

3. 风险后果分析

分析风险后果是风险评估过程中最重要的环节之一。确定风险后果等级对于提出相应的应对措施，制定必要的应急预案具有重要的参考价值。风险后果评估工作是否全面、准确、客观，将直接影响对风险等级判断的准确性。

风险后果是指一旦事件发生，其可能产生的不利影响以及影响的严重程度。风险后果分析时，应当确定所需要分析的后果的类型和受影响的对象。

风险后果可分为客观损失和主观影响。客观损失包括人员伤亡、经济损失、环境影响等；主观影响包括政治影响、社会影响、媒体关注度、敏感程度等。风险后果受风险本身固有属性的影响，同时与风险承受能力成反比，与风险控制能力成反比。风险后果分为五级。

4. 确定风险等级

定性的风险分析可通过重要性等级来确定风险后果、可能性和风险等级，如“极高、高、中、低”4个重要性程度。可以将后果和可能性两者结合起来，并对照定性的风险准则来评价风险等级的结果。根据风险发生的可能性大小和后果严重程度，采用风险矩阵法，确定风险等级(见表4-1)。

5. 风险可控性分类

根据风险等级和当前风险控制能力，分析判断风险可控性。风险可控性可分为以下三类(风险分级参考见表4-1)：

表 4-1　风险分级参考

风险等级	后果				
	很小 5	一般 4	较大 3	重大 2	特别重大 1
基本不可能 E	低	低	低	中	中
较不可能 D	低	低	中	中	高
可能 C	低	中	中	高	极高
很可能 B	中	中	高	高	极高
几乎可能 A	中	高	高	极高	极高

资料来源：Risk Management，AS/NZS 4 360：2004 和 API Publication 581.

第一，可消除（规避）的风险（可控性为 A 类）。是指在一定的时间内，通过采取针对性措施，控制风险产生的原因或后果，可以消除（或基本消除）的风险。

第二，可降低的风险（可控性为 B 类）。是指通过实施工程技术措施或加强管理措施进行有效控制，进而可以把等级降到可接受程度的风险。例如，对极高风险、高风险采取措施进行控制，使其等级降到可接受的程度（中或低）。

第三，不可控的风险（可控性为 C 类）。风险具有复杂性、叠加性、综合性等特点，有些风险是防不胜防的，有些风险是不可预见的，因而无法提前采取消除或降低的针对性措施。

（二）风险评估的方法

不同领域、不同类型的风险，其评估方法不完全相同。通常使用以下三种方法进行风险评估，这些方法可单独或组合使用。

第一，模型定量分析。基于详细而完备的基础数据，使用一套科学的指标体系，采用相关模型（如事故树、事件树技术）计算，对风险可能性、风险后果进行综合的定量分析。

第二，历史数据分析。使用重要的历史数据确定过去的事件或情况，以确定其可能发生的概率和后果。

第三，专家经验和会商。系统化和结构化地利用专家知识和经验，分析某种风险的可能性及其后果。专家判断应利用一切现有的相关信息，包括历史、系统、组织、实验及设计等信息。获得专家判断的方法众多，现有常用方法包括德尔菲法和层次分析法等。

（三）风险控制点的等级评估

根据风险控制点的具体特性及其存在（或引发）风险的可能性与严重程度，原则上可将风险控制点分为特级、一级、二级、三级。风险控制点的等级评估，依照各行业、各领域相关专业（行业）标准进行分级。没有相关专业（行业）标准的，可参照上述风险等级评估方法对风险控制点进行等级评估。

四、风险控制

依据风险等级与可控性分类，分析存在的问题和薄弱环节，确定风险控制策略，提出有针对性的风险控制措施，以达到消除或减小风险、做好预防工作的目的。风险控制措施的确定可以从降低风险发生的可能性、降低风险的严重性、增强风险承受力和风险控制等方面考虑。

（一）风险控制工作原则

（1）可行性。所提风险控制建议应在资源及条件允许范围之内。

（2）有效性。风险控制措施要能有效弥补安全漏洞，改进不足，从而降低风险发生的可能性，或减小风险可能产生不利后果的严重程度。

（3）针对性。针对不同风险的特点和等级，提出有针对性的风险控制措施。要把风险控制工作落实到每一个风险控制点，进行具体管理。

（4）综合性。要综合考虑风险的各个方面，跳出部门局限，不仅应对本部门相关工作提出建议，还应对其他相关领域和部门提出工作建议，并加强跨地区、跨部门的风险沟通与工作交流。

（5）及时性。要在开展风险评估的过程中，“边评估，边控制”，及时发现问题，及时采取控制措施。

（6）责任明确。要明确监督管理责任和控制主体责任，确定风险控制工作的措施和完成时限，统筹协调，持续推进。

（7）成本效益。并不是所有的风险都必须或能够完全消除，也不是所有的风险都必须花费巨大的成本进行降低，想要消除所有风险是不切实际的。要在一定的资源约束条件下，寻求最有效的措施。现有等级较低的一些风险是可以被接受的，可通过加强监测、做好应急准备等方式进行控制。

（二）风险控制责任

根据相关规定，相应管理层的主要管理部门负责制定风险控制计划，指定主要风险控制单位负责，推动和指导主要责任单位采取风险控制措施，以有效控制内部风险。由属地政府负责综合控制，相关部门给予支持、配合。对于跨区域、跨领域的风险，原则上应列为市级风险，由市相关部门协调管理；对于确需协调国家相关部委、其他省（自治区、直辖市）的风险控制工作，市或地区相关部门应报请市委、市政府和市应急委协调解决。

（三）风险控制措施

对风险与风险控制点的控制措施主要包括（但不限于）以下三类：

（1）工程技术措施。包括消除、降低或隔离风险与风险控制点的各种硬件设施改造、技术手段与工程措施等。

(2) 管理措施。包括为降低或控制风险,制定与完善相关的管理制度、政策,以及选择放弃某些可能招致风险的活动和行为,从而规避风险的决策等。

(3) 应急准备。是针对不可控风险(确实难以消除、难以控制或防不胜防的风险)而采取的特殊的风险控制措施。包括应急预案、演练、队伍、物资、资金、技术等各个方面的准备工作。

五、风险监测、风险预警和风险沟通

风险管理是一个动态持续的过程,要对评估结果及时进行跟踪、监测并动态更新,适时发布风险预警,并建立面向社会、多方参与的风险沟通机制。

(一) 风险监测与动态更新

风险监测与动态更新的实质是跟踪、监控、审查和调整,以及再监测、再跟踪、再调整、再评估、再控制的动态循环过程。

在风险评估结果的基础上,根据实际情况的变化、风险控制的成效和存在的问题,密切监测相关风险的动态变化。可以利用物联网等新技术建立风险监测系统。在进一步强化风险专项监测的基础上,坚持依靠群众,充分动员全社会,依托紧急、非紧急报警服务平台和城市运行监测平台,建立风险综合监测网络和社会监测网络,及时发现、防范和控制风险。

在风险监测结果的基础上,要重新评估并确定风险等级,调整风险控制策略。动态更新周期原则上为每季度更新一次,可结合风险事件固有属性和当前国内外经济社会环境做适当调整。

(二) 风险预警

在风险管理工作过程中,对需要发布预警信息、采取相应预警措施的风险,应及时启动风险预警机制。风险预警发布与响应程序参照《中华人民共和国突发事件应对法》,以及《国家突发公共事件总体应急预案》和有关专项、部门应急预案的规定执行。

(三) 风险沟通

风险沟通是政府部门、专家、媒体、社会组织和公众间交换或共享风险信息的互动过程。各单位要建立面向社会、多方参与的风险沟通机制,寻求社会各方对政府风险管理工作的理解和支持,并积极引导风险涉及的相关单位和人员提前做好风险防范准备。风险沟通的方式包括部门内部沟通、部门间沟通、媒体沟通和公众沟通。部门内部和部门间的沟通方式包括召开会议、编制简报、电话沟通、通知等。媒体和公众的沟通方式包括现场新闻发布会、新闻通气会、发布新闻稿,通过政府网站发布各种风险信息、宣传材料,开通电话咨询热线,发送手机短信等。

第三节
交通风险评价方法

风险评价包括将风险分析的结果与预先设定的风险评估标准相比较，或者在各种风险的分析结果之间进行比较，确定风险的等级。风险评价利用风险分析所获得的对风险的认识，对未来的行动进行决策。道德、法律、财务以及包括风险感知在内的其他因素，也是决策的参考信息。

在交通运输领域，风险评价是交通运输安全管理和科学决策的基础，也是道路运输网优化选线的前提。有学者提出了多种风险评价模型和选线方法，20 世纪 90 年代后由于智能交通系统（ITS）和 3G 技术（GPS/GIS/GPRS）的应用，使其得到了迅速发展。事故风险通常定义为事故发生的概率以及由此导致的不希望事件后果的测度。对于交通运输网而言，路径风险通常定义为运输过程所有可能事故情景与潜在损失后果的风险总和，涉及不同的运输模式、事故类型、事故情景以及发生位置等。由此可知，运输路径沿线人员密集区或事故频发路段都可能存在高风险。

【典型案例 4–1】
上海道路运输第三方安全监测平台引入风险管理

一、路径风险评价模型概述

近 20 年来，有学者提出了多种路径风险评价模型，主要集中在包含运输事件概率与影响人数的一个或两个路段属性上，但在如何准确定量评价其风险方面没有统一形式，不同的风险评价模型选择的优化路径往往差别较大。基于经典风险理论，风险通常表示为事件发生的概率与其不希望事故后果的乘积。

为了检验路径风险评价模型的可靠度，加拿大学者研究了多种运输定量风险评价模型，提出了路径风险评价模型需要满足的三个性质。

性质 1：路径评估函数单调性。

设 V 表示路径风险的非负路径评估函数，如果路径 P' 在路径 P 上，那么 $V(P')\leqslant V(P)$。性质 1 表示当现有路径上增加一个或多个路段时，总的路径风险不会减少，运输路段的距离、时间、成本等属性都满足性质 1。

性质 2：风险评价模型单调性。

设 V 为路段属性函数，$V(P)=f[u_1(P),u_2(P),\cdots,u_k(P)]$，$u_i(P)$ 为路径 P 上所有路段的同维向量。h_i 如果 $\geqslant 0$，$i=1,2,\cdots,k$，那么 $f[u_1(P),u_2(P),\cdots,u_k(P)]\leqslant f[u_1(P)+h_1,u_2(P)+h_2,\cdots,u_k(P)+h_k]$。性质 2 表示，当 $u_1(P)$ 为事故概率，$u_2(P)$ 为事故后果，$k=2$ 时，路径风险是事故概率和事故后果的非减函数。

性质 3：选线优化原则（Bellman 最优原则），即优化路线的次路线是最优的。

同时，考虑选线决策中的风险厌恶特性，有学者提出了感知风险模型，引入风险厌恶度参数 q。$q>1$ 表示主观感知的风险大于客观风险，优先选择人口稀少路径，但小概率事故可能多次发生；$q=1$ 表示主观感知和客观的风险程度相当，即为传统风险模型；$q<1$ 与 $q>1$ 的情形相反。

传统风险模型通常不管该路径是否发生事故及发生事故的次数，多次重复使用该路径。实际中，如果运输灾难事故发生往往暂停使用该路径，重新评估优化选线。于是，有学者提出了条件风险模型，为首次事故发生的不希望事故后果。基于运输事故后果可能出现的严重性和灾难性，加拿大 Erkut 等人提出了避免重大事故后果的三个避灾减灾模型，充分考虑了事故后果对运输选线的影响，着重降低道路沿线的影响人员风险。此外，传统风险模型不适合给定起点至终点间的多批次运输情况，也没有考虑事故中断道路运输的情形，有学者对此做了改进，更适合于实际的多批次运输。

经典路径风险评价模型可以划分为以下四类（详见表 4-2）。

表 4-2　经典路径风险评价模型

类别	名称	风险表达式	特点
传统风险模型及特例	传统风险模型（Traditional Risk）	$TR(P)=\sum_{i\in P}P_iC_i$	双属性，近似可满足风险性质，易优化选线，但准确性差，不适合多趟运输
	影响人数（Population Exposure）	$PE(P)=\sum_{i\in P}D_i$	单属性，只表征影响人数，满足风险模型性质
	事件概率（Incident Probability）	$IP(P)=\sum_{i\in P}P_i$	单属性，满足风险模型性质，无风险主观特性
条件风险（Conditional Probability）模型		$CR(P)=\dfrac{\sum_{i\in P}P_{ij}C_{ij}}{\sum_{i\in P}P_{ij}}$	双属性，在第一次事故发生的条件下评估预期后果，不满足风险评价模型性质，侧重后果影响
避灾减灾风险模型	最小最大化影响人数（Minimax）	$MM(P)=\max_{i\in P}C_i$	单属性，直观，多为选线约束条件，侧重事故后果影响
	均值－方差组合 Mean-Variance	$MV(P)=\sum_{i\in P}(P_iC_i+kP_iC_i^2)$	三属性，近似可满足风险评价模型性质，侧重后果影响
	负效用模型 Disutility	$DU(P)=\sum_{i\in P}P_i[\exp(kC_i)-1]$	三属性，事故后果负效用函数，近似满足评价模型性质，侧重后果影响

续表

类别	名称	风险表达式	特点
基于运输事故率改进的风险模型		$TR'(P)=\sum_{i=1}^{n}\prod_{j=1}^{i-1}(1-P_j)P_iC_i$ (a)	改进事故率,较准确,无主观风险特性,不满足风险评价模型性质
		$TR''(P)=\sum_{i=1}^{n}\prod_{j=1}^{i-1}\exp(-P_j)[1-\exp(-P_i)]C_i$ (b)	改进事故率,比较准确,无主观风险特性,不满足风险评价模型性质
		$TR'''^{(P)}=\sum_{i=1}^{n}q_iC_i\prod_{j=1}^{n}(1-q_j)^{-1}q_i=1-\exp(-P_i)$ (c)	改进事故率,更准确,无主观风险特性,不满足风险评价模型性质,但适合多批次危险品运输选线

注：P 为源节点到目的节点的路径集合；P_i 为路段 i 发生事件的概率；q_i 为路段 i 发生一次或多次事故的概率；C 为以路段 i 任意点为圆心周围危险圈内的总人数；D_i 为路段 i 主沿线矩形区内的总人数。$D_i=2\lambda l_i\rho(i)$,式中 l_i 为路段 i 的长度,λ 为危险圈的半径,$\rho(i)$ 为路段 i 影响区人口密度,其中 $C_i=\frac{\pi\lambda D_i}{2l_i}$。

① 传统风险模型及特例;

② 条件风险模型;

③ 避灾减灾风险模型;

④ 基于运输事故率改进的风险模型。

路径风险评价模型如果违背上述三条性质,除理论上有问题外,也会产生一些不合理的优化选线结果。性质 3 将路径优化问题转化为最短路线问题,任何包含回路的路线一定不是最优路线。表 4-2 中前三个单属性风险评价模型满足三条性质,其中传统风险模型包含两个路段属性,但可以看作一个新的路段属性。条件风险模型是积性多属性模型,为非加和性目标函数,不满足性质要求,因此很难最小化处理。

二、经典路径风险评价模型

(一) 传统风险模型

假定有一给定交通网络 $G=(U,V)$,U 和 V 分别表示路网中的节点和路段的集合。节点 $i,j\in U$,路段 $(i,j)\in V$,R 表示所有路段的总风险,P_{ij} 表示路段 (i,j) 上发生事故的概率,C_{ij} 表示路段 (i,j) 上发生事故的后果。那么,线路的总风险等于各路段的事故发生的概率与事故造成的后果的乘积总和:

$$TR(P)=\sum_{i\in P}P_iC_i=\sum_{(i,j)\in V}P_{ij}\times C_{ij} \tag{4-1}$$

影响人数模型(PE 模型)和事故概率模型(IP 模型)是传统风险模型(TR 模型)的两

种极端情况。前者只关注受事故影响的人员总数,后者只关注事故的发生概率。

$$PE(P)=\sum_{i\in P}D_i=R_{PE}=\sum_{(i,j)\in V}C_{ij} \tag{4-2}$$

$$IP(P)=\sum_{i\in P}P_i=\sum_{(i,j)\in V}P_{ij} \tag{4-3}$$

【算例 4-1】

以图 4-3 所示危险货物运输网络为例,该网络由 9 个节点和 12 条线路构成;括弧中的数据分别表示该路段事故发生的概率和后果。图 4-4 表示从起点 1 到起点 9 的 6 条可选路径。使用传统风险模型计算各条路径的风险值。

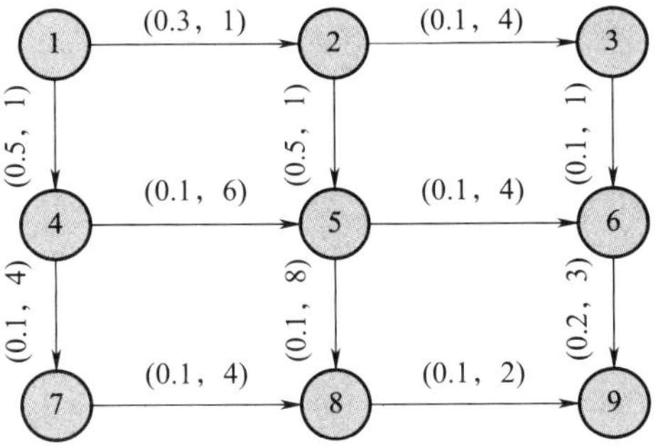

图 4-3　危险货物运输网络

Path	Route
p^1	{1→2→3→6→9}
p^2	{1→2→5→6→9}
p^3	{1→2→5→8→9}
p^4	{1→4→5→6→9}
p^5	{1→4→5→8→9}
p^6	{1→4→7→8→9}

图 4-4　可选路径

根据式(4-1)、式(4-2)、式(4-3)计算可得各条路径的风险值,结果如表 4-3 所示。

表 4-3　传统风险模型下的路径风险值

路径	p_1	p_2	p_3	p_4	p_5	p_6	p^*
R_{TR}	1.4	1.9	1.8	1.65	1.65	1.5	p_1
R_{IP}	0.7	0.7	0.6	0.45	0.35	0.35	p_5,p_6
R_{PE}	9	14	17	14	17	11	p_1

上述公式对于给定运输起点至终点之间的单批次运输,可能发生一次事故,这个风险定义是合理的。但对于多批次运输情况,需要评估所有可能事件的不希望事故后果。

贝叶斯分析法可以综合不同信息来源的同一事件的相关信息,如专家意见和历史事故数据等,从而得到对条件概率的估计,表达如下:

$$P(A|B)=P(A)P(B|A)/P(B) \tag{4-4}$$

式中:A,B——不同来源的同一事件的相关信息;

$P(A)$——先验概率;

$P(B|A)$——事件 A 引起影响 B 的概率。

因此,基于贝叶斯理论,考虑事故的条件概率,路径风险可以定义如下:

$$R=C_{POP}\sum P(A)P(R|A) \tag{4-5}$$

式中：$P(A)$——运输路径的历史事故率；

$P(R|A)$——运输路径历史事故中的事故率，即为事故的条件概率；

C_{POP}——运输路径邻域的影响人数。

（二）条件风险模型

条件风险（CR）模型在假定第一个事故肯定会发生的情况下评估预期后果，是一个具有两个属性的乘法多属性模型：期望风险和事故概率。该模型在第一次事故发生的条件下评估预期后果，并建议在灾难性事故后 OD 对之间的路径必须暂停的情况下使用。

设 $G=(N,A)$ 为节点集 N、链路集 A 的无向平面交通网络，节点 O、节点 D 分别为起点节点和终点节点。设 P 为网络中从 O 到 D 的特定路径，定义为链接序列 $(l_1,l_2,\cdots,l_m)$。设 P_i 为链路里发生事故的概率，r_i 为事故的结果。

以路径上某处发生事故为条件，路径 P 上的风险 $CR(P)$ 定义如下：

$$CR(P)=\frac{p_1r_1+(1-p_1)p_2r_2+\cdots+(1-p_1)(1-p_2)+\cdots+(1-p_{m-1})p_mr_m}{p_1+(1-p_1)p_2+\cdots+(1-p_1)+\cdots+(1-p_{m-1})p_m} \tag{4-6}$$

考虑到事故概率的极小性，前者可以忽略这些项的高阶乘法，得到 $CR(P)$ 的近似如下：

$$CR(P)=\frac{p_1r_1+p_2r_2+\cdots+p_mr_m}{p_1+p_2+\cdots+p_m} \tag{4-7}$$

将式（4-7）称为沿路径 P 的条件风险。

条件风险问题的网络表述如下：

$$\underset{x\in X}{\text{minimize}}\ \frac{\sum_i\sum_j e_{ij}x_{ij}}{\sum_i\sum_j p_{ij}x_{ij}} \tag{4-8}$$

式中：$p_{ij}(\geqslant 0)$——路段 (i,j) 上发生事故的概率；

$r_{ij}(\geqslant 0)$——路段 (i,j) 上发生事故的后果；

$e_{ij}=p_{ij}r_{ij}$——遍历路段 (i,j) 的风险；

x_{ij}——表示路段 (i,j) 是否在路径上的二进制变量；

x——x_{ij} 的集合；

X——O 到 D 的无回路路径集。

（三）避灾减灾风险模型

避灾减灾风险模型中 $MM(P)$ 模型很直观，最小化道路沿线的最大影响人数，可以在运输网最小生成树中寻找最佳路径，边权数为影响人数，但多数情况下为约束条件，最优化其他选线指标。在假设条件下最小化事故后果方差可以转化为最短路线问题，边权数为运输事故概率与影响人数平方的乘积，最小化事故后果方差问题是感知风险模型的特例。$MV(P)$ 模型也可转化为最短路线问题，边权数是事故概率、影响人数和风险厌恶度的简单函数。$DU(P)$ 模型为后果指数负效用函数，可转化为最短路线问题，但仅在特定风险厌恶度常数范围内有意义。

1. $MM(P)$ 模型

道路运输沿线最大影响人数是运输事故后果分布的一个度量手段,如 $C_{\max}(P) \equiv \max\{C_{ij}:(i,j)\in P\}$ 可以与路径权重标准 $\omega(P)$ 一起优化选线。同时可简化为标准最短路线问题,根据这两个标准生成多条 Pareto 优化路线。首先不考虑 $C_{\max}(P)$,最优化 $\omega(P)$,可选路线为 P_0,然后去掉影响人数不少于 $C_{\max}(P_0)$ 的路线,再次最优化 $\omega(P)$。实际上 $C_{\max}(P)$ 为约束条件,可以继续使用约束 $C_{\max}(P)$ 最优化 $\omega(P)$,生成加和 Pareto 优化路线。

2. $MV(P)$ 模型

$MV(P)$ 模型是基于运输事故影响人数和影响方差的决策。方差常表示分布扩散程度,可以评估运输过程的潜在灾难。$MV(P)$ 模型通常不能最小化方差 $Var[X(P)]$,但可以搜索不希望事故后果 $E[X(P)]$ 和方差 $Var[X(P)]$ 的 Pareto 优化路径,即最小化不希望事故后果和最小化潜在灾难,这里 X 表示运输路径 P 邻域的影响人数变量。同时,$E[X(P)]$ 和 $Var[X(P)]$ 是可追加的,应用最短路线算法可搜索最小 $E[X(P)]$ 或 $Var[X(P)]$ 路径。对于给定的常数 k,可以搜索最小 $E[X(P)]+Var[X(P)]$ 路径,即 $MV(P)$ 模型,不同的 k 值可产生多条非占优路线。

3. $DU(P)$ 模型

运输事故后果指数负效用函数 $u(X)=\exp(kX)$,有灾难厌恶特性,第 $i+1$ 个生命损失成本比第 i 个生命损失成本高。常数 $k>0$,为灾难厌恶度,k 值越大,灾难厌恶度越高。如果事故没有中断运输,最小化不希望负效用函数 $u(X)=\exp(kX)$ 等同于最小化 $\sum_{i=1}^{n_P} P_i[\exp(kC_i)-1]$,路段边属性 $P_i[\exp(kC_i)-1]$。

如果运输路线至多发生一次事故,P_i 为路段事故率,$u(X)$ 表示为:

$$\left(1-\sum_{i=1}^{n_P} P_i\right)u(0)+\sum_{i=1}^{n_P} P_i u(C_i)=1-\sum_{i=1}^{n_P} P_i+\sum_{i=1}^{n_P} P_i \exp(kC_i)=\sum_{i=1}^{n_P} P_i[\exp(kC_i)-1] \tag{4-9}$$

(四)基于运输事故率改进的风险模型

如果运输过程中事故中断运输,第 i 路段的事故率受前面路段影响,可表示为 $(1-P_1)(1-P_2)\cdots(1-P_{i-1})P_i$,传统风险模型可转化为式(a)。

$$TR'(P)=\sum_{i=1}^{n}\prod_{j=1}^{i-1}(1-P_j)P_iC_i \tag{a}$$

设路段 i 长度为 l_i,根据空间泊松过程单位长度为 λ_i,设 $P_i=l_i\lambda_i$,定义 $q_i=1-\exp(-p_i)$ 表示至少发生一次事故的概率,在路段 i 的任意位置发生事故即可暂停运输,式(a)转化为式(b)。

$$TR''(P)=\sum_{i=1}^{n}\prod_{j=1}^{i-1}\exp(-P_j)[1-\exp(-P_j)]C_i \tag{b}$$

传统风险模型通常适用于给定运输路线的单批次路径风险评估,实际上可能需要多批次运输。对于满足需求的可能多批次运输，设 $IP(P)$ 为运输路径 P 的事故概率，其准确表达式为 $IP''(P)=1-\prod_{i=1}^{n}(1-q_i)$，表示至少发生一次事故的概率。如果每次运输是独立的，事故不能中止运输，成功概率为 $1-IP''(P)$。运输次数符合几何分布，期望值为 $1/[1-IP''(P)]$。假设事故中止运输，每次运输的不希望事故后果为 $TR''(P)$，完成任务所有运输批次的总不希望事故后果为式(c)。

$$TR'''(P)=\sum_{i=1}^{n}q_iC_i\prod_{j=1}^{n}(1-q_j)^{-1}q_i=1-\exp(-P_i) \tag{c}$$

式中：q_iC_i 为第 i 路段的路径风险，$\prod_{j=1}^{n}(1-q_j)^{-1}$ 为运输到达终点前第 i 路段的期望运输次数。

表 4-2 中式(c)与式(a)、式(b)相比，明显的优点是没有违背路径风险评价函数的前两个性质，但均不能使用简单的标号算法最小化处理，因为这些模型都违背性质 3 最优化原则。Erkut 等认为所有路径风险模型应该满足最优化原则，但最优化原则限制把准确的事故概率嵌入风险评价模型中，而违背最优化原则的评价模型采用的选线算法优于满足原则的模型。

此外，基于运输事故率改进的风险模型可以与避灾减灾风险模型结合，这样既可准确评估运输事故率，又可反映灾难性事故后果。其模型表达式如下：

$$R(P)=\sum_{i=1}^{n}\prod_{j=1}^{i-1}\exp(-P_j)[1-\exp(-P_j)](C_i+kC_i^2) \tag{4-10}$$

【算例 4-2】

试分别使用传统风险模型和基于运输事故率改进的风险模型(a)(c)计算图 4-5 中①—②—③的路径风险，线上面数据为事故概率，线下面为影响人数。

根据传统风险模型，线路路径风险为各路段事故概率与事故后果的乘积之和，使用式(4-1)计算可得各条路线的风险值。对于图 4-5(Ⅰ)中的上面路线，风险值为：$0.01\times1+0.01\times1\ 000=10.01$，下面路线的风险值为 $0.000\ 1\times99+0.01\times1\ 000=10.009\ 9$。图 4-5(Ⅱ)中，上面路线的风险值为 $0.01\times10\ 000+0.01\times1\ 000=110$，下面路线的风险值为 $0.01\times10\ 000+0.1\times99=109.9$。

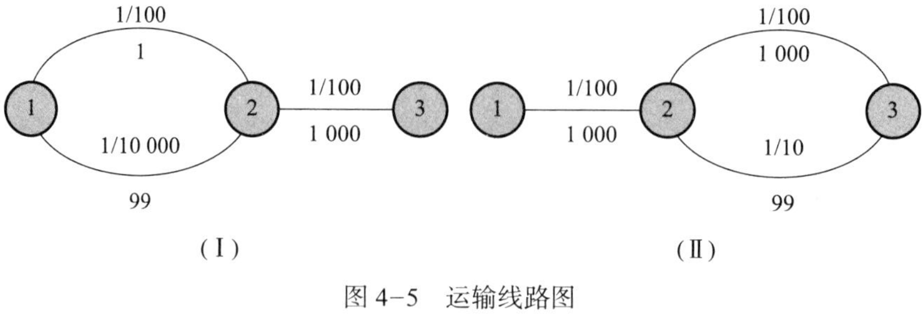

图 4-5　运输线路图

使用事故概率改进模型，图 4-5(Ⅰ)中，节点 1 到 2 的优化路线是下面路段，节点1到3的优化路线是上面路段。采用式(a),节点1到3上面路线风险值为:0.01×1+0.99×0.01×1 000=9.91,下面路线风险值为0.000 1×99+0.999 9×0.01×1 000=10.01。最优路线包含一个次路线不是最优路线。图4-5(Ⅱ)中,节点2到3的最优路线是下面路段,节点1到3的优化路线是上面路段。式(c)评估上面路线风险值为:(0.01×10 000+0.99×0.01×1 000)/(0.99×0.99)=112.13;下面路线风险值为:(0.01×10 000+0.99×0.1×90)/(0.99×0.9)=122.23。最优路线包含的次路线不是最优路线。如果起点在2,节点2到3之间选择最小风险值的路线;如果起点在1,节点1到2路段的风险值在所有路段占优势,安全到达节点2后,余下最小化事故概率路线为最优。路线选择最优化原则对于单次运输是合理的,对于多批次运输不合理。因此,可采用策略迭代随机最短路线算法搜索最优路径,分为策略评估和策略改进两步。

三、改进风险评价模型

经典路径风险评价模型进行路径决策时只能获得一条路径,并且部分模型没有明确考虑决策者的风险偏好。运输过程中,有两组决策者,即运输公司和路网管理者,每个决策者都关注不同的问题。运输公司研究的问题是独立考虑每一次运输的局部路线规划问题。也就是说,对于每次运输从产地到理想目的地,在可选路径之间确定最安全的路径。路网管理者,例如政府机构,考虑的是全局线路规划。其目的是在备选网络中存在多个出发地和目的地对的情况下进行多次运输计划,以降低整个网络的风险。

路径风险评估优化模型(Value-at-Risk,VaR)和条件风险价值(Conditional Value-at-Risk,CVaR)模型正是受到了以往模型这一弱点的启发,提出的解决方案,为道路运输提供了一种更加灵活和可靠的路径建模方法,不同风险态度的决策者可以根据自己的风险偏好选择不同的路径决策。VaR和CVaR模型是金融领域中风险度量的概念,最近也被广泛应用于路径风险度量中。VaR主要有以下五种应用:风险管理、风险度量、财务控制、财务报告和计算监管资本。它最初是用来衡量某些高度分散的投资组合的隔夜风险。此外,VaR是一种风险度量,度量一项投资、投资组合或一些风险敞口的财务风险。与VaR相比,CVaR在计算上更易于处理,它更关注投资中的长尾效应。现有的大多数路径风险评估方法研究的是整个风险分布(如*TR*模型中的期望值),而CVaR显然更多地关注长尾,以避免极端事件。在金融投资问题中,只研究长尾在某些情况下可能不会得到最优解,因为高风险意味着高回报。然而,在路径风险度量中,高风险(灾难性事故)不应以高回报进行交易。综上所述,通过关注长尾来规避风险对危险品运输更合理。

(一)路径风险评估优化模型

在金融和经济学中,VaR的定义如下:衡量在给定的时间范围内,在预先设定的概率水平下,一项投资从正常市场风险中按市价计算的最大损失。

路径风险评估优化模型(Value-at-Risk,VaR)定义如下:假设在给定的运输网络$G=(N,A)$中从起点O到终点D有一次运输,且有一个可选路径的集合P。P中的每一

条路径 l 表示从 O 运输到 D 的运输车辆可以选择的方案。对于给定的风险置信水平 $\alpha\in(0,1)$，给定的路径 $l\in P$，定义风险价值为使风险 R^l 超过 β 的概率不大于 $1-\alpha$ 的最小值：

$$VaR_{\alpha}^{l}=\min\{\beta: Pr\{R^l>\beta\}\leqslant 1-\alpha\} \tag{4-11}$$

每一次运输都可以看作一系列的独立伯努利试验，假设每条路径 l 由一个有序路段集合 A^l 组成，每条路段 $(i,j)\in A^l$ 上有事故概率 P_{ij} 和后果 C_{ij}，其中用 $C(k)$ 表示在 $\{C_{ij}:(i,j)\in A^l\}$ 上的第 k 小值。于是将各路段事故后果按升序排列得到集合：$\{0,C_1^l,C_2^l,\cdots,C_{m^l}^l\}$，则路径 l 上的风险根据对应的概率在该集合中取值：

$$R^l=\begin{cases}0, p=1-\sum\limits_{i=1}^{m^i}p_{(i)}^{l}\\ C_{(1)}^{l}, p=p_{(1)}^{l}\\ \vdots\\ C_{(m^l)}^{l}, p=p_{(m^l)}^{l}\end{cases} \tag{4-12}$$

由概率论累积分布函数可以得出：

$$F_{R^l}=Pr(R^l\leqslant r)=\begin{cases}1-\sum\limits_{i=1}^{m^l}\pi_{(i)}^{l}, r\leqslant 0\\ 1-\sum\limits_{i=2}^{m^l}\pi_{(i)}^{l}, 0<r\leqslant C_{(1)}^{l}\\ \vdots\\ 1-\sum\limits_{i=k+1}^{m^l}\pi_{(i)}^{l}, C_{(k-1)}^{l}<r\leqslant C_{(k)}^{l}\\ \vdots\\ 1, C_{(m^l)}^{l}<r\end{cases} \tag{4-13}$$

其中 $\pi_{(k)}^{l}=Pr(R^l=C_{(k)}^{l})$，则由 $Pr(R^l\leqslant VaR^l)>\alpha$ 及 R^l 的累积分布函数可以得到：

$$VaR_{\alpha}^{l}=\begin{cases}0, 0<\alpha\leqslant 1-\sum\limits_{i=1}^{m^l}\pi^{l}\omega\\ C_{(1)}^{l}, 1-\sum\limits_{i=1}^{m^l}\pi^{l}\omega<\alpha\leqslant 1-\sum\limits_{i=2}^{m^l}\pi^{l}\omega\\ \vdots\\ C_{(k)}^{l}, 1-\sum\limits_{i=k}^{m^l}\pi^{l}\omega<\alpha\leqslant 1-\sum\limits_{i=k+1}^{m^l}\pi^{l}\omega\\ \vdots\\ C_{(k)}^{l}, 1-\pi_{m^l}^{l}<\alpha<1\end{cases} \tag{4-14}$$

问题等价于求解 $\min\beta$。其中，风险影响因素是指能增加事故概率或事故后果的影响因素，是事故发生的潜在原因，也是造成后果损失的间接和内在原因；风险事故即是由风险影响因素引发的道路运输事故；风险损失是风险事故的结果，是风险承担者不愿看到的后果，是指非故意的、非计划的和非预期的经济价值或生命的减少，主要包括人员伤亡、环境污染、财产损失以及交通延误四个方面，而事故发生后及时正确地应急响应将极大限度地避免事故扩散，以达到减少风险损失的目的。

【算例 4-3】

以图 4-6 所示网络为例，该网络由 9 个节点和 12 条线路构成。图 4-7 表示从起点 1 到起点 9 的 6 条可选路径。

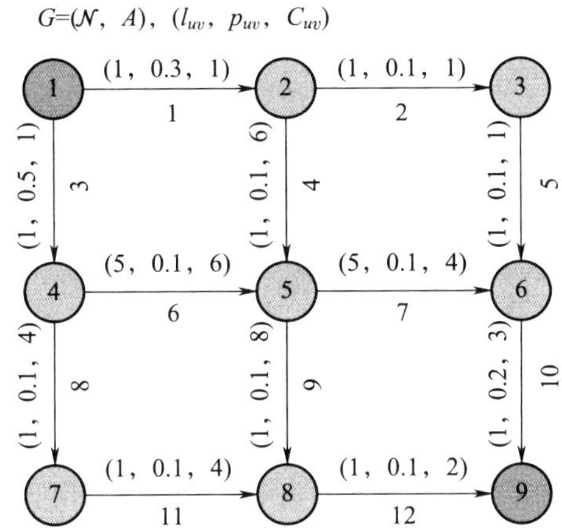

图 4-6　货物运输网络

Path	Route
p^1	$\{1\to2\to3\to6\to9\}$
p^2	$\{1\to2\to5\to6\to9\}$
p^3	$\{1\to2\to5\to8\to9\}$
p^4	$\{1\to4\to5\to6\to9\}$
p^5	$\{1\to4\to5\to8\to9\}$
p^6	$\{1\to4\to7\to8\to9\}$

图 4-7　可选路径

以 l^1 为例，其风险累积分布函数为：

$$F_R(r)=\begin{cases}0, r<0\\0.3, 0\leqslant r<1\\0.8, 1\leqslant r<3\\1, 3\leqslant r\end{cases}\tag{4-15}$$

相应地，路径 l^1 的风险价值（VaR）为：

$$VaR_\alpha^l=\begin{cases}0, 0<\alpha\leqslant0.3\\1, 0.3<\alpha\leqslant0.8\\3, 0.8\leqslant\alpha<1\end{cases}\tag{4-16}$$

当置信水平 α=95% 时，相应的风险价值 $VaR_{\alpha}^{l}=3$（见表 4–4）。表示当事故发生时，至少有 95% 的可能性将事故后果控制在 3 以下，即风险价值大于 3 的可能性小于 5%。不同置信水平下 6 条路径的 *VaR* 决策矩阵如表 4–5 所示。

表 4–4 置信水平为 95% 的各路径的风险价值

Path	l^1	l^2	l^3	l^4	l^5	l^6
VaR_{α}^{l}	3	6	8	6	8	4

表 4–5 不同置信水平下 6 条路径的 ***VaR*** 决策矩阵

	α								
	≤0.3	≤0.4	≤0.55	≤0.6	≤0.65	≤0.7	≤0.8	≤0.9	≤1
p^1	0	1	1	1	1	1	1	3	3
p^2	0	1	1	1	3	3	3	4	6
p^3	0	0	1	1	1	1	2	6	8
p^4	0	0	0	1	3	3	3	4	6
p^5	0	0	0	0	0	1	2	6	8
p^6	0	0	0	0	0	1	2	4	4
l^*	l^1,l^2,l^3,l^4,l^5,l^6	l^3,l^4,l^5,l^6	l^4,l^5,l^6	l^5,l^6	l^5,l^6	l^1,l^3,l^5,l^6	l^1	l^1	l^1

（二）条件风险价值

条件风险价值（Conditional Value–at–risk，CVaR），又称期望损失，是损失超过 VaR 的条件均值。它体现了超额损失的平均水平，能够反映出潜在的损失。对于给定的风险置信水平为 $\alpha\in(0.1)$，路径 $l\in A$，定义条件风险价值为：

$$R_{CVaR}=\frac{1}{1-\alpha}\int_{\alpha}^{1}VaR_{\beta}^{l}d\beta \tag{4-17}$$

为了便于计算，*CVaR* 值可以通过计算函数 $\phi_{\alpha}^{l}(r)$ 得到：

$$\begin{aligned}\phi_{\alpha}^{l}(r)&=r+\frac{1}{1-\alpha}E[R^{l}-r]^{+}\\&=r+\frac{1}{1-\alpha}\left\{\left(1-\sum_{(i,j)\in A^{l}}p_{ij}\right)[0-r]^{+}+\sum_{(i,j)\in A^{l}}p_{ij}[c_{ij}-r]^{+}\right\}\end{aligned} \tag{4-18}$$

其中，$[x]^{+}=\max(x,0)$，r 表示 *VaR* 值，$\frac{1}{1-\alpha}E[R^{l}-r]^{+}$ 表示超过 *VaR* 部分的风险期望。

因此 *CVaR* 最小值相当于在置信水平为 α 时，寻找一条路径 $l\in A$，使 $\phi_{\alpha}^{l}(r)$ 最小：

$$
\begin{aligned}
\min CVaR_{\alpha}^{l} &= \min \phi_{\alpha}^{l}(r) \\
&= \min_{l \in N, r \geqslant 0} \left[r + \frac{1}{1-\alpha} \sum_{(i,j) \in A^{l}} p_{ij} [c_{ij} - r]^{+} \right] \\
&= \min_{r \geqslant 0} \left[r + \frac{1}{1-\alpha} \min_{x \in \Omega} \sum_{(i,j) \in A^{l}} p_{ij} [c_{ij} - r]^{+} x_{ij} \right]
\end{aligned}
\tag{4-19}
$$

其中，$\Omega = \{ x: \sum_{j} x_{ij} = 1 \text{ for } i = O, \sum_{j} x_{ji} = 1 \text{ for } i = D, \sum_{j} x_{ji} - \sum_{j} x_{ij} = 0, \forall i \notin \{O, D\}, x_{ij} \in \{0, 1\} \ \forall i, j \in N \}$。

【算例 4-4】

以图 4-8 所示网络为例，该网络由 9 个节点和 12 条线路构成；括弧中的数据分别表示该路段事故发生概率和后果。图 4-9 表示从起点 1 到起点 9 的 6 条可选路径。

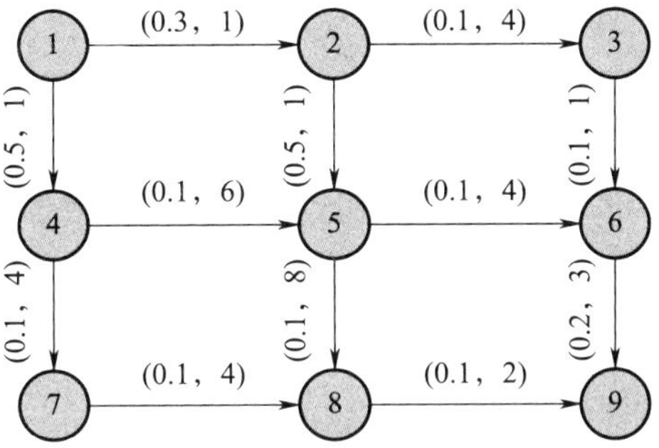

图 4-8　危险货物运输网络

Path	Route
p^1	{1→2→3→6→9}
p^2	{1→2→5→6→9}
p^3	{1→2→5→8→9}
p^4	{1→4→5→6→9}
p^5	{1→4→5→8→9}
p^6	{1→4→7→8→9}

图 4-9　可选路径

以路径 p^1 为例，

$$
VaR_{\alpha}^{l} = \begin{cases} 0, 0 < \alpha \leqslant 0.3 \\ 1, 0.3 < \alpha \leqslant 0.7 \\ 3, 0.7 < \alpha \leqslant 0.9 \\ 4, 0.9 < \alpha < 1 \end{cases}
\tag{4-20}
$$

$CVaR$ 值可以通过计算函数 $\phi_{\alpha}^{l}(r)$ 得到：

$$\begin{aligned}\phi_{\alpha}^{l}(r)&=r+\frac{1}{1-\alpha}E[R^{l}-r]^{+}\\&=r+\frac{1}{1-\alpha}\left\{\left(1-\sum_{(i,j)\in A^{l}}p_{ij}\right)[0-r]^{+}+\sum_{(i,j)\in A^{l}}p_{ij}[c_{ij}-r]^{+}\right\}\end{aligned} \tag{4-21}$$

式中：$[x]^{+}$——$\max(x,0)$；

r——VaR 值；

$\frac{1}{1-\alpha}E[R^{l}-r]^{+}$——超过 VaR 部分的风险期望。

$$\min CVaR_{\alpha}^{l}=\min\phi_{\alpha}^{l}(r)=\min_{l\in N,r\geqslant 0}\left[r+\frac{1}{1-\alpha}\sum_{(i,j)\in A^{l}}p_{ij}[c_{ij}-r]^{+}\right] \tag{4-22}$$

当 $\alpha=0.3$ 时，$VaR=0$，根据上式可得：

$$CVaR=0+\frac{1}{1-0.3}(0.3\times1+0.1\times4+0.1\times1+0.2\times3)=2 \tag{4-23}$$

当 $\alpha=0.4$ 时，$VaR=1$，有：

$$CVaR=1+\frac{1}{1-0.4}(0.1\times3+0.2\times2)=2.17 \tag{4-24}$$

当 $\alpha=0.6$ 时，$VaR=1$，有：

$$CVaR=1+\frac{1}{1-0.6}(0.1\times3+0.2\times2)=2.75 \tag{4-25}$$

表 4-6 为不同置信度下 VaR 和 $CVaR$ 值计算结果。表 4-7 为不同置信度下各路径的 $CVaR$ 值计算结果。

表 4-6 不同置信度下 *VaR* 和 *CVaR* 值计算结果

置信度 α	≤0.3	≤0.4	≤0.6	≤0.7	≤0.8	≤0.9	<1
VaR	0	1	1	1	3	3	4
$CVaR$	2	2.17	2.75	3.33	3.5	4	4

表 4-7 不同置信度下各路径的 *CVaR* 值计算结果

置信度 α	≤0.3	≤0.4	≤0.6	≤0.7	≤0.8	≤0.9	<1
p_1	2	2.17	2.75	3.33	3.5	4	4
p_2	2.71	3	4	4.33	5	6	6
p_3	2.71	3.17	4.25	5.33	7	8	8
p_4	2.36	2.75	4	4.33	5	6	6
p_5	2.36	2.75	4.125	5.33	7	8	8
p_6	1.5	1.73	2.625	3.33	4	4	4
p^{*}	p_6	p_6	p_6	p_1	p_1	p_1，p_6	p_1，p_6

四、可接受风险准则

道路运输过程可以看作一系列移动的点风险源，一旦要评估其风险，就要考虑风险是否可接受。目前，个人风险和社会风险容许标准的研究主要集中在固定工业设施上，关于路径风险容许标准的研究甚少。

运输个人风险是指在某一特定位置未采取任何防护措施的人员，由事故而发生的死亡概率。但是其只表示了某一位置的风险水平。社会风险是指给定人群遭受伤亡的人数与发生的频率之间的关系，它的特点是除了立即对直接伤害者造成影响外，还会对社会造成长期的危害。

通常采用可接受风险（As Low As Reasonable Practice，ALARP）准则来探讨社会风险可接受风险标准值。英国健康与安全委员会最早提出ALARP准则，并建立了可接受区（Ⅲ区）、可容忍区（ALARP区，Ⅱ区）和不可接受区（Ⅰ区）的框架图（见图4-10）。可容忍风险标准水平线和可接受风险标准水平线是区分三个区间的基本准则线，可接受区处于可接受风险标准水平线的下方，在这个区域的风险对整个社会的影响极小，甚至可以忽略不计，通常不需要采取措施来抑制风险。不可接受区设置在可容忍风险标准水平线之上。这一区域的风险将对整个社会产生重大影响，并直接降低国内生产总值。有关部门必须重点采取措施控制此类风险（除非由于其他特殊原因必须正常开展活动），以便将风险置于控制之中，直到降低风险的成本与安全收益完全不成比例。ALARP区是可容忍风险标准水平线和可接受风险标准水平线之间的部分。在这一区域中，风险的影响不是特别大，但是不能忽略不计，可以直接进行应对措施的成本收益分析，一般是保持在合理可行且尽量减少社会损失的水平上。

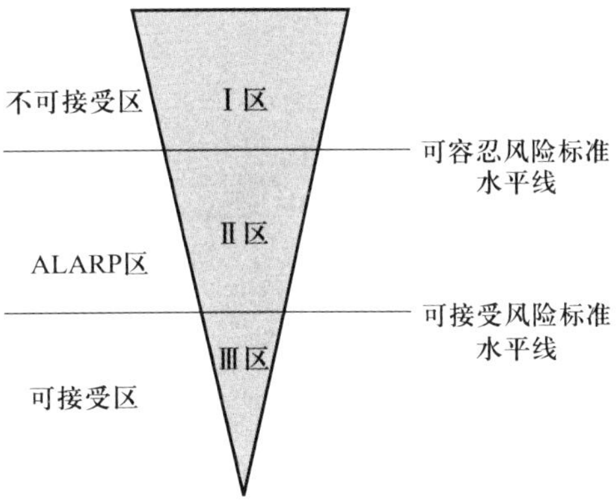

图4-10　可接受风险框架图

社会风险反映在整个地区范围内因事故发生导致的死亡或者受伤人数。$F-N$曲线是表示社会风险的一种方法，即描述人群中有N个或更多的人受到影响的累积频率。$F-N$曲线最初用于核电站的风险评价中，其采用死亡人数N与事故发生频率F之间关系的图形来表示，目前广泛用于社会风险接受准则的制定。在大多数情况下，它们指的是出现一定数量人员伤亡的频率。

如图4-11所示，横坐标表示的是交通事故导致的死亡人数，纵坐标表示的是死亡概率，图中的两条线分别为不可容忍线和可接受线。

$F-N$曲线方程如下：

$$1-F_N(x)=P(N>x)=\int_x^{\infty} f_N(x)\,\mathrm{d}x \tag{4-26}$$

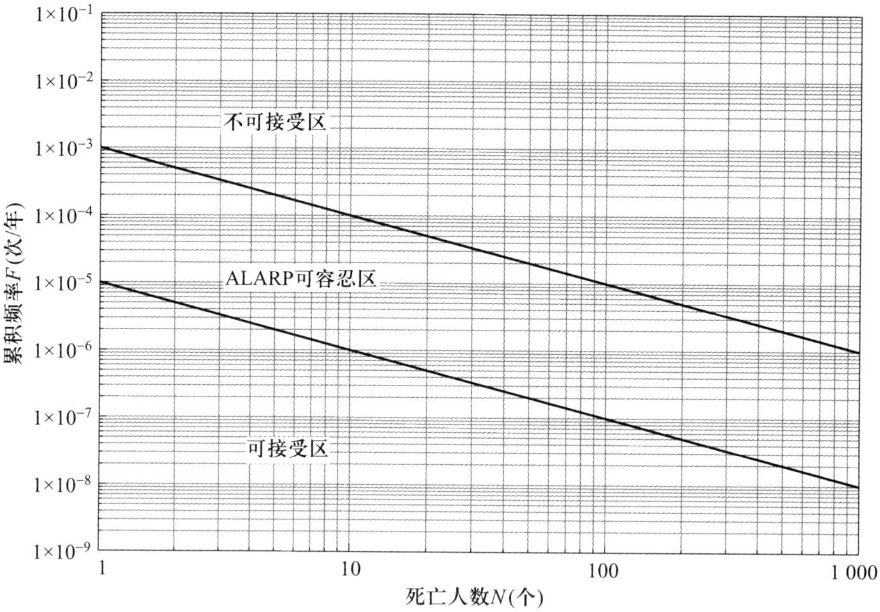

图 4-11　社会风险标准 $F-N$ 曲线

限制线为：

$$F_N(x)=\frac{C}{x^n} \tag{4-27}$$

$$\lg F=-n\lg x+\lg C \tag{4-28}$$

式中：$F_N(x)$ ——每年死亡人数 x 的概率密度函数；

$f_N(x)$ ——每年死亡人数 x 的概率分布函数，表示每年死亡人数小于 x 的概率；

$P(N>x)$ ——死亡人数超过 x 的概率；

N——死亡人数；

c——常数，代表风险水平线的位置；

n——风险水平线的斜率。

n 取值有两种情况，国际上将斜率 n=1 的风险接受准则称为中立型风险接受准则；斜率 n=2 的风险接受准则称为厌恶型风险接受准则。

$F-N$ 曲线可以使用过去损失的“真实”数据建构，或者通过模拟模型进行计算。使用的数据及假定意味着这两类 $F-N$ 曲线可以传递不同的信息，应单独用于不同的目的。一般来说，理论 $F-N$ 曲线对于风险评价系统设计非常有用，而统计 $F-N$ 曲线对现有的特定系统的管理非常有用。

两种归纳法可能很耗时，因此，将两种方法综合运用较为常见。接着，实证数据将形成已准确掌握的伤亡人数（在规定时间范围内已知事故 / 事项中发生的伤亡人数），以及通过外插法或内插法提供其他观点的定量风险分析。对于低频率事故的分析工作，需要收集较长时间跨度范围内的数据。

英国、荷兰、丹麦和中国香港的运输社会风险可接受标准如图 4-12 所示。英国采用最低合理可接受风险准则（ALARP）将其划分为三部分，中间部分为最低合理可接受区。荷兰采用单位长度的可接受社会风险标准，F–N 曲线以对数形式通过点 $\left(N=10, F=1\times\frac{10^{-4}}{a}\right)$ 和 $\left(N=10, F=1\times\frac{10^{-6}}{a}\right)$ 的直线，其中 F 为年累积事故频率，N 为死亡人数。中国香港没有统一的运输社会风险标准。

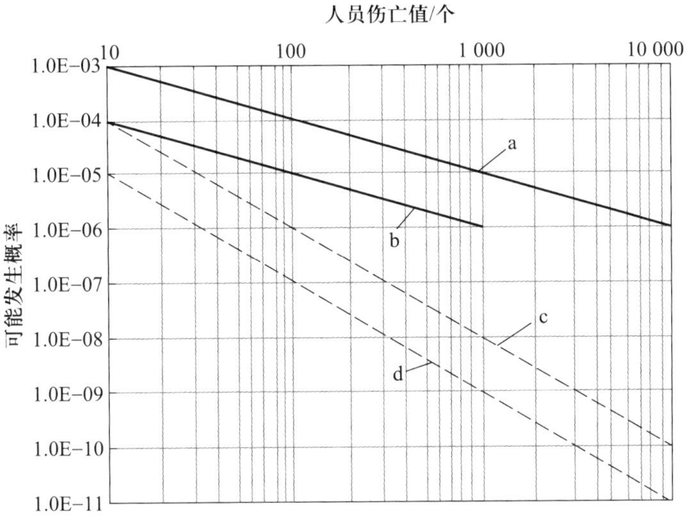

图 4-12　运输社会风险标准

a—英国；b—中国香港；c—丹麦；d—荷兰

意大利的学者将荷兰的社会风险 $F(N)$ 曲线用在英国的最低合理可接受风险 ALARP 中，可接受风险标准见表 4-8（其中 F 为年累积事故频率，N 为死亡人数）。

表 4-8　可接受风险标准

风险区域	可接受标准区	解释
可接受区	$F<10^{-5}/N^2$	不需要详细研究，检查维持风险在此水平等级即可
可容忍区 A	$10^{-5}/N^2<F<10^{-4}/N^2$	成本降低超过改进收益的容忍风险
可容忍区 A	$10^{-4}/N^2<F<10^{-3}/N^2$	减缓风险不可行，或成本与收益的改进严重不成比例时的容忍风险
不可接受区	$F>10^{-3}/N^2$	风险无法容忍

以危险品运输为例，表 4-9 是 2004—2018 年中国 371 起危险品运输事故数据。

表 4-9　2004—2018 年中国 371 起危险品运输事故数据

死亡人数 N_i	事故数	F_i	$\lg N_i$	$\lg F_i$
1	193	1.000	0	0
2	91	0.480	0.301	−0.319
3	28	0.235	0.477	−0.630
4	21	0.159	0.602	−0.799
5	8	0.102	0.699	−0.990
6	4	0.078	0.778	−1.107
7	5	0.067	0.845	−1.171
8	3	0.054	0.903	−1.268
9	3	0.046	0.954	−1.339
11	1	0.038	1.041	−1.423
12	4	0.035	1.079	−1.455
15	1	0.024	1.176	−1.615
17	1	0.022	1.230	−1.666
20	1	0.019	1.301	−1.724
29	2	0.016	1.462	−1.791
36	1	0.011	1.556	−1.967
40	1	0.008	1.602	−2.092
41	1	0.005	1.613	−2.268
58	1	0.003	1.763	−2.569

将以死亡人数和累积频率为坐标轴表示的区域，通过可容忍线和可接受线划分为不可接受风险、可容忍风险和可接受风险区域。根据式(4-28) $\lg F=-n\lg N+\lg C$，$n=1$ 称为风险中性，$b=2$ 称为风险厌恶，图 4-13 选取 $n=1$ 的情况。$\lg C$ 表示可容忍线和可接受线的 y 轴截距，对于可容忍线，$\lg C$ 取 0.1，对于可接受线，$\lg C$ 取 0.001。不同数据集下的 $F-N$ 曲线如图 4-14 所示。

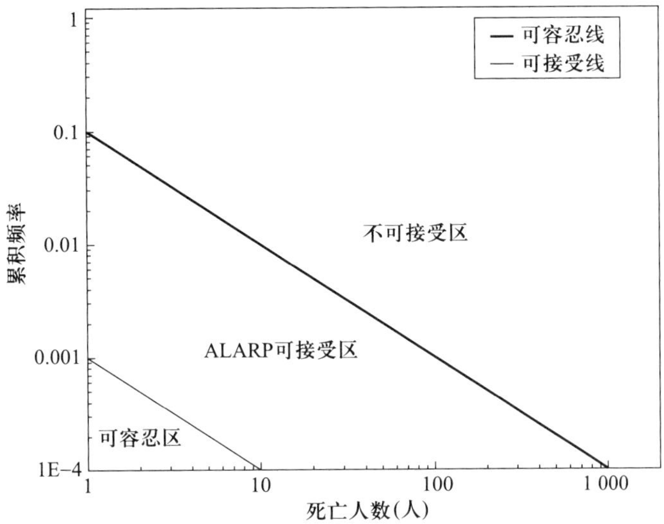

图 4-13 ALARP 最低合理可接受风险原则

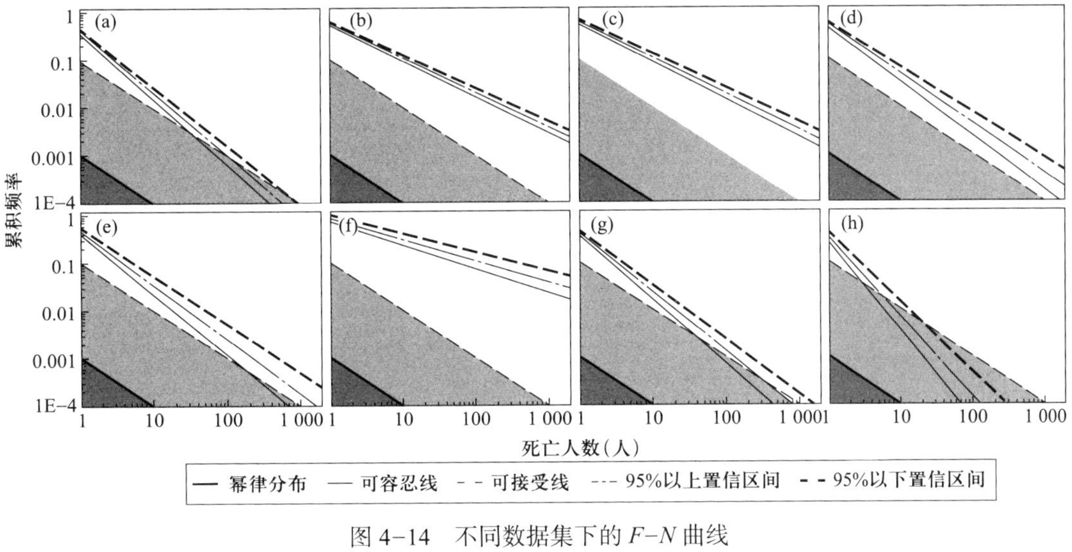

图 4-14 不同数据集下的 $F-N$ 曲线

注:(a) 2004—2018 年中国的 371 起运输事故;

(b) 95 个国家的 1 217 起公路运输事故;

(c) 95 个国家的 715 起铁路运输事故;

(d) 发生在美国、加拿大、澳大利亚、日本、新西兰和挪威的运输事故;

(e) 发生在欧盟的运输事故;

(f) 除美国、加拿大、澳大利亚、日本、新西兰、挪威和欧盟外其他地方的运输事故;

(g) 2000—2008 年中国的 322 起运输事故;

(h) 2013—2017 年中国的 217 起运输事故。

第四节 综合交通枢纽运营安全风险评价

一、综合交通枢纽运营安全风险管理概述

近年来,高铁、城市轨道交通的兴起加快了全国交通综合化进程。综合交通枢纽作为多种交通方式的聚集点,具有结构体系复杂、环境相对封闭和人群密集等特点,容易受到不安全因素的威胁。作为交通基础设施的重要组成部分,综合交通枢纽始终面临着环境作用下长期性能退化致灾,风灾、冰雪凝冻、滑坡、泥石流、地震等自然灾害,以及可能的爆炸袭击、纵火等人为破坏灾害威胁。此外,目前我国新建的众多枢纽的基础设施空间体系愈加复杂;既有基础设施服役期不断增长,病害和人为破坏不断增加,灾害破坏形式和致灾行为与后果更为多变;智能化发展趋势下的交通基础设施的安全保障呈现新内容、新形式和新特征;愈加复杂的反恐和国家安全形势。这使得重大结构成为攻击目标的可能性不断增大。综合交通枢纽一旦发生灾害,疏散困难,影响恶劣,会导致系统无法正常运转,系统功能无法实现,严重威胁人民群众的生命财产安全,甚至导致重要交通干线或城市瘫痪。因此,为确保综合交通枢纽运营安全,有必要深入系统地分析其致灾因素、致灾机理,开展多灾种的综合安全运营评价研究,并制定相应的风险防控措施,提高综合交通枢纽风险管理水平。

(一)综合交通枢纽定义及分类

综合交通枢纽为两条或两条以上交通干线上交通运输方式的交叉点,是实现运输所用设备和运输过程的综合体,是一个整体的系统。具体来看,我国现有的交通运输服务主要由铁路、公路、航空、航运和运输管道组成。所以,综合交通枢纽便可定义为整合铁路、公路、航空、航运和运输管道五种交通运输方式中的两种或两种以上为一体的海、陆、空协同枢纽体系。

综合交通枢纽可以从宏观和实体两个层面进行阐述。宏观综合交通枢纽是指枢纽城市,它是运输干线的交会点,而实体综合交通枢纽是指具体承担多种运输方式的集成式站场。宏观综合交通枢纽与实体综合交通枢纽为包含和被包含的关系。对于不同的规划对象,综合交通枢纽所代表的含义会有所不同,例如将全中国作为规划对象时,综合交通枢纽取用宏观综合交通枢纽的意义,可理解为枢纽城市,而当规划对象为规划运输方式衔接的具体内容时,又可理解为客货集散或中转的枢纽站场,即实体综合交通枢纽。通常,风险管理的研究对象是实体综合交通枢纽。按照不同的分类标准,综合交通枢纽可以分为

不同的类型。具体分类见表 4-10。

表 4-10　综合交通枢纽分类

分类标准	名称	特征
布置形式	平面枢纽	枢纽站设置在同一平面，规模根据客流量确定
	立体枢纽	充分利用空间，将不同交通方式分层设置，按空间高度分流人群及车流，同时根据不同层次设置相应配套服务设施
交通组织	始发枢纽	是交通运输方式的始发、终到站，并预留候车、停车、调度设施
	中间枢纽	是交通线路交会节点，通常位于客流、车流量大，交通运输需求高的地点，可达性高
客流规模（万人次 / 日）	特大型枢纽	集散客流量高于 60，换乘客流量高于 25
	大型枢纽	集散客流量是 40~60，换乘客流量是 15~25
	中型枢纽	集散客流量是 20~40，换乘客流量是 6~15
	小型枢纽	集散客流量低于 20，换乘客流量低于 6
运营主体	港口型综合交通枢纽	以航运为主，其他运输方式为辅
	机场型综合交通枢纽	以航空运输为主，其他运输方式为辅
	公路站场型综合交通枢纽	以汽车运输为主，其他运输方式为辅
	铁路站场型综合交通枢纽	以火车、高铁和轨道交通运输为主，其他运输方式为辅
	混合型综合交通枢纽	以港口、机场、公路站场和铁路站场中两种及两种以上运输方式为主，其他运输方式为辅

（二）综合交通枢纽主要灾害类型

由于综合交通枢纽呈现多灾种的特点，而且每种灾害的致灾因子、所造成结果、应对措施和资源配置等不尽相同，以往交通枢纽的灾难包括火灾爆炸、空气污染、水灾、恐怖袭击等，其中日本地铁沙林毒气袭击、韩国大邱地铁火灾、英国伦敦地铁爆炸、韩国首尔及日本福冈的地铁遭受洪水袭击、昆明火车站暴恐事件、武汉部分列车因水灾停运都是较为典型的事件。从历史事件可以看出，火灾爆炸、水灾、恐怖袭击、公共卫生事件是综合交通枢纽最常发生的突发事件，结合中国国情，大型综合交通枢纽运量极大，因此拥挤踩踏事件也时有发生。

综上，综合交通枢纽存在的常见突发事件主要有火灾爆炸、水灾、恐怖袭击、公共卫生事件和拥挤踩踏事件五类。

（三）综合交通枢纽运营安全风险特征分析

综合交通枢纽运营安全风险，结合突发事件（侧重于强调处置事件的紧迫性、时间性）和危机事件（侧重于强调事件的规模和影响程度）两个概念，一般是指在枢纽范围内突然发生并危及枢纽正常运营、公众生命财产安全和社会秩序公共安全，需要立即采取措施加以应对的重大事件。综合交通枢纽由于其运输方式的多样性、建筑结构的复杂性、运营主体的交叉管理、旅客素质良莠不齐等因素，其安全风险具有以下六个特征：

(1) 突发性。综合交通枢纽运营安全事故往往是由单个或多个风险因子导致的，发生时间、地点、原因及影响范围具有不可预见性，打乱了正常的运营轨迹和社会秩序，由此具有突发性。

(2) 紧迫性。由于事故发生时的突发性特点，对事件处理所用的时间越少，造成的损失就越小，因此，在危险发生时，应立即启动应急预案，进入危机管理体系，管理系统需立即做出危机应对，抢占时间资源，减少损失。

(3) 高度破坏性。交通枢纽是一个客流、车流极大的集散中心，一旦发生事故，就会对社会系统产生高度的破坏性，严重威胁社会公共秩序和公众的生命财产安全，甚至可能在大范围内引起恐慌，威胁整个安全系统管理。

(4) 信息不对称性。危机发生时，原有信息系统信息突变，决策者不能及时接收并做出判断。同时，公众会因过度紧张对客观情况夸大其词。信息的可利用率下降，影响决策者的决策判断和危机处理，安全风险管理易走入误区。

(5) 资源匮乏。事故会破坏原有的枢纽设备及资源，导致应急处理过程中的资源不足。

(6) 衍生性。交通枢纽运营风险影响因素复杂，各致灾因子之间相互作用，会导致灾害的发生，还可能衍生出新的灾害，导致更加严重的损失。例如旱涝灾害后往往会暴发瘟疫，从而造成比原本自然灾害更严重的生命财产安全损失等。

（四）综合交通枢纽风险管理内容

综合交通枢纽风险管理流程包括风险识别、风险评估、监测预警、应急救援和灾后重建。

风险识别包括判断灾害发生区域、识别灾害种类、分析致灾因子、预判灾害发生的可能性及造成的损失程度。

风险评估是整个风险管理工作的关键环节，一旦评估结果不准确，就会影响决策。风险评估可能是微观的安全事故分析，也可能是宏观的安全水平评价，针对不同的管理对象或目标层次可建立不同的评价方法。对于综合交通枢纽而言，其运营安全与多种突发事件息息相关。而对于不同类型灾害的风险值与总体风险值的关系，一般有两种处理方法：一种是通过比较，将危险程度最高的灾害类型结果作为综合交通枢纽的总评价结果；另一种是将各类灾害的风险值合成，得出综合交通枢纽运营安全风险的总评价结果。

监测预警、应急救援和灾后重建属于综合交通枢纽运营安全保障体系。从风险管理的角度进行分析，将安全保障体系分为两个层面，一层是预防管理体系，另一层是应急管理体系。正常运营状态时，启动预防管理体系；发生突发事件时，立即启动应急管理体系。

二、综合交通枢纽风险识别

（一）风险识别内容

风险识别是指对潜在的风险进行检测、判断、归类、分析的过程，该过程包括判断灾害发生区域、识别灾害种类、分析致灾因子、预判灾害发生的可能性及造成的损失程度。对于综合交通枢纽而言，风险源指的是影响和干扰它安全运营的各个随机的、不确定的因素，这些因素发生的时间、地点具有高度的不确定性和随机性。不确定的因素包括综合交通枢纽的各个组成部分，可以分为四个类别：人员、设备、环境、管理。对于不同的突发事件，风险因素的侧重点也有所不同。风险识别的主要内容包括以下两个方面：

(1) 感知风险。即通过调查和了解，识别风险的存在。例如通过调查了解某一区域面临的火灾、爆炸、洪水、飓风等风险。

(2) 分析风险。即将灾害风险产生的原因、转化条件和风险后果进行归纳整理，例如导致火灾或爆炸等风险的原因和条件是什么，这种事故发生之后会有什么后果。以人为例，可能面临的风险有死亡、疾病、意外伤害、财产损失等，而导致死亡的风险有自然灾害、意外事故、自杀、疾病等。

（二）风险识别流程

风险识别是一个系统、持续的过程。在确定灾害风险识别的对象和范围后，灾害风险识别一般分为如图 4-15 所示的六个步骤。

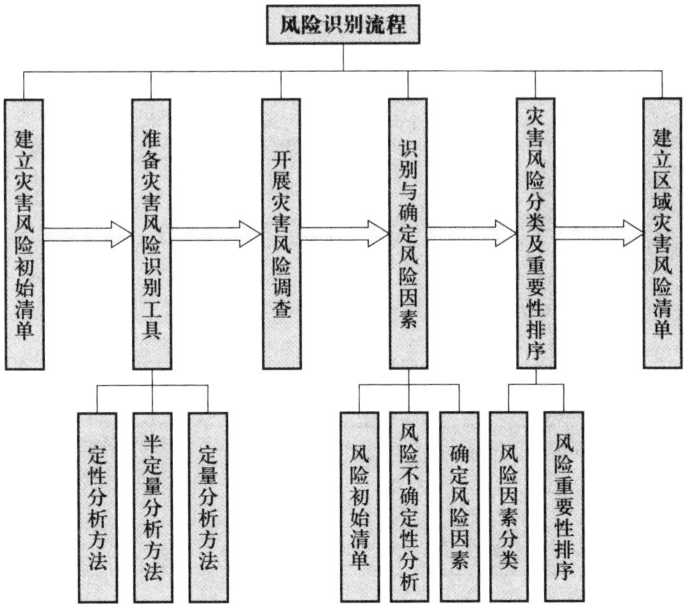

图 4-15　风险识别流程

（三）风险识别方法

风险管理理论提出了多种行之有效的风险识别方法，主要包括事件树法、事故树法、德尔菲法、头脑风暴法、情景分析法、流程图法、因果分析图法、工作－风险结构分解法（WBS-RBS 法）、敏感性分析法等。可以发现这些方法侧重点各有不同，也各自有其优势和弊端。常见风险识别方法对比如表 4-11 所示。

表 4-11 常见风险识别方法对比

识别方法	特点或适用条件	优势	缺陷
事件树法	按事故发展顺序从起因事件推导可能出现的结果	有利于对事故进行动态识别，各阶段的概率也可定量计算	数据获取比较困难
事故树法	要求了解事件联系，由结果及原因反向推导	直观、全面，思路清晰，逻辑性强，定性与定量相结合	工作量大
德尔菲法	采用背靠背的方式进行，用时较长，适用于对时间要求比较宽松的项目	信息保密性高；专家独立性强；结论科学明确	用时较长；耗费精力
头脑风暴法	将项目相关的专家组织在一起，通过现场讨论的方法来征集意见	易发现新风险；耗时短；对会议组织者要求较高	结果可能不准确
情景分析法	预测对象未来发展的多种可能性，尤为适用于各种目标相互排斥的项目	扩展视野	分析结果不全面
流程图法	按流程顺序逐一筛查分析致灾因子，并预测损失	直观地看出项目中出现的全部风险	无法显现风险总的损失值以及该损失发生的概率
因果分析图法	逐一排查问题的多种可能原因，进行重要性排序，确定其主导因素	直观、条理分明	对于复杂问题不易于作图
工作－风险结构分解法（WBS-RBS 法）	将项目和风险各自分区进行风险耦合的方法，适用于复杂项目	全面、系统、准确深入、简洁明了、结构层次性强	对于大项目来说矩阵较为复杂
敏感性分析法	根据项目指标对危险因素的敏感度不同，找出变动幅度最大的敏感因素，以此判断项目承担风险的能力	定量分析居多，结果全面科学	对建模依赖性较大，建模的质量直接影响分析结果

通过表 4-11 的对比分析，结合综合交通枢纽结构复杂、功能多元、人流量大的特点，可以明确综合交通枢纽运营安全风险管理是一个复杂项目。为了能够全面、系统、准确地

描述致灾因素，常用 WBS-RBS 法对综合交通枢纽运营安全风险进行识别。

（四）基于 WBS-RBS 的综合交通枢纽风险识别方法

1. WBS-RBS 法风险识别流程

（1）进行 WBS 和 RBS 分解。工作分解结构（WBS）是将整个项目进行系统分解，从而得到底层的基本工作包，按照项目特点可以从分类、要素、目标进行分解，也可以从项目工序、功能区间等方面进行分解；风险分解结构（RBS）是对整个项目的危险源从顶层向底层进行分解，找出致灾因子。WBS 和 RBS 结构分解示意图分别如图 4-16 和图 4-17 所示。

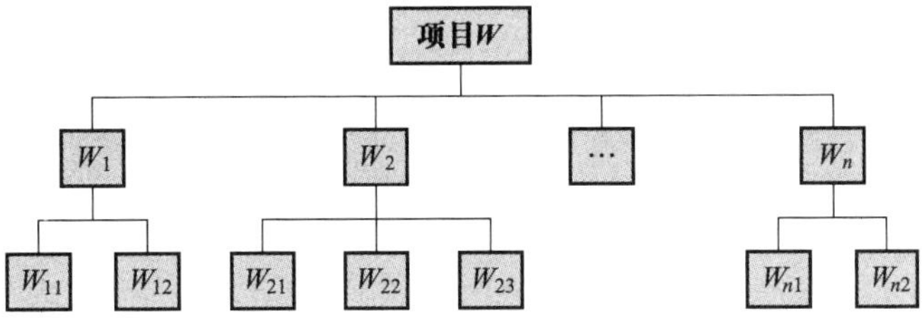

图 4-16　WBS 结构分解

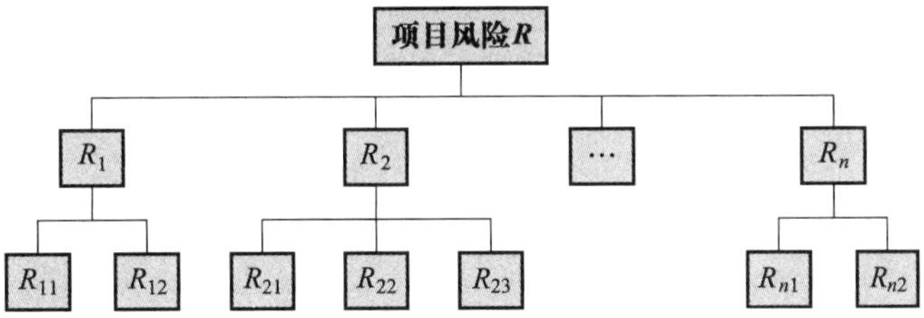

图 4-17　RBS 结构分解

（2）构建 WBS-RBS 矩阵。将 WBS 树分解得到的底层形成的基本工作作为行向量，将 RBS 树分解得到的底层形成的基本风险因子作为列向量，二者交叉构成 WBS-RBS 耦合矩阵，如图 4-18 所示。

（3）利用 WBS-RBS 进行风险识别。从图 4-18 可以看出，WBS-RBS 矩阵是将工作结构分解的最底层作为矩阵的行，将风险结构分解的最底层作为矩阵的列，两两对应耦合构建出来的。在该耦合矩阵中，矩阵的元素称为风险因子，每个元素都是一个耦合事件，根据实际情况分析每一个事件是否发生，若已发生或可能发生记为 1，或不可能发生或可忽略则记为 0，便可得出风险识别耦合矩阵，见表 4-12。

（4）将识别结果汇总成风险清单。风险清单是风险识别结果的汇总表，可以清晰直观地显示出项目都面临什么样的风险，便于后续建立评价指标和风险评估。风险清单如表 4-13 所示。

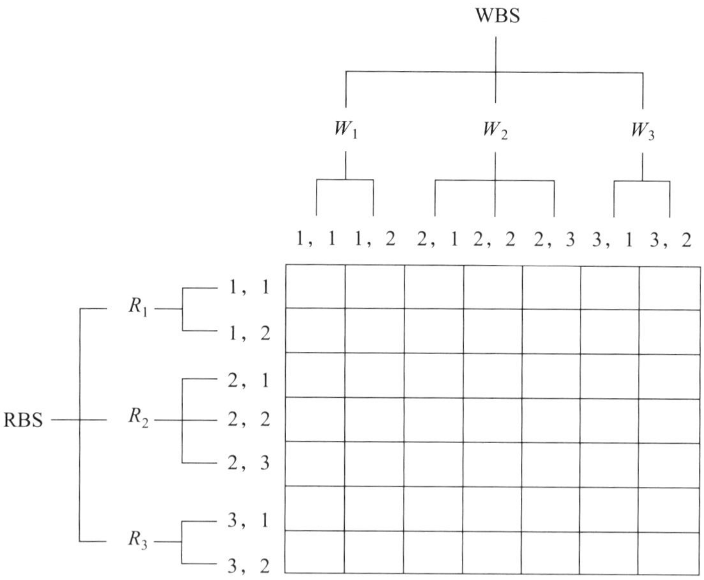

图 4-18　WBS-RBS 矩阵一般形式

表 4-12　风险识别耦合矩阵示意表

		W_1		W_2			W_3	
		W_{11}	W_{12}	W_{21}	W_{22}	W_{23}	W_{31}	W_{32}
R_1	R_{11}	0	1	1	0	0	1	1
	R_{12}	1	1	0	1	0	0	0
R_2	R_{21}	1	1	1	1	0	1	0
	R_{22}	1	1	1	0	1	0	1
	R_{23}	0	0	0	1	0	1	0
R_3	R_{31}	1	0	1	0	0	1	0
	R_{32}	0	1	0	0	1	0	1

表 4-13　风 险 清 单

风险分类	风险因素	后果
R_1	R_{11}	—
	R_{12}	
R_2	R_{21}	—
	R_{22}	
	R_{23}	

续表

风险分类	风险因素	后果
R_3	R_{31}	—
	R_{32}	

2. 综合交通枢纽风险识别

(1) 综合交通枢纽工作分解(WBS)。综合交通枢纽工作分解可以按照功能区的划分进行,分解结果见表 4-14。一级分解将综合交通枢纽分为火车(高铁)站、大型客运汽车站、港口、机场四大类,二级分解将以上四类作为一小类,对其余的配套辅助设施进行分解。分解后对突发事件进行定位,分区域采取措施,以促进资源的合理配置和利用,在针对具体枢纽进行工作分解时可按照其具体的功能区进行删减或优化。

表 4-14 综合交通枢纽 WBS 分解结果

一级分解	二级分解
火车站(高铁站) W_1	站前广场 W_{11} 候车室 W_{12} 站台层 W_{13} 轨道交通站 W_{14} 公交枢纽站 W_{15} 社会停车场 W_{16} 出租车营业站 W_{17} 商业区 W_{18}
大型客运汽车站 W_2	站前广场 W_{21} 候车室 W_{22} 停车场 W_{23} 轨道交通站 W_{24} 公交枢纽站 W_{25} 社会停车场 W_{26} 出租车营业站 W_{27} 商业区 W_{28}
机场 W_3	飞行区 W_{31} 航站区 W_{32} 站坪 W_{33} 广场 W_{34} 轨道交通站 W_{35}

续表

一级分解	二级分解
机场 W_3	公交（机场大巴）枢纽站 W_{36} 社会停车场 W_{37} 出租车营业站 W_{38} 商业区 W_{39}
港口 W_4	港口 W_{41} 轨道交通站 W_{42} 公交枢纽站 W_{43} 社会停车场 W_{44} 出租车营业站 W_{45} 商业区 W_{46}

（2）综合交通枢纽风险分解（RBS）。从历史事件可以看出，火灾爆炸、水灾、恐怖袭击、公共卫生事件、拥挤踩踏事件是综合交通枢纽最常发生的突发事件，借鉴事故树分析法的思想，根据常见突发事件对其风险进行分解，具体分解结果见表 4-15。

表 4-15　综合交通枢纽 RBS 分解结果

突发事件种类	风险种类	致灾因子
火灾爆炸 R_1	人为因素 R_{11}	携带危险品 R_{111} 吸烟行为 R_{112} 人为纵火 R_{113} 违规操作 R_{114} 违规动火 R_{115} 恐怖袭击 R_{116}
	设备因素 R_{12}	电气设备故障 R_{121} 安检系统故障 R_{122} 自动报警系统故障 R_{123} 自动灭火系统故障 R_{124}
	环境因素 R_{13}	雷电灾害 R_{131} 配套商业区起火 R_{132}
	管理因素 R_{14}	设备日常检查 R_{141} 消防安全检查 R_{142} 日常培训和演练 R_{143}

续表

突发事件种类	风险种类	致灾因子
水灾 R_2	设备因素 R_{21}	防水设备不全 R_{211} 水位监测系统安装不合理或故障 R_{212} 防淹门系统和排水系统故障 R_{213}
	环境因素 R_{22}	暴雨 R_{221} 暴雨 R_{222}
	管理因素 R_{23}	日常设备检查 R_{231} 日常培训和演练 R_{232}
恐怖袭击 R_3	人为因素 R_{31}	纵火 R_{311} 爆炸 R_{312} 生物或化学袭击 R_{313} 暴力犯罪 R_{314}
	管理因素 R_{32}	日常培训和演练 R_{321}
公共卫生事件 R_4	环境因素 R_{41}	危化品泄漏 R_{411} 重大传染病 R_{412} 群体性不明原因疾病 R_{413} 食物中毒 R_{414}
	管理因素 R_{42}	日常培训和演练 R_{421}
拥挤踩踏事件 R_5	人为因素 R_{51}	旅客安全素质 R_{511} 工作人员未及时疏散 R_{512}
	设备因素 R_{52}	出入口及疏散通道设置不合理 R_{521} 扶梯故障 R_{522}
	环境因素 R_{53}	地震 R_{531} 恶劣天气 R_{532} 节假日大客流 R_{533} 发生火灾爆炸、恐怖袭击等突发事件 R_{534}
	管理因素 R_{54}	应急疏散组织 R_{541} 日常培训和演练 R_{542} 日常设备检查 R_{543}

(3) 关于构建综合交通枢纽 WBS-RBS 和风险清单的说明。综合交通枢纽的规模、管理水平、所处地域的地质条件以及所处地域的社会环境等都对该枢纽风险辨识的结果有影响,在案例研究时应结合实际具体阐述风险耦合,从而进一步汇总成风险清单。

三、综合交通枢纽运营安全风险评价

对于综合交通枢纽而言，其运营安全与多种突发事件息息相关，而对于不同类型灾害的风险值与总体风险值的关系，一般有两种处理方法：一种是通过比较，将危险程度最高的灾害类型结果作为综合交通枢纽的总评价结果；另一种是将各类灾害的风险值合成，得出综合交通枢纽运营安全风险的总评价结果。

本节选取火灾爆炸、水灾、恐怖袭击、公共卫生和拥挤踩踏事件作为案例，这些是综合交通枢纽常见的突发事件。风险评价的结果是相对值，因此不同类型突发事件往往不能放在一起比较或合并计算。另外，对于这五种突发事件，其风险控制对策也不同，将不同灾种中的最高风险值或合成值作为总评价结果，不利于分门别类地控制风险。因此，对于多灾种系统的危险性分析，应分别进行研究和评价，将不同类型灾害的风险评估结果分别应用于各自的预防控制系统，从而提高综合交通枢纽的总体防灾减灾水平。

（一）风险评价常用方法

众多学者都对风险评价方法进行了深入的研究。风险评价方法有技术经济分析法、多属性决策法、运筹学方法、统计分析法、系统工程方法、模糊数学方法、智能化评价法、系统模拟与仿真评价方法、信息论方法、灰色系统理论与灰色综合评价、物元分析方法、动态综合评价方法和云模型分析方法等。本节根据综合交通枢纽运营安全系统的风险特点，将系统工程方法、模糊数学方法、物元分析方法和云模型分析方法进行对比分析，选取相对合适的评价方法，具体见表 4-16。

表 4-16 评价方法对比表

方法类别	方法名称	方法描述	优点	缺点
系统工程方法	评分法	对评价对象划分等级、打分，再进行处理	方法简单，容易操作	只能用于静态评价
	关联矩阵法	确定评价对象与权重，对各替代方案有关评价项目确定价值量		
	层次分析法	取其特征值所对应的特征向量作为权重，最后综合出总权重，并排序评价对象	可靠度比较高、误差小	因素不能太多
模糊数学方法	模糊综合评价	引入隶属函数，实现将人类直觉确定为具体系数（模糊综合评价矩阵）并将约束条件量化，进行数学解答	方法简单，容易操作，可得到多个层次的解	不能解决评价指标中信息重复问题
物元分析方法	可拓评价	利用物元的可拓性进行定性计算，利用可拓集合论，通过关联函数进行定量计算	从可行性和优化性的角度进行评价，解决不相容问题	适用性有局限

续表

方法类别	方法名称	方法描述	优点	缺点
云模型分析方法	云模型	把定性分析和定量计算结合起来，建立起相互映射关系，利用期望值（E_x）、熵（E_n）、和超熵（H_e）三个数字特征来描述不确定性概念	随机性和模糊性相结合	存在定性指标，仍具有模糊性

（二）综合交通枢纽评价模型的选择

物元分析方法是蔡文教授提出来的，并广泛应用于自然科学和社会科学，属于系统学科和数学的交叉学科。物元理论中分析的对象是基本元，基本元由事物、事物的特征和特征的量值三部分组成。物元模型通过特征量值的关联度来反映特征与事物的关联程度。因此，将综合交通枢纽运营安全致灾因子看作物元理论中的事物特征，将致灾因子的值看作事物特征值，通过物元模型的特征值计算，可以很好地表达每个灾种和其致灾因子的关系。因此可以将物元模型理论应用于风险评价中，但是物元理论中事物的特征值还需要引入云模型对其进行量化分析。云模型是我国学者李德毅教授在传统模糊集理论和概率统计的基础上提出的定性定量不确定性转换模型。云模型把定性概念的模糊性和随机性完全集成到一起，构成定性和定量相互间的映射，作为知识表示的基础。在综合交通枢纽运营风险管理的风险指标中，存在一些定性指标，其值是不确定的，随机性又强。因此，云模型适合应用于综合交通枢纽运营安全风险评价的计算中。将物元模型和云模型结合运用，既可以表达每个灾种和其致灾因子的关系，又可以将随机性和模糊性结合起来。

基于云—物元理论的综合交通枢纽运营安全风险评价模型

（三）综合交通枢纽运营安全风险控制对策

综合交通枢纽存在的常见突发事件有火灾爆炸、水灾、恐怖袭击、公共卫生事件和拥挤踩踏事件，它们是多种致灾因子共同作用的结果。一些风险因素很难避免，但可以通过日常监控、加强管理来预防。一旦灾害发生，带来的损失与应急预案和应急响应密切相关，因此，提前做好针对性的应急预案并进行演练，才能保证综合交通枢纽在受灾后以最快的速度恢复正常运营。

风险控制对策是在风险评估之后做出的决策，它是根据研究对象的评价结果对其提出针对性的建议，甚至可以分区域、分灾种进行风险控制，使风险管理工作更加精确。下面将分别对火灾爆炸、水灾、恐怖袭击、公共卫生事件和拥挤踩踏事件提出风险控制对策。

1. 火灾爆炸风险控制对策

火灾爆炸风险控制对策可以从控制火源、消防系统和建筑本身的防火能力三个方面来考虑。控制起火是火灾爆炸风险控制对策中切断风险源头的控制环节，为此需对可燃材料的基本燃烧特性深入了解分析。具体实施措施包括严格控制建筑物内火灾荷载密度，对材料燃烧等级进行分析分类以及严格检查，将易燃易爆材料分离存放，尽量采用不燃或难燃材料。严格监督吸烟专区，严格动火制度，加强管理和培训，强化安检群防群治等。

火灾自动探测报警系统是防止火灾发生的另一措施，它可以探测可能引起火灾的危险性因素，例如浓烟等，此类信号通常是火情的初期信息，从而发出警报，其联动系统也会及时启动有关消防设施参与火灾控制，为人员撤离提供宝贵时间，同时为管理和消防人员提供救援方向。

良好的建筑防火层设计可以有效控制火灾发生和火情蔓延，建筑内的安全通道机制可以使建筑内人员快速有效地进行安全疏散。综合交通枢纽内的防排烟系统可以为发生火灾爆炸时人员疏散提供基本的环境，建筑设计的防火和防烟分区可以控制火灾和烟气的蔓延，外部救援条件包括消防车通道和扑救面等也对灾害的损失有很大影响。

2. 水灾风险控制对策

水灾的发生主要是因为暴雨、潮水、地下水位上升和地面沉降等自然因素，这类因素都是人类无法控制的，因此只能从严密监测和提高建筑物自身的抗灾能力入手。气象监测和水位监测是防止水灾险情的首要环节，根据监测信息可预防灾害的发生和提前做好应急准备措施，同时气象监测和水位监测是建筑设计的前期勘测资料，为当地建筑防洪标准提供了宝贵的准备资料，也是建筑设计中防淹门系统和排水系统设计标准的宝贵信息资料。防止洪水或雨水进入建筑物内部，尤其是一些多层的大型综合交通枢纽的地下空间，是水灾防护的重要位置，具体实施措施包括：可以根据地区防洪要求严格控制建筑物出入口地面高度，采用阶梯防水措施，完善出入口防水挡板的设置和安装，达到防排水要求，严格把控建筑物内部防排水设施正常运作，杜绝漏水、渗水、积水等情况发生。运营管理部门需提前做好灾害应急预案，并时刻根据天气变化调控管理措施，当遇到灾害性天气的情况时，及时采取中断运营、疏散群众，启动防淹门系统，启动应急排水系统等灾害应对决策，从而使危害程度降到最低。对于特殊及突发的大规模洪水灾害，应及时启动应急预案，救援队与救援管理人员迅速上岗，按照日常应急演练内容并根据现场灾情及时采取准确的救援措施，有助于控制灾害，降低灾害损失。

3. 恐怖袭击风险控制对策

综合交通枢纽车流量和人流量大的特点使其成为恐怖分子的理想袭击场所，因此综合交通枢纽的建筑安全和人员安全成了其管理中的重点考虑因素。出入口的安全措施是防止恐怖分子进入的关键，而恐怖袭击发生时，安保管理的及时布控、建筑内灾害自救设备的有效使用、人员疏散通道的畅通是综合交通枢纽管理的重点。但大部分恐怖袭击都发生在站前广场、出站口等自由区域，具有预谋性和偶发性的特点，如昆明火车站砍人案件、乌鲁木齐南站暴恐案件等，使得一般的控制对策无法根据现场情况及时应对，因此，在综合交通枢纽的运营管理中，安全宣传、安全检查、应急演练、情报收集等措施应格外重视。主动做好安全预防措施，同时加强国民素质教育，从根源上解决问题。

4. 公共卫生事件风险控制对策

公共卫生事件主要有危化品泄漏和传染病或群体性不明原因疾病两类。这两类事件都具有突发性、后果严重且不易察觉，只能在事发后采取有效措施加以控制，尽可能地降低危害程度。综合交通枢纽的排烟系统、疏散导引系统等硬性设施会对灾害发生的后果产生重要影响。另外，灾害发生时及时展开救援也是控制此类风险的重要措施。

5. 拥挤踩踏事件风险控制对策

区别于以上四种突发事件，拥挤踩踏事件最鲜明的特点就是衍生性，火灾爆炸、恐怖袭击等其他突发事件都可能引发拥挤踩踏事件，因此，拥挤踩踏事件的控制对策可以从危险源、疏散通道及疏散人员的工作能力、灾害发生后的应急救援三个方面来考虑。从危险源分析，大致可以分为两类：一类危险源如恶劣天气、节假日大客流等，综合交通枢纽运营部门可以提前预测，然后采取疏散措施；另一类危险源则不可以提前预测，例如地震、火灾爆炸、恐怖袭击等，这类突发性灾害的控制对策，就要从疏散和应急救援方面考虑。在综合交通枢纽设计时，就要设置合理的疏散通道，日常运营管理中，要对工作人员进行培训，并及时开展应急救援演练工作，总结经验，这样才能在灾害发生时迅速做出正确的决策，将危险降到最低。

思考与练习

1. 简述风险管理的对象、过程、目标和作用。
2. 什么是风险识别，风险识别的方法有哪些？
3. 简述风险评估的内容和程序。
4. 风险控制的措施有哪些，简要介绍这些措施。
5. 综合交通枢纽的灾害风险有哪些，特点是什么，有何应对措施？

即测即评

第五章 公路交通应急管理

公路交通是国民经济的重要支柱，是区域间经济贸易、政治沟通和文化交流的桥梁和纽带，也是促进我国社会进步和经济发展的基础产业和基础条件。根据我国交通运输部规定，公路是指经交通运输主管部门验收认定的城间、城乡间、乡间能行驶汽车的公共道路，不仅包括已经建成的由交通运输主管部门认定的公路，还应包括按照国家公路工程技术标准进行设计，经国家有关行政管理部门批准立项，由交通运输主管部门组织正在建设中的公路。

我国公路有着不同的划分角度，具体划分标准如表 5-1 所示。

表 5-1　我国公路等级划分

功能性等级	高等级公路	高速公路	专供汽车分向分车道行驶并应全部控制出入的多车道公路
		一级公路	供汽车分向分车道行驶并可根据需要控制出入的多车道公路
	中等级公路	二级公路	供汽车行驶的双车道公路
	低等级公路	三级公路	供汽车行驶的双车道公路
		四级公路	供汽车行驶的双车道或单车道公路
行政级别等级		国道	具有全国性政治、经济意义的主要干线公路
		省道	具有全省（自治区、直辖市）政治、经济意义，并由省（自治区、直辖市）公路主管部门负责修建、养护和管理的公路干线
		县道	具有全县（县级市）政治、经济意义，连接县城和县内主要乡（镇）、主要商品生产和集散地的公路，以及不属于国道、省道的县际公路
		乡道	为乡（镇）村经济、文化、行政服务的公路，以及不属于县道以上公路的乡与乡之间及乡与外部联络的公路
		专用道路	专供或主要供厂矿、林区、农场、油田、旅游区、军事要地等与外部联系的公路

受社会经济快速发展的影响，世界各国的公路建设得到迅速发展，相继建成了比较完

善的公路交通网络。根据国家统计局公布的资料，我国公路网总里程已超过 500 万千米，2015 年至 2020 年我国公路总里程增长了 62 万千米（见图 5-1）。2022 年国家发展改革委、交通运输部联合印发了《国家公路网规划》，明确指出到 2035 年基本建成覆盖广泛、功能完备、集约高效、绿色智能、安全可靠的现代化高质量国家公路网，2050 年建成世界一流国家公路网，与现代化高质量国家综合立体交通网相匹配。

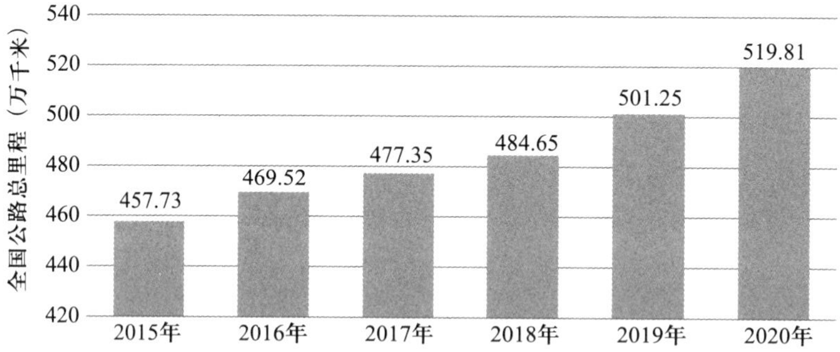

图 5-1　2015 年至 2020 年公路交通运营里程

随着机动化社会快速到来，公众对公路交通行业的时效性、快捷性、环保性和安全性提出了更高的要求。但是公路规模在不断扩大的同时，公路交通突发事件也呈上升趋势，预防和专项处置难度增加，相应的应急保障工作面临前所未有的挑战。突发自然灾害如雪灾、地震、洪灾、滑坡和人为灾害等不仅会使得路基路面桥梁损毁，造成公路交通的中断，影响交通，严重时还会造成人员伤亡。由于城市道路、高速公路是社会的基础公共设施，是联系城市内部区域和城市间的重要通道，一旦发生突发事件，将造成城市基本功能中断，引发更为严重的公共事件。

综上，公路作为伤员撤离、物资输送的生命线显得尤为重要。加快建立高效集中、协调有力的公路交通应急管理体系，不仅是提高公路网运行效率和服务水平的迫切需求，还是提升公路应对突发事件和风险能力的现实需要，更是实现确保公路交通更安全、更畅通、更和谐、更高效的根本要求。

【典型案例 5-1】

第一节
公路交通应急管理概述

一、公路交通突发事件分类和分级

（一）公路交通突发事件分类

公路交通突发事件，是指由于自然灾害、事故等原因引发，造成或者可能造成公路交通运行中断，需要及时进行抢修保通、恢复通行能力的，以及由于重要物资、人员运输特殊要求，需要提供公路应急通行保障的紧急事件。

常见的公路交通突发事件，包括恶劣冰雪天气造成公路交通中断，强降雨造成的路面积水、公路路面沉陷，桥梁损毁，车辆碰撞引起的交通事故等，并将突发事件分为四类：自然灾害、公路交通运输生产事故、公共卫生事件和社会安全事件。

1. 自然灾害

自然灾害主要包括水旱灾害、气象灾害、地震灾害、地质灾害、海洋灾害、生物灾害和森林草原火灾等。如地震灾害会引发公路出现边坡滑坡、崩塌、开裂和沉陷等现象。暴雨不仅会影响驾驶人的视线，还会使公路边沟积水，浸泡路基，致使路面翻浆，影响公路的正常使用。大雾会导致能见度减弱，影响驾驶人对路标及周围环境的正确判断，易引发交通事故。

2. 公路交通运输生产事故

公路交通运输生产事故主要包括交通事故、危险货物运输事故、隧道火灾事故等。公路交通运输生产事故是人、车、路、环境等多重因素在系统运动过程中不协调或失衡造成的，一起交通事故往往包含多种事故因素。例如，驾驶人因素包括驾驶人视野变窄、与前车距离判断有误、注意力减弱等；车辆因素包括车辆制动不良、失效等；道路因素包括道路几何条件、交通安全设施等；环境因素包括气象条件、交通流量等。

3. 公共卫生事件

公共卫生事件是指造成或者可能造成社会公众健康严重损害的重大传染病疫情、群体性不明原因疾病、重大食物中毒以及其他严重影响公众健康的事件。如客车中感染疾病、车辆进出疫区等。

4. 社会安全事件

社会安全事件主要包括恐怖袭击事件、经济安全事件和涉外突发事件等。

（二）公路交通突发事件分级

公路交通突发事件按照性质类型、严重程度、可控性和影响范围等因素，分为四个等级，依次是：Ⅰ级（特别重大）、Ⅱ级（重大）、Ⅲ级（较大）和Ⅳ级（一般），见表5-2。交通运输部负责Ⅰ级应急响应的启动和实施，省级交通运输主管部门负责Ⅱ级应急响应的启动和实施，市级交通运输主管部门负责Ⅲ级应急响应的启动和实施，县级交通运输主管部门负责Ⅳ级应急响应的启动和实施。

表5-2　公路交通突发事件分级

突发事件级别	特征
Ⅰ级（特别重大）	事态非常复杂，已经或可能造成特别重大人员伤亡、特别重大财产损失，需交通运输部组织协调系统内多方面力量和资源进行应急处置的公路交通突发事件
Ⅱ级（重大）	事态复杂，已经或可能造成重大人员伤亡、重大财产损失，需省级交通运输主管部门组织协调系统内多方面力量和资源进行应急处置的公路交通突发事件
Ⅲ级（较大）	事态较为复杂，已经或可能造成较大人员伤亡、较大财产损失，需市级交通运输主管部门组织协调系统内多方面力量和资源进行应急处置的公路交通突发事件
Ⅳ级（一般）	事态比较简单，已经或可能造成人员伤亡、财产损失，需县级交通运输主管部门组织协调系统内多方面力量和资源进行应急处置的公路交通突发事件

注：自然灾害等对公路交通的影响尚不明确，而国家专项应急预案或相关主管部门已明确事件等级标准的，可参照执行。省级交通运输主管部门可以结合本地区实际情况，对Ⅱ级、Ⅲ级和Ⅳ级公路交通突发事件分级情形进行细化补充。

二、公路交通突发事件应急管理体系

公路交通突发事件应急管理指的是当公路交通突发事件发生时，政府和相关部门迅速做出反应，出动专业人员，运用专业的技术和设备，全面了解事件详情，对局势加以控制，缩小事件所影响的范围，使道路尽快畅通，恢复正常的交通秩序，事后及时总结经验教训。公路交通突发事件应急管理不仅包括突发事件发生后的紧急管理与控制，还包括事件发生前的预防，预防和阻止公路突发事件的发生才是根本。

公路交通突发事件应急管理体系的核心内容包括“一案三制”，即应急预案、应急管理体制、应急管理机制和应急管理法制。应急管理体制划分了公路应急指挥权，明确了各部的责任，在遇到突发事件后，加强统一领导，可控制混乱场面，提升应急协作能力。应急管理机制是在法制框架内产生的运行机理，是各部门协作、应急救援工作展开的驱动者。应急管理法制是通过制定完善的公路应急管理法规，使公路交通突发事件应急管理工作逐渐实现法制化，有效保障人民群众的生命和财产安全。公路交通突发事件应急预案管理体系可以促使“一案三制”得到有效的落实，为切实加强公路交通突发事件的应急管理工作，提高突发事件预防和应对能力提供强有力的保障。

第二节 公路交通突发事件应急预案

公路交通突发事件应急预案为切实加强公路交通突发事件的应急管理工作，提高公路交通突发事件预防和应对能力，控制、减轻和消除公路交通突发事件引起的严重社会危害，及时恢复公路交通正常运行，提供了强有力的保障。公路交通突发事件应急预案具有以下作用：指导地方建立应急预案体系和组织体系、增强公路应急保障的能力、满足应对公路交通突发事件的需要、保障经济社会的正常运行。

一、公路交通突发事件应急预案分类

公路交通突发事件应急预案体系包括公路交通突发事件应急预案、公路交通突发事件应急专项预案、地方公路交通突发事件应急预案和公路交通运输企业突发事件预案。

（一）公路交通突发事件应急预案

公路交通突发事件应急预案是全国公路交通突发事件应急预案体系的总纲及总体预案，是交通运输部应对特别重大公路交通突发事件的规范性文件，由交通运输部制定并公布实施，报国务院备案。

（二）公路交通突发事件应急专项预案

公路交通突发事件应急专项预案是交通运输部为应对某一类型或某几种类型公路交通突发事件而制定的专项应急预案，由交通运输部制定并公布实施。主要涉及公路气象灾害、水灾与地质灾害、地震灾害、重点物资运输、危险货物运输、重点交通枢纽的人员疏散、施工安全、特大桥梁安全事故、特长隧道安全事故、公共卫生事件、社会安全事件等方面。

（三）地方公路交通突发事件应急预案

地方公路交通突发事件应急预案是由省级、地市级、县级交通运输主管部门按照交通运输部制定的公路交通突发事件应急预案的要求，在上级交通运输主管部门的指导下，为及时应对辖区内发生的公路交通突发事件而制定的应急预案（包括专项预案）。由地方交通运输主管部门制定并公布实施，报上级交通运输主管部门备案。

（四）公路交通运输企业突发事件预案

公路交通运输企业突发事件预案是由各公路运输企业根据国家及地方的公路交通突发事件应急预案的要求，结合自身实际，为及时应对企业范围内可能发生的各类突发事件而制定的应急预案。由各公路运输企业组织制定并实施。

公路交通突发事件应急预案是在认真总结公路应急保障的历史经验和借鉴国外有益做法的基础上，经过集思广益、科学民主化的决策过程，按照依法行政的要求，并注重结合实践而形成的。预案分别由国家（交通运输部）和省、地市、县级交通主管部门负责启动和实施。

二、公路交通突发事件应急预案框架

公路交通突发事件应急预案的研究和设计包含以下六个部分内容。这六个部分是缺一不可、互为支撑的，共同组成了公路交通突发事件应急预案。

（一）总则

总则说明了公路交通突发事件应急预案的编制目的、编制依据、适用范围、工作原则和公路交通突发事件分类分级标准。

（二）应急组织体系

应急组织体系规定了公路交通突发事件应急组织体系的管理机构，并以国家级公路交通突发事件应急管理机构为例，确定了其组成部分及各部分的职责。

（三）运行机制

运行机制是公路交通突发事件应急预案的重要组成部分，包括预测和预警、应急处置、恢复与重建和信息发布与宣传等部分。

1. 预测和预警

明确预警信息、预测及预警支持系统、预警分级和预警启动与终止程序。

2. 应急处置

公路交通突发事件按照其可控性、严重程度和影响范围分为四个等级，根据突发事件的级别响应相关部门启动相应程序，进行信息报送和处理。不同部门根据事件等级依据协调机制相互配合，具体包括部省路网协调与指挥机制、部门间协调机制和现场指挥协调机制。应急响应终止时，根据事件等级由交通运输部（Ⅰ级响应）或各地应急管理机构（Ⅱ、Ⅲ、Ⅳ级响应）采取相应应急终止程序。

3. 恢复与重建

事发地各级公路交通运输主管部门配合属地人民政府进行善后处置及补偿工作。

4. 信息发布与宣传

特别重大公路交通突发事件信息发布由路网中心负责。其他公路交通突发事件发布由各级公路交通突发事件应急管理机构负责。发布渠道包括内部业务系统、交通运输部网站和路网中心管理的服务网站,以及经交通运输部授权的各媒体。

(四) 应急保障

应急保障包括应急队伍、应急物资设备保障、通信与信息保障、技术支撑和资金保障。

1. 应急队伍

公路交通突发事件应急队伍的组建应秉持“平急结合、因地制宜,分类建设、分级负责,统一指挥、协调运转”。专业的应急队伍应包括公路交通突发事件应急抢修保通队伍及公路交通突发事件应急运输保障队伍。

2. 应急物资设备保障

应急物资包括公路抢通物资和救援物资两类。应急物资设备储备体系包括国家公路交通突发事件应急物资储备及地方公路交通突发事件应急物资储备。

3. 通信与信息保障

公路交通突发事件应急平台体系包括交通运输部、省、市三级公路交通突发事件应急平台,以及依托中心城市辐射覆盖到城乡基层的面向公众紧急信息接报平台和面向公众的信息发布平台。

4. 技术支撑

依托科研机构,加强应对公路交通突发事件技术支撑体系研究,建立包括专家咨询、知识储备、应急预案、应急资源等数据库。

5. 资金保障

公路交通突发事件应急保障所需的各项经费,应按照现行事权、财权划分原则,分级负担,并按规定程序列入各级交通运输主管部门年度财政预算中。

(五) 监督管理

监督管理包括预案演练、宣传与培训、应急能力建设评估和责任与奖惩。

1. 预案演练

路网中心负责协同有关部门制定应急演练计划并组织部省联合应急演练活动。地方公路应急管理机构要结合所辖区域实际,有计划、有重点地组织预案演练。

2. 宣传与培训

路网中心会同有关部门组织编写统一的公路交通突发事件应急处置培训大纲和教材;各级交通运输主管部门应定期开展应急培训工作。

3. 应急能力建设评估

各级公路交通突发事件应急管理机构应定期开展公路交通突发事件应急能力评估工作,具体包括路网规模、组织体系、重大危险源分布、通信保障及应急队伍数量、规模、分布等因素。

4. 责任与奖惩

对应急管理工作中做出突出贡献的先进集体和个人要及时地给予宣传、表彰和奖励。对迟报、谎报、瞒报和漏报重要信息或者应急管理工作有其他失职、渎职行为的,依法对有关责任人给予行政处分。构成犯罪的,依法追究刑事责任。

(六)附则

路网中心会同有关部门定期对相关应急预案的执行情况进行检查,发现问题和提出改进意见,并根据实际情况的变化,及时修订预案。

三、公路交通突发事件应急预案编制现状

(一)国家级

按照国务院的统一部署,原交通部于2005年制定并颁布了《公路交通突发公共事件应急预案》。该预案作为国家级部门预案和公路交通领域的总体预案,为指导各级交通主管部门编制相关预案和开展应急保障工作奠定了基础。

2008年,我国先后遭遇了低温雨雪冰冻灾害和汶川特大地震灾害,部分公路路基、路面及其他设施遭到破坏致使交通中断,公路交通受到了前所未有的重创,同时也暴露出了许多问题,比如应急物资准备不足、跨区协调沟通不畅、信息不通等,这些问题产生的原因是多方面的,但其中一个重要的原因就是公路交通突发事件应急预案和应急保障体系与机制存在缺陷。鉴此,交通运输部党组决定对应急预案进行修订,并以预案为指导,加快公路交通突发事件应急管理体系建设。2009年交通运输部发布《公路交通突发事件应急预案》。该预案是交通运输部应对特别重大公路交通突发事件的规范性文件,同时是全国公路交通突发事件应急预案体系的总纲及总体预案,为各级交通部门有关公路交通突发事件应急预案的修订完善和应急管理工作提供了重要指导。

(二)各地方

地方公路交通突发事件应急预案是由省级、地市级、县级交通运输主管部门按照交通运输部制定的公路交通突发事件应急预案的要求,在上级交通运输主管部门的指导下,为及时应对辖区内发生的公路交通突发事件而制定的应急预案。

1. 省级

适用于由省交通运输厅责成省公路局负责处置的Ⅱ级国省干线公路突发事件,以及需要由省公路局指导、支持处置的Ⅲ级及以下国省干线公路突发事件或者其他紧急事件的应对工作。

2. 地市级

适用于发生在市辖区内的:由各类突发事件引起的国道、省道等干线公路以及公路主枢纽出现交通运输中断或较长时间阻塞,需及时疏通;公路、桥梁、隧道及其附属设施

遭到严重破坏，丧失正常使用功能，需迅速恢复、抢修、加固，以确保运输畅通的应急行动；由各类突发事件引起交通运输异常并对运输产生严重影响，需交通运输主管部门组织调配运输力量，以保证抢险救灾人员和物资的运输及灾民和伤病员疏散的应急行动。

3. 县级

适用于发生在县境内的：

(1) 由各类突发公共事件引起的高速公路、国道、省道等干线公路出现交通中断或较长时间阻塞，需及时疏通的应急行动；公路、桥梁及其附属设施遭到严重破坏，丧失正常使用功能，需迅速恢复、抢修、加固，以确保运输畅通的应急行动。

(2) 由各类突发公共事件引起公路交通异常并对运输产生严重影响，需交通主管部门组织调配公路运输力量，以保证抢险救灾人员和物资的运输及灾民和伤病员疏散的应急行动。

(3) 由各类突发公共事件引起的县乡公路出现交通中断或较长时间阻塞，需及时疏通的应急行动；公路、桥梁、隧道及其附属设施遭到严重破坏，丧失正常作用功能，需相关镇政府、部门迅速恢复、抢修、加固的应急行动。

制定了公路交通突发事件应急预案的部分单位如表 5-3 所示。

表 5-3 公路交通突发事件应急预案编制情况

级别	单位	名称
国家级	交通运输部	公路交通突发事件应急预案
省级	北京市	北京市交通路政行业突发事件总体应急预案
	上海市	上海市公路突发事件应急预案
	云南省	云南省公路交通突发事件应急预案
	陕西省	陕西省公路交通突发事件应急预案
	河南省	河南省公路交通突发事件应急预案
	福建省	福建省公路交通突发事件应急预案
	四川省	四川省公路交通突发事件应急预案
	湖南省	湖南省公路交通突发事件应急预案
	黑龙江省	黑龙江省公路交通突发事件应急预案
	山西省	山西省公路交通突发事件应急预案
市级	镇江市	镇江市公路交通突发事件应急预案
	岳阳市	岳阳市高速公路突发事件应急预案
	常德市	常德市公路管理级突发事件应急预案
	平度市	平度市公路桥梁突发事件应急预案

续表

级别	单位	名称
市级	南通市	南通市公路突发事件应急预案
	铜川市	铜川市公路交通突发事件应急预案
	安阳市	安阳市公路交通突发事件应急预案
	郴州市	郴州市高速公路突发事件应急预案
	延安市	延安市普通干线公路突发事件应急预案
	徐州市	徐州市公路交通突发事件应急预案
	忻州市	忻州市公路交通突发事件应急预案
	萍乡市	萍乡市公路管理局公路突发事件总体应急预案
	渭南市	渭南市公路管理局公路突发事件应急预案
	文山市	文山市公路桥梁突发事件应急预案
县级	紫阳县	紫阳县公路突发事件应急预案
	南陵县	南陵县公路交通突发事件应急预案
	桂阳县	桂阳县公路管理局桥梁突发事件应急预案
	石泉县	石泉县公路水路交通运输突发事件应急预案
	邵东县	邵东县高速公路突发事件应急预案

第三节 公路交通突发事件应急管理机制

公路交通机制建设是与体制建设相辅相成，是保障行政管理组织体系有效运转的制度。完善的公路交通机制是公路交通突发事件应急管理体系建设的保障。在充分利用现有资源的基础上，补充和完善公路路网运行状态监测和协调手段，建立有效的公路路网管理工作机制，完善相关管理制度，形成省级“监管到位、协调联动、响应迅速、处置有效”的省级公路路网运行监测与应急处置体系，有助于提升公路路网运行监管和服务水平，提高公路交通应对突发事件的处置能力，为人民群众安全出行提供保障。主要包括如下机制。

一、监测预警机制

（一）预警信息

涉及公路交通突发事件的预警信息包括：

1. 气象监测、预测、预警信息

包括每日24小时全国降水实况图及图示；最严重区域降水、温度、湿度等监测天气要素平均值和最大值；72小时内短时天气预报（含图示）、重大交通事件（包括黄金周、大型活动等常规及各类突发交通事件）天气中期趋势预报（含图示）、气象灾害集中时期（汛期、冬季等）天气长期态势预报；各类气象灾害周期预警信息专报（包括主要气象灾害周期的天气类型、预计发生时间、预计持续时间、影响范围、预计强度等）和气象主管部门已发布的台风、暴雨、雪灾、大雾、道路结冰、沙尘暴预警信息。

2. 强地震（烈度5.0以上）监测信息

包括地震强度、震中位置、预计持续时间、已经和预计影响范围（含图示）、预计受灾人口与直接经济损失数量、预计紧急救援物资运输途经公路线路和需交通运输主管部门配合的运力需求。

3. 突发地质灾害监测、预测信息

突发地质灾害监测信息包括突发地质灾害发生时间、发生地点、强度、预计持续时间、受影响道路名称与位置、受灾人口数量、疏散（转移）出发地与目的地、途经公路路线和需交通运输主管部门配合的运力需求。

突发地质灾害预测信息包括突发地质灾害预报的等级、发生时间、发生地点、预计持续时间、预计影响范围。

4. 洪水、堤防决口与库区垮坝信息

洪水信息包括洪水的等级、发生流域、发生时间、洪峰高度和当前位置、泄洪区位置、已经和预计影响区域（含图示）、预计受灾人口与直接经济损失数量、需疏散（转移）的人口数量、出发地、目的地、途经路线、需交通运输主管部门配合的运力需求。

堤防决口与库区垮坝信息包括发生时间、发生地点、已经和预计影响区域（含图示）、预计受灾人口与直接经济损失数量、需疏散（转移）的人口数量、出发地、目的地、途经路线、需交通运输主管部门配合的运力需求。

5. 海啸灾害预测预警信息

包括风暴潮、海啸灾害预计发生时间、预计影响区域（含图示）、预计受灾人口与直接经济损失、预计紧急救援物资、人口疏散运输的运力要求和途经公路线路。

6. 重大突发公共卫生事件信息

包括突发疾病的名称、发现时间、发现地点、传播渠道、当前死亡和感染人数、预计受影响人数、需隔离与疏散（转移）的人口数量、该疾病对公路交通的特殊处理要求、紧急卫生和救援物资运输途经公路线路、需交通运输主管部门配合的公路干线、枢纽交通管理手段和运力需求。

7. 环境污染事件影响信息

包括危险化学品(含剧毒品)运输泄漏事件的危险品类型、泄漏原因、扩散形式、发生时间、发生地点、所在路段名称和位置、影响范围、影响人口数量和经济损失、预计清理恢复时间、应急救援车辆途经公路路线;因环境事件需疏散(转移)群众事件的原因、疏散(转移)人口数量、疏散(转移)时间、出发地、目的地、途经路线、需交通运输主管部门配合的运力需求。

8. 重大恶性交通事故影响信息

包括重大恶性交通事故的原因、发生时间、发生地点、已造成道路中断与阻塞情况、已造成道路设施直接损失情况、预计处理恢复时间。

9. 因市场商品短缺及物价大幅波动引发的紧急物资运输信息

包括运输物资的种类、数量、来源地和目的地、途经路线、运载条件要求、运输时间要求等。

10. 公路损毁、中断、阻塞信息和重要客运枢纽旅客滞留信息

公路损毁、中断、阻塞的原因、发生时间、起止位置和桩号、预计恢复时间、已造成道路基础设施直接损失、已滞留和积压的车辆数量和排队长度、已采取的应急管理措施、绕行路线等。

重要客运枢纽车辆积压、旅客滞留的原因、发生时间、当前滞留人数和积压车辆数及其变化趋势、站内运力情况、应急运力储备与使用情况、已采取的应急管理措施等。

11. 其他

其他需要交通运输部门提供应急保障的紧急事件信息。

(二) 预警分级

针对突发事件的紧急程度、可控性和对道路交通所产生的通行影响设定了Ⅰ级预警、Ⅱ级预警、Ⅲ级预警、Ⅳ级预警,分别用红、橙、黄、蓝颜色表示,如表 5-4 所示。这些预警与突发事件响应级别(特别严重事件、严重事件、较重事件和一般事件)一一对应。

(三) 预警启动程序

公路交通突发事件Ⅰ级预警时,交通运输部按如下程序启动预警:

(1) 路网中心提出公路交通突发事件Ⅰ级预警状态启动建议。

(2) 应急领导小组在 2 小时内决定是否启动Ⅰ级公路交通突发事件预警,如同意启动,则正式签发Ⅰ级预警启动文件,并向国务院应急管理部门报告,交通运输部各应急工作组进入待命状态。

(3) Ⅰ级预警启动文件签发后 1 小时内,由路网中心负责向相关省级公路交通应急管理机构下发,并电话确认接收。

(4) 根据情况需要,由应急领导小组决定此次Ⅰ级预警是否需面向社会发布,如需要,在 12 小时内联系此次预警相关应急协作部门联合签发。

(5) 已经联合签发的Ⅰ级预警文件由新闻宣传小组联系新闻媒体,面向社会公布。

表 5-4 公路交通突发事件预警级别

预警级别	级别描述	颜色标示	事件情形
Ⅰ级	特别严重	红色	• 因突发事件可能导致国家干线公路交通毁坏、中断、阻塞或者大量车辆积压、人员滞留，通行能力影响周边省份，抢修、处置时间预计在 24 小时以上时 • 因突发事件可能导致重要客运枢纽运行中断，造成大量旅客滞留，恢复运行及人员疏散预计在 48 小时以上时 • 发生因重要物资缺乏、价格大幅波动可能严重影响全国或者大片区经济整体运行和人民正常生活，超出省级交通运输主管部门运力组织能力时 • 其他可能需要由交通运输部提供应急保障时
Ⅱ级	严重	橙色	• 因突发事件可能导致国家干线公路交通毁坏、中断、阻塞或者大量车辆积压、人员滞留，抢修、处置时间预计在 12 小时以上时 • 因突发事件可能导致重要客运枢纽运行中断，造成大量旅客滞留，恢复运行及人员疏散预计在 24 小时以上时 • 发生因重要物资缺乏、价格大幅波动可能严重影响省域内经济整体运行和人民正常生活时 • 其他可能需要由省级交通运输主管部门提供应急保障时
Ⅲ级	较重	黄色	• Ⅲ级预警分级条件由省级交通运输主管部门负责参照Ⅰ级和Ⅱ级预警等级，结合地方特点确定
Ⅳ级	一般	蓝色	• Ⅳ级预警分级条件由省级交通运输主管部门负责参照Ⅰ级、Ⅱ级和Ⅲ级预警等级，结合地方特点确定

(6) 路网中心立即开展应急监测和预警信息专项报送工作，随时掌握并报告事态进展情况，形成突发事件动态日报制度，并根据应急领导小组要求增加预警报告频率。

(7) 交通运输部各应急工作组开展应急筹备工作，公路抢通组和运输保障组开展应急物资的征用准备。

Ⅱ、Ⅲ、Ⅳ级预警启动程序由各级地方交通运输主管部门参考Ⅰ级预警启动程序，结合当地特点，自行编制；在预警过程中，如发现事态扩大，超过本级预警条件或本级交通运输主管部门处置能力，应及时上报上一级交通运输主管部门，建议提高预警等级。

（四）预警终止程序

公路交通突发事件在Ⅰ级预警降级或撤销情况下，交通运输部采取如下预警终止程序：

(1) 路网中心根据预警监测追踪信息，确认预警涉及的公路交通突发事件已不满足Ⅰ级预警启动标准，需降级转化或撤销时，向应急领导小组提出Ⅰ级预警状态终止建议。

(2) 应急领导小组在同意终止后，正式签发Ⅰ级预警终止文件，明确提出预警后续处理意见，并在 24 小时内向国务院上报预警终止文件，交通运输部各应急工作组自行撤销。

(3) 如预警降级为Ⅱ级，路网中心负责在1小时内通知Ⅱ级预警涉及的省级交通运输主管部门，省级交通运输主管部门在12小时内启动预警程序，并向路网中心报送已正式签发的Ⅱ级预警启动文件。

(4) 如预警降级为Ⅲ或Ⅳ级，路网中心负责通知预警涉及的省级交通运输主管部门，由省级交通运输主管部门组织涉及的市或县启动预警。

(5) 如预警直接撤销，路网中心负责在24小时内向预警启动文件中所列部门和单位发送预警终止文件。

Ⅱ、Ⅲ、Ⅳ级预警终止程序由各级地方交通运输主管部门参考Ⅰ级预警终止程序，结合当地特点，自行编制。

Ⅰ级预警在所对应的应急响应启动后，预警终止时间与应急响应终止时间一致，不再单独启动预警终止程序。

图5-2为公路交通突发事件预警启动和终止流程。

二、信息报送与处理机制

为了能够及时报送和处理公路交通突发事件的信息，路网中心负责建立信息共享机制与渠道，汇总和处理全国公路交通突发事件信息。国务院相关部门需要按照国家应急管理要求和部门职责及时提供相关突发事件信息。地方交通运输主管部门和单位及时提供各类事件的信息报告和必要的基础数据。

（一）信息报送要求

(1) 建立部际信息快速通报与联动响应机制，明确各相关部门的应急日常管理机构名称和联络方式，确定不同类别预警与应急信息的通报部门，建立信息快速沟通渠道，规定各类信息的通报与反馈时限，形成较为完善的突发事件信息快速沟通机制。

(2) 建立部省公路交通应急信息报送与联动机制，路网中心汇总上报的公路交通突发事件信息，及时向可能受影响的省（区、市）发布，并提供跨区域出行路况信息服务。

(3) 严重以上预警信息发布和应急响应启动后，事件所涉及的省级公路交通应急管理机构应当将进展情况及时上报路网中心，并按照“零报告”制度，形成每日情况简报。路网中心及时将进展信息汇总形成每日公路交通突发事件情况简报，上报应急领导小组，并通报各应急工作组。

（二）信息报告内容

信息报告内容包括：事件的类型、发生时间、发生地点、影响范围和程度、已采取的应急处置措施和成效。公路运输管理有关单位在发现或接到社会公众报告的公路交通突发事件，经核实后，应依据职责分工，立即组织调集力量开展应急处置工作，全力控制事态发展，并在2小时内向交通运输主管部门报告。

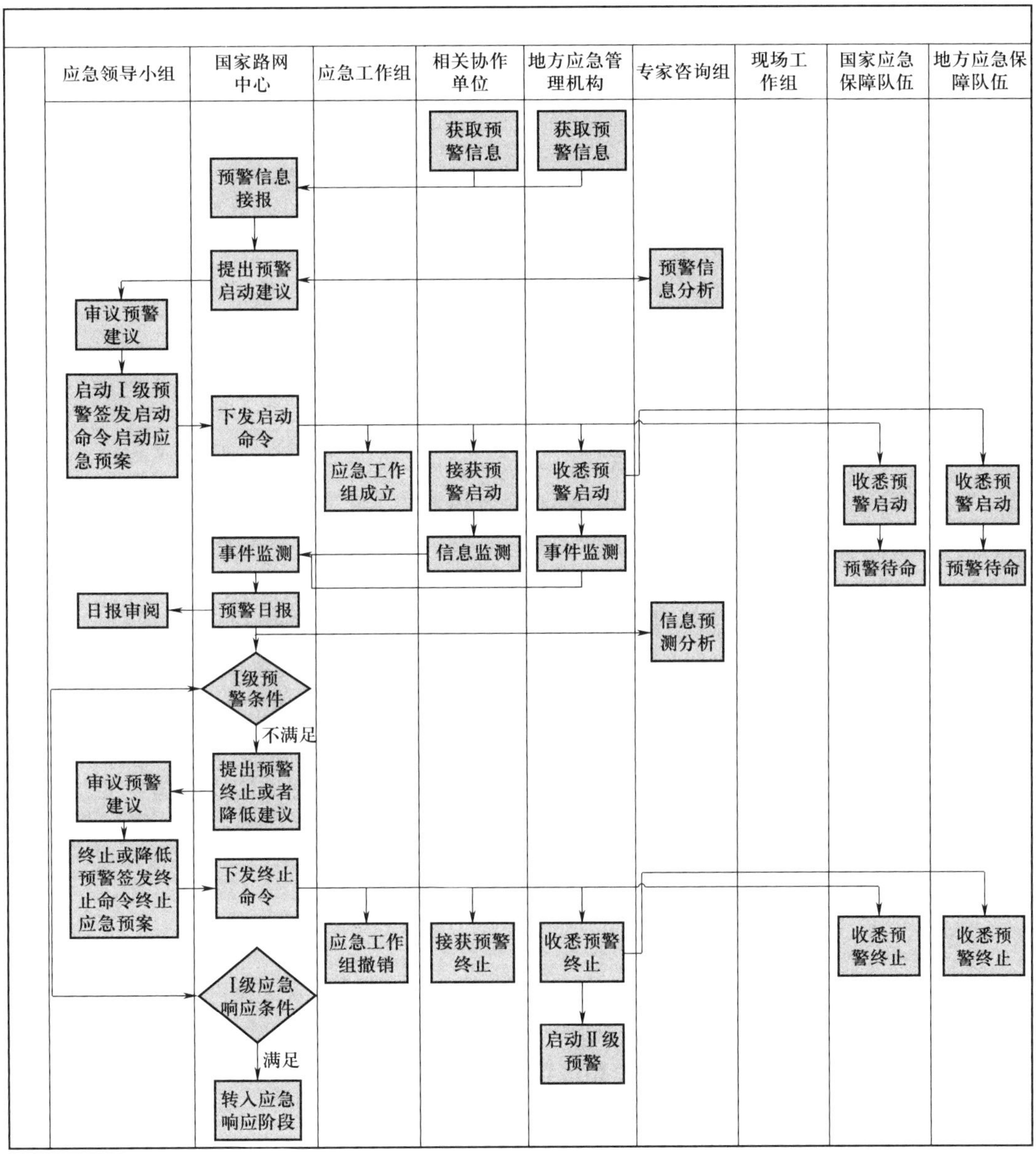

图 5-2　公路交通突发事件预警启动和终止流程

三、应急响应机制

（一）分级响应

公路交通突发事件应急响应分为部、省、市、县四级部门响应。交通运输部应急响应分Ⅰ级和Ⅱ级，省、市、县级部门应急响应一般分为Ⅰ级、Ⅱ级、Ⅲ级和Ⅳ级四个等级。

1. Ⅰ级公路交通突发事件分级响应

发生Ⅰ级公路交通突发事件时,由交通运输部启动并实施Ⅰ级应急响应,相关省、市、县级交通运输主管部门分别启动并实施本级部门Ⅰ级应急响应。

2. Ⅱ级公路交通突发事件分级响应

发生Ⅱ级公路交通突发事件时,由省级交通运输主管部门启动并实施省级部门应急响应,相关市、县级交通运输主管部门分别启动并实施本级部门应急响应且响应级别不应低于省级部门应急响应级别。

3. Ⅲ级公路交通突发事件分级响应

发生Ⅲ级公路交通突发事件时,由市级交通运输主管部门启动并实施市级部门应急响应,相关县级交通运输主管部门启动并实施县级部门应急响应且响应级别不应低于市级部门应急响应级别。

4. Ⅳ级公路交通突发事件分级响应

发生Ⅳ级公路交通突发事件时,由县级交通运输主管部门启动并实施县级部门应急响应。

5. 专项响应

发生Ⅱ、Ⅲ、Ⅳ级公路交通突发事件时,按照国务院部署,或者根据省级交通运输主管部门请求,或者根据对省、市、县级部门应急响应工作的重点跟踪,交通运输部可视情况启动Ⅱ级应急响应,指导、支持地方交通运输主管部门开展应急处置工作。指导、支持措施主要包括:派出现场工作组或者有关专业技术人员给予指导;协调事发地周边省份交通运输主管部门、武警交通部队给予支持;调用国家区域性公路交通应急装备物资储备给予支持;在资金等方面给予支持等。

(二)响应启动程序

1. 交通运输部应急响应启动程序

交通运输部路网中心接到突发事件信息报告后,及时核实有关情况,报部公路局、应急办。由部公路局商讨应急办提出启动Ⅰ级应急响应建议。

拟启动Ⅰ级应急响应的,经分管部领导同意,报请部长核准后启动,同步成立领导小组,各应急工作组、部路网中心等按照职责开展应急工作,并将启动Ⅰ级应急响应有关信息按规定报中办信息综合室、国务院总值班室,抄送应急协作部门,通知相关省级交通运输主管部门。拟启动Ⅱ级应急响应的,经分管部领导同意后启动,同步成立领导小组,并按照需要成立相应应急工作组。领导小组组成人员报部长核准。Ⅱ级应急响应启动后,发现事态扩大并符合Ⅰ级应急响应条件的,按照规定及时启动Ⅰ级应急响应。应急响应启动后,应及时向社会公布。

2. 省、市、县级部门应急响应启动程序

省、市、县级交通运输主管部门根据本地区实际情况,制定本级部门应急响应等级、响应措施及启动程序。省级交通运输主管部门启动Ⅲ级及以上公路交通突发事件应急响应的,应报部路网中心。图 5-3 为公路交通突发事件应急响应启动和终止流程。

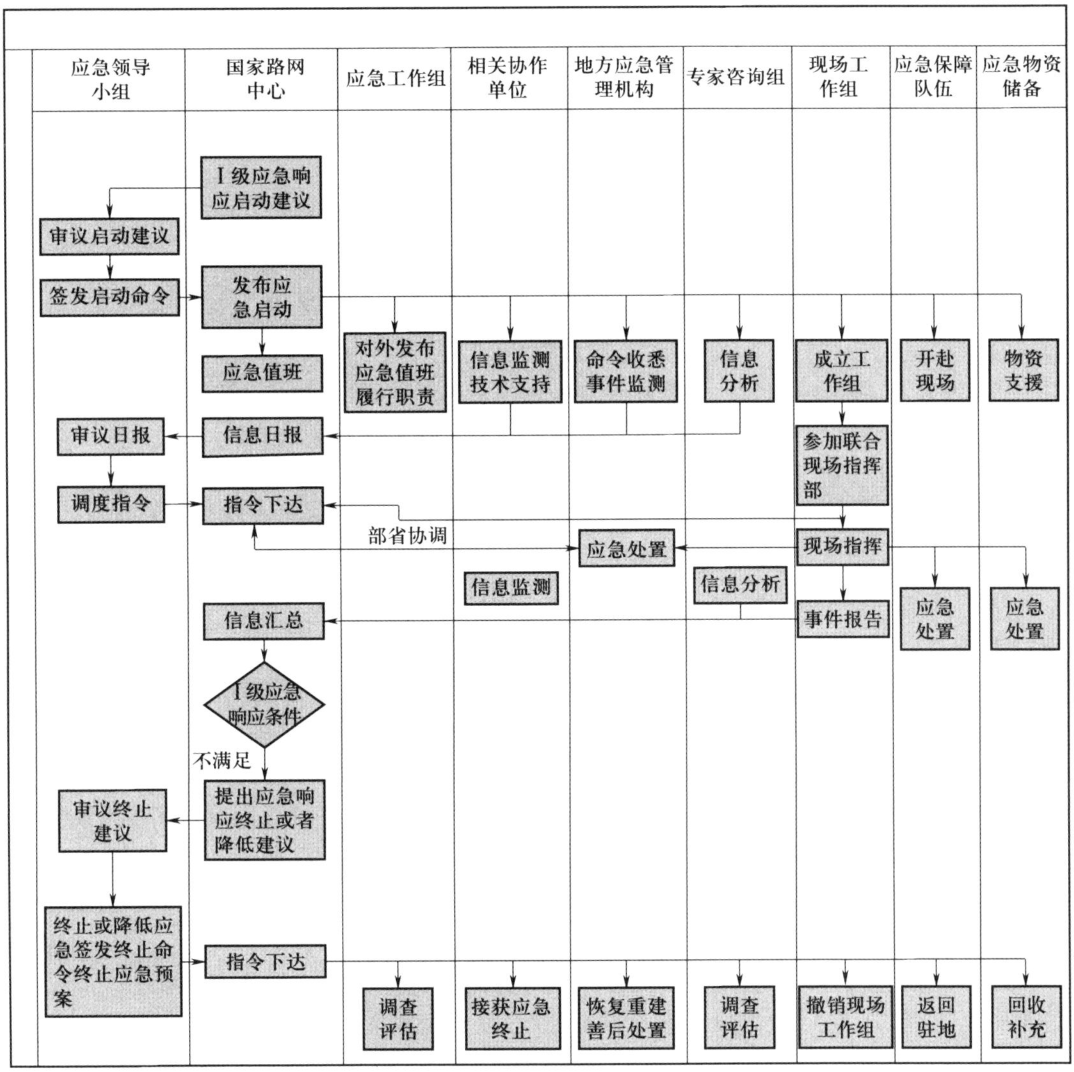

图 5-3　公路交通突发事件应急响应启动和终止流程

四、应急保障机制

（一）应急队伍

各级交通运输主管部门按照“平急结合、因地制宜，分类建设、分级负责，统一指挥、协调运转”的原则建立公路交通突发事件应急队伍。武警交通部队纳入国家应急救援力量体系，作为国家公路交通应急抢险保通队伍，兵力调动使用按照有关规定执行。省、市级公路交通应急管理机构负责应急抢通保障队伍的组建和日常管理。构建以高速公路及普通国省干线公路养护管理部门、路政管理部门、公路经营管理单位、公路养护工程企业为主体的公路交通应急抢通保障队伍，按照路网规模、结构、地域分布特点，采取全社会范围内的公开招投标的方式择优选择公路养护工程企业，并与之签订合作合同，明确技术管理要求、应急征用的条件和程序、征用补偿的标准和程序以及违约责任等，规范公路交通应急抢通保障行为，保障参与公路交通应急抢通保障企业的利益。

（二）物资设备

采用实物储备与商业储备相结合、生产能力储备与技术储备相结合、政府采购与政府补贴相结合的应急物资储备方式，强化应急物资储备能力。应急物资包括公路抢通物资和救援物资两类。公路抢通物资主要包括沥青、碎石、砂石、水泥、钢桥、钢板、木材、编织袋、融雪剂、防滑料、吸油材料等；救援物资包括方便食品、饮水、防护衣物及装备、医药、照明、帐篷、燃料、安全标志、车辆防护器材及常用维修工具、应急救援车辆等。地方交通运输主管部门应采取社会租赁和购置相结合的方式，储备一定数量的机械，如挖掘机、装载机、平地机、撒布机、汽车起重机、清雪车、平板拖车、运油车、发电机和大功率移动式水泵等。

（三）通信与信息

在充分整合现有交通通信信息资源的基础上，加快建立和完善“统一管理、多网联动、快速响应、处理有效”的公路交通应急平台体系。公路交通应急平台体系包括交通运输部、省、市三级公路交通应急平台，以及依托中心城市辐射覆盖城乡基层的面向公众的紧急信息接报平台和信息发布平台。各级公路交通应急平台根据公路交通领域突发公共事件信息的接报处理、跟踪反馈和应急处置等应急管理需要，实现与上下级公路交通应急平台的互联互通，具有风险隐患监测、综合预测预警、信息接报与发布、综合研判、辅助决策、指挥调度、异地会商、应急保障、应急评估、模拟演练和综合业务管理等功能，并能够及时向上级公路交通应急平台提供数据、图像、资料等。

公路交通应急平台的基本构成包括应急指挥场所、移动应急平台、基础支撑系统、数据库系统、综合应用系统、信息接报与发布系统、安全保障体系和标准规范体系。

（四）技术支撑

依托科研机构，加强应对公路交通突发事件技术支撑体系研究，建立突发事件管理技术的开发体系和储备机制；制定研发计划，借鉴国际先进经验，重点加强智能化的应急指挥通信技术装备、辅助决策技术装备、特种应急抢险技术装备的研制工作；开展预警、分析、评估模型研究，提高防范和处置重大公路交通突发事件的决策水平。建立包括专家咨询、知识储备、应急预案、应急资源等数据库。

（五）资金保障

公路交通突发事件应急保障所需的各项经费，应按照现行事权、财权划分原则，分级负担，并按规定程序列入各级交通运输主管部门年度财政预算。国家和地方公路交通专业应急队伍建设以及应急物资储备点的物资采购、运输、储存的相关费用，纳入各级财政预算。路网中心要根据每年开展宣传、教育、培训、演练等日常工作所需经费编列年度预算,报应急领导小组审批,并统一负责该项工作经费的管理与使用。对受突发事件影响较大和财政困难的地区,应省级交通运输主管部门的请求,交通运输部根据实际情况给予适当支持。鼓励自然人、法人或者其他组织按照有关法律、法规的规定进行捐赠和援助。各级交通运输主管部门应建立有效的监管和评估体系,对公路交通突发事件应急保障资金的使用和效果进行监管和评估。

第四节 公路交通运输应急处置与组织

公路交通突发事件根据形成原因可以分为自然灾害、公路交通运输生产事故、公共卫生事件和社会安全事件四个方面,这些突发事件可能造成公路以及重要客运枢纽出现中断、阻塞、重大人员伤亡、大量人员需要疏散、重大财产损失、生态环境破坏等严重社会危害。相关部门需要采取科学的方法,根据既定的应急救援方案,按照科学规范的响应程序和处置要求,运用应急指挥、应急队伍、应急装备等种种应急资源进行应对处置,最终有效控制事态发展,避免事件的扩大和恶化,减轻事件对人员、财产、环境造成的危害。

一、突发事件处置原则及流程

(一) 处置原则

提高公路交通管理部门处置突发交通事件的应急能力,灵活掌握公路交通突发事件处置原则,最大限度降低人员和财产损失,有效遏制重、特大交通事故,并最大限度减少事故损失。相关部门需要按照以下基本原则开展工作。

1. 政府主导原则

《中华人民共和国突发事件应对法》第 9 条明确规定“国务院和县级以上地方各级人民政府是突发事件应对工作的行政领导机关,其办事机构及具体职责由国务院规定”。普通干线公路在国民经济发展和社会生产生活中具有至关重要的地位。因此,公路应急管理应当由政府统一领导,综合协调。政府对普通干线公路紧急突发事件给予应有的重视和关注,能够充分有效地协调各职能部门,以便及时高效地调集各类资源,提高应急管理效率。

2. 快速反应原则

现有研究表明，公路交通突发事件的响应时间每缩短 1 分钟，事件清除时间可缩短 4~5 分钟；在事故发生后 30 分钟内死亡的人数占事故总死亡人数的 85% 以上，如果有效救援能在 30 分钟内实现，事故致死率将大为降低。因此，建立快速反应机制，对于减少人员伤亡和事件清除时间具有重要意义，是公路交通应急管理中至关重要的原则。要实现快速反应，首先要在公路沿线合理分配和布局救援力量，采取就近调度；其次要不断改进应急救援装备，提高救援能力；最后要强化各部门预警和值班管理，明确制定响应时间，科学量化指标，切实保障救援效率。值得一提的是，对于基层公路系统而言，在普通干线公路，原本就有许多养护作业的工人、巡逻的路政队员，如果发挥相关职工的潜能，让他们了解并掌握公路突发灾害处理的原则，则能极大地提高事故处理的效率。

3. 统一协调原则

必须建立健全多层次、全方位的协调联动机制。以普通干线公路为例，作为交通运输领域覆盖面最广、惠及民众最多的交通干线，在实施道路交通管制过程中，必然要涉及各方面，要达到“降事故、保安全、保畅通”的目的，就必须形成一个群策群力、齐抓共管、良好和谐的局面。一要加强与驻地党政机关的协作，建立汇报与协调沟通机制，争取驻地党政机关的大力支持，从而解决工作中的实际困难和问题；二要加强与气象部门的协作，建立气象信息预报机制，做到恶劣天气早知道、早预防、早部署，力争掌握工作的主动性；三要加强与清障、施救、消防等相关部门的协作，建立快速救援机制，构筑起高效、灵活的公路交通安全“绿色通道”，最大限度地减少人员伤亡和财产损失。同时，还必须加强与周边公安机关、交警、运管等部门的沟通与配合，建立健全联勤机制，使其分担突发事件实施分流时的外围疏导任务，防止公路瘫痪。

4. 不封闭或少封闭原则

尽最大努力保障公路交通安全畅通，充分发挥公路安全、高效、面广的作用。因特殊情况需关闭公路（单向或双向）部分路段时，必须向上级机关请示报告。如果是群体性事件，还应立即向当地党委、政府及辖区公安分局报告，党委、政府、公安、武警等各方面给予支援力量，同时向群体性事件参与人员单位通报情况。

（二）处置流程

公路交通突发事件应急处置的流程可以概括为监测预警、应急处置、恢复重建。在监测预警阶段，当自然灾害、事故灾难或者公共卫生事件即将发生或者发生的可能性增大时，准确及时的预警将会为接下来的应急处置赢得时间，为成功处置打好基础；在应急处置阶段，精良的人员、充足的物资、可靠的设备、成熟的方案将是决定成败的关键；在恢复重建阶段，即在采取应急处置措施时，同时采取或者继续实施必要措施，防止发生自然灾害、事故灾难、公共卫生事件的次生、衍生事件或者重新引发社会安全事件，尽快恢复社会秩序。

二、公路交通应急处置措施

（一）自然灾害

1. 大雾及强降雨处置措施

对于大雾天气，相关部门接到浓雾信息后，执勤组迅速携带“前方雾区，减速慢行”标志牌及限速牌，摆放在雾区两端前 2 千米处，同时加大巡逻密度，开启示警灯，采用扩音器喊话方式提示过往司机注意安全，并随时准备处理突发事件。雾区路段发生交通事故时，多部门应加强联动，各负其责，共同维护事故现场交通秩序，并快速处理，避免连续事故的发生。当车辆发生故障，清障车辆应及时清除，保障畅通，在故障车后 1 千米处放置“车辆故障，注意避让”的标志牌。如能见度无法保障行车安全，并接到上级命令确定封道时，及时通知监控分中心及收费站进行封道，同时组织实施内管制、中疏导、外分流工作。对于强降雨天气，用车载电子显示屏及时警示过往车辆，提醒过往车辆谨慎，缓慢行驶。遇见道路塌方等情况，及时做好道路安全维护，并汇报至上级部门进行抢修。

2. 冰雪处置措施

对于普通路段，通过应急通信网络通报相关部门应急状态，相关部门根据通报立即启动相应的应急预案，所有应急所需人员、物资等须在规定时间内到位，并由专人向清雪办汇报进展。配合交警等部门完成交通疏导工作，有效保障交通正常运转。必要时启动紧急交通管制方案，召集社会运输车辆协助工作。设置专员密切关注气象预报信息并及时上报，交警部门还需及时采取交通管制措施。

对于背阴坡、长大纵坡、隧道、桥面等特殊路段的早期降雪，要派专职人员进行巡查。如果发现存在少量积雪，及时进行融雪处置，以防发生严重事故。在巡查过程中，一旦发现特殊路段存在降雪结冰，及时向上级报告并采取措施除冰雪，及时通过电子情报板进行通报，路政、交警等管理部门相互协同采取封闭或临时管制措施。

3. 洪水处置措施

及时启动相关应急预案，并依据预警级别，启动对应的应急响应。公路养护部门根据灾害类型实行对应的应急抢险方案。在汛期等特殊情况下，地方交通主管部门按照有关要求及时启动预先设定的防汛应急预案，防止灾害进一步扩散。相关应急预案启动后，主管部门应根据灾情发展情况及救灾需求，充分调动相应的救灾资源，采取有效措施降低损失。在危险地段设立相关的警示标志及设施，交通管制路段安排专人值守。洪水灾害发生后，相关主管领导应即刻前往指挥现场，组织部署各项工作。

4. 山体滑坡处置措施

各部门相互协作封闭附近公路或采取临时管制措施，并告知邻近单位采取分流措施，及时发布相关信息，将已驶入封闭区的车辆迁至安全区域。根据灾情现场情况调集装备及物资，并派遣专人前往现场统一指挥；消防人员及时与工程技术人员配合，确定警戒范围。同时发布通告，对滑坡体周围路段实行交通管制；交通部门即刻调动机械工程车辆开辟急救平台和进出通道；险情结束后，清扫路面，开放交通。

5. 地震处置措施

路网调度部门应迅速上报路况信息，根据路况信息和震级，经上级有关部门批准，采取分流和诱导措施，并及时发布相关信息。路政、交警等管理部门相互协作采取封闭公路的措施，禁止其他车辆驶入，已驶入的由警车开道护送出震区。对于地震损毁路段加紧抢修使其恢复。公路打通后，交管局发出通知，对通往灾区的主要公路实施交通管制，除运送救灾人员、受灾群众和救灾物资等车辆外，其他社会车辆禁止通行。

（二）公路交通运输生产事故

1. 交通事故处置措施

交通事故处置措施一般包括：对于有人员伤亡的，及时联系急救中心救治受伤人员；疏导交通及围观群众；及时报警处理事故，并用可变情报板等及时提醒司机朋友；交警在事故发生点前的公路交叉口及时分流，避免更大程度的拥堵；路政、交警等部门及时对事故发生过程进行询问和处理；路政要及时评估公共设施的损坏情况，进行拍照和撰写书面报告。

2. 危险货物运输事故处置措施

根据影响程度可将危险货物运输事故分为四类：一类事故（出现滞留）、二类事故（危险品渗漏或散落）、三类事故（倾覆事故）及四类事故（爆炸事故）。一类事故出现时，相关部门采取交通管制措施，划定安全区域，配合有关部门处理现场并进行清理。二类事故出现时，相关人员立即指挥该车辆停靠在对交通影响较小的地点，放置相关标志，防止发生次生事故，同时上报应急领导小组，并勘察路产的损失情况，待有关部门前往后开展抢救或清障工作。三类、四类事故出现时，紧急疏散周边人员并封锁现场；及时上报应急领导小组，向人民群众发布相关信息，转移重要物资；应急领导小组上报上级应急单位并前往现场指导工作；隔离火源，切断电源，暂停高热设备，采取防静电措施。

3. 隧道火灾处置措施

隧道火灾事故现场外处置，需通过多部门相互协作封闭事故隧道，并利用隧道前路口的可变情报板及时发布信息。交警部门及时对交通进行分流，以防更多车辆进入隧道，堵塞交通，加剧事故的严重性。救援人员应携带相关照明及防护用具，及时对隧道内发现的受伤人员施救。通知养护队携带所需的各种工具前往隧道外待命。

（三）公共卫生事件

疫情防控处置措施包括：疫情防控工作需要开展跨省、市应急运输，根据政府指令及疫情防控总指挥部、卫生健康委、工业和信息化部等有关部门提出的应急运输需求，交通运输厅指挥部运输应急组立即组织开展应急保障工作，统筹调集省级或者市级符合应急运输车型相关要求的运力，第一时间予以保障，确保应急运输响应及时、保障有力。

（四）社会安全事件

相关管理单位知晓此类事件后，路政人员要做到早预报、早部署、早采取措施。对行驶车辆采取分流和诱导措施，并及时向社会公众发布信息。或在其发生过程中及时与公安、交警等相关单位密切沟通与配合，有效减小或避免社会安全事件对公路及使用者造成的损失。

三、公路应急交通组织策略

公路应急交通组织总体目标是保证突发事件发生后交通运行的安全、畅通和有序，即在突发事件影响的路网范围内及时实施合理有效的交通组织策略，提高路网整体运行安全性。公路应急交通组织策略主要可分为诱导性、疏导性、限制性、禁止性应急交通组织策略四类。

（一）诱导性应急交通组织策略

一般来说，突发事件对公路网络的影响是局部或者区域性的，对于那些没有直接受到突发事件影响的区域，路网具有一定的备用能力。有效的交通诱导策略对于降低突发事件的交通影响具有重要意义，它能使一定范围空间内的交通流在短时间内重新分布，使交通流根据道路网络的情况进行合理的调整。

交通诱导是利用现代电子、计算机、通信和互联网等先进技术，为交通参与者提供实时路况信息、最优路径选择、安全提示等的交通组织措施。公路网络发生交通事故产生拥堵后，交管部门通过交通诱导 LED 屏、广播等及时为交通参与者提供实时路况信息、安全警示、天气信息等，诱导参与交通的广大驾驶员在突发事件下合理规划自身行程，避开事故路段。根据实施地点不同，交通诱导分为网内分流路径诱导、网外交通流入网诱导两种。

1. 网内分流路径诱导

当突发事件条件下通过事发路段交通需求远大于道路通行能力时，突发事件导致的拥堵会在路网范围内扩散，为降低路网交通运营风险，有必要对已经进入路网的交通流进行合理的交通诱导、绕行分流，使交通流在路网内的时间和空间分布有利于路网的安全运营。主要通过路侧可变信息板或车载导航设备实现网内分流路径诱导。

2. 网外交通流入网诱导

突发事件影响范围内进入路网的网外交通流不仅会给驾驶员带来极大的不便，还会影响受突发事件影响的路网内受阻交通流的及时疏散。因此，应对事故影响持续时间范围内入网的网外交通流进行合理的通行引导，尽量降低多方面的不良影响。

（二）疏导性应急交通组织策略

1. 反向交通组织

反向交通组织是指在应急疏散过程中，暂时性地占用疏散方向对向的车道进行交通疏散，以求快速缓解产生的交通阻塞。以大型集会为例，交通需求具有极大的不均衡性，往往会出现单方向的车流过分拥挤，而其对向的交通流量较少。在此情况下，交管部门可根据实际情况临时占用对向车道进行交通疏解，实施反向交通组织。为防止此种情况下疏解的车流与原方向的车流发生冲突，需要协调执勤交通警察进行现场指挥，在反向交通组织区域设置临时标志，例如圆形锥筒等进行合理引导。简而言之，反向交通组织就是为了满足交通疏散的需求，改变原有路网上非疏散方向上某些路段的行驶方向，灵活高效地运用有限的道路，通过临时改变交通流向的手段提高城市道路通行能力，缓解交通阻塞。其交通组织形式如图 5-4 所示。

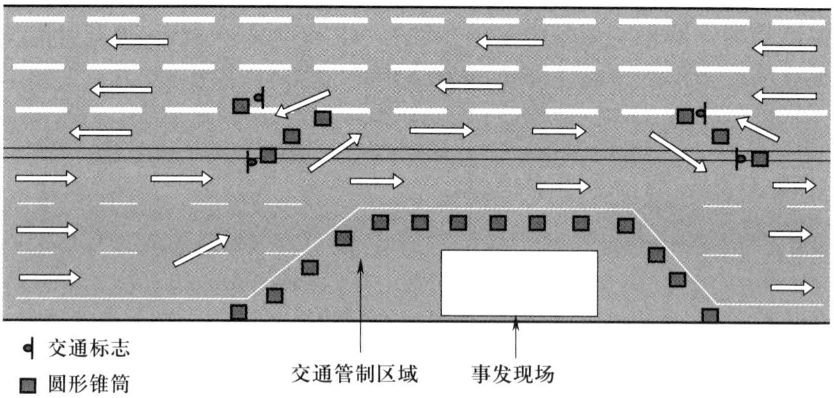

图 5-4　反向交通组织示意图

2. 间隔放行和绕行

在达不到封闭道路的标准时，可根据情况采取间隔放行通过管制区域的措施，以减少车辆拥堵。受道路施工、交通管制等影响的路线应临时调整措施。

3. 应急专用车道

应急专用车道是指为应急救援所开辟的供应急救援疏散专用车辆（救护车、消防车等）行驶的专用车道。交通事故发生后，根据事件发生区域与疏散区域路网中各路段的特征，可以分为采用原有其他类型车辆专用道和开辟新的疏散车辆专用道两种。

4. 单向 / 潮汐车道

潮汐车道指一天中的不同时段，可以根据交通流需求灵活更改行驶方向的车道。考虑突发事件影响范围内路段的具体情况，对有条件的路段可设置灵活调整行驶方向的潮汐车道。实施过程中，可通过变更车道灯指向，来改变车道的行驶方向。

5. 应急临时交通渠化

交通渠化是指在路段上放置如圆形锥筒等使不同流向、不同特征和不同速度的交通流按所划分的道路有序流动，避免交通冲突。当突发道路损毁时，需要采用临时渠化的方式组织交通。突发事件下的道路应急交通组织管理，其最大的特点就是具有临时性，所以不仅要充分利用原有的交叉口渠化，而且要采取临时性的交通渠化。应急临时交通渠化的设计应在充分利用原有交通渠化设施的基础上，以护栏、分隔墩、临时标志标线等临时交通渠化为主，且渠化设计需紧密配合交叉口转向控制和信号灯设置，两者相辅相成才能更好发挥出渠化作用。

（三）限制性应急交通组织策略

限制性应急交通组织策略主要有车辆限速、车距控制、禁止超车和出入口限流等方式，具体由事故的等级及道路条件确定。限制车型的交通管制策略主要应用于在高速公路或者城市快速路中，通过限制车辆运行，来减少突发事件对公路网的影响。在突发事件发生时，公路交通系统的限制性应急交通组织策略（如限速限行等）提示信息，可通过可变信息板、导航路况信息等方式发布。

1. 车辆限速

运行车速和车速离散性是影响交通安全的两个重要因素，对车辆进行限速可有效降低运行车速和车速离散性，实现交通流平稳、均匀和安全运行。常态交通下的限速规定既限制最高运行车速，也限制最低运行车速，但突发事件条件下的车速控制策略通常只限制最高运行车速。具体的车速限制值需要根据事故等级以及道路环境条件等而定，并根据车型不同进行不同限速。车速控制主要通过设置可变限速标志等措施来动态限制行车速度。

2. 车距控制

车距控制是对车辆进行合理的纵向空间分离，目的是保证前车在紧急情况下急刹车时，后车有足够的安全距离进行刹车以避免追尾事故，对保证行车安全有重要作用。因此，对道路上行驶车辆的最小安全间距进行限制是必要的。事故条件下具体的车距控制标准可根据计算跟车风险和换车道风险两种行车风险来确定。

3. 禁止超车

突发事件发生后，为了尽量保持交通流的平稳、有序，一定条件下需要规定车辆严格按车道分离行驶，超车行为既背离了“分车道有序行驶”的分离基本原则，也给其他车辆的行驶安全造成隐患，需加以禁止。禁止超车的具体实施条件应根据事件等级来确定。

4. 出入口限流

限制性应急交通组织策略还包括对路网关键节点处的流量控制，即对路网出入口进行限流，通过调节进入路网的车辆数，使得路网的交通流量、密度、速度等参数维持在安全阈值，以保障突发事件下路网的安全运行，避免二次事故的发生。

(1) 入口流量限制。入口流量限制策略主要通过各入口匝道控制流入车辆数来对目标控制路段上的交通流量进行限制，具体主要有匝道定时限流方式、匝道感应式限流方式以及匝道系统协调控制限流方式。匝道定时限流方式通过在匝道上安装定时交通信号，调节控制交通量在正常交通量和某个合理最小交通量之间，定时驶入主线；匝道感应式限流方式通过在匝道上安装感应式限流装置，动态调节控制交通量在正常交通量和某个合理最小交通量之间，其限流率根据整个系统的交通量与通行能力之差确定，根据交通量变化需求使整个系统的车流保持最佳化；匝道系统协调控制限流方式的基本原理是将一系列匝道集中起来作为一个整体统一考虑交通控制。

(2) 封闭入口。当路网内发生重大交通事故甚至重大灾变事件导致交通中断时，需直接关闭入口，以避免交通状况进一步恶化或为应急救援车辆通行提供足够的空间。具体实施方式包括人工设置栅栏、自动弹起式栅栏等，并显示“××× 因故关闭”等标志。

5. 其他措施

特别地，针对城市道路交通网络的复杂特性，限制性应急交通组织还包含了交叉口处的流向控制、流量控制和信号控制等策略。路口流向限制是指对于目标路口的某些行驶方向进行限制，例如禁止左转、禁止直行等，属于区域流向组织中的手段。发生突发事件时，处于事故区域的路段可以采用流向禁限的策略以免拥堵。对于由应急出行生成的应急对象事件，应急交通组织中实施路口流向限制性策略，以有效减少疏散方向交通流冲突，提高应急疏散效率。

在城市道路的交叉口中，主要使用时间分离的方式减少冲突点进而保证交通流疏散时的效率。城市道路拥堵发生后，交叉口某些方向进口道的交通需求增大，此时应提高交叉口的通行能力，将交通延误降到最低。而城市道路交叉口一般都配有交通信号灯，但是日常的交叉信号配时方案并不能满足应急要求，容易产生部分进口道甚至是整个路口的过饱和，从而引起交叉口的交通拥堵，增加交叉口的延误。应急交通组织可以通过调节交通信号灯相位、周期、绿信比控制车流，达到应急交通组织的目的。

当某一方向进口车道的交通量由于突发事件突然增大或者亟须疏散时，可以适当缩短其他方向的绿灯时间，延长该方向的绿灯时长以增加进口道的通行能力。突发事件发生时，有可能在道路交叉口首先形成交通拥堵，因此可以增加信号周期时长，特别是重点疏散道路的进口道的绿灯时长，以提高交叉口的应急疏散能力，保证疏散效率。此外，当信号配时周期不变时，改变相位也可以提高交叉口的通行能力。例如调整相位的顺序，或者直接将左转相位取消。在事故灾难的疏散路径上，采取信号灯配时控制，是保持事件影响区域内交通顺畅、疏散有序的重要手段。

（四）禁止性应急交通组织策略

禁止性应急交通组织策略是限制性交通管制手段的升级，常意味着道路的封闭或交通的中断。灾害天气发生时路面出现塌陷损毁影响车辆安全行驶，或者优先确保抢险救灾车辆通行的情况下，可考虑采取临时性的禁行策略。措施一旦实行，受管制区域内不允许出现无关车辆，确保抢险车辆优先策略。此种交通策略属于极端手段，对正常的交通秩序影响最大，只有在迫不得已的紧急情况下考虑采用，且交通状态有所缓解后应及时终止禁行策略。

不同的突发事件下，采取的交通组织策略不尽相同，即使采取相同的交通组织，实施的方法和范围也会有所区别。对于突发型应急对象事件的应急交通组织，要体现“快”，一般情况下，以交通信号控制、交通信号组织以及交通信息组织三种动态交通组织方法为核心，以路口流向禁限、限速限行、单行交通组织等区域交通组织方法为补充，辅以公交优先和交通流错峰等宏观交通组织方法，使交通网络上的交通流在短时间内根据突发事件及其交通影响区域路网的情况重新进行分配，降低事件对交通的影响程度，为突发事件其他的应急行动做好准备并配合其他应急行动的开展。

对于缓变型突发事件的应急交通组织，要体现“稳”，一般情况下，应以宏观交通组织中的公交优先和交通流错峰为基础,即以城市交通需求管理为基础,以区域交通组织中的路口流向禁限、车种禁限、单行交通组织及指路系统的运用等为主导,区域交通组织紧密结合微观交通组织的思路来进行。同时在时间充足和其他条件允许的情况下,可提前对应急预案进行实战演习,检验这些方法的适用情况。

第五节
公路应急交通运输组织理论与方法

公路应急交通运输组织过程通常分为五个步骤:首先,根据预测结果和突发事件的具体情况以及可能的态势评估结果进行建模;其次,根据实时交通信息确定疏散过程中公路网络交通流加载率;再次,确定突发事件的影响范围和相应的疏散范围;复次,基于路网数据设计分派交通疏散路径;最后,对以上内容进行分析和监测并实时调整应急交通疏散决策和方案。

由于公路交通突发事件是随机发生的,其持续时间的影响因素众多,涉及多个复杂问题,对于同一段公路上所发生的事件其交通特性应具有相似的分布规律,可以通过概率分布统计的手段去预测所选公路事件持续阶段的时间概率,归纳出该事件持续时间的规律。公路交通突发事件严重与否会对该事件的影响范围大小产生重要影响,因此对突发事件影响范围进行确定的前提条件是先判断事件的严重程度,根据严重程度推断出其影响范围。根据上一节所介绍的公路交通应急组织策略的特点,本节主要从模型构建的角度进行详细介绍。

一、应急交通疏散路径诱导模型

疏散路径规划,有时也称为疏散交通诱导,是区域疏散交通规划与管理的基本策略和重要研究内容,其目的在于针对特定的疏散需求,制定相应的最佳疏散路径,通过实时反馈交通信息引导驾驶员找寻最优路径行驶,能够大幅提高道路的利用率和车辆的运输效率,有效地减少交通拥堵,以实现危险区域内交通的快速疏散。同时,由于疏散交通诱导的结果直接决定了疏散交通流在路网上的传播特性,因此,疏散交通诱导又成了疏散交通需求管理和供应管理建模与分析的基础,在整个区域疏散交通规划与管理领域具有重要的地位,也吸引了最为广泛的研究。

宏观应急疏散模型以假设相关人员在紧急情况下绝对听从安排为前提,依据预测出的应急情况下的交通需求信息及静态与动态的分配模型,将新的疏散交通量分配到相应的路网中。微观应急疏散模型把应急疏散路径设为图论中的弧段，把应急疏散点设为图论中的节点，并结合图论的相关理论知识，对应急疏散的最优路径进行搜索。应急疏散结果受到多种因素的影响：从规划的角度看，有应急疏散路网交通规划、动态交通分配等因素；从交通控制的角度看，有交通信号控制和交通信息诱导技术等因素。基于仿真技术对疏散行为进行模拟和仿真，可以估算出不同模型所需要的疏散时间。而突发事件的交通应急疏散模型是从所有应急疏散方案中求解最优方案，其核心是求解一个使系统达到目标状态的最优控制方案或最优控制规律。

典型的应急交通疏散路径规划理论研究以经典图论和交通分配模型为主，并且在应急交通疏散过程中，无论是交通状况还是道路状况都不能看作一成不变的。因此，本节将会围绕动态疏散模型，介绍基于图论的动态疏散网络流模型和基于动态交通分配的疏散路径优化模型。

（一）基于图论的动态疏散网络流模型

基于图论的动态疏散网络流模型不考虑被疏散者的个体差异以及个体对疏散路径的选择，即将被疏散者考虑为“同质”的群体，将疏散载体（路网、建筑物等）和载体的属性（拓扑结构、节点特性、弧段特性等）共同抽象为一个静态网络，之后在时间层面上将静态网络扩展为动态网络，从而将疏散过程与动态网络流关联起来，实现疏散路径诱导的建模。

在动态网络流模型中，令 $x_{ij}(t)$ 表示 t 时刻路段 ij 上的流量，亦即在 t 时刻离开节点 i，在 $t+\lambda_{ij}$ 时刻达到节点 j 的交通流量。令 $y_i(t+1)$ 表示 t 时刻离开节点 i，$t+1$ 时刻仍在节点 i 的交通流量，即：

令疏散问题的优化目标为函数 $\phi(X,Y)$，则离散时间疏散动态网络流模型的通用表达式为：

$$\min/\max \sum_{t=0}^{T} \phi(X,Y) \tag{5-1}$$

$$y_i(t+1)-y_i(t)=\sum_{i\in\xi(i)} x_{ki}(t-\lambda_{ki})-\sum_{j\in\zeta(i)} x_{ij}(t),t=0,\cdots,T,\forall i\in N \tag{5-2}$$

$$y_i(0)=q_i,\forall i\in N \tag{5-3}$$

$$0\leqslant y_i(t)\leqslant a_i(t),t=1,\cdots,T-1,\forall i\in N \tag{5-4}$$

$$0\leqslant x_{ij}(t)\leqslant b_{ij}(t),t=1,\cdots,T-\lambda_{ij},\forall(i,j)\in A \tag{5-5}$$

式中：$\xi(i)$ ——$\{j\mid(j,i)\in A\}$；

$\zeta(i)$ ——$\{j\mid(i,j)\in A\}$；

q_i——每个节点处初始的被疏散者数目；

$b_{ij}(t)$ ——通行能力；

$a_i(t)$ ——节点容量，表示在给定的 t 时刻，最大允许多少被疏散者停留在节点 i 处。

约束式(5-2)为节点流量守恒条件,约束式(5-3)为初始条件,约束式(5-4)为节点容量限制条件,约束式(5-5)为弧段通行能力限制条件。当目标函数为最小化平均疏散时间时,则转化为最小费用动态流问题;当目标函数为最大化单位时间内达到疏散终点的流量时,则该问题为最大动态流问题。

(二)基于动态交通分配的疏散路径优化模型

基于图论的动态疏散网络流模型通常将弧段的出行时间视为常量。但是在现实情况中,尤其在交通路网疏散过程中,路段的出行时间依赖路段上的流量。在一般情况下,随着流量的上升出行时间会不断增大,直到出现拥挤或排队现象,也就是说出行时间成本是与时间和流量相关的函数。这就引出了另一类常用于描述动态疏散路径建模问题的理论——动态交通分配理论。

动态交通分配理论(Dynamic Traffic Assignment,DTA)是当前交通科学中最活跃的研究领域之一。DTA 将时变的交通出行合理分配到不同的路径上,为交通流控制与管理、动态路径诱导等提供依据。长期以来,人们已经认识到 DTA 的巨大潜能,它既可应用于离线的交通网络规划和交通政策的评估,也可用于实时的交通运营管理。在应急交通组织中 DTA 同样能发挥自身优势,为交通流诱导提供理论依据。在 DTA 中不同的出行准则对应不同的建模方式,出行选择准则用于描述出行者的出行选择倾向,即出行者如何选择出行路径、出发时间、出行方式、目的地等。在 DTA 模型中采用的出行选择准则主要有:动态用户最优(DUO)、随机动态用户最优(SDUO)和动态系统最优(DSO)。

DUO 的配流准则是指要求在指定时段内的每一个决策时刻,按照用户自身的某种意愿(如总旅行时间最小、拥挤程度最小、延误时间最小等)把动态交通需求进行网络分配。SDUO 的准则是对基于 DUO 的路径选择准则的拓展,即把实际走行时间替换为感知的走行时间。类似地,基于 SDUO 的路径、出发时间选择准则需在基于 DUO 的路径、出发时间选择准则,把时间出行费用替换为感知的出行费用。在城市道路交通突发事件条件下,在应急疏散过程中,一般假定被疏散者服从疏散管理者的指挥,因此针对疏散问题的交通分配建模可使用 DSO。

公路交通突发事件的应急交通管理与控制在许多方面有别于日常的交通管理与控制,因此模型假设条件如下:公路交通突发事件应急疏散有一个可行的疏散时间期;公路交通突发事件应急疏散模型交通流具有单向和共同目的地特征;应急疏散过程中不允许超过最大临界交通流率;来自各匝道的疏散需求一般是不确定的,假设仅可以估计出各匝道处的总疏散需求上限,以及各个分时段的需求大致变化范围。数学模型建立如下:

以总疏散时间最小化为目标的应急疏散模型的目标函数为:

$$J=\min\sum_{a\in A}\int_0^T x_a(t)\,\mathrm{d}t \tag{5-6}$$

路段约束条件,即进入某路段的车辆等于 $u_a^n(t)$ 的总和表示为:

$$\int_0^t u_a^n(w)\mathrm{d}w = \int_0^t v_a^n(w)\mathrm{d}w + x_a^n(t) \tag{5-7}$$

还可以通过状态变量 $x_a^n(t)$ 与控制变量 $u_a^n(t)$ 及 $v_a^n(t)$ 的关系来表示：

$$\frac{\mathrm{d}x_a^n(t)}{\mathrm{d}t}=u_a^n(t)-v_a^n(t)\ ,\ \forall\, a,n,t \tag{5-8}$$

节点流量守恒约束条件：

$$\sum_{a\in A(k)} u_a^n(t) = g_k^n + \sum_{a\in B(k)} v_a^n(t)\ ,\ \forall\, k,n,t;k \neq n \tag{5-9}$$

$$\sum_{n\in A(k)} u_a^n(t) = 0,\ \forall\, n,t \tag{5-10}$$

流量传播约束条件：

$$x_a^n(t) = \int_t^{t+c_a(t)} v_a^n(w)\,\mathrm{d}w \tag{5-11}$$

当路段流出率随时间变化不大时，有：

$$v_a^n(t)\left[t+c_a(t)-t\right]=x_a^n(t) \tag{5-12}$$

$$v_a^n(t)=\frac{x_a^n(t)}{c_a^n(t)} \tag{5-13}$$

式中：$c_a^n(t)$ ——路段时间函数。

通过计算，可以得到每条路段各个时刻的流量 $x_a(t)$，从而对公路网络的交通流进行有效的诱导。

二、应急可逆车道优化设计模型

可逆车道，也就是反向交通组织，即为了满足交通疏散的需求，改变原有路网上非疏散方向上某些路段的行驶方向。在事故路段进行应急可逆车道设置时，需要考虑该车道的长度。若车道过短，不利于车辆驶入驶出，从而疏导无效；若车道过长，不仅会影响对向车道进口道的车辆通行，增大对向车辆的通行延误，还会由于车道清空时间过长而与事故消散后的正常直行车形成冲突，导致二次事故发生。考虑事故占道情况、剩余通行能力和交通量不同导致排队长度不同，占道越多交通量越大，剩余通行能力越小时排队长度越长，以资源节约型、不降低疏导效率和不影响对向车道进口道车辆通行为原则，应急可逆车道的长度应满足：

$$\begin{cases} L_{逆}=L\times\varphi \\ L_1\leqslant L_{逆}<L_2 \end{cases} \tag{5-14}$$

式中：$L_{逆}$——应急可逆车道的长度；

L——事故发生后车辆排队长度；

L_1——路段上行驶车辆的最大长度；
L_2——事故点与上游交叉口的距离；
φ——可逆车道长度折减系数。

为满足应急可逆车道能有效安全地保证车辆疏散，并且不过多占用对向车道，需对车道使用时间有一定的规定，因该可逆车道需交警或专业人员到场布设，则起点开启时间 t 应满足：

$$t>(t_1,t_2) \tag{5-15}$$

式中：t_1——接警响应时间；
t_2——开始排队时间，在不同的交通量和不同的事故占道情况下均表现不同。

因事故结束后车辆排队自行消散速度较快，关闭时间可为事故持续时间。

三、交叉口信号控制模型

公路交通应急处置的紧迫性和时效性决定了应急车辆优先通行的交通组织原则。在突发事件下，通过在交叉口设置优先通行信号，为应急车辆提供优先通行权，是减少应急车辆延误、保障其疏散救援效率、提高城市交通应急反应能力的重要手段。针对单点、干线（应急通道）及区域“点、线、面”三个层次进行信号协同控制，能进一步提高突发事件下交通应急能力。

（一）单点应急交通信号控制

城市道路突发事件发生后，为确保应急车辆的通行，考虑通过延长绿灯时间和缩短红灯时间的策略对交叉口进行组织。

1. 绿灯时间延长

出于保证应急车辆畅通行驶的考虑，我们希望能在正常绿灯时间 G_0 内通过交叉口避免等待时间。理想情况是应急车辆恰好在绿灯期间到达交叉口，此时不需要延长该相位绿灯时间。如果应急车辆在红灯期间到达交叉口，则应比较最大绿灯时间 G_{max} 与该相位剩余绿灯时间 G_L 及通过交叉口时间 ΔG 之和。如果两者之和在 G_{max} 范围之内，则延长该相位绿灯时间；当两者之和大于 G_{max}，则在下一信号周期提前开启该相位绿灯。该优先控制策略的数学表示为：

当 $\Delta G+G_L \leqslant G_0$ 时，不采取措施；

当 $G_0<\Delta G+G_L \leqslant G_{max}$ 时，延长绿灯时间；

当 $\Delta G+G_L>G_{max}$ 时，下周期提前绿灯。

其中，ΔG 的计算公式为 $\Delta G=h_s(Q-1)$，

h_s 为饱和车头时距，Q 为绿灯相位应急车辆进口道交通流量。

2. 红灯时间缩短

出于确保应急车辆顺畅通行的考虑，应设法减少路口红灯时长。此时，取 G_{min} 为绿

灯最短时长。如果此时绿灯相位运行时间达到 G_{min}，应提前开启绿灯，即缩短红灯时长，让应急车辆优先通过；否则，在绿灯相位运行 G_{min} 后，开启应急车辆所在相位的绿灯。同时 G_{min} 的选择也要考虑行人安全，公式如下：

$$G_{min}=\max\{G_{min\_1},G_{min\_2}\} \tag{5-16}$$

$$G_{min\_2}=7+\frac{L_p}{v_p}-I \tag{5-17}$$

式中：G_{min_1}——一般取 7~13 s，以免产生追尾等风险；

G_{min_2}——保证行人安全过街的最小绿灯时间；

L_p——行人过街道路长度；

v_p——行人过街速度；

I——绿灯间隔时间。

（二）应急通道交通信号控制

应急通道交通信号控制流程为：通道入口处检测到即将到达的应急车辆后，预估应急车辆到达时间及排队消散时间，继而判断路口信号状态并选择控制策略，最后快速调整该通道的各个交叉口相位差。各个过程的计算方法如下：

1. 到达时间估计

应急车辆到达交叉口所需时间为：

$$t_{EV}=\frac{L_{EV}}{v_{EV}} \tag{5-18}$$

式中：L_{EV}——应急车辆检测位置到交叉口停车线的距离；

v_{EV}——应急车辆的平均行驶速度。

2. 应急通道上排队车辆消散时间估计

应急通道上排队的车辆数：

$$V(t)_{mw}=V(t)_{up}-V(t)_{down} \tag{5-19}$$

式中：$V(t)_{up}$——t 时刻交叉口上游检测器检测的车辆数；

$V(t)_{down}$——t 时刻交叉口停车线处检测器检测的车辆数。

排队车辆消散时间计算公式如下：

$$t_{NQ}=\frac{V(t)_{now}}{S} \tag{5-20}$$

式中：S——应急通道的饱和流率。

3. 路口交通信号状态估计

为保证应急车辆到达交叉口停车线前，应急通道上的所有车辆能够及时疏散，需要求 $t_{EV}>t_{NQ}$，即：

$$L_{EV}-V\cdot L_{eff}\geqslant(v_{EV}-v)\cdot t_{EV} \tag{5-21}$$

$$V \leqslant (L_{EV}-(v_{EV}-v)\cdot t_{EV})/L_{eff} \tag{5-22}$$

若 $V(t)_{now}>V$,应急车辆的快速通行将受到影响。应急通道的车辆需要快速汇入相邻车道,为应急车辆腾出空间。若 $V(t)_{now}\leqslant V$,则提前切换到应急通道上的排队车辆的通行相位,使得排队车辆快速通过交叉口。

4. 选择最优信号控制策略

应急车辆的最优信号控制策略主要根据 t_{NQ} 和交叉口当前的信号状态进行选择。具体策略包括;

(1) 若 t_{NQ} 时间内通行方向的信号灯为绿灯,则直接进行通道上干线相位的快速调整。

(2) 若当前信号为绿灯,则延长相位绿灯时间 $t_{extend}=t_{EV}-(G-G_p)$ 时间长度。

(3) 若当前信号为红灯且下一执行相位为应急车辆通行相位,则提前绿灯时间 $t_{early}=R-R_P-t_{EV}$ 时间长度。

(4) 当前信号为红灯且下一执行相位为非应急通道通行相位,则调整交叉口相位秩序。

(5) 相位差快速调整。以应急车辆入口为基准路口,依次向相邻路口传输相位差。相位差计算公式为:

$$\Delta t=(L_{Ev}/v_{Ev}+\Delta G) \bmod C \tag{5-23}$$

(三) 区域应急交通信号控制

在常态下,交通信号控制系统以区域为单位分别独立进行信号配时优化计算,对于提高系统的运行效率、降低系统的复杂性等方面显现出较好的控制效果。但在突发事件下,由于局部地区交通需求剧增、路网通行能力陡降以及灾害导致的交通出行、分布等发生突变,在这种情况下区域交通信号控制系统各自为政、独立运行已不能适应不断变化的交通流,在局部地区会产生或加剧交通拥堵。因此,需要对各个区域交通信号进行协调控制,实现大范围路网内交通负荷的均衡分配。

在城市交通信号控制系统中,路网上各节点、各路段对整个路网交通流的影响程度不同,原因是不同位置交通流的出行特征、道路网络的功能划分存在差异,这导致异常发生时,对路网交通流运行的影响程度不同。较之静态交通信息,考虑各节点、各路段对路网交通流的影响显著性与动态交通信息更加相关。如何标定影响程度具有复杂性,为科学地判别区域间交通信号协调控制运作时机,可采取多属性决策方法(Multiple Attribute Decision Making,MADA)来确定区域交通状态。该方法的具体步骤如下:

(1) 构造标准化区域交通状态决策矩阵:

$$D=\begin{bmatrix} s_{11} & s_{12} & \cdots & s_{1n} \\ s_{21} & s_{22} & \cdots & s_{2n} \\ \vdots & & \vdots & \\ s_{n1} & s_{n2} & \cdots & s_{nn} \end{bmatrix}$$

式中：D——区域交通状态决策矩阵；

s_{ij}——i 节点或路段在 j 影响因素下的交通状态属性值，$s_{ij}\in[0,1]$。

（2）确定区域交通状态加权决策向量：

$$\omega=(\omega_1,\omega_2,\ \cdots,\omega_m)$$

式中：ω_i——i 节点或路段在区域中的重要程度，并且$\sum_i \omega_i=1,\omega_i\in[0,1]$。

（3）计算当前节点或路段的道路交通状态与正理想状态（λ^+）和负理想状态（λ^-）之间的距离 S_i^+ 和 S_i^-：

$$S_i^+ = \sum_j |\lambda_{ij} - \lambda_j^+| \tag{5-24}$$

$$S_i^- = \sum_j |\lambda_{ij} - \lambda_j^-| \tag{5-25}$$

其中 $\lambda_{ij}=\omega_i s_{ij}$。

（4）计算各节点或路段相对于整个区域的交通状态：

$$\mu_i=S_i^-/(S_i^-+S_i^+) \tag{5-26}$$

（5）计算区域交通状态：

$$\zeta = \sum_i \mu_i\omega_i \tag{5-27}$$

当 $\zeta>\zeta_{\text{define}}$ 时，则判定区域交通处于非常规状态，需要进行区域间交通信号协调控制。

四、路段可变限速模型

可变限速控制区域与受突发事件影响区域最接近位置的限速值为核心限速值，核心限速值的大小需要通过道路、交通、环境等因素构建的模型进行动态计算。为了提高车辆对交通运行速度变化的适应性，避免因核心限速值与车辆实际运行速度差过大而引发交通事故，在可变限速实施过程中采用分级限速逐步降低限速值，可以利用在上游路段中设置连续多个可变限速标志或情报板来实现。可变情报板设置间距为 500~1 000 m，标志显示的限速值要符合车辆减速行驶规律，由远及近逐步减小。当上游的车辆运行至可变限速控制路段，车辆将按照限速区的规定限速值逐级降速行驶，在该过程中，路段总体的运行速度下降，车流密度变大，车辆数增多，控制路段流出的交通量减少，从而降低下游受突发事件影响的区域的交通压力。

当公路上出现突发事件时，交通流随即发生变化，此时交通流稳定、车辆可以较低的速度稳定行驶的条件为车辆到达率小于道路通行能力，否则出现突发事件的路段将发生排队现象，交通流运行状况随之迅速恶化。公路可变限速控制措施如图 5-5 所示，其中实线箭头表示车流按照自由流速度运行，虚线箭头表示车流受到可变限速管控进行减速慢行。

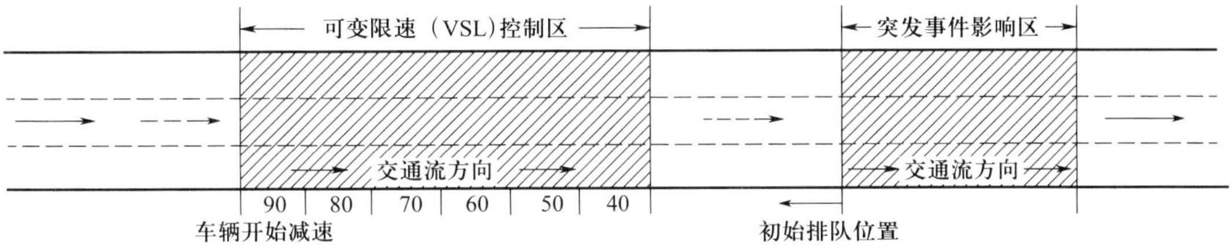

图 5-5　可变限速控制设置示意图

（一）速度分级控制策略

受突发事件影响，应急管理下道路需要采取的限速值往往与自由流速度之间存在较大差距，车辆难以一次减速到位，因此通过设置过渡区实现多级梯度减速，以减少二次事故的发生。通过将自由流状态路段到速度控制区从时间和空间上进行分级，使车辆速度从高逐渐降低，到达限速控制区时达到核心限制速度，从而降低车辆速度骤降带来的交通不稳定性，保证车辆安全有效通行。如图 5-5 中 VSL 控制区内的设置情况，一般高速公路自由流速度是 100 km/h，正常限速标准是 120 km/h，而根据实际交通流数据计算得到的限速值应当为 40 km/h，驾驶员对限速值改变幅度接受度一般为 10 km/h，那么将在可变限速区域设置多级可变限速，从限速 90 km/h 起，限速值按照 10 km/h 的等级逐步降至 40 km/h。

在分级限速过程中，需要重点考虑以下三个方面：

(1) 速度降幅确定。紧急制动需要较高的驾驶水平和良好的身心状态，不同驾驶员对于车速降幅的适应程度不同。下降幅度小，车速变化顺畅，但由于分级多、车辆频繁减速，驾驶员易产生烦躁情绪。下降幅度过大，驾驶员容易紧张，易造成操作失误，行车危险性提升。因此，车速降幅应当能够普遍适用于驾驶员群体。

(2) 分级数目和距离的确定。速度总降幅为自由流速度与核心限制速度的差值，每一段限速区的距离需要满足当前限速值减速过程所需要的通行距离要求和安全车距要求，在设置距离范围内实现车辆的安全降速。但是分级限速的距离又不能过长，驾驶员在车辆行驶过程中需要不断从外界道路上获取信息，尤其是标志牌和情报板比较密集的区域或路段线形较为复杂的区域，可变限速值提示如果间隔较远，驾驶员很容易被外界其他信息干扰而产生遗忘，不能获得很好的分级限速效果。

(3) 现有标准规定之间的取舍。对于特殊线形、天气等条件，国家已经有明确的限速规定，当可变限速控制模型计算结果高于国家标准时，需要对计算结果进行论证，把握好模型计算结果和国家标准之间的关系。一般情况下，以交通安全为第一要素，遵从国家标准设置。

（二）可变限速模型构建

为了便于理解和计算，将受突发事件影响的区域和上游路段分别划分为若干个单元，不同控制目标下的模型效果不同，主要有以下两种：

(1) 控制目标为行程时间最小。当公路流量较小、车辆运行速度较高时该方法效果较好，但是当流量较大、车辆运行速度较低时会导致限速区上游出现严重的拥堵现象。行程时间计算公式如下：

$$S_{TTT}=\sum_{i=1}^{n}\lambda L\rho_i(k)T \tag{5-28}$$

式中：S_{TTT}——行程时间指标函数；

λ——车道数；

L——路段基本单元的长度；

$\rho_i(k)$——在第 k 个时间段内，第 i 个路段的交通流密度；

T——单个时间段长度。

(2) 控制目标为交通流最大。该方法能够使单位时间内通过的交通流更加接近或等于路段通行能力，使得道路资源利用率达到最大，公路交通流处于低速度、高密度的运行状态，但是由此带来的低速度会影响公路的速度较高的特性。通行交通流计算公式如下：

$$S_{TTF}=\sum_{i=1}^{n}\lambda L\rho_i(k)v_i(k) \tag{5-29}$$

式中：S_{TTF}——通行交通流指标函数；

$v_i(k)$——在第 k 个时间段内，第 i 个路段的交通流速度。

在选取适当控制目标的基础上利用速度分级控制的策略，在上游路段与可变限速区末端之间进行分级限速，合理设置限速分区和限速值。设核心限制速度为 v_{vsl}，在第 k 个时间段内，车辆的行驶速度为 $v(k)$，用 $v_i(k)$ 表示第 i 个区段的限制速度，在第 k 个时间段内，有 $v_i(k)=v_{vsl}$。

假设车辆安全降幅区间为 $[\Delta v_{\min},\Delta v_{\max}]$，限速划分等级确定方法为：

$$\Delta v_{\min}\leqslant\frac{v(k)-v_1(k)}{n}\leqslant\Delta v_{\max} \tag{5-30}$$

各区段的计算方式为：

$$v_i(k)=v_1(k)+\frac{v(k)-v_1(k)}{n-1}(i-1) \tag{5-31}$$

五、匝道流量控制模型

突发事件发生后的公路入口匝道交通控制采用动态控制的方法，调节率的变化不再依赖历史数据，而是根据实时检测到的交通数据来确定匝道调节率。而定时调节中入口匝道调节率是预先给定的，在某一段时间内的运行是固定不变的，不适用于突发事件发生后的应急管理。入口匝道动态控制调节方法常用的单一匝道控制方法有需求—容量差额控制、需求—容量差额控制和占有率控制、积分反馈调节等，多个匝道的控制方法有全局动态最优控制等。

（一）需求—容量差额控制

该方法的特点是根据上游交通需求与下游容量的实时差异来改变入口匝道的调节率，上游交通量由检测器实时检测得到，采用的下游容量值应考虑气候条件、交通组成和突发事件等因素的影响，二者的差值为入口匝道允许通过的交通量。

调节率计算公式为：

$$r(k)=c_a-q_d(k-1) \tag{5-32}$$

$$c(k)=\frac{3\ 600n}{r(k)} \tag{5-33}$$

约束条件为：

$$r_{\min}\leqslant r(k)\leqslant r_{\max} \tag{5-34}$$

$$d(k-1)-\frac{L_{\max}-l(k-1)}{T}\leqslant r(k)\leqslant d(k-1)+\frac{l(k-1)}{T} \tag{5-35}$$

式中：$r(k)$——时间 $T(k)\leqslant t\leqslant T(k+1)$ 内的调节率（辆 / 小时）；

$q_d(k-1)$——测量 $T(k-1)\leqslant t\leqslant T(k)$ 时间内的匝道上游交通需求；

c_a——历史统计确定或实时测量计算出的匝道下游容量；

$c(k)$——调节系统周期长度；

n——每个调节周期允许进入的车辆数；

$d(k)$——匝道到达率；

$l(k)$、$L_{\max}$——匝道排队长度和最大允许排队长度；

T——控制周期长度，一般取 1 分钟；

k——第 k 个控制阶段；

$r_{\min}$——调节率的下限，一般取 180 辆 / 小时；

$r_{\max}$——调节率的上限，单车调节为 900 辆 / 小时，车队调节为 1 100 辆 / 小时。

（二）需求—容量差额控制和占有率控制

该方法是通过测量占有率值，用经验公式来估算下游剩余的通行能力 Δc_a，也可采用美国公路安全研究所提供的公式来估算 Δc_a，并把匝道调节率调到与可用容量 Δc_a 一致。如果是高速公路，还可以根据主线上的检测器检测到的各路段在拥挤发生前的交通量和占有率的历史数据，绘制这两个变量的关系曲线，确定交通量最大时的占有率数值和自由流停止时的占有率数值，算出最大、最小调节率，将其按一定流量分段，建立相对应的入口匝道调节率查询表，根据检测到的流量查表，从而得到相应的调节率。

通行能力计算公式为：

$$\Delta c_a(k)=\begin{cases} c_a\left[1-\dfrac{o(k-1)}{o_c}\right]^2 & o(k-1)<o_c \\ -c_a\left[1-\dfrac{o(k-1)}{o_c}\right]^2 & o(k-1)>o_c \end{cases} \tag{5-36}$$

调节率确定方法为：

$$r(k)=\begin{cases} r_{\max} & o(k-1)\leqslant \dfrac{2}{3}o_c \\ \Delta c_a(k) & \dfrac{2}{3}o_c<o(k-1)<o_c \\ r_{\min} & o(k-1)\geqslant o_c \end{cases} \tag{5-37}$$

式中：c_a——匝道下游容量；

o_c——匝道下游交通量为最大时的占有率值；

$r(k)$——在时间间隔 k 时的调节率；

$o(k-1)$——时间间隔 $k-1$ 时测量的匝道下游的占有率值；

$\Delta c_a(k)$——估算的匝道下游剩余容量值；

$r_{\max}$、$r_{\min}$——匝道最大、最小调节率。

（三）积分反馈调节

该方法是使用积分反馈调节器，通过调节入口匝道流量，使匝道的下游占有率维持在期望值之上（通常为临界占有率 o_c），充分利用匝道下游的容量。

调节率计算公式为：

$$r(t)=\int_0^t \frac{1}{a}\left[o^d-o(t)\right]\mathrm{d}t \tag{5-38}$$

式中：o^d——匝道下游期望的占有率值，一般取为 o_c；

$o(t)$——匝道下游当前占有率值；

a——积分时间常数。

把上式离散化后可得到：

$$r(k)=r(k-1)+\frac{\tau}{a}\left[o^d-o(k-1)\right] \tag{5-39}$$

考虑匝道调节的约束条件后的入口匝道积分反馈控制的模型为：

$$r(k)=r(k-1)+\frac{\tau}{a}\left[o^d-o(k-1)\right] \tag{5-40}$$

$$c(k)=\frac{3\ 600n}{r(k)} \tag{5-41}$$

约束条件与需求—容量差额控制中的约束相同。式中，$o(k-1)$ 为时间间隔 $k-1$ 时的匝道下游占有率值，τ 为采样周期。

（四）全局动态最优控制

全局动态最优控制通过统筹考虑一条公路上的多个入口匝道，根据实时检测的交通数据确定一组调节率，从而使某种形式的全局性能指标达到最优。

以总服务流量最大为性能指标：

$$\sum_{j=1}^{N}\int_{t_1}^{t_2}k_j(t)v_jL_j \rightarrow \max \tag{5-42}$$

化为离散时间形式：

$$\sum_{k=0}^{k-1}T\sum_{j=1}^{N}k_j(t)^Tv_jL_j \rightarrow \max \tag{5-43}$$

动态密度模型约束：

$$k_i(k+1)=k_i(k)+\frac{T}{\Delta_i}[q_{i-1}(k)-q_i(k)+r_i(k)-s_i(k)] \tag{5-44}$$

动态流量模型约束：

$$q_i(k)=\alpha\cdot k_i(k)v_i(k)+(1-\alpha)\cdot[k_{i+1}(k)v_{i+1}(k)-r_{i+1}(k)]-s_i(k) \tag{5-45}$$

动态速度模型约束：

$$v_i(k+1)=v_i(k)+\frac{T}{\tau}[v(k_i(k))-v_i(k)]+\frac{T\xi}{\Delta_i}v_i(k)[v_{i-1}(k)-v_i(k)]-\frac{\gamma T}{\tau\Delta_i}\frac{k_{i+1}(k)-k_i(k)}{k_i(k+1)+\lambda} \tag{5-46}$$

$k-v$ 特性约束：

$$v_i(k_i(k))=v_f\left[1-\left(\frac{k_i(k)}{k_j}\right)^l\right]^m \tag{5-47}$$

其他约束条件：

$$d_i(k-1)-\frac{l_{i\max}-l_i(k-1)}{T}\leqslant r_i(k)\leqslant d_{i-1}(k)+\frac{l_i(k-1)}{T} \tag{5-48}$$

$$l_i(k+1)=l_i(k)+T[d_i(k)-s_i(k)] \tag{5-49}$$

$$r_{i\min}\leqslant r_i(k)\leqslant r_{i\max} \tag{5-50}$$

式中：$k_i(k)$ ——区间在时刻 i 的密度；

$q_i(k)$ ——从时间 n 开始第 i 路段所驶出的车辆数；

$q_{i-1}(k)$ ——时间 n 时第 i 段所驶入的车辆数；

Δ_i ——第 i 路段的长度；

$r_i(k)$ ——路段 i 在 k 时刻的入口匝道流量；

$s_i(k)$ ——路段 i 在 k 时刻的出口匝道流量；

$v_i(k)$ ——路段 i 在 k 时刻的区间速度；

α ——加权系数；

ξ、λ ——修正系数；

T ——采样周期；

τ ——变化滞后时间；

v_f——自由行驶车速；

k_j——交通阻塞时的最低密度；

l、m、b——常值参数，根据实测交通数据得到。

六、大数据下的公路交通应急管理与决策支持

随着我国高速公路的发展，高速公路基础设施不断完善，也已经呈现复杂的网络特性。高速公路承载了大量的交通出行需求，其路网运行状况会受到来自交通供给和需求的双重影响。公路发生突发事件后，会明显影响路网的交通状态。基于仿真的方法，在发生交通突发事件时，可以显示公路上车流的动态分布情况、模拟车流运行状态，通过不断地重复某种特定道路与特定交通条件下的交通流随机状态，得到接近实际现场的各种数据并对交通预案、交通组织方法和模型进行提前仿真与评估，根据不同的环境等因素，及时调整方法。还可以在可能的事件位置（事故多发点、重要卡口点）设置不同突发事件模拟交通流变化的特点，从而在容易发生突发事件地点制定可行的处置预案。

基于公路网交通大数据的特性，结合动态交通仿真模型，搭建公路交通应急管理与决策支持系统，系统界面如图 5-6 所示。系统采用数据层、逻辑层、显示层三层架构。数据层存储系统运行所需的数据文件，例如路网数据、动态交通需求数据、场景配置参数、仿真结果数据等；逻辑层为高速公路宏观交通流运行模块，主要用于仿真结果的计算；显示层为交通网络以及各类仿真指标的集成显示，评估突发事件对路网交通的影响、瓶颈区域、在途车辆数。通过输入起终点编号，或者点选路段来确定事故路段，然后进行参数设置，包括事故开始、结束时间，通行能力和行驶速度折减以及影响车道数。

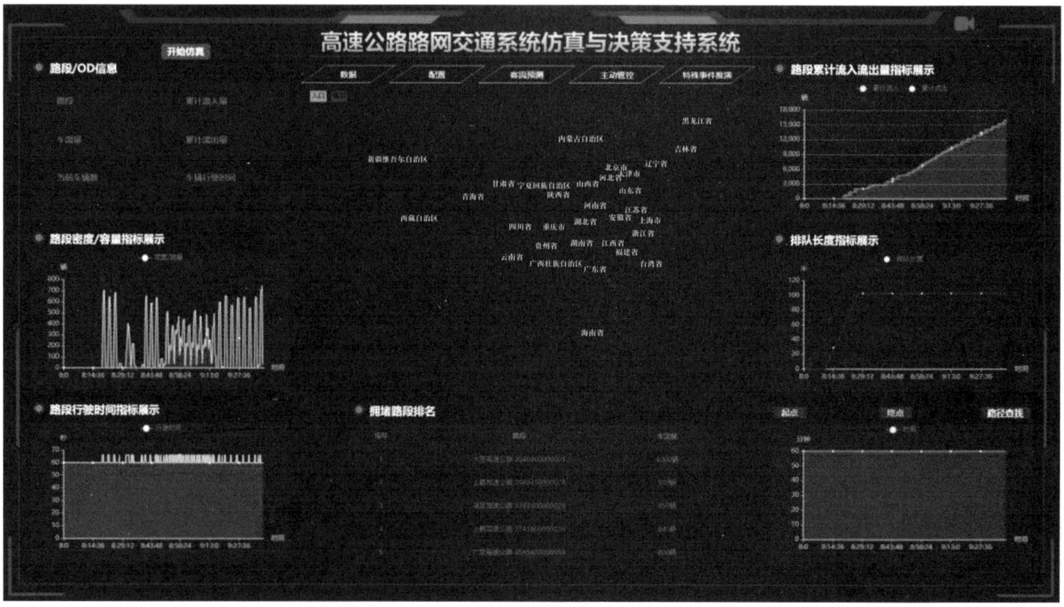

图 5-6　公路交通应急管理与决策支持系统界面示例

元胞传输模型

思考与练习

1. 简述公路交通突发事件的概念及其分类情况。
2. 简述公路交通突发事件预警级别为二级时的事件情形。
3. 公路交通突发事件应急预案可以分为几类?
4. 简述交通事故处置措施。
5. 车辆行驶限制类应急交通组织可以划分为几种? 每种措施的作用是什么?

即测即评

第六章 铁路运输应急管理

铁路运输是使用铁路列车运送旅客和货物的一种运输方式，包括普速铁路运输和高速铁路运输，对于物质生产过程有着重要作用。其特点是运输能力大，运行速度快，运输成本低，能耗低，通用性好，连续性好，占地面积少，一般不受气候因素的限制，适合大宗、笨重货物的长途运输，但也存在机动性差、投资大和建设周期长等缺点。

我国对铁路的发展建设十分重视，为了适应我国经济的发展，在 20 世纪 50 年代到 60 年代期间，国家在对旧有的铁路进行投资改造的基础上，又建设了新的铁路线路。到 2020 年，全国铁路网络不断发展建设，其中普速铁路网络不断完善发展，“四纵四横”的高速铁路网络也已经建设完成，全国铁路网络的布局正在持续优化。截至 2023 年年底，中国铁路营业里程（见图 6-1）15.9 万千米，其中高速铁路超过 4.5 万千米，占世界高铁总里程的 2/3 以上，同时我国铁路的客运周转量、货运发送量等主要运输经济指标已经稳居世界第一位。国家重视铁路发展建设，中国铁路营业里程平稳增加。为了在全面建设社会主义现代化国家的过程中起到先行模范作用，在 2020 年 8 月，中国国家铁路集团有限公司出台了《新时代交通强国铁路先行规划纲要》。该纲要提出到 2035 年，要率先建成服务安全优质、保障坚强有力、实力国际领先的现代化铁路强国。届时规划全国的铁路网络将要达到 20 万千米左右，其中高铁运营里程要达到 7 万千米左右。到 2050 年，要全面建设成更高水平的现代化铁路强国，全面服务和保障社会主义现代化强国建设。

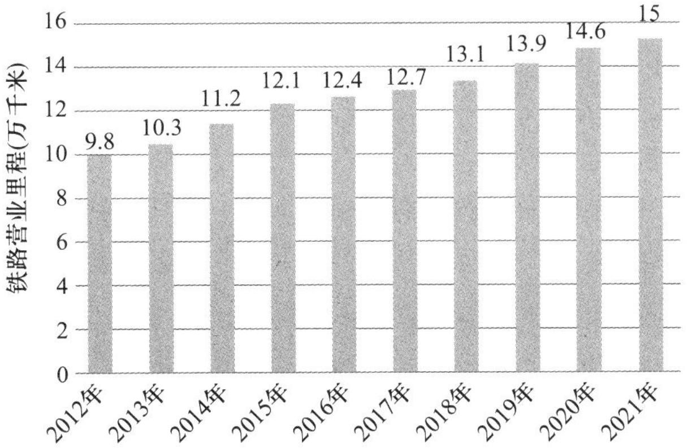

图 6-1　2012—2020 年中国铁路营业里程

第一节 铁路运输应急管理概述

铁路突发事件是指在铁路运营生产过程中突然发生,已经造成或可能造成重大人员伤亡、财产损失、行车组织计划变更的所有非正常事件。在铁路运输系统中,常见的突发事件有列车追尾、列车脱轨倾覆、列车大面积晚点、设备故障、车站通信故障、滑坡、塌方落石、暴风雨雪雾、传染病疫情等。

2016—2020 年铁路安全情况公告显示,在 2016—2020 年我国铁路交通较大事故发生事件数呈现增长趋势,如图 6-2(a)所示。特别是 2020 年,全国发生的较大铁路交通事故数量同比增长超过 200%。从铁路交通事故的另一数据,即事故的死亡人数来看,如图 6-2(b)所示,呈逐年下降趋势。2020 年年底,我国铁路交通事故死亡人数为 674 人,相较 2016 年减少了 258 人,同比下降 14.47%,较 2019 年下降 6.4 个百分点。从 2013 年到 2020 年,铁路交通事故死亡人数连续下降,2020 年也是铁路交通事故死亡人数下降较之前五年最多的一年。

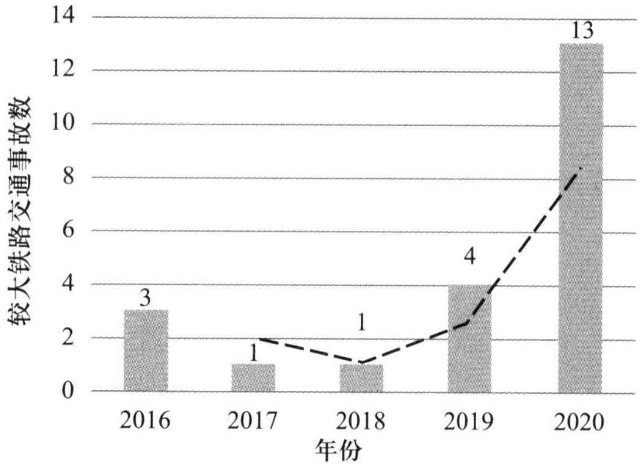

图 6-2(a)　2016—2020 年中国发生的较大铁路交通事故及其增长趋势

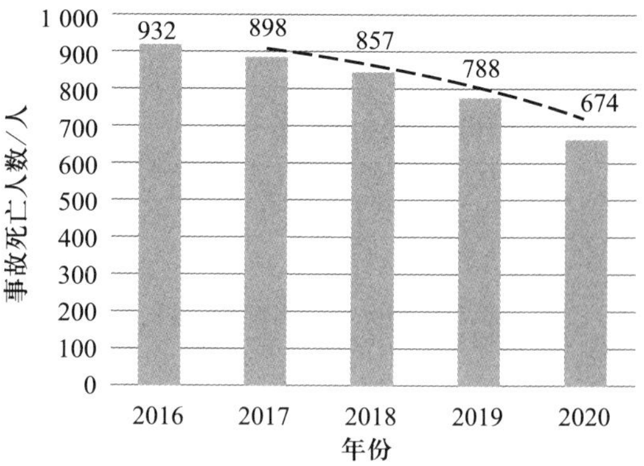

图 6-2(b)　2016—2020 年中国铁路交通事故死亡人数

这些铁路运输突发事件都表明,铁路运输突发事件的危害极大,不仅给乘客的出行造成了影响,产生极大不便,还严重威胁乘客的生命健康安全,同时也会导致机车车辆、铁路轨道等设备受损,造成重大的经济损失。由此可见,在面对铁路运输突发事件时,适应各类型铁路突发事件的特点,满足各类型铁路应急救援需要,规范、科学、准确、迅速地处置突发事件,维持铁路运输的秩序,保障乘客的安全,对铁路运输突发事件进行预防,力求最大限度地减少突发事件的不良影响,对于我国铁路运输的发展建设有着重要的保障作用。

为了维持铁路运输秩序的稳定，保证人民群众的生命安全以及财产不受到侵害和损失，需要科学的铁路运输应急管理方法。铁路运输应急管理是在各级单位建立管理体制和机制基础上，针对铁路运输突发事件，通过信息采集、传输、处理、管理与控制决策等现代技术与方法，采取一系列应对措施，对突发事件的全过程(事前预防、事发应对、事中处置和事后处理)进行计划、组织、指挥、协调和控制。

理解铁路运输突发事件的分级、分类及其发展、演化规律是铁路运输应急管理的基础，决定着应急管理的措施与方法。铁路运输突发事件分类的意义在于明确资源介入种类，确定事件处置的参与部门，为应急预案的制定和选择提供依据。在分类的基础上，突发事件的科学分级可以帮助应急人员快速地掌握事件影响严重度和救援紧急度。突发事件发生后，铁路运营单位立即启动应急响应预案，并疏散事故现场人员，同时对现场情况进行研判，按照应急演练的过程开展应急救援。事发地政府首先视突发事件的具体情况成立现场指挥部，在必要情况下组织专家对现场情况进行商议，调动专业应急救援队伍和资源及时进行救援，并将突发事件相关信息全面、翔实地上报相关部门，以助于控制突发事件的发展。

一、铁路运输突发事件分类和分级

（一）铁路运输突发事件分类

我国依据突发事件的发生领域和性质，将铁路运输突发事件分为自然灾害、事故灾难、公共卫生、社会安全四类，每一类都包含若干事件。我国铁路运输突发事件分类如图 6-3 所示。

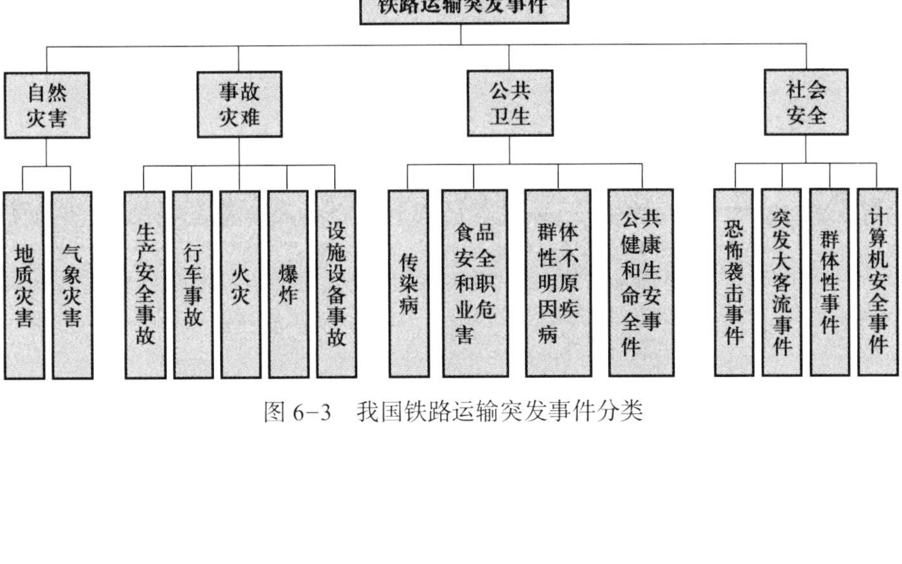

图 6-3 我国铁路运输突发事件分类

1. 自然灾害类

地质灾害类突发事件一般有地震、崩塌、地裂缝、泥石流等灾害。气象灾害类突发事件一般包括山洪、雷暴、暴雨(雪)、冰雹、沙尘暴等。

2. 事故灾难类

事故灾难类突发事件主要包括行车事故类突发事件和生产安全事故类突发事件。

3. 公共卫生类

传染病类突发事件一般有甲流、SARS、COVID-19 等。食品安全类突发事件一般有食品中毒等。

4. 社会安全类

社会安全类包括以下几类事件。大客流类突发事件一般为某一时间内突然到达超过车站承受能力的大量客流,一般有突发的大客流,以及列车大面积晚点等。恐怖袭击类突发事件一般有爆炸、毒气等。群体性类突发事件一般有群体对列车进行拦截、群体对车站进行冲击等事件。治安类突发事件一般有偷盗铁路财产等。计算机安全类突发事件一般有计算机的网络或系统存在漏洞等安全问题。

以上对我国铁路运输危害程度最大的突发事件是行车事故,其次是火灾、爆炸、地质灾害、气象灾害、设施设备事故等。

(二)铁路运输突发事件分级

根据突发事件性质、严重程度、可控性和影响范围等因素可以将铁路运输突发事件分成四级,特别重大的是Ⅰ级,重大的是Ⅱ级,较大的是Ⅲ级,一般的是Ⅳ级。突发事件发生后将突发事件划分为不同的级别从而采取不同的应急措施,是各国突发事件应急体系建设和应急管理的共同经验。铁路运输突发事件分级有助于有效的应急救援与应急管理工作的展开。

铁路运输突发事件分级根据事件造成的人员伤亡、直接经济损失、列车脱轨辆数、中断铁路行车时间等情形,分为特别重大、重大、较大和一般事件四级。以铁路交通伤亡事故为例,按事故的可控性、严重程度和影响范围应急响应分为Ⅰ、Ⅱ、Ⅲ、Ⅳ级,具体分级情况如表 6-1 所示。

表 6-1　我国铁路运输突发事件分级

突发事件级别	特征
Ⅰ级(特别重大)	(1) 事故后果已经导致 30 人及以上死亡,或危及 30 人以上生命安全 (2) 事故后果已经或即将导致 100 人以上中毒(重伤) (3) 直接经济损失超过 1 亿元 (4) 铁路沿线群众需要紧急转移 10 万人以上 (5) 铁路繁忙干线运输设备遭受破坏,造成行车中断,经抢修在 48 小时内无法恢复通车 (6) 需要启动Ⅰ级应急响应的其他铁路事故

续表

突发事件级别	特征
Ⅱ级(重大)	(1) 事故后果已经导致 10 人以上、30 人以下死亡,或危及 10 人以上、30 人以下生命安全 (2) 事故后果已经或即将导致 50 人以上、100 人以下人中毒(重伤) (3) 直接经济损失为 5 000 万元以上、1 亿元以下 (4) 铁路沿线群众需要紧急转移 5 万人以上、10 万人以下 (5) 铁路繁忙干线运输设备遭受破坏,造成行车中断,经抢修在 24 小时内无法恢复通车 (6) 需要启动Ⅱ级应急响应的其他铁路事故
Ⅲ级(较大)	(1) 事故后果已经导致 3 人以上、10 人以下死亡,或危及 10 人以上、30 人以下生命安全 (2) 事故后果已经或即将导致 30 人以上、50 人以下中毒(重伤) (3) 事故直接经济损失为 500 万元以上、5 000 万元以下 (4) 铁路繁忙干线运输设备遭受破坏,造成行车中断,经抢修在 12 小时内无法恢复通车 (5) 需要启动Ⅲ级应急响应的其他铁路事故
Ⅳ级(一般)	(1) 事故后果已经导致 3 人以下死亡,或危及 10 人以下生命安全 (2) 事故后果已经或即将导致 30 人以下中毒(重伤) (3) 事故直接经济损失为 100 万元以上、500 万元以下 (4) 铁路繁忙干线运输设备损坏,造成行车中断,经抢修 8 小时内无法恢复通车 (5) 需要启动Ⅳ级应急响应的其他铁路事故

二、铁路运输突发事件应急管理体系

【典型案例 6-1】

(一) 铁路运输应急管理体制

2006 年 6 月,原铁道部成立了铁道部应急救援指挥中心。在铁道部运输局调度部设立铁道部应急救援指挥中心,应急救援指挥中心接受铁道部应急救援领导小组和国家安全生产应急救援指挥中心的领导与指导,主要承担全国铁路系统突发事件应急救援工作,包括应急救援的组织、协调和指挥工作,并组织有关单位按时完成国务院以及有关部委应急管理部门下达的交通运输保障任务。目前,我国已经形成了铁路总公司(原铁道部)、铁路局、站段(基层)三级的应急救援组织体系,其根据事件性质不同而不同。

1. 铁路总公司应急组织

在不同类型的突发事件条件下,我国的应急救援组织体系也有所不同。以铁路交通伤亡事故应急组织体系为例,铁路总公司(原铁道部)的铁路交通伤亡事故应急救援组织体系由铁路总公司(原铁道部)应急领导小组、各应急协调指挥组和应急救援队伍及力量组成。

铁路总公司应急领导小组由主管副总经理任组长，办公厅、安全监察司、运输局、公安局、宣传部和其他相关司局及事故发生地铁路运输企业负责人为成员。应急领导小组统筹全局，领导铁路危险化学品运输事故的应急救援工作，并根据现场情况在引发更严重事故灾害时判断是否启动相关的专项应急预案，对铁路运输企业和其他地方政府的应急救援工作的开展进行协调部署，协调沟通相关部门为请求支援的部门提供帮助，并对是否要向国务院进行报告和请求支援及其他重要事项进行决策。

铁路总公司应急领导小组下设办公室，承担铁路总公司有关事故应急管理和协调指挥工作。包括办公厅、运输局、安监司、公安局、劳卫司、发展计划司、财务司、宣传部、总工会等部门。

铁路总公司应急领导小组根据事故情况下设现场指挥、事故救援、事故调查、医疗救护、后勤保障、善后处理、宣传报道、治安保卫等应急处理协调组，分别由办公厅、安监司、运输局、公安局、劳卫司、宣传部和其他相关司局及发生地铁路运输企业组成。应急领导小组负责统一指挥，各应急处理协调组各司其职，组织进行各应急处理措施。

应急救援队伍及力量包括救援列车、救援队、救援班、各基层站段应急救援队伍以及消防队、医疗救护队等社会力量。

2. 铁路局应急组织

在铁路应急管理过程中，铁路局成立应急管理委员会，下设应急管理办公室、应急指挥中心两个机构，根据突发事件类型成立交通事故、防洪、破坏性地震、火灾、危险化学品等多个应急管理领导小组。铁路局应急管理委员会组织负责该局应急管理的整体协调工作。

(1) 应急管理办公室。铁路局应急管理办公室主要负责以下五个方面的工作：一是对铁路局的基础值班和应急工作进行管理，及时将铁路公共事件信息向上级报送，请求上级对重要事项进行指导并传达落实。二是对各铁路公共事件应急预案进行编制和修订，并统一指挥领导相关基层人员进行应急预案的编制，帮助建设好各应急信息平台系统。三是对应急管理工作进行检查、督导并对其提出意见。四是协助各领导处置突发公共事件，保证各部门之间的信息交流有效和畅通。五是对特别重大、重大突发铁路公共事件的应急演练做好必要的指导，及时做好在遇到突发事件时的各项应急工作。

(2) 应急指挥中心。铁路局应急指挥中心负责铁路系统突发公共事件应急救援的组织、协调、指挥工作，主要承担以下七个方面的工作：一是负责统筹全局，提出应急救援方案并帮助展开相关救援工作。二是管理好铁路运输安全应急救援预案的编制和施行过程。三是统计和管理好全局的应急救援物资，保证物资能够在一定的救援网络上高效运输。四是掌握全局突发事件信息，将接收到的信息上报给相关部门，启动应急预案。五是保证铁路运输秩序的稳定，及时配合有关部门调动救援队伍和物资，并指导救援工作稳步开展。六是保证交通运输保障任务的完成，及时组织相关部门完成任务。七是对应急救援队伍进行培训。

铁路局根据突发事件类型成立铁路交通事故、防洪、破坏性地震、火灾、危险化学品等多个应急领导小组。其构成如图 6-4 所示。铁路局应急领导小组主要负责突发事件的组织、执行。

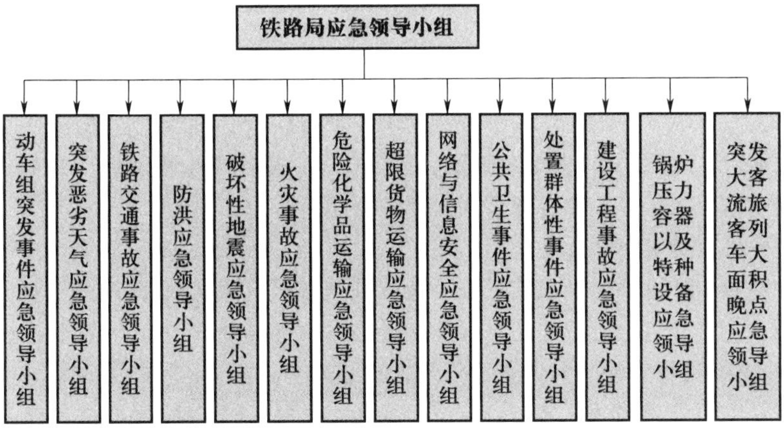

图 6-4　铁路局应急领导小组构成

3. 基层应急组织

基层应急组织主要为在基层设立的基层单位应急委员会和基层单位应急办公室。其中,在各个应急委员会下还会设立各种工作组,包括但不限于医疗救援、设备保障、安保防护等工作组。而基层单位应急办公室则包括但不限于办公室、值班部门等相关业务部门,主要对应急救援指挥的日常工作进行管理。应急委员会主任大都由一些行政领导兼任,应急办公室主任由办公室主任担任。铁路局应急管理办公室对于基层单位应急组织机构需要进行相关备案。

第二节 铁路运输应急预案

一、铁路运输应急预案分类

铁路运输应急预案的划分方式多样。从不同角度,根据不同标准,可将应急预案划分为不同类型。本节内容根据突发事件的类型、事故后果的影响范围、预案面向对象的针对性三方面对铁路运输应急预案进行不同种类的划分。

（一）按突发事件的类型划分

按突发事件的类型划分，可以将铁路运输应急预案划分为自然灾害类应急预案、事故灾难类应急预案、公共卫生类应急预案和社会安全类应急预案。

1. 自然灾害类应急预案

自然灾害类突发事件包括但不限于水旱灾害、暴风雨（雪）、冰雹等气象灾害，火山、地震灾害，泥石流、崩塌、地裂缝等地质灾害，海啸等海洋灾害，针对这些自然灾害类突发事件均设有相关应急预案。如《铁路防洪应急预案》《铁路破坏性地震应急预案》《铁路地质灾害应急预案》是针对自然灾害类突发事件的预案。

2. 事故灾难类应急预案

事故灾难类事件包括生产安全事故、列车脱轨和列车晚点等在内的交通运输事故、设备故障事故等，针对这些事故灾难类事件均设有相关应急预案，如《铁路交通伤亡事故应急预案》为事故灾难类预案。

3. 公共卫生类应急预案

公共卫生类事件包括如甲流、SARS、COVID-19 等的传染病疫情，食品中毒等食品安全事件，动物的疫情等，针对这些公共卫生类事件均设有相关应急预案，如《铁路突发公共卫生事件应急预案》。

4. 社会安全类

社会安全类事件包括但不限于突发大客流、列车大面积晚点等突发事件，爆炸、毒气等恐怖袭击类突发事件，群体对列车攻击等群体性突发事件，计算机安全突发事件和治安类突发事件等，针对这些社会安全类事件均设有相关应急预案，如《铁路处置群体性事件应急预案》。

（二）按事故后果的影响范围划分

根据铁路事故的发生地点、事故的影响范围和处理事故时采取的应急方式，可将铁路运输应急预案分为国家级，省级，市 / 地区级，县、市 / 社区级和企业级五个级别。

1. 国家级

对于事故后果影响范围较大，如已经超过省、自治区、直辖市边界的区域，或者是属于国家级事故隐患的区域，以及被认定为重大危险源的这些区域，应该制定国家级应急预案。这些事故需要动员全国的能力进行救援，如《国家处置铁路行车事故应急预案》为国家级应急预案。

2. 省级

对于可能发生规模较大的事故，诸如火灾、爆炸、特大危险品运输等事故，或是属于省属级别的那些具有特大事故隐患的区域发生事故，以及被认定为省属级别需要进行特殊处理的重大危险源的这些区域发生事故，应建立省级事故应急预案。这些事故需要动员全省的能力进行救援。如《河北省交通运输厅地方铁路突发事件应急预案》为省级应急预案。

3. 市 / 地区级

对于那些事故影响区域涉及两部分地区，例如涉及两个县区域的事故，或者涉及县级市负责管理区域的边界上的这一类较为特殊的事故，应建立市 / 地区级事故应急预案，并动员全市 / 地区的能力进行救援，如《南通市铁路突发事件应急预案》为市 / 地区级应急预案。

4. 县、市 / 社区级

对于事故影响范围涉及社区等地，但可被该县（市、区）或社会的力量，以及工厂等部门控制，应建立县、市 / 社区级事故应急预案，如《青藏铁路堆龙德庆县（现堆龙德庆区）铁路段突发事故应急预案》为县、市 / 社区级应急预案。

5. 企业级

对于事故影响程度较小，大都控制在一个单位，比如车站、工厂等，能够由工作人员进行有效的救援处置，动员全单位的能力进行救援，将事故后果控制在本单位区域内，应建立企业级事故应急预案。如《厂内铁路事故应急预案》为企业级应急预案。

上述五级预案还可归结为政府预案和企业预案（或单位预案）两大类。

（三）按预案面向对象的针对性划分

1. 综合预案

为了能够应对各种类型的突发事件，统筹协调好处理突发事件的各流程，在铁路运输突发事件发生时对各应急组织机构有所指导，并做好对应急行动的各方面的保障，需要制定相应的综合文件，即综合预案。综合预案包含对所有管理者和应急行动人员能够行使的相关职责的规定，对其义务也进行了明确，并说明紧急突发事件在进行应急救援时如何进行预防、准备、应急和恢复与这些程序的关联。如《青藏铁路突发公共事件总体应急预案》为综合预案。

2. 专项预案

针对具体的各种类型的铁路运输突发事件及其风险需要制定专门的计划，制定的这一计划即为专项预案，是综合预案的组成部分。专项预案制定的程序和要求依照综合预案，但其包含更加明确的应急救援措施，是综合预案的附件。如《青藏铁路公司交通伤亡事故应急预案》为专项预案。

3. 现场预案

针对具体的设施装备、场所或者岗位制定相关的应急处置措施的预案即为现场预案。现场预案是依照专项预案，针对特定的铁路运输应急救援场所和实际情况而进行编制的。通常情况下，在风险较大或需要重点关注的区域需要制定现场预案。如《拉萨站铁路交通事故和突发公共事件应急预案》为现场预案。

二、铁路运输应急预案内容

铁路运输应急预案是针对可能发生的各类铁路突发事件所需的应急准备和应急行动而制定的指导性文件，铁路总公司（原铁道部）、铁路局、站段的各类预案是该系统或该部门处置突发事件和采取应急行动的重要方案。因此各级别的铁路运输应急预案内容上会有所不同,但总体上一个完整的铁路运输应急预案应包括下列核心内容。

（一）总则

总则主要说明预案的编制目的、编制依据、适用范围、铁路应急预案体系、铁路应急工作原则五方面的内容。

1. 编制目的

说明铁路应急预案编制的目的和作用等内容。铁路总公司(原铁道部)级应急预案具有宏观性、指导性。铁路局级应急预案主要针对所在路局所有部门,对全路局具有指导意义,同时需结合所在路局的特殊性和普遍性进行编制。站段级预案结合本站段的实际情况,相比铁路总公司(原铁道部)与路局预案、站段级预案具有更强的可操作性和针对性。

2. 编制依据

简述编制铁路应急预案依据的法律法规、相关的规章制度,以及相关行业部门规定的标准、编制程序和技术规范等。铁路总公司(原铁道部)、各铁路局、各站段根据实际情况进行编制。

3. 适用范围

说明铁路应急预案适用于何种区域和范围,以及在何种突发事件的类型、级别下实行本应急预案。铁路部门应急预案应适用于全路及所属单位。铁路局级应急预案应适用于本路局及所属部门。站段级应急预案应适用于本站段内所有部门。

4. 铁路应急预案体系

说明各铁路工作单位应急预案体系的构成情况。

5. 铁路应急工作原则

对各铁路工作单位的应急工作原则进行说明,内容清晰具体、简单易懂。铁路总公司(原铁道部)、铁路局以及站段结合实际情况说明本单位的工作原则。

（二）铁路运输生产单位的危险性分析

铁路运输生产单位的危险性分析主要说明编制预案的铁路运输生产单位概况、风险源与风险分析两个方面的内容。

1. 铁路运输生产单位概况

主要包括铁路运输生产单位的地址、从事的业务范围、从业的人数、人员的上下级及其单位隶属关系,以及其他相关的重要设施、区域和周围的环境,可以通过平面图具体说明生产单位概况。

2. 风险源与风险分析

主要阐述本单位运输生产业务中存在的风险源及风险分析结果。

（三）组织机构及职责

组织机构及职责主要说明了实施预案的铁路应急组织体系、指挥机构及职责两个方面的内容。

1. 铁路应急组织体系

明确铁路应急组织的单位、人员构成以及应急组织形式，一般可以用结构图对其进行说明。

2. 指挥机构及职责

明确铁路应急救援指挥机构的各负责人，包括总指挥、副总指挥以及各成员单位，并对其相应职责进行说明。根据不同类型的突发事件和应急工作的需要，铁路应急救援指挥机构可以设置相应救援工作小组，并对其相应工作任务和职责进行说明。

（四）预防与预警

预防与预警主要说明预案中的风险源监控、预警行动、信息报告与处置三个方面的内容。

1. 风险源监控

对风险源监测和控制的方法以及采取何种预防措施进行明确。

2. 预警行动

对在何种情况下需要进行预警、采取何种方法进行预警，以及如何进行预警信息的发布进行明确。

3. 信息报告与处置

在铁路突发事件发生时，对如何进行信息报告、如何进行信息处置进行明确。

(1) 信息报告与通知。明确应急拨打的电话，以及如何进行突发事件信息的传达、上报。

(2) 信息上报。在突发事件发生后，需要向上级主管部门以及地方政府进行上报，需要明确上报的流程、内容和时限。

(3) 信息传递。明确突发事件发生后向有关部门或单位通报事件信息的方法和程序。

（五）应急响应

应急响应主要说明预案中响应分级和响应程序两个方面的内容。

1. 响应分级

不同的铁路突发事件造成的后果不同，危害程度、影响范围以及对于突发事件的控制情况也不同。针对上述区别，可以将突发事件分为不同的等级。按照不同的等级确定分级负责，从而明确铁路应急响应的级别。

2. 响应程序

针对铁路突发事件后果的严重程度以及发展态势，需要明确多方行动程序，主要包括铁路应急指挥、应急行动、资源调配、应急避险以及扩大铁路应急范围等响应程序。

（六）应急结束

应急结束主要说明预案中的信息发布、后期处置、保障措施、培训与演练、奖惩、附则六个方面的内容。

该部分内容明晰了在何种条件下可以结束铁路应急,以及在结束应急以后的相关事项。当发生突发事件的现场得到控制,事故现场的环境经检验合格,没有在发生其他事故的可能时,得到应急指挥机构的批复,应急就可以结束了。应急结束后需要确定两类事项,分别为事件情况上报事项和需要向事件调查处理小组移交的相关事项,在最后还需要提交突发事件应急救援工作总结报告。

1. 信息发布

当突发事件发生时,需要明确哪个部门发布事件信息、如何发布事件信息以及在发布事件信息时需要注意什么。现场指挥部需要承担起事件信息发布的事项,力求突发事件信息的客观性、及时性和准确性。

2. 后期处置

当突发事件发生以后,事件的后期处置包括许多方面的内容,主要有对受伤人员进行医护处理、对突发事件后果产生的一系列影响进行消除、恢复原有的运输秩序、对受到影响的人员和设施等进行后续的赔偿和处理,以及对原有的铁路应急预案进行修改订正等。

3. 保障措施

(1) 通信与信息保障。在发生突发事件时,需要及时联系铁路应急工作相关的单位和工作人员,因此需要明确联系他们的方法,在联系不到相关人员时要有备用的方案。同时为了确保信息传递的高效与顺畅,需要建立信息通信系统,并备有维护计划。

(2) 应急队伍保障。在接到突发事件任务时,需要应急响应人员迅速执行任务保障。因此,需要明确好铁路应急响应的人员储备情况,主要包括专业应急救援队伍的人员储备情况和备用的应急救援队伍的人员储备情况,并对其如何救援分工等进行确认。

(3) 应急物资装备保障。对突发事件进行救援往往需要大量的物力资源支持,因此要明确进行应急救援需要的物资、救援装备的类别、数量以及性能要求,同时对救援物资的存放位置、相关管理责任人和联系方式也要进行明确。

(4) 经费保障。在进行铁路突发事件救援时,会产生多项开销。因此,需要对相关的经费来源、使用情况和如何监督管理经费的使用进行明确,并确保在进行应急保障时铁路运输生产单位的应急经费能够及时到位。

(5) 其他保障。根据应急工作需求确定,包括但不限于医疗保障、交通运输保障、信息保障等。

4. 培训与演练

(1) 培训。对本单位人员开展的应急培训计划、应急培训方式以及应急培训的要求进行明确。在预案涉及社区和居民的情况下,要对相关的社区和居民进行告知,并做好对他们的宣传教育工作。

(2) 演练。对铁路应急演练的相关内容进行明确,包括演练的具体规模、演练的方式、演练的频次、演练的范围、演练的具体内容、如何组织演练以及对演练的评估和总结等内容。

5. 奖惩

明确了在铁路应急救援工作中，在何种情况下需要进行奖励和处罚，以及奖励和处罚的具体内容。

6. 附则

附则部分包括对铁路应急预案涉及的一些术语进行定义、铁路应急预案的备案以及报备部门、铁路应急预案维护和更新的基本要求、铁路应急预案负责制定与解释的部门和铁路应急预案实施的具体时间。

（七）附件

附件部分主要列举了以下几个方面的内容：一是有关铁路应急部门、机构或人员的多种联系方式，并不断进行更新。二是在预案中有所提及的装备设施以及资源的记录单，记录单写明这些物资的基本信息以便查验和存取。三是规范信息在各流程中的文本模板。四是说明一些关键的路线、标志和图纸，其主要包括：警报系统分布及覆盖范围，重要防护目标一览表、分布图，铁路应急救援指挥位置及救援队伍行动路线，疏散路线、重要地点的标志，相关平面布置图纸、救援力量的分布图等内容。五是相关铁路应急预案名录，包括直接与本应急预案相关的或相衔接的应急预案名称。六是有关协议或备忘录，包括与相关铁路应急救援部门签订的应急支援协议或备忘录。

三、铁路运输应急预案编制现状

铁路运输应急预案编制管理机构根据铁路现运营模式形成了三级体系，分别为铁路总公司（原铁道部）、铁路局和铁路运输站段，如图 6-5 所示，而具体的预案编制则是由这些机构根据各个预案情况组织成立的应急预案编制小组所完成。

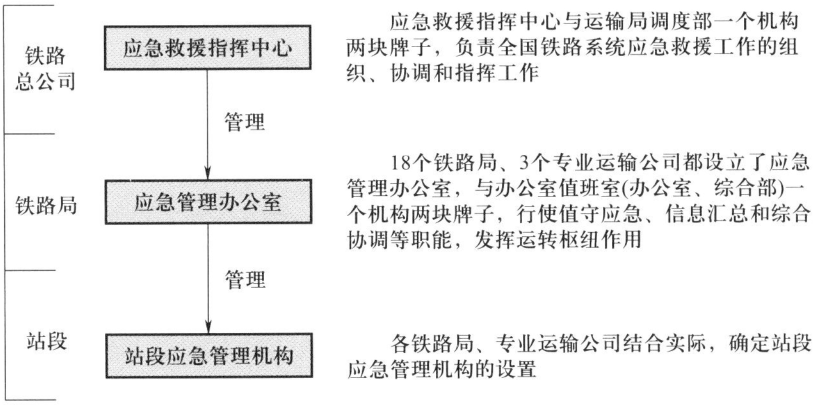

图 6-5　铁路运输应急预案编制依据示意图

目前，铁路各部门已经制定了各类铁路运输应急预案和相关的处置办法 5 000 余件，初步建立起铁路总公司（原铁道部）、铁路局、站段三级应急预案管理体系，如图 6-6 所示。但在应急救援过程中，不断发现预案可操作性不强等问题。针对现在预案编制质量不高的问题，铁路总公司（原铁道部）于 2009 年下半年在全国铁路部门展开预案修订。同时铁路总公司（原铁道部）根据现存问题，提出了应急预案修订的基本要求：一是要对各类、各级应急响应标准进行规范；二是要对铁路运输应急预案中应急机构的名称和组成进行规范；三是要关注应急领导小组办公室，规范并加强其职能；四是要对突发公共事件的评估办法与报告情况进行规范；五是要对突发公共事件应急响应的启动程序进行规范。

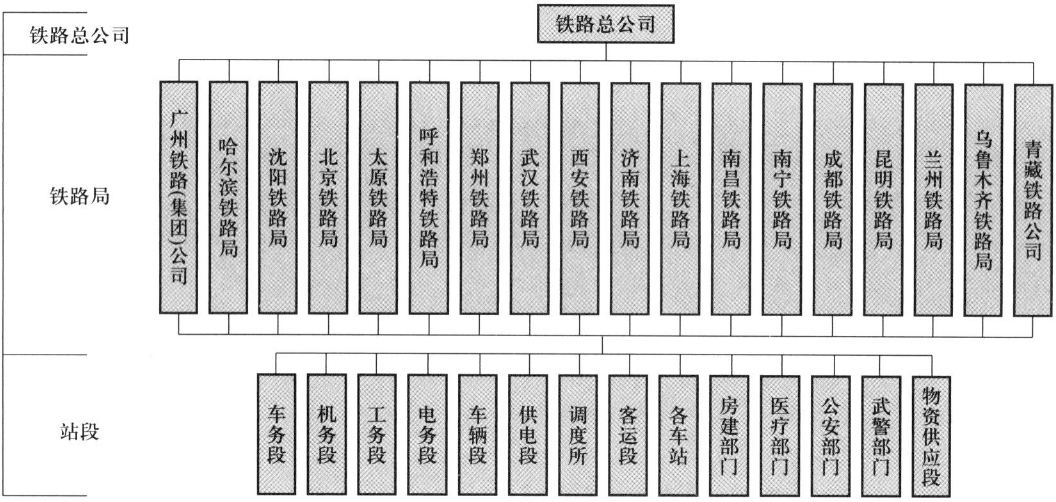

图 6-6　铁路运输三级应急预案管理体系图

在传统铁路应急管理中，经常会遇见不同类型的事故，如火灾、交通伤亡、地震灾害、地质灾害、群体性事件等。针对这些事故，我国均设立了一系列的应急预案，包括《铁路火灾事故应急预案》《铁路交通伤亡事故应急预案》《铁路防洪应急预案》《铁路破坏性地震应急预案》《铁路地质灾害应急预案》《铁路危险化学品运输事故应急预案》《铁路网络与信息安全事故应急预案》《铁路突发公共卫生事件应急预案》《铁路处置群体性事件应急预案》和《动车组突发事件应急预案》等。

与国外相比，我国的高速铁路突发事件应急管理起步较晚，高铁运输应急救援管理和应急预案研究还不完善。中国高速铁路具有速度高、运量大的特点，一旦发生故障将给高速铁路运输工作带来很大的影响，因此对高铁运输故障的快速抢修工作提出了更高的要求。我国高速铁路本身的一些特点也给高铁运输应急救援带来了相当大的困难。例如，我国的高速铁路站间距大（一般在 50 千米以上）。沿线地形比较复杂，山地、高架桥等地形较多，并且铁路局和站段管理范围较大，救援人员很难详细掌握沿线道路情况，发生事故后，对事故地点的具体地形地貌很难做到详细了解，从而给救援工作带来了一定的困难。另外，我国高速铁路采用的是封闭管理，若要进入高速铁路抢修和救援，只有通过作业门或破拆封闭栅栏才可进入，给救援人员和设备的进入带来了一定的困难。

为了在高速铁路运输突发事件发生后,能够进行快速、有效的应急处置,目前已发布的《高速铁路突发事件应急预案(试行)》(铁运〔2012〕33 号)制定了有关高铁的应急专项预案的指导办法,内容包括《高速铁路客运非正常情况应急处置办法》《高速铁路动车组脱轨事故应急处置办法》《高速铁路非正常行车应急处置办法》《高速铁路动车组车辆故障应急处置办法》《高速铁路工务设备故障应急处理办法》《高速铁路牵引供电设备应急处置办法》《高速铁路信号设备故障应急处置办法》《高速铁路通信设备故障应急处置办法》等。

【典型案例 6-2】

第三节 铁路运输应急管理机制

现代铁路应急管理工作的高效运转,离不开完备的机制。机制在应急管理中是一个相对宏观的组成部分,规定了应急管理体系运行需要遵循的规则和规律。为了使应急管理能够更加高效地完成,提高应急管理的能力,需要制定应急管理机制。应急管理机制能够统一指挥各组织机构,使各组织机构和人员之间相互配合,最大限度地保障突发事件处置的迅速和高效。

一、铁路运输应急管理处置原则及流程

(一)突发事件处置原则

造成铁路运输突发事件发生的原因是多种多样的,针对不同的原因需要采取不同的措施,但都需要遵循应对突发事件的基本原则。基本原则反映了人们对突发事件规律性的认识,是共同的行为准则和要求。处置铁路运输突发事件主要遵循以下八个原则。

1. 以人为本的原则

无论在何种情况下,任何类型的铁路运输突发事件均会对乘客的生命财产安全造成影响。因此,铁路部门最大的责任就是要保障乘客的利益不受到侵害,坚持以人为本的原则,时刻践行"人民铁路为人民"的宗旨。高度重视铁路突发事件应急管理工作,在保证乘客的生命财产安全的同时也保证铁路相关工作人员的生命安全。

2. 预防为主的原则

铁路在实际的运营中遇到突发事件是不可避免的,因此需要对突发事件进行预防准

备,提高防范意识,对各种有可能引发突发事件的风险进行分析和防范,坚决落实好各项预防措施,保证乘客的利益不受侵害。将预防工作做好将会极大地避免突发事件的发生,将突发事件扼杀在摇篮中。为此,需要不断完善铁路安全管理机制,并加强对监测、预测、预警和预控的管理,强化铁路应急救援队伍的建设,保障突发事件救灾物资储备的完善,并注意进行员工培训和预案演练,从方方面面来提高铁路的抗风险能力。

3. 快速响应的原则

有些铁路运输突发事件发生速度极快,一旦发生将会带来巨大的冲击和破坏,需要进行及时处理,减轻事故后果带来的危害。因此,在突发事件发生的初级阶段,迅速、精准地采取有效的应急救援措施,有效控制好事态发展,可以极大地避免更严重事故后果的发生。

4. 统一指挥的原则

铁路运输突发事件发生具有影响范围大、造成的危害严重的特点,并伴有一定的突发性、不确定性和衍生性。在进行铁路运输突发事件的预防和处置时,各地区、各部门需要共同进行相关工作,因此在应对突发事件时,如何协调好各地区、各部门的关系就显得尤为重要,而实行统一指挥、分级负责的方法能够提高处置突发事件的效率。在我国,处置铁路运输突发事件由国务院统一指挥领导,确定各部门的分级职责。国务院有关部门、铁路总公司(原铁道部)和事发地人民政府根据相关预案的规定及各自的分工、职责和权限,共同对铁路运输突发事件进行应急救援。

5. 损失最小化的原则

铁路运输突发事件的发生必然会带来一定的损失。在损失发生时如何有效地控制突发事件、降低损失是值得关注的。主要做好以下两点:一是在突发事件还未升级扩大之前,及时采取有效措施防止事态升级,避免造成更多的人员伤亡和财产损失;二是在铁路运输发生突发事件时,对抢救的优先等级进行确定,一般情况下要将乘客的生命安全放在首位,其次要根据现场实际情况,衡量救援人员的能力来确定好后续的救援优先等级,从而展开救援行动。

6. 协调应对的原则

在处置铁路运输突发事件的过程中涉及的部门众多,尤其在出现人员伤亡的情况下,所涉及的救援部门更多,如卫生、交通、消防、通信、公安等。因此,面对铁路运输突发事件,应统筹全面、考虑周全,使各部门在进行救援工作时协调应对、协同配合。

7. 尽快恢复线路畅通的原则

在铁路运输突发事件发生时,首先产生的后果就是铁路运输中断。而我国的铁路运输生产是在整个铁路运输网络上进行的,一旦有铁路突发事件发生必然会中断网络上的节点,从而影响到整个铁路运输网络。因此,在受到铁路突发事件的影响,导致铁路运输被迫中断的情况下,首先要做的就是尽快恢复突发事件涉及影响到的相关线路的畅通,从而减少不必要的延误和损失。

8. 公开处置的原则

铁路运输突发事件的发生一般会产生诸多不良影响,其中也会牵扯到对群众的危害,为大众所广泛关注。为了让事件的处置情况及时被知晓、了解,并引导公众舆论,得到社会各界的支持,铁路部门需要坚持公正、公开,及时对突发事件进行报道,力求实现报道的准确性、全面性和客观性,从而促进突发事件的妥善处置。

(二)突发事件处置流程

铁路运输突发事件在运营层面上,主要是设计与调整列车运行时刻表,给出详细的列车运行计划。基于此,在列车的运行过程中,由于不同类型和等级的突发事件发生,列车运行也会受到不同程度的干扰。根据干扰程度不同,铁路列车运行组织方案部门和决策者采取的应对措施不同。路网上列车运行调度应急处理的流程如图 6-7 所示。

从该流程图可知,当铁路突发应急事件发生时,首先判断铁路突发应急事件条件等级,根据等级判断是否启动应急预案。若启动应急预案,则列车运行调度、开行方案调整甚至运输组织模式的调整需在该应急预案的指导(约束)下进行,如图 6-7 中的虚线所示。

首先,从列车运行时刻表进行编制或调整的角度应对突发事件,若列车运行时刻表编制或优化问题有解,则得到该解之后处置流程就可以结束;若该问题无解,就涉及列车开行方案的调整。对列车开行方案进行调整的问题如果有解,那么依据这个解,重新设计列车运行时刻表。如果无解,说明调整列车开行方案仍然不能解决应急条件下列车运行调度问题。所以要对运输组织模式进行调整,然后在新的运输组织模式下进行列车开行方案的设计与调整。

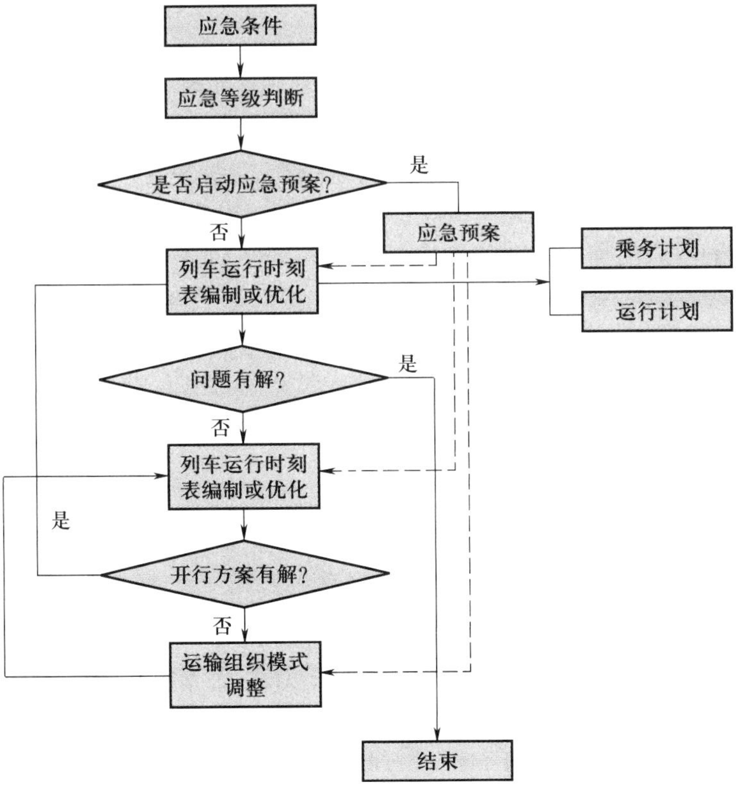

图 6-7 突发事件条件下列车应急处置流程图

二、铁路运输应急管理机制

根据应急管理的预防、准备、响应和恢复四个阶段划分，以及铁路运输应急管理工作的基本流程，现代铁路运输应急管理机制一般包括风险管理机制、监测预警机制、信息报送机制、应急响应机制、应急联动机制、恢复重建机制和应急保障机制等。

（一）风险管理机制

我国铁路管理部门一直将"预防为主"作为管理原则，预防准备工作是各项应急管理工作的基础。铁路各级部门必须认识到预防工作的重要性，力争将诱发突发事件的各类隐患消灭于萌芽状态，做到无危则安。在应急管理中，应以预防为主，但绝对地消除突发事件是不可能的。因此，面对各种类型的突发事件需要制定相应的方针政策，做好各项应急管理准备。

（二）监测预警机制

监测预警机制是针对监测和预警工作，需要建立能够灵敏、准确地昭示风险前兆，及时提供危险警示的机构、制度、网络和举措。为了对突发事件进行防备，并及时采取措施进行处理，需要进行监测和预警。监测与预警是为了对突发事件发生的过程进行研究，包括事故如何发生、如何发展，以及最终导致的后果等，通过这些研究不断提高对铁路突发事件的监测与预警能力，减少铁路突发事件的发生。

（三）信息报送机制

应急管理信息报送可分为突发事件信息报送和应急管理常态工作信息报送。

突发事件信息报送，是指在获悉相关人员发送的突发事件发生或可能发生的信息时，根据突发事件的具体类型和级别等及时向上级部门进行汇报的过程。在该过程中，需要准确、客观地将突发事件进行报告，不能有所隐瞒或夸大。突发事件信息报送为及时处理突发事件提供了支持和保证。

应急管理常态工作信息报送，是指各级应急管理部门在日常应急管理工作中，收集、分析、汇总本系统、本行业、本单位、本辖区的工作进展情况，各类影响公共安全的重要信息以及国内外应对重大突发事件的做法、经验、教训等，及时向上级应急管理部门报送的工作过程。其报送内容主要包括应急管理组织体系建设、信息报送体系建设、应急预案制定与演练、宣教动员活动开展情况、指挥技术支撑体系建设、突发事件风险评估、隐患排查等。

铁路突发事件发生后，要立即报送。由于铁路应急管理采取分级的形式，加之铁路突发事件的处置会涉及多个部门，必须规范信息报送流程，建立完善的突发事件信息报送制度，研发信息报送系统。建立信息报送机制时应注重以下信息报送制度的区别：不同级别突发事件信息报送制度，同级铁路单位和部门之间的信息报送制度，下级铁路单位和部门向上级铁路单位和部门的信息报送制度，铁路与地方政府之间的信息报送制度等。

（四）应急响应机制

在突发事件发生和后续发展的过程中,为了将突发事件的危害影响降到最低,监控、防御和减少次生、衍生突发事件的发生,对人员和资源进行合理的准备和调动,需要制定的应对机制即为应急响应机制。需要注意的是,在对应急预案进行一定程度的科学完善和演练之后,才能建立该机制。

在获悉铁路突发事件情况时,需要对突发事件进行判断,根据突发事件的级别、类型、影响情况等启动应急预案。按照应急预案规定,相应的应急指挥机构统筹领导应急工作,对现场工作进行有序指挥。在单一铁路部门不能处理该突发事件时,需要相关部门的领导请求其他部门的帮助。

（五）应急联动机制

应急联动是指发生的突发事件超出某一组织或某一地区的控制范围,由没有隶属关系组织之间相互配合、相互支持,共同应对突发事件的行为。铁路应急联动既是一个活动过程,也是一套运行机制。

导致铁路突发事件发生的因素多样,且铁路突发事件的发生往往会影响到很大的区域,因此需要提高对于应急管理的综合要求。在应急处置过程中,铁路各部门之间的沟通、协调、联动是提高应急反应质量的关键因素。由于铁路系统是一个复杂动态的大系统,铁路突发事件的影响及其处置往往会涉及很多单位和部门,需要完善应急联动机制,统筹领导并协调指挥好各部门,各部门之间保持良好的交流,保证突发事件处置高效进行。

（六）恢复重建机制

恢复重建机制是在将铁路突发事件处理完成以后,对遭受到突发事件破坏的地区和群众进行帮扶,使其生活回归常态,恢复原有的社会秩序,在该地区被完全恢复以后,恢复重建机制结束。这一阶段是铁路应急管理的关键环节,该阶段使应急管理工作转化为当下平稳工作的正常状态,有效结合了常态管理与非常态管理。

应急响应结束后,应急工作开始全面进入恢复重建阶段。恢复重建可以对铁路突发事件的后果伤害进行补救,给群众带来积极的情绪并帮助社会平稳发展。建立完善的恢复重建机制,有利于善后恢复工作快速、科学开展。建立恢复重建机制要注重迅速恢复铁路正常的运营秩序、及时安抚旅客及铁路员工的情绪和维护社会的稳定,争取将铁路突发事件造成的影响和损失降至最低。

（七）应急保障机制

应急保障机制是指在突发事件发生时,为了使各项救援工作有序进行,而提供的一系列物资保障、交通运输保障、科技保障、医疗保障等方面保障的综合性保障机制。对于铁路突发事件发生前、事发时、事中以及事后各流程均有所保障，它贯穿于突发事件处理流程的各个环节。提供应急保障将会有效保障突发事件发生时各项工作的平稳运行，是各工作机制的基础，也是提高现代铁路应急管理水平的关键因素之一。

【典型案例 6-3】

第四节 铁路突发事件应急交通组织与管理

铁路突发事件频发，针对铁路客运突发事件，需要为现场的应急救援保障人员提出铁路客运应急处置措施。同时，伴随着铁路突发事件的发生，铁路列车的正常运行计划会面临晚点、延误等情况，为了尽可能减少列车的延误，需要提出铁路行车计划调整措施。因此，本节提出了铁路客运应急处置措施和铁路行车计划调整措施两大类措施，在发生突发事件时为铁路交通组织与管理提供保障。

一、铁路客运应急处置措施

一般在铁路站车发生突发事件，如爆炸、火险、疫情、大客流、列车晚点、设备故障、极端恶劣天气、售票系统故障、旅客出现意外需要进行救治等非正常情况时，需要施行铁路客运应急处置措施，具体如以下八种情况所述。

（一）站车发生火灾、爆炸事故时的应急处置程序

1. 列车发生火灾、爆炸突发事件时应急处置的一般程序

(1) 列车的工作人员(含司机、随车机械师、乘警及客运、餐饮、保洁等人员，下同)在获悉列车即将发生或者已经发生火灾、爆炸事故情况时，需要立即向上级进行报告。在列车长接到通知后，随车机械师与乘警和列车长一同到现场进行查验，并确认事故情况。

(2) 在对现场的火灾、爆炸等突发事件进行确认以后，列车工作人员需要立即采取应急措施，紧急停车。列车长也要立即向司机进行突发事件情况的汇报，随后列车司机向列车调度员等工作人员进行汇报。列车司机需要负责停好列车，防止列车滑溜或者由随车机械师做好防止列车滑溜等保护性工作，并配合各工作人员进行火灾、爆炸等突发事件的救援和对旅客进行疏散等。

(3) 列车长负责统筹指挥工作。一方面要及时对火灾、爆炸等突发事件进行扑救，另

一方面要对发生突发事件的车厢内的旅客进行转移,确保旅客在安全区域。其他列车工作人员要积极响应列车长,协同配合完成工作。

(4) 在确保旅客在安全的车厢区域,但仍发现火灾、爆炸等突发事件仍未被很好地控制时,需要再次将旅客进行疏散,向地面安全区域进行转移。此时,在做好安全保障的情况下,列车长、司机、列车调度员逐级汇报,获取地面工作人员的协助,完成火灾、爆炸等突发事件的救援和旅客的疏散等工作。

(5) 在将车厢内的旅客向地面安全区域进行转移的时候,列车调度员必须把邻线的列车扣停。随后列车调度员通知司机,司机通知列车长,列车长统筹指挥列车工作人员使用应急装置,将车厢内的旅客向地面安全区域疏散。

(6) 列车工作人员要确保旅客转移时平稳有序,保证相关人员的安全。

(7) 列车工作人员在做好各项旅客服务工作的同时,对重点旅客需要给予更多的关注,并使受伤的人员得到及时的救治。

(8) 列车工作人员需要对事故现场进行封锁保护,并积极配合公安部门进行取证调查等工作。

(9) 在面对火灾、爆炸等突发事件,但不能及时将邻线列车进行扣停时,列车长与司机应统筹协调好各列车工作人员,在无列车运行线路方向及时对现场旅客进行疏散转移。在转移旅客的过程中,列车工作人员需要做好宣传和引导,防止旅客跨越线路,保证旅客安全。

2. 车站发生火灾、爆炸突发事件时应急处置的一般程序

(1) 车站的工作人员在获悉列车即将发生或者已经发生火灾、爆炸事故情况时,需要立即向火警、车站值班干部等进行报告。在车站值班干部接到通知后,随车站的工作人员一同到现场进行查验,并确认事故情况。

(2) 在对现场的火灾、爆炸等突发事件进行确认以后,车站值班干部需要立即采取应急措施,统筹指挥现场救援,首先将事故情况上报给铁路局客运调度,再逐级上报。

(3) 现场工作人员要确保旅客转移时平稳有序,保证相关人员的安全。在做好各项旅客服务工作的同时,对重点旅客需要给予更多的关注,并使受伤的人员得到及时的救治。

(4) 车站工作人员需要对事故现场进行封锁保护,并积极配合公安部门进行取证调查等工作。

（二）列车晚点的应急处置程序

1. 列车发生晚点突发事件时列车应急处置的一般程序

(1) 当晚点超过 15 分钟时,列车长应及时与上级列车调度员联系,掌握列车晚点动态,获悉列车晚点原因和后续的运行情况,与旅客进行沟通交流,通知旅客原因,并致歉,保证致歉间隔小于 20 分钟。

(2) 列车工作人员要维持好车内秩序,及时对旅客的情况进行了解,为旅客提供好服务。

(3) 当晚点超过 1 小时,同时和旅客就餐时间重合时,列车长应对车内旅客人数进行了解,及时向上级报告,确保前方停车车站为旅客提供充足且免费的食物补给。

2. 车站发生晚点突发事件时车站应急处置的一般程序

(1) 当晚点超过 15 分钟时,车站工作人员应及时与上级列车调度员联系,掌握列车晚点动态,获悉列车晚点原因和后续的运行情况,与旅客进行沟通交流,通知旅客原因,并致歉,保证致歉间隔小于 20 分钟。

(2) 车站工作人员要维持好站内秩序,及时对旅客的滞留等情况进行了解,为旅客提供好售票、候车等服务工作。

(3) 当晚点超过 1 小时,同时和旅客就餐时间重合时,车站工作人员应对晚点车次的旅客人数进行了解,及时向上级报告,免费为候车旅客和晚点列车旅客提供充足的食物补给。

(4) 车站要对列车的运行情况进行公告,及时为旅客办理退票或者改签等服务。

(三) 站车发生重大疫情时的应急处置程序

1. 列车发生重大疫情突发事件时应急处置的一般程序

(1) 在获悉重大疫情时,如有重大疫情的疑似病例或确诊病例,列车长应及时向有关主管部门和列车司机进行汇报。随后司机、列车调度人员、值班主任需要逐级向上汇报,最终汇报到铁路疾控部门。

(2) 重大疫情发生时,列车调度员首先要选取合适车站停车,列车长准备与疾控人员交接,车站和铁路疾控部门协调配合,共同做好接车等紧急处置的准备。

(3) 列车长首先应将传染病例进行隔离,做好对其管理和控制工作,对于疑似病例和其密切接触者也同样要做好管理和控制工作,而对于无关旅客要及时转移,并做好人员的记录。

(4) 列车长应对传染病例涉及的区域进行封锁,做好将上述隔离人员交接到车站的准备。

(5) 列车长将传染病例、疑似病例和密切接触者,以及其他需要进行跟踪观察的旅客交接到指定的停车站,同时将登记记录的相关文件资料上报给车站和铁路疾控部门。

(6) 乘警负责保证车内的正常秩序,为区域封锁、旅客的隔离和交接等工作的进行提供保障。

(7) 铁路疾控部门进行消杀工作,对封锁的区域进行消毒处理,待确认处置完毕后,封锁区域即可被解除。

(8) 列车工作人员需要积极响应,排查传染源头,耐心配合医疗和疾控部门的工作。

2. 车站发生重大疫情突发事件时应急处置的一般程序

(1) 在获悉重大疫情时,如有重大疫情的疑似病例或确诊病例,车站工作人员应及时汇报到铁路疾控部门。

(2) 重大疫情发生时,车站工作人员应该对传染病例进行隔离管控,对于疑似病例和其密切接触者进行隔离,并对其他无关的旅客进行紧急疏散,做好人员的记录。

(3) 车站应对传染病例涉及的区域进行封锁,铁路疾控人员负责该区域的消杀工作。

(4) 车站应将传染病例、疑似病例和密切接触者以及其他需要跟踪观察的旅客及资料交接到铁路疾控部门,同时将登记记录的相关文件资料进行上报,待确认处置完毕后,封锁区域即可被解除。

(5) 公安部门负责保证车站的正常秩序,对区域封锁、旅客的隔离和交接疏散等工作提供保障。

(6) 车站需要积极响应,耐心配合医疗和疾控部门的工作。

(四) 站车发生旅客食物中毒事件时的应急处置程序

1. 列车发生旅客食物中毒突发事件时应急处置的一般程序

(1) 在获悉旅客疑似食物中毒时,列车长应及时向有关主管部门和列车司机进行汇报。随后司机、列车调度人员、值班主任需要逐级向上汇报,最终汇报到铁路疾控部门。

(2) 旅客疑似食物中毒需要停站进行治疗处置时,列车调度人员负责统筹安排,选取就近的车站进行通知,做好对食物中毒旅客的医疗救治准备,选取的车站应具备一定的医疗条件。

(3) 列车工作人员要做好对于现场的封锁,保留封存疑似有毒食品和食品的相关食用用具,并登记有关人员信息,等待铁路疾控部门对中毒旅客的排泄物、呕吐物等的收集查验。

(4) 列车工作人员需要积极响应,耐心配合医疗和疾控部门的工作。

2. 车站发生旅客食物中毒突发事件时应急处置的一般程序

(1) 在获悉旅客疑似食物中毒以后,需要立即向铁路疾控部门进行报告。

(2) 车站工作人员要做好对于现场的封锁,保留封存疑似有毒食品和食品的相关食用用具,并登记有关人员信息,等待铁路疾控部门对中毒旅客的排泄物、呕吐物等的收集查验。

(3) 车站需要积极响应,耐心配合医疗和疾控部门的工作。

(五) 车站突发大客流应急处置程序

(1) 在车站突发大客流的情况下,车站工作人员需要立即通知铁路公安部门,在铁路公安部门的协同配合下维护好车站的秩序,并向上级汇报,在特殊情况下可以请求政府、公安等部门的支援。

(2) 在对旅客、公众等的通知方面,应利用好广播、电视、手机网络等新媒体技术,合理引导旅客选择出行。

(3) 必要时增加售票窗口,为广大旅客提供服务。

(4) 在做好各项旅客服务工作的同时,对重点旅客需要给予更多的关注,维护好候车秩序。

(5) 对于旅客乘降进行更好的优化组织服务,在重要地点设立专人专责引导乘客进行乘降,确保旅客的安全。

(6) 铁路局也应该对运输所需的机械设备进行调度配合,加开列车,确保运输能力满足要求。

(六) 恶劣天气下客运组织应急处置程序

列车的正常运行容易受到恶劣天气的影响,在发生暴雨、大雪等极端恶劣天气时,调度部门及时通知各部门和相关列车与车站,进行应急指挥。

1. 发生恶劣天气突发事件时列车应急处置的一般程序

(1) 在获悉因恶劣天气不能正常进行行车时,列车长应及时与车内旅客进行沟通交流,稳定旅客情绪,全方面了解车内状况。如遇异常情况及时向上级报告。

(2) 列车长保持与司机和调度部门工作人员的联系,及时向旅客通知列车运行的最新动态。

(3) 列车准备好充裕的物资,在物资短缺时,及时向上级部门报告,并确定车站进行物资的补充。

2. 发生恶劣天气突发事件时车站应急处置的一般程序

(1) 车站通过工作人员、广播、现代信息技术等及时将恶劣天气条件下列车不能安全到达的情况通知到旅客,并在售票大厅、候车大厅等服务大厅做好对旅客的服务工作。

(2) 车站及时为旅客提供退票、改签等服务,必要时增开窗口。

(3) 车站公安派出所协助维持车站秩序,保证车站正常运营的安全稳定和旅客的候车安全。

(4) 车站及时保障物资供应的稳定,为列车提供必要的物资供给。

(七) 列车运行中遇有旅客因伤、病必须临时停车抢救时的应急处置程序

在获悉此种突发事件的情况下,列车长需要向列车司机报告,列车司机再向上级列车调度人员汇报,列车调度人员根据实际情况,统筹安排,保证列车能够在合适车站位置停车,及时送伤、病旅客就医。

(八) 发现或接到客运站接触网断线报告时的应急处置程序

在获悉客运站接触网断线时,公安人员与其他相关人员要及时设立警戒区,保证导线断线周围环境没有其他无关人员靠近,及时与设备管理部门通信并立即处置。

二、铁路行车计划调整措施

铁路突发事件种类以及诱因很多,因此当铁路突发事件发生时,铁路部门应当根据实际情况对列车运行进行调整,以期恢复列车正常运行,并结合列车行驶情况以及自然环境等综合影响因素,系统地调整铁路运行的计划和路线,尽快恢复列车的正常运行,合理降低列车运行的资金和人力成本,进一步满足旅客的使用需求。突发事件下的铁路行车计

划调整措施如下：

(1) 组织列车迂回绕行。组织列车迂回绕行，指在编制计划调整新图时为某次列车重新指定不经某一指定区域的运行径路，且该径路与原定径路具有相同的起讫点。

(2) 组织列车重联运行。组织列车重联运行，指在计划调整新图中将两列短编组，且在既有列车运行计划中规定单独开行的列车重联并视为 1 列长编组列车来组织运行。

(3) 更改列车挂线动车组。更改列车挂线动车组，即在计划调整新图中不再采用某次列车原定担当运输任务的动车组而为其重新指派，由于同时改变了新、旧动车组的运输任务，故而该措施也可视为变更动车组交路。

(4) 取消列车开行。取消列车开行，也称为列车运休，即在编制计划调整新图时不再规定开行某次列车，且该次列车在既有列车运行计划中原本是规定开行的。

(5) 变更列车到站或发站。变更列车到站或发站，即针对列车运行计划中规定开行的某次列车，在计划调整新图中重新为其指定始发或终到车站，按其具体的情况又可细分为延长到站、延长发站、缩短到站、缩短发站、延长到站和发站、缩短到站和发站、延长到站并缩短发站以及缩短到站并延长发站八种情况。

(6) 组织列车折返。组织列车折返，主要针对在途列车，在编制计划调整新图时重新为其指定运行径路，且该径路的终点不是既有列车运行计划规定的终到站，而是列车的始发车站。

(7) 组织列车加开。组织列车加开，即针对某次既有列车运行计划中不存在的列车，在编制计划调整新图时规定其开行。

(8) 组织列车反方向运行。组织列车反方向运行，即对于双线区段，当突发事件造成一条线路中断或能力紧张而另一条线路未受影响或影响较低且能力仍较为充裕时，计划调整新图可规定部分列车在该区域沿反方向线路运行。由于从本质上来看，组织列车反方向运行仍是通过改变列车运行径路的方式绕行通过事件影响区域，因此，可视为组织列车迂回绕行的特例。

(9) 变更列车过站状态。变更列车过站状态，指在计划调整新图中，针对列车途经某车站是否停站做出与既有列车运行计划不一样的规定。通常，高速铁路为防止出现甩客几乎不允许将原定停站通过的列车改为直接通过，大多是为方便高等级列车及时越行低等级列车而将直接通过改为停站通过。

(10) 压缩停站时间。压缩停站时间，通常用于相比于既有计划晚点到站的列车，指在编制计划调整新图时可适当减少列车在某车站的停留时间，使之少于既有列车运行计划的规定。

(11) 变更到站或发车时间。变更到站或发车时间，指在编制计划调整新图时，针对某车站做出与既有列车运行计划不一致的列车到发时间规定。根据其具体的行为又可细分为变更到站时间、变更发车时间以及变更到站和发车时间 3 种情况。

(12) 变更列车到发顺序。变更列车到发顺序，即在编制计划调整新图时，针对某车站的列车到达或出发顺序做出不符合既有列车运行计划的规定。根据其具体的行为又可进一步细分为改变列车到达顺序、改变列车出发顺序以及改变列车到达和出发顺序 3 种情况。

从以上措施的具体内容对比铁路列车运行计划编制问题的划分可以看出，措施(1)~(8)属于铁路列车开行方案编制的调整范畴，而措施(9)~(12)属于铁路列车运行图铺画的调整范畴。

针对一般的铁路突发事件和严重的铁路突发事件，在铁路列车运行计划调整的过程中，可采用的具体措施总结如下：

（一）一般突发事件条件下的列车运行调整措施

1. 提早或者推迟列车的发车时间

当突发事件对铁路系统造成的影响较小时，可以提早或者推迟列车的发车时间。

2. 改变列车在区间运行的时间

由于突发事件的发生，迫使列车降速运行，这种情况下将造成列车的晚点。为了减少晚点列车的数量，可以改变列车在区间运行的时间。

3. 改变列车的会车地点、会车方式

当突发事件发生时，部分车站不能进行列车的到发工作或者只能对少部分列车进行作业，因此需要将列车的会车地点进行调整，从而减少突然增加的列车数量；当突发事件造成铁路设施设备失效时，可以改变列车的会车方式，以减少铁路的损失。

4. 加速列车在停车站的作业，以减少列车的停站时间

由于突发事件的发生，会造成列车的晚点。在这种情况下，为了减少列车的晚点时间，可以加速列车在停车站的作业，以减少列车的停站时间。

5. 组织列车反方向运行

根据现场的情况，在特殊条件下列车调度员可以在双线线路上组织列车反方向运行，从而减轻铁路线路的压力。

6. 组织列车在始发站有序发出

当列车在拥堵的区间运行时，可以组织列车在始发站有序发出，保证列车在区间内流畅运行，从而减轻铁路线路的压力。

7. 增加区间的车流密度

在有条件的区段内，为了使大部分列车准时到达目的地，可以根据实际情况增加区间的车流密度。增加区间的车流密度时，要注意后续发出列车的发出时间间隔不能与前行列车的发出时间间隔过短，以及后续列车的运行速度不能大于前行列车的运行速度，以免造成事故。

（二）严重突发事件条件下的列车运行调整措施

一般突发事件条件下的列车运行调整措施在处理一般情况的伤害时起到了重要的作用，但基本侧重于同一条线路上列车运行的调整，处理的范围较小。但是严重的突发事件会导致铁路线路中断、车站服务能力下降以及机车车辆损坏，或者造成列车的大面积晚点，且增加了行车组织的难度。根据这些情况，往往采用以下列车运行调整方法。

1. 铁路线路中断情况

(1) 针对旅客列车运行调整方法，主要包括三方面内容：一是列车根据调度，在事发地点进行等待，直至线路恢复正常再运行。二是需要组织列车迂回运输。迂回运输是指在列车运行中，由于突发事件的发生，造成铁路线路中断，导致列车无法正常运行，在线路未恢复正常的情况下，组织列车进行绕道运输，绕道运输往往是在相邻的铁路线路运行，以降低和缩短作业的难度和作业时间。迂回运输即对列车运行路径的重新选择，在进行路径选择时，应考虑绕行距离、对新路径其他列车的影响以及旅客的满意度。三是根据现场实际情况，组织列车进行折返运行或者中断列车运行。

(2) 若旅客列车在始发站还未发出，则需要中断列车运行，组织疏散旅客，并组织列车迂回运输。

(3) 对于货物列车，其运行调整方法与旅客列车基本相同，即在有条件的情况下采用迂回运输或者停运列车。

2. 列车大面积晚点或客流突增情况

当面临列车大面积晚点或客流突增情况时，由于突发事件对铁路线路造成的破坏比较严重，导致列车大面积晚点或者客流突增时，在适当的情况下，可以修改列车运行图的计划运行时间，以减少其对铁路网络造成的影响，保证铁路运输生产的正常运营。此外，在施工“天窗”的时间进行列车运行调整。

第五节 铁路应急运输组织调度模型

在突发事件条件下，列车运行组织主要对开行方案进行调整。列车开行方案在运用铁路线路设施和技术设备的前提下，决定列车开行与否。因此，在突发事件条件下的开行方案调整的过程中，要考虑旅客的满意度以及社会效益，还要考虑列车的正点率。

调整的一般原则主要包括以下三点：一是确定列车的调整等级顺序，将本线运行列车放在调整的首位，然后再将跨线列车等级排到后位。但是如果当本线列车迂回到其他的径路时，要注意尽量选择跨线数量少的路径，但这时需要将其等级排到后低位。运行时间正常的列车依然维持在高等级，延误严重的列车排在低等级。对于不同类型的列车，需要明确的是货物运输列车等级相较于旅客运输列车的等级要低，必要时停运货运列车。但是在特殊情况下，也需要将特殊需求的列车排在较高等级，率先进行调整。二是考虑列车的时间要求，重点关注列车的正点率，要保证列车的发车时间，禁止提前发车，但是允许列车提前到站。三是在列车越行方面，高等级列车需要在原径路继续运行，不允许低等级列车越行高等级列车，而高等级列车可以越行低等级列车，但是在同一车站中不允许超过三列。

一般的调整策略为考虑受影响区段的能力，减轻受影响区段的能力占用，可以采取如下措施：一是列车选择迂回运输；二是将短编组的列车重联；三是取消低等级列车；四是根据实际情况加速列车行驶，保证列车按时到达；五是减少列车的停站时间；六是高等级列车越行低等级列车，正点列车越行延误列车；七是将到发线路进行调整改变，便于车站接发更多列车。

在模型目标的选择方面，在突发事件条件下，首先要确保旅客的安全，保证列车的运输任务完成、保证更多的列车到达目的地、减少铁路损失，同时还需要考虑减轻突发事件条件下列车运行组织的工作。在列车开行方案的调整方面，一是对原有线路进行调整，二是对新的线路进行选择，保证列车在较短时间内恢复正常运行，按时到达终点。在突发事件条件下，铁路线路中断，导致列车不能正常运行，以致列车晚点时间较长。突发事件的发生，使得铁路的损失严重，以及铁路的服务水平和能力大大降低。因此，突发事件条件下列车开行方案调整的目标是尽快完成运输任务以及恢复行车秩序。

一、突发事件下铁路列车运行调整模型

以一般突发事件为例，进行铁路列车运行调整。以突发事件影响下所有铁路列车在各车站的加权总到达、总出发延误时间最小为目标，建立优化模型。

1. 目标函数

所有铁路列车在各车站的总到达延误时间最小如式(6-1)所示：

$$\min z=\sum_{m=1}^{M}\sum_{n=1}^{N}\alpha_n(A_m^n-A'^n_m) \tag{6-1}$$

所有铁路列车在各车站的总出发延误时间最小如式(6-2)所示：

$$\min z=\sum_{m=1}^{M}\sum_{n=1}^{N}\alpha_n(D_m^n-D'^n_m) \tag{6-2}$$

因此以突发事件影响下所有铁路列车在各车站的加权总到达、出发延误时间最小为目标，建立优化模型，如式(6-3)所示：

$$\min z=\sum_{m=1}^{M}\sum_{n=1}^{N}\alpha_n\ [(D_m^n-D'^n_m)+(A_m^n-A'^n_m)] \tag{6-3}$$

2. 约束条件

模型所考虑的约束主要有区间运行时间、车站发车时刻、列车停站时间、车站到发线数量以及最小追踪间隔等。各约束的表达式如下。

(1) 区间运行时间约束。表示列车在各区间的运行时间应满足相应的技术参数要求，不能小于相应区段的最小运行时间限制，如式(6-4)所示：

$$A_{m+1}^{n}-D_{m}^{n} \geqslant r_{m,m+1}^{n}\ \forall m\in M,n\in N,r_{m,m+1}^{n}\in R \tag{6-4}$$

(2) 车站发车时刻约束。表示列车 n 在车站 m 的实际发车时刻不早于计划发车时刻,如式(6-5)所示:

$$D_{m}^{n} \geqslant D_{m}^{\prime n}\ \forall m\in M,n\in N \tag{6-5}$$

(3) 列车停站时间约束。表示列车 n 在车站 m 的到达、出发时刻要满足最短停站时间要求,以保证旅客乘降等作业的完成,如式(6-6)所示:

$$D_{m}^{n}-A_{m}^{n} \geqslant S_{m}^{n}\ \forall m\in M,n\in N,s_{m}^{n}\in S \tag{6-6}$$

(4) 车站到发线约束。表示第 m 个车站在 t 时刻被占用的到发线数量之和不超过该站现有的到发线总数,如式(6-7)、式(6-8)所示:

$$\sum_{n\in N} x_{m}^{n}(t) \leqslant L_{m}\ \forall m\in M,t_{0}\leqslant t\leqslant t_{0}+t_{c} \tag{6-7}$$

$$x_{m}^{n}(t)=\begin{cases}1 & A_{m}^{n}\leqslant t\leqslant D_{m}^{n}\\ 0 & t\leqslant A_{m}^{n}\vee t>D_{m}^{n}\end{cases}\quad \forall m\in M,n\in N,t\in[t_{0},t_{0}+t_{c}] \tag{6-8}$$

(5) 最小追踪间隔约束。在允许相邻列车间可以越行的同时,保证了列车的到达、出发间隔时间满足技术要求。

模型、约束中相关的集合、下标、参数和决策变量的含义如表 6-2 所示。

表 6-2　模型的部分变量定义

类型	符号	含义
集合与元素	M	延误波及区段内的车站集合
	N	延误持续时间内涉及的列车集合
	L	车站到发线集合,$R=\{L_1,L_2,\ \cdots,L_M\}$
	R	区间最小运行时间集合,$R=\{R_{m,m+1}^{n}\mid m\in M,n\in N\}$
	S	最短停站时间集合,$S=\{s_{m}^{n}\mid m\in M,n\in N\}$
	m	第 m 个车站,$m\in M$
	n	第 n 列车,$n\in N$
决策变量	$x_{m}^{n}(t)$	0-1 变量,取值为 1 时表示 t 时刻第 n 列车占用车站 m 的到发线,取值为 0 时反之
	D_{m}^{n}	第 n 列车在第 m 个车站的实际出发时刻
	$D_{m}^{\prime n}$	第 n 列车在第 m 个车站的计划出发时刻
	A_{m}^{n}	第 n 列车在第 m 个车站的实际到达时刻
	$A_{m}^{\prime n}$	第 n 列车在第 m 个车站的计划到达时刻

由于突发事件下高速铁路列车运行调整模型所涉及的决策变量较多，特别是当车站和列车数量很多时，问题解空间较大，利用传统优化算法求解具有很大的局限性，难以在短时间内得到满意的列车运行调整方案。相比而言，启发式算法可以在较短时间内得到较优的列车运行调整方案。常用的启发式算法有粒子群算法、模拟退火算法、遗传算法、蚁群算法、人工神经网络等。

二、区间失效条件下的铁路列车运行调整模型

严重的突发事件会导致铁路区间能力失效，双向列车的运行调整工作非常复杂。此时，列车运行实时调整问题可以用事件－活动网络进行描述，一个事件 $e\in E$ 是指一列车在某车站的到达或者出发，因此，事件集合可进一步划分为到达事件集合和出发事件集合两个子集。活动 $a\in A$ 是由相邻的两个事件组成的，活动进一步划分为列车活动和间隔活动。其中列车活动 $a\in A_{train}$ 既可以为列车在区间的运行活动 $a\in A_{train}^{run}$，表示一列车在前一站的出发事件到该列车在下一站到达事件之间的一个活动，也可以是一个停站活动 $a\in A_{train}^{chrell}$，表示一列车在一个站到达事件和该列车在该站出发事件之间的一个活动。间隔活动 $a\in A_{head}$ 既可能为两列列车在区间的运行间隔活动，也可能是两列列车在同一车站出发与到达之间的间隔活动。

定义 T 为列车集合，可以进一步划分为上行列车集合 T^{up} 和下行列车集合 T^{down} 两个子集；定义 s 和 Seg 分别为车站集合和区间集合。对于任意事件 $e\in E$，参数 t_e 表示事件 e 相关联的列车，参数 q_e 表示事件 e 在计划运行图中的发生时刻。此外，参数 μ_e^+ 和 μ_e^- 分别表示事件 e 晚点和早点单位时间的惩罚值。对于每列列车 t，参数 λ_t 表示列车 t 取消运行的惩罚值；车站 s_t^0 和 s_t^d 分别为列车 t 的始发和终到车站。假设干扰发生和结束时刻分别为H_{dis}^{start} 和H_{dis}^{end}，干扰发生在车站 s_k 和 s_l 之间的区间 $(s_k,s_l)\in Seg$。

区别对待列车到达晚点和出发晚点的原因主要有两点：首先，较出发晚点而言，旅客更关心到达晚点，这意味着在处理时应该给到达晚点相对较大的惩罚系数；其次，现实生活中列车允许早于图定时刻到达车站，但是不允许早于图定时刻从车站出发。如果列车早于图定时刻到达，从旅客的角度是很好的，因为他们可以提前到站。但是，从铁路运输组织的角度来说，列车早到也会偏离原来的运行计划，可能打乱原来的列车运行秩序，因此，应该尽量避免列车早到。

对于每个事件 $e\in E$（包括列车出发事件和到达事件），定义决策变量 d_e^+，表示事件 e 的晚点量。对于每个到达事件 $e\in E^{arr}$，定义决策变量 d_e^-，表示到达事件 e 的早点量（列车早于图定时刻到达的时间）。定义参数 D，表示最大允许列车早到量。定义决策变量 x_e，表示事件 e 在调整后的列车运行图中的发生时刻。对每列列车 $t\in T$，定义 0−1 决策变量 y_t 如下：

$$y_t=\begin{cases}1 & \text{如果列车 } t \text{ 取消}\\ 0 & \text{如果列车 } t \text{ 开行}\end{cases} \tag{6-9}$$

定义足够大的正整数 M_t，这里取值为一天的总时间 1 440 min。基于以上的定义和符

号,可以得到如下的基本模型。

$$\min\sum_{t\in T}\lambda_t y_t+\sum_{e\in E}\mu_e^+ d_e^+ +\sum_{e\in E^{arr}}\mu_e^- d_e^- \tag{6-10}$$

$$\text{s. t.} \quad y_{t_e}(M_l+D)-D\leqslant x_e-q_e\leqslant M_l \quad \forall e\in E \tag{6-11}$$

$$x_e\geqslant q_e \quad \forall e\in E^{dep} \tag{6-12}$$

$$d_e^+\geqslant x_e-q_e-M_l y_{t_e} \quad \forall e\in E \tag{6-13}$$

$$d_e^-\geqslant q_e-x_e \quad \forall e\in E^{arr} \tag{6-14}$$

$$x_e=q_e \quad \forall e\in E: q_e<H_{dis}^{start} \tag{6-15}$$

$$y_{t_e}=0 \quad \forall t_e\in T, e\in E_{s_{t_e}^o}^{dep}: q_e<H_{dis}^{start} \tag{6-16}$$

$$y_t\in\{0,1\} \quad \forall t\in T \tag{6-17}$$

$$x_e, d_e^+, d_e^-\geqslant 0 \quad \forall e\in E \tag{6-18}$$

目标函数式(6-10)表示最小化加权求和列车取消和偏离计划惩罚值。约束条件式(6-11)中,t_e 表示事件 e 所对应的列车。此外,约束条件式(6-11)实现了把取消的列车移到研究范围之后,这里表示把取消的列车移到一天之后,即取消列车对应事件的实际发生时刻$x_e=q_e+M_l$。将取消的列车移到研究范围之后能很好地避免被取消的列车相互间以及被取消的列车与其他列车之间的干扰。约束条件式(6-12)表示列车的出发时刻不能早于图定的出发时刻。约束条件式(6-13)表示事件 e 的晚点时间,约束条件式(6-14)表示到达事件 e 的早点时间。注意,结合铁路的实际情况,允许列车提前到达车站,但是不允许列车在车站提前发车。约束式(6-15)表示在干扰发生之前,列车按照原计划运行;约束式(6-16)表示在干扰发生时已经从始发站出发的列车不能取消运行;约束式(6-17)和(6-18)限定变量的取值范围。

思考与练习

1. 什么是铁路应急预案,其适用范围是什么?

2. 车站突发大客流的应急处置程序是什么?

3. 在非正常情况下铁路行车计划调整措施中,对属于铁路列车运行图铺画的调整范畴的措施有哪些?

4. 严重突发事件条件下,面对列车大面积晚点或客流突增情况,列车应如何进行运行调整?

5. 在进行铁路运输应急运输组织调度时,调整运行线路的一般原则是什么?

即测即评

第七章 城市轨道交通应急管理

城市轨道交通是采用专用轨道导向运行的城市公共客运交通系统,包括地铁系统、轻轨系统、单轨系统、有轨电车、磁浮系统、自动导向轨道系统、市域快速轨道系统。近年来,城市轨道交通因其运量大、快捷、准时、安全、环保等优势,在公交优先的战略推动下获得迅速发展,成为解决大城市交通拥堵和促进城市可持续发展的重要手段。根据国家统计局公布的相关数据,2011 年至 2020 年这 10 年间,我国的城市轨道交通运营里程从近 2 000 千米以上持续增长至 7 000 千米以上,增幅高达 350%。此外,城市轨道交通客运量总体也呈现明显的增长趋势,如图 7-1 和图 7-2 所示。

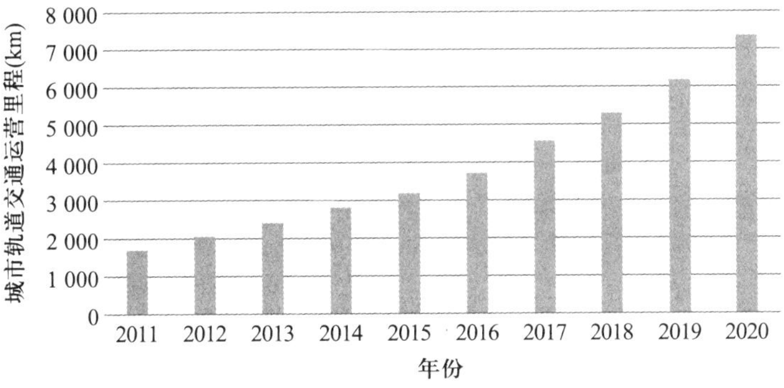

图 7-1　城市轨道交通运营里程

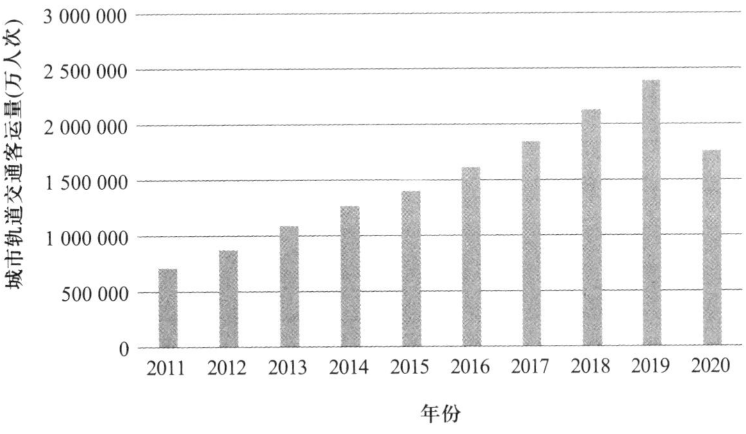

图 7-2　城市轨道交通客运量

第一节
城市轨道交通应急管理概述

随着城市轨道交通建设速度的加快，其运营管理方式逐步从单线相对独立运营向网络化运营转变。网络化运营极大地提升了居民出行的便捷程度，但同时由人、天气，以及城市轨道交通系统内部车辆、轨道、信号、供电等多种因素导致的突发事件也不断增多。城市轨道交通具有建设要求高、客运环境封闭、运转强度大等特点，一旦发生突发事件，造成的经济损失和社会影响都不可估量。表 7-1 对世界范围内部分城市轨道交通突发事件的原因及后果进行了总结。从表中可以看出，城市轨道交通在世界范围内都面临着复杂险峻的安全形势。因此，为保障城市轨道交通安全运营和可持续发展，对可能导致城市轨道交通突发事件的各种危险源进行识别，研究突发事件的分类分级，并建立完备的应急管理体系，对有效应对各类突发事件，提高突发事件的处置效率，最大限度降低突发事件造成的危害和影响，确保公众生命和财产安全，具有重要意义。

表 7-1　国内外城市轨道交通突发事件表

事件分类	时间	地点	原因与后果
火灾	1971 年 12 月	加拿大蒙特利尔	火车与隧道端头相撞引起电路短路，造成座椅起火，36 辆车被毁，驾驶员死亡
	1973 年 3 月	法国巴黎	车厢内人为纵火，车辆被毁，2 人死亡
	1979 年 1 月	美国旧金山	电路短路引发火灾，1 人死亡，56 人受伤
	1987 年 11 月	英国伦敦	售票处大火，31 人死亡
	1995 年 10 月	阿塞拜疆巴库	电动机车电路故障引发火灾，558 人死亡，269 人受伤
	2003 年 2 月	韩国大邱	人为纵火，140 人死亡，289 人受伤，318 人失踪
水灾	2001 年 9 月	中国台北	暴雨和洪水造成 18 座车站被淹，地铁陷于瘫痪
	2021 年 7 月	中国郑州	特大暴雨造成地铁车辆区间迫停，500 多名乘客被困地铁中，14 人死亡
停电	1996 年 1 月	中国北京	高压输电线被砸断，57 辆车停运，行车中断 144 分钟

续表

事件分类	时间	地点	原因与后果
毒气	1995 年 3 月	日本东京	3 条线路的 5 节车厢同时发生被称为“沙林”的神经性毒气事件，造成 12 人死亡，5 000 多人受伤，14 人终身残疾
列车相撞	1991 年 5 月	日本	地铁列车相撞，42 人死亡，527 人受伤
	2005 年 4 月	日本	列车脱轨，91 人死亡，456 人受伤
爆炸	1995 年 7 月	法国巴黎	发生炸弹爆炸事件，8 人死亡，117 人受伤
	2004 年 2 月	俄罗斯莫斯科	发生爆炸，至少 40 人死亡
踩踏	1999 年 9 月	白俄罗斯	地铁车站人数太多，发生踩踏，54 人死亡

一、城市轨道交通突发事件分类和分级

城市轨道交通突发事件的分类、分级及其发展、演化规律决定着其应急管理的措施与方法。对城市轨道交通突发事件进行分类的意义在于明确资源投入种类，确定事件处置的参与部门，为应急预案的制定和选择提供依据。在分类的基础上，城市轨道交通突发事件的科学分级可以帮助应急人员快速掌握事件影响严重度和救援紧急度。突发事件发生后，城市轨道交通运营单位须立即启动相应的应急预案，并疏散事故现场人员，同时对现场情况进行研判，按照应急演练的过程开展应急救援。事发地政府应视情况成立现场指挥部，组织调动专业应急救援队伍和资源进行先期处置，必要时组织专家进行商议，及时对突发事件的种类等级、危害程度、影响范围、防护措施和发展趋势等进行评估上报，采取有效措施控制事态发展，严防次生、衍生灾害的发生。

（一）城市轨道交通突发事件分类

地方政府出台的城市轨道交通运营突发事件应急预案结合运营生产实际，主要将突发事件分为运营生产类、自然灾害类、社会安全类和公共卫生事件。依据以上标准和规范，对常见的城市轨道交通突发事件进行分类，分为四大类、若干小类，如图 7-3 所示。

1. 运营生产类

(1) 设备系统故障。地铁设备系统庞杂，且处于长期运转状态下。环境因素、维护保养不到位、设备老化、人员操作失误等原因都会引起设备故障。一旦关键设备系统发生故障就会破坏运营秩序，甚至造成严重事故。

(2) 列车脱轨、冲突。人员操作失误、设备故障等原因可能造成列车脱轨或冲突，尽管这种可能性很小，但一旦发生将会造成严重后果。

(3) 异物侵限。由于设施损坏、线缆断裂、厢门意外打开等可能造成异物侵入车辆限界或设备限界，从而影响行车。

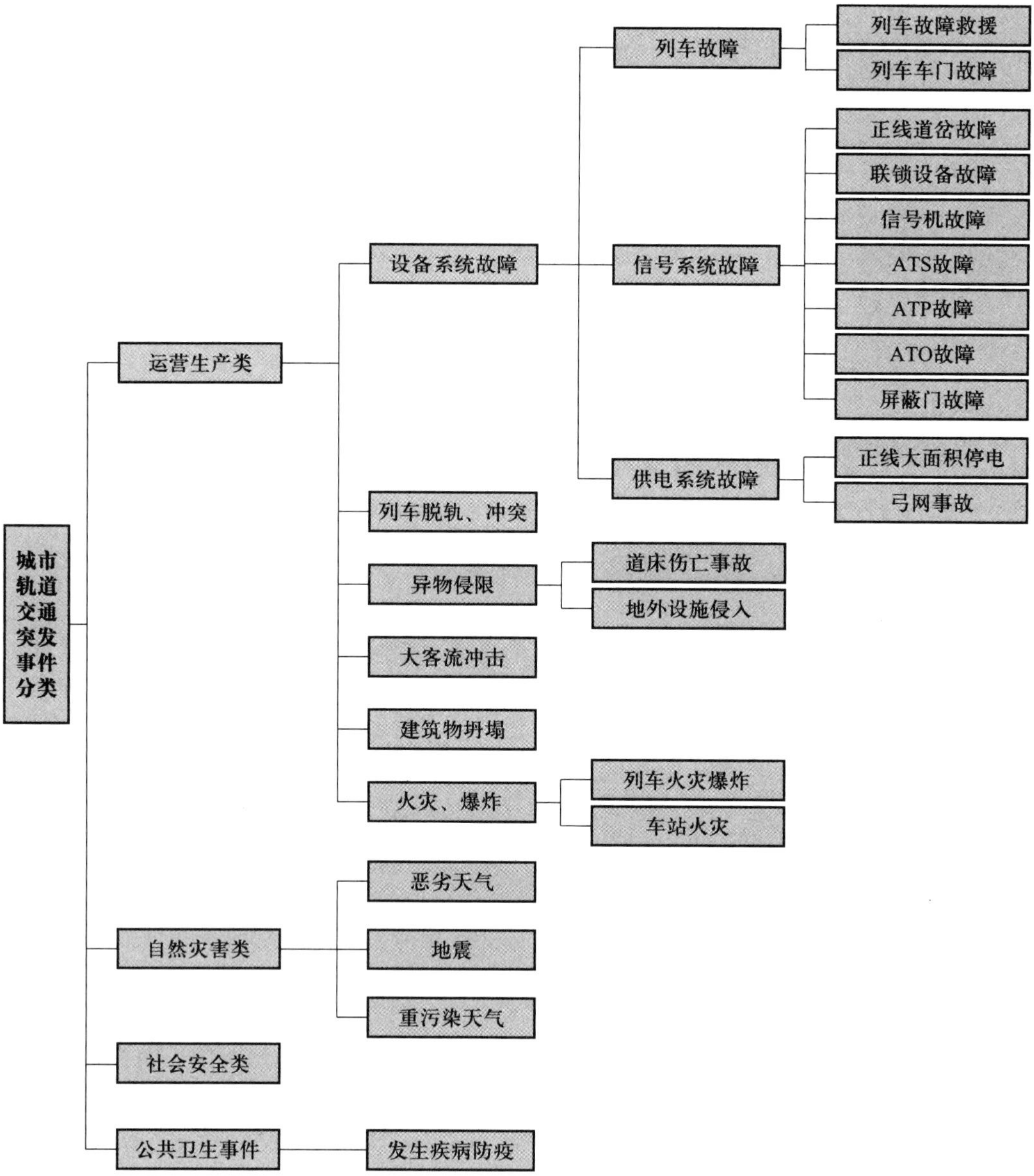

图 7-3　城市轨道交通突发事件分类

(4) 大客流冲击。由于恶劣天气、地面交通受阻、大型活动等可能造成个别公共场所、地铁车站以及列车接近或超过承受能力，严重的可能造成拥挤、骚乱、踩踏等事故。

(5) 建筑物坍塌。由于地震、爆炸、隧道结构损坏等原因可能造成建筑物坍塌影响运营，严重的可能造成人员伤亡。

(6) 火灾爆炸。运营场所内存在大量的电气设备、建筑装饰材料，由于设备老化、环境潮湿、人员违章携带危险品、人为纵火、恐怖袭击等可能出现火灾爆炸事故。由于运营场所内人员较为密集，且出现火灾后扑救、疏散难度较大，容易造成人员伤亡及财产损失。

2. 自然灾害类

洪涝、雷电、大雾、地震等自然灾害类事件，极易对城市轨道交通造成较大影响。地震可能引起运营设备、轨道线路损坏，造成运营中断甚至人员伤亡；洪涝灾害可能引起运营车站、区间进水，引发郊区运营线路周边山体滑坡、坍塌，造成运营中断甚至人员伤亡；雷电、冰雪、大雾及大风等灾害天气可能影响接触网供电及电客车运行，从而扰乱行车秩序。各类突发自然灾害事件对运营线路的影响大小、范围与自然灾害级别、受灾部位的抗灾条件及人员密集程度等因素密切相关。

3. 社会安全类

城市轨道交通车站、乘车人员密集度极高，空间相对密闭，纵火、爆炸或毒气攻击等事件均会引发极其严重的后果及次生灾害。再有，有轨电车在地面运行，与机动车、非机动车、行人存在交叉风险，加大了发生危险的可能性。

4. 公共卫生事件

车站、列车内空间相对密闭、通风条件较差，传染性病菌、病毒在地铁中的传播概率、扩散速度远高于一般环境。同时，由于人流密集、来源复杂，相关监控设备、技术难以全面覆盖等因素，对界定乘客是否是传染源难度较大，因此在社会暴发传染性疾病时，城市轨道交通引发公共卫生突发事件的概率较大。

（二）城市轨道交通突发事件分级

根据2015年国务院办公厅印发、修订后的《国家城市轨道交通运营突发事件应急预案》，城市轨道交通突发事件按照性质类型、严重程度、可控性和影响范围等因素，分为四级：Ⅰ级（特别重大）、Ⅱ级（重大）、Ⅲ级（较大）和Ⅳ级（一般），如表7-2所示。

表7-2　城市轨道交通突发事件分级

突发事件级别	特征
Ⅰ级（特别重大）	造成30人以上死亡，或者100人以上重伤，或者直接经济损失1亿元以上
Ⅱ级（重大）	造成10人以上30人以下死亡，或者50人以上100人以下重伤，或者直接经济损失5 000万元以上1亿元以下，或者连续中断行车24小时以上
Ⅲ级（较大）	造成3人以上10人以下死亡，或者10人以上50人以下重伤，或者直接经济损失1 000万元以上5 000万元以下，或者连续中断行车6小时以上24小时以下
Ⅳ级（一般）	造成3人以下死亡，或者10人以下重伤，或者直接经济损失50万元以上1 000万元以下，或者连续中断行车2小时以上6小时以下

注：上述分级标准有关数量的表述中，“以上”含本数，“以下”不含本数。

二、城市轨道交通突发事件应急管理体系

城市轨道交通突发事件应急管理是指城市轨道交通运营主体单位对于突发事件展开全方位探究,建立完整的应急管理机制和必要的应急管理措施,确保应急处置时做到指挥逐级负责,应急处置措施合理恰当,在最大限度减少人员伤亡的基础上确保公共财产的安全。这是一个涵盖突发事件发生前后的全过程系统,其中包含预警预防、现场处置、恢复评估等多方面工作。

城市轨道交通突发事件应急管理体系的核心内容可以概括为"一案三制"。"一案"为城市轨道交通应急预案,"三制"分别为城市轨道交通应急管理体制、城市轨道交通应急管理机制和城市轨道交通应急管理法制。其中,城市轨道交通应急预案是应急管理的重要基础,内容涉及应急管理组织机构及相应职能职责、监测预警、应急管理保障措施等前期准备工作,还包括突发事件爆发时的应急响应以及后续的善后处置等流程。其应急预案明确了采取行动的人员以及行动时间等问题,是应对突发事件的行动指南,保障应急救援有序进行。城市轨道交通应急管理体制主要用于建立健全集中统一、坚强有力、政令畅通的指挥组织机构,具体指综合性应急管理机构、各部门应急管理机构间的组织形式、职权分配和隶属关系等。其应急管理机制主要明确了在突发事件防范、应急处置和恢复重建过程中,各部门如何调动应急物资和人员,组织救援有序进行。城市轨道交通应急管理法制是应急管理相关法律和制度的总称,涵盖法律、法规和规章,使突发事件的应对工作基本上有章可循、有法可依。

下面仅对城市轨道交通应急管理体制和应急管理法制进行简要介绍,其应急预案和应急管理机制将在后续章节进行详细介绍。

(一)城市轨道交通应急管理体制

城市轨道交通应急管理体制主要用于建立健全集中统一、坚强有力、政令畅通的指挥组织机构,具体指综合性应急管理机构、各部门应急管理机构间的组织形式、职权分配和隶属关系。我国城市轨道交通应急管理机构主要分为国家级、省级、市级、现场、运营单位五个层面,各层级结构图如图 7-4 所示。

为应对城市轨道交通突发事件,还应设立轨道交通应急管理指挥中心,由应急管理指挥中心、各线路应急救援指挥中心和现场救援指挥部三级机构组成,如图 7-5 所示。在突发事件情况下,城市轨道交通应急管理指挥中心代表政府行使指挥权,指挥各线路应急救援指挥中心,启动相应预案,指挥现场救援指挥部尽快恢复运营,避免突发事件扩散。城市轨道交通应急管理指挥中心各级的管理和职责范围如表 7-3 和表 7-4 所示。

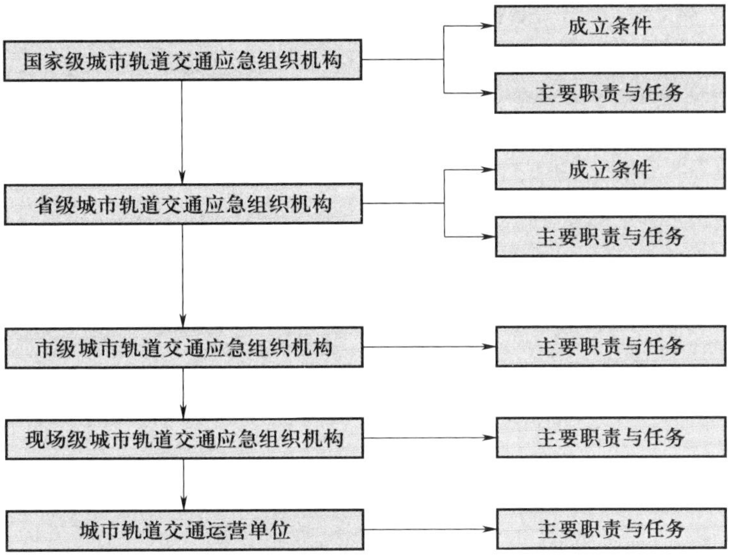

图 7-4　不同级别和功能的城市轨道交通应急组织机构结构

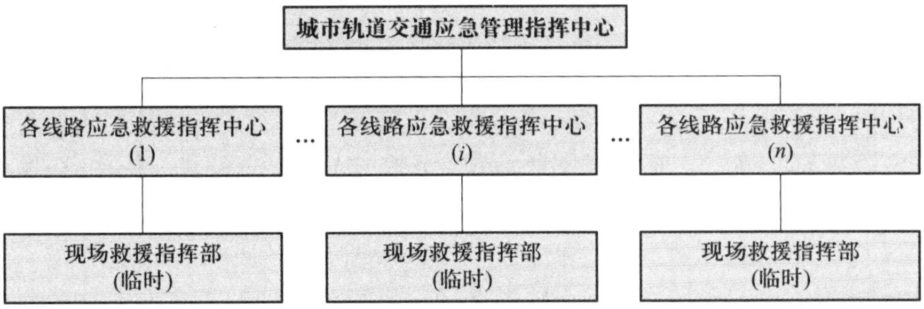

图 7-5　城市轨道交通应急管理指挥中心构成示意图

表 7-3　应急处置情况下交通车运行管理的范围、职责、相互联系表

项目	应急管理指挥中心	各线路应急救援指挥中心
	整个轨道交通网络的列车调度协调	根据应急管理指挥中心协调调度方案，调整本线的列车运行
管理范围	a. 突发事件引起的超过 5 分钟以上的延误 b. 突发事件引起的较为严重的伤亡和线路设备损坏	
管理职责	通知可能受到影响的线路，同时上报各级领导启动应急指挥，按照应急预案向各线路应急救援指挥中心发出协调指令	上报应急管理指挥中心，各线路应急救援指挥中心必须严格执行应急管理指挥中心的应急指令
相互联系	根据事态的变化发展及上级领导的指示，变更协调指令，下达到各线路应急救援指挥中心，实时向应急管理指挥中心通报应急处置的现状	

表 7-4 应急处置情况下车站运行管理的范围、职责、相互联系表

项目	应急管理指挥中心	各线路应急救援指挥中心
管理范围	在有客流突增的情况下,协调相关线路进行轨道交通路网换乘站的客流疏导	本线车站的客流疏导
管理职责	负责被延误线路区段上的换乘站客流疏导方案的实施,使网络客流疏导方案与单线客流疏导方案相互配合;需要其他交通方式配合时,负责与其他交通部门协调	负责本线被延误车站客流的疏导方案实施;协助应急管理指挥中心制定疏导方案,并配合应急管理指挥中心实施
相互联系	各线路应急救援指挥中心向应急管理指挥中心通报客流疏导的现实状态,应急管理指挥中心根据实际情况调整疏导方案,下达到各线路应急救援指挥中心	

通常情况下,各地方城市轨道交通应急管理机构实行分类管理、综合协调,呈现出"平战结合"的特点。"平战结合"是指"平时分、战时合"。"平时分"具体为交通委、地铁运营企业、消防局、公安局、卫生局、新闻办等联动机构之间,在正常状态下,彼此独立,按各自职能运转,接受垂直上级领导。"战时合"是指发生相应等级的城市轨道交通突发事件时,这些联动部门共同接受临时启动的应急委员会领导,形成整体应急合力。例如,上海市组建了分类管理、综合协调的城市轨道交通应急管理组织体系。市委、市政府为上海市应急管理的领导机构,突发事件发生时,启动上海市应急委员会,协调、统筹各种类型突发事件的应急处置工作。包括上海申通地铁在内的 20 多个应急联动机构,在发生城市轨道交通突发事件时,统一听从临时组建的上海市应急处置指挥部的派遣调动。城市轨道交通突发事件应急处置结束后,指挥部成员、各联动机构回原来的职能部门。在分类管理、综合协调的应急组织体系下,城市轨道交通突发事件的应急管理职能被分散在各个联动部门,要想形成高效的整体应急合力,除了要求应急指挥部有决策领导能力,还需要各联动机构有效协调配合。

(二)城市轨道交通应急管理法制

城市轨道交通应急管理法制方面更多地依赖国务院和各部委发布的法律文件。其中,《中华人民共和国突发事件应对法》对应急管理工作的全过程做了原则性的规定;《城市轨道交通运营管理条例》是对城市轨道交通应急管理做出的部门规章。此外,《国务院办公厅关于保障城市轨道交通安全运行的意见》对综合管理系统的建设、规划、应急管理等做了详细规定。

第二节
城市轨道交通应急预案

城市轨道交通应急预案是针对城市轨道交通可能出现的重大事故或灾害，为保证迅速、有序、有效地开展应急救援行动、降低事故损失而预先制定的有关计划和方案，具有以下作用：

（1）明确了应急救援的范围和体系，使应急准备和应急管理，尤其是开展培训和演练工作有据可依、有章可循。

（2）有利于及时做出响应，降低事故危害程度。

（3）是城市轨道交通各类突发事故的应急基础。编制基本应急预案，可保证应急管理具有足够的灵活性，对那些无法预料的突发事件或事故，也可以起到基本的应急指导作用；针对特定危害编制专项应急预案，可有针对性地制定应急措施，并进行专项应急准备和演习。

（4）当发生超过本级应急能力的重大事故时，便于与上级应急部门协调。

一、城市轨道交通应急预案分类

城市轨道交通运营突发事件应急预案体系由国家级、省级、市级和运营单位级应急预案构成。国家级预案重点是规范国家层面的应急行动，同时体现对下级预案的指导性；省级预案重点是规范省级层面的应急行动，同时体现对下级预案的指导性；市级预案重点规范市级层面的应急行动；运营单位级应急预案则需明确和落实具体风险管理和救援措施，体现自救互救、信息报告和先期处置的特点。

城市轨道交通运营单位级应急预案作为城市轨道交通突发事件应急预案体系的重要组成部分，详细规定了各单位的应急流程及步骤，旨在确保应急组织指挥统一顺畅，处置及时妥善，最大限度减少人员伤亡和财产损失。城市轨道交通运营单位应急管理系统工作流程如图 7-6 所示。

城市轨道交通运营单位级应急预案应包括城市轨道交通综合预案、专项预案、现场处置方案。城市轨道交通综合预案是运营单位应对各类突发事件的纲领性文件，主要从集团（总公司）的层面规范规定了应急行动的组织体系、政策方针以及法律依据，通过阐述突发事件的定义、应急管理指导方针及原则、应急预案目标、相关部门职责等，构建出城市轨道交通应急预案的基本框架，是应对与城市轨道交通相关的各类突发事件的综合性预案。其综合预案是总体的、全面的预案，以场外指挥和集中指挥为主，侧重于应急救援活动的组织协调。城市轨道交通专项预案是综合预案的细化，主要针对城市轨

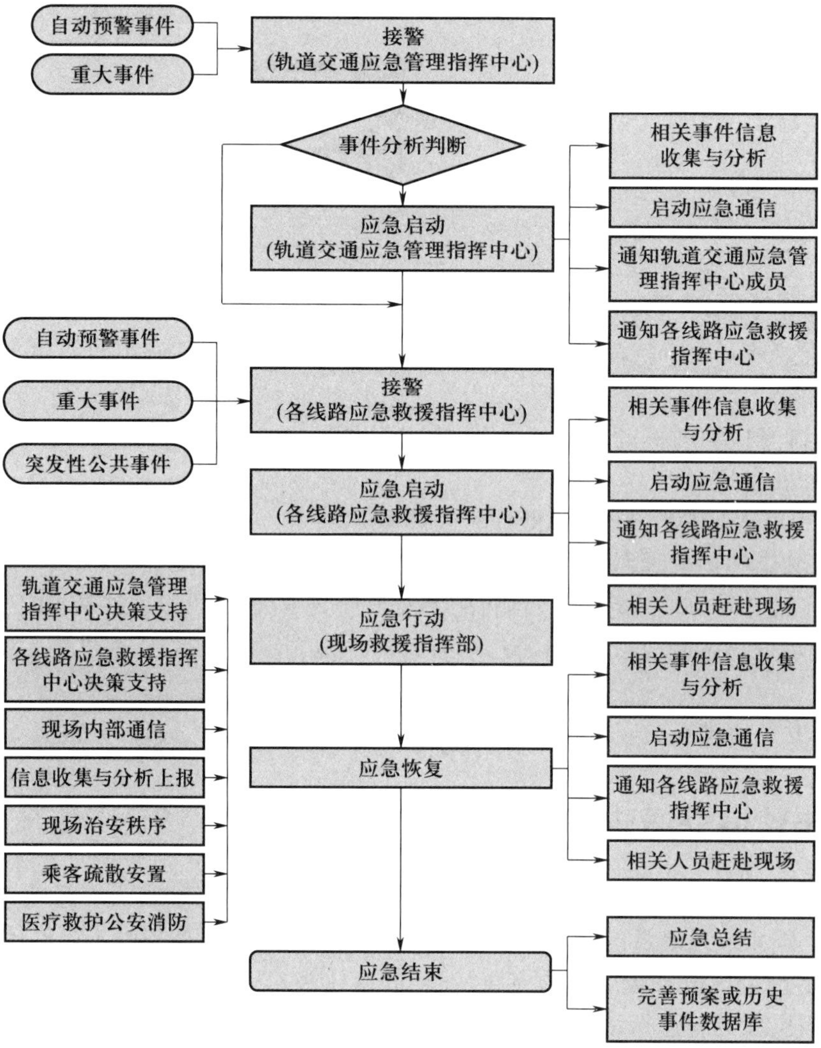

图 7-6　城市轨道交通运营单位应急管理系统工作流程图

道交通范围内特有的或具体的事故风险，如恐怖袭击、火灾、地铁系统设备故障、地震和极端气候条件等，采取专业性的防灾、减灾、救灾和灾后恢复一系列行动。根据城市轨道交通各类事故风险特征和应急活动内容，专项预案将各应急参与部门的具体职责划分为主要责任、次要责任(协助支持)和有限介入责任三种，从而支持应急活动的有序开展。由于不同的风险引起的事故不同，因此，在应急预案编制过程中，应根据各类风险特点做好风险管理。现场处置方案是为应急活动制定的标准操作程序，可以认为是应急操作的说明书，即以城市轨道交通突发事件现场设施、活动、场所或岗位为具体目标而制定的应急处置步骤，是专项预案的支持预案。城市轨道交通突发事件现场处置方案的内容应做到具体、细致、严密，需要对专项预案中各项应急功能的具体实施细节予以说明，并对特殊事故风险的具体行动流程进一步细化。每个承担应急处置功能的城市轨道交通部门或岗位都应有属于自己的应急标准操作程序,因此,现场处置方案为每个应急部门或岗位履行专项预案中所规定的职责提供详细指导说明,使应急所需的每一项活动都有人执行、有据可依。以广州市城市轨道交通为例,广州市地下铁道总公司运营事业总部制定了应对各项影响地铁日常运营突发事件的应急计划和预案,如图 7-7 所示。

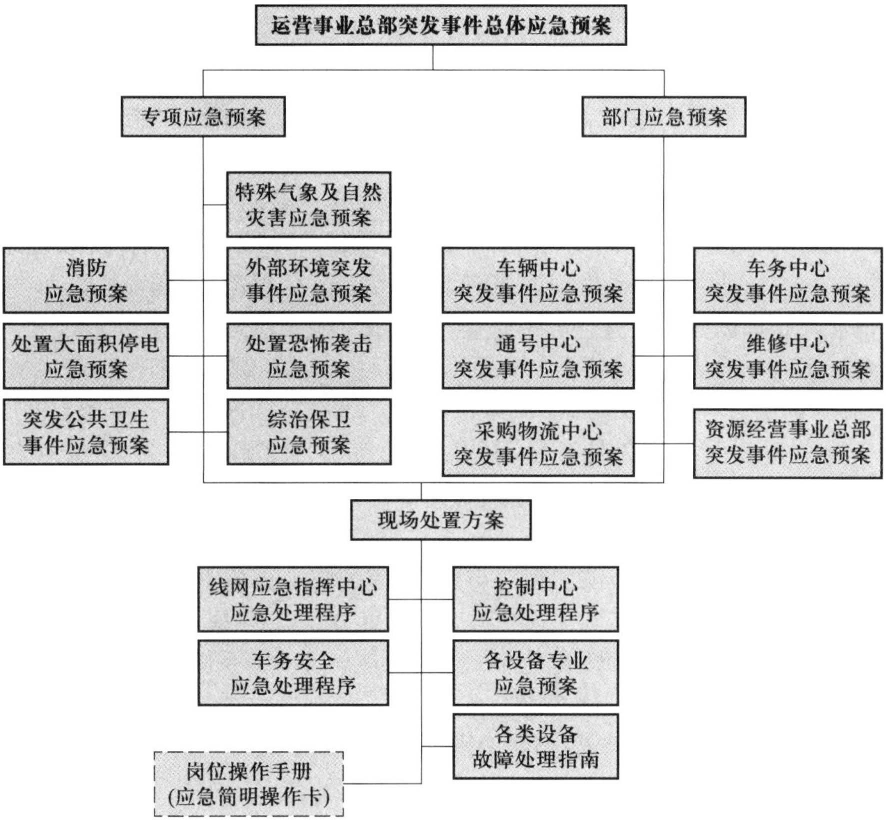

图 7-7　广州市地下铁道总公司运营事业总部应急预案体系图

二、城市轨道交通应急预案框架

应急预案可根据突发事件的类型、事件所在区域和事件发生所在单位进行定义。就基本内容而言,一个完整的城市轨道交通应急预案框架通常主要包括以下十大要件。

(1) 总则。规定应急预案的指导思想、编制目的、工作原则、编制依据、适用范围。

(2) 事故类型和危害程度分析。在危险源进行辨识、评估的基础上,对其可能发生的事故类型、严重程度进行确定。

(3) 应急处置基本原则。明确处置事故应当遵循的基本原则。

(4) 应急组织机构及职责。制定一个分工明确的应急组织体系,确定应急指挥组、各指挥室、各部门及人员职责、救援工作组的工作任务及主要负责人职责。

(5) 预防与预警。主要包括危险源监控和预警行动两个方面。

① 危险源监控。明确危险源监控方式、方法及采取的预防措施。

② 预警行动。明确预警条件、方式、方法和信息发布程序。

(6) 信息报告程序。确定报警系统、程序及现场报警方式；确定值班信息沟通、通信及联络方式；明确相互认可的通告、报警形式和向外部求援的方式。

(7) 应急响应。主要包括先期处置、响应分级、响应程序和恢复运营等内容。

① 先期处置。明确先期处置的人员构成、职责及处置原则等。

② 响应分级。根据事故危害程度、影响范围和单位控制事态的能力等因素，设定事故的不同等级，明确应急响应级别。

③ 响应程序(处置方案生成)。立即向有关应急部门或组织发布事件信息，令其做好应急准备，随时待命或及时赶到现场待命；根据事故的严重性和发展态势，按规定启动相应等级的应急预案，明确资源调配、应急避险、应急救援、信息流转、现场处置、应急监测和跟踪、线网联动指挥以及扩大应急等响应程序，生成并发布应急处置方案。

④ 恢复运营。秉持“先通后复”的原则，全面排查，持续跟踪，把突发事件给运营带来的损失降到最低。

(8) 应急保障。明确应急处置所需的物资及装备种类和数目，制定管理和维护章程等，保障资源的种类有人力、物资、技术、资金等；宣传培训演习、监督检查、奖励与责任等。

(9) 附则。包括专业术语、预案管理与更新、跨区域沟通与协作、制定与解释权、实施或生效时间等。

(10) 附录。主要包括各种规范化格式文本、应急组织体系图、应急报告程序图和应急人员通信录、应急保障资源信息表等。

上述 10 个要件之间相互支撑、相互关联，共同构成了城市轨道交通应急预案的基本框架。其中，应急组织机构及职责、应急响应、应急保障是应急预案的规划重点，也是制定应急预案的难点。

三、城市轨道交通应急预案编制现状

为保证及时、高效、有序、妥善地处置轨道交通突发事件，防止事件蔓延扩大，最大限度地减少人员伤亡和财产损失，维护正常的轨道交通运营秩序和社会稳定，我国正在不断地完善城市轨道交通应急管理法规体系。

2015 年 4 月 30 日，国务院办公厅正式印发了新修订的《国家城市轨道交通运营突发事件应急预案》(以下简称《预案》)。《预案》的发布实施，对适应城市轨道交通发展新形势，建立健全城市轨道交通应急管理体系，全面提升行业应急处置能力，有效应对突发应急事件，保障乘客生命财产安全具有重要意义。与 2005 年印发的《国家处置城市地铁事故灾难应急预案》相比，《预案》内容更加完善，与其他相关应急预案衔接更加紧密，适用对象和范围更加合理，组织指挥架构更加科学，职责分工更加明确，科学性、针对性和可操作性更强。在《预案》发布实施后，交通运输部下发了《关于做好〈国家城市轨道交通运营突发事件应急预案〉贯彻落实工作的通知》，要求北京、天津、辽宁、吉林、黑龙江、上海、江苏、浙江、河南、湖北、湖南、广东、四川、重庆、云南、陕西等多个省市的交通运输厅（局、委）全面深入掌握《预案》的内容和要求，抓紧修订完善地方各级应急预案，建立健全应急组织指挥机构和各项工作机制。截至 2022 年 1 月 31 日，制定了城市轨道交通运营突发事件应急预案的部分单位如表 7–5 所示。从表中可以看出，绝大部分已经开通运营城市轨道交通的省、市都专门制定了应对城市轨道交通运营突发事件的应急预案。

表 7–5　城市轨道交通运营突发事件应急预案编制现状（部分）

级别	单位	名称
国家级		《国家城市轨道交通运营突发事件应急预案》
省级 / 直辖市 / 特区	北京市	《北京市轨道交通运营突发事件应急预案》
	上海市	《上海市处置轨道交通运营事故应急预案》
	天津市	《天津市处置轨道交通突发事件应急预案》
	重庆市	《重庆市轨道交通运营突发事件应急预案》
	广东省	《广东省城市轨道交通运营突发事件应急预案》
	河北省	《河北省城市轨道交通运营突发事件应急预案》
	山西省	《山西省城市轨道交通运营突发事件应急预案》
	江苏省	《江苏省处置城市轨道交通运营突发事件应急预案》
	浙江省	《浙江省城市轨道交通运营突发事件应急预案》
	安徽省	《安徽省城市轨道交通运营突发事件应急预案》
	福建省	《福建省城市轨道交通运营突发事件应急预案》
	山东省	《山东省城市轨道交通运营突发事件应急预案》
	湖南省	《湖南省城市轨道交通运营突发事件应急预案》
	广东省	《广东省城市轨道交通运营突发事件应急预案》
	四川省	《四川省城市轨道交通运营突发事件应急预案（试行）》
	贵州省	《贵州省城市轨道交通运营突发事件应急预案》
	云南省	《云南省交通运输厅城市轨道交通运营突发事件应急预案》
	甘肃省	《甘肃省交通运输厅城市轨道交通运营突发事件应急预案》
	广西壮族自治区	《广西城市轨道交通运营突发事件应急预案》
	香港特别行政区	《香港地铁车站突发事件的应急预案》

续表

级别	单位	名称
市级	广州市	《广州市城市轨道交通运营突发事件应急预案》
	武汉市	《武汉市轨道交通运营突发事件应急预案》
	深圳市	《深圳市轨道交通突发事件应急预案》
	南京市	《南京市城市轨道交通事故应急预案》
	杭州市	《杭州市城市轨道交通运营突发事件应急预案》
	青岛市	《青岛市城市轨道交通运营突发事件应急预案》
	济南市	《济南市城市轨道交通运营突发事件应急预案》
	苏州市	《苏州市城市轨道交通运营突发事件应急预案》
	无锡市	《无锡地铁运营突发事件总体应急预案》
	西安市	《西安市地铁运营突发事件应急预案》
	郑州市	《郑州市城市轨道交通运营突发事故(事件)应急救援预案》
	大连市	《大连市轨道交通运营突发事件应急预案》
	宁波市	《宁波市轨道交通运营突发事件应急预案》
	长沙市	《长沙市轨道交通运营突发事件应急预案》
	合肥市	《合肥市城市轨道交通运营突发事件应急预案》
	昆明市	《昆明市城市轨道交通运营突发事件应急预案》
	南昌市	《南昌市轨道交通运营突发事件应急预案》
	南宁市	《南宁市城市轨道交通运营突发事件应急预案》
	厦门市	《厦门市城市轨道交通运营突发事件应急预案》
	济南市	《济南市城市轨道交通运营突发事件应急预案》
	贵阳市	《贵阳市城市轨道交通运营突发事件应急预案》
	乌鲁木齐市	《乌鲁木齐市轨道交通工程建设突发事件应急预案》
	石家庄市	《石家庄市轨道交通运营突发事件应急预案》
	佛山市	《佛山市处置城市轨道交通突发事件应急预案》
	徐州市	《徐州市轨道交通工程建设应急预案(修订)》
	嘉兴市	《嘉兴市城市轨道交通运营突发事件应急预案》
	常州市	《常州市城市轨道交通运营突发事件应急预案》
	温州市	《温州市城市轨道交通运营突发事件应急预案》
	芜湖市	《芜湖市城市轨道交通运营突发事件应急预案》
	洛阳市	《洛阳市城市轨道交通运营突发事件应急预案》
	太原市	《太原市城市轨道交通运营突发事件应急预案》
	绍兴市	《绍兴市城市轨道交通运营突发事件应急预案》

续表

级别	单位	名称
运营单位或其他	沈阳地铁集团有限公司	《沈阳地铁集团有限公司突发公共事件总体应急预案》
	成都轨道交通有限公司	《成都轨道交通有限公司运营突发事件应急预案》
	合肥城市轨道交通有限公司	《合肥城市轨道交通有限公司突发事件应急预案》
	上海地铁运营有限公司	《上海地铁运营有限公司路网突发事件应急处置预案》 《上海地铁运营有限公司大客流爆满处置预案》
	广州地铁	《突发事件应急处置办法》
	北京市轨道交通指挥中心	《北京市轨道交通路网突发事件应急处置办法》

第三节　城市轨道交通应急管理机制

城市轨道交通应急管理机制明确了在突发事件防范、应急处置和恢复重建过程中,各部门如何调动应急物资和人员,组织救援有序进行。我国已经建立起统一指挥、分级响应的城市轨道交通突发事件应急运行机制。城市轨道交通应急机制的建设原则是:统一指挥、功能齐全、反应灵敏、运转高效。按照《国家城市轨道交通运营突发事件应急预案》的规定,城市轨道交通突发事件应急处置包括:应急预防、应急准备、应急响应和灾后恢复。根据这个划分,以及城市轨道交通应急管理工作的基本流程,城市轨道交通突发事件应急管理机制分为监测预警机制、信息处理机制、应急响应机制、协调联动机制、应急保障机制、后期处置机制等。

一、监测预警机制

(一) 预警信息发布

运营单位要及时对可能导致运营突发事件的风险信息进行分析研判,预估可能造成影响的范围和程度。对于因设施设备故障和环境状态异常可能导致的突发事件,要及时向运营单位相关岗位人员发出预警;对于突发大客流、自然灾害等可能影响城市轨道交通正常运营时,要及时通过车站及列车信息系统、有关官方网站等方式向社会公众准确发布。

(二)预警行动

预警信息发布后,有关地方人民政府及其部门(单位)、运营单位可视情况采取以下措施:

(1) 及时研判。组织有关部门(单位)、专业技术人员及专家及时进行分析研判,预估可能的影响范围和危害程度。

(2) 防范处置。迅速采取有效措施,控制事件苗头,在涉险区域设置注意事项提示或事件危害警示标志,增加宣传频次,利用各种渠道告知公众避险和防护的常识、措施;对轨道交通系统内设施设备及环境状态预警,组织专业人员对相关设施设备进行检查,排除故障,做好故障排除前的防范工作;对突发大客流,及时调整运营方案,加强客流情况监测,在重点车站增派人员加强值守,做好旅客疏导,视情采取限流、错峰、临时关闭车站等措施,必要时启动地面公共交通接驳输运,疏导客流。

(3) 应急准备。提前疏散、转移可能受到影响的人员并妥善安置;责令应急救援队伍、负有特定职责的人员进入待命状态,做好参加应急救援和处置工作的准备;调集应急所需物资和设备,做好应急保障。

(4) 舆论引导。及时准确发布事态最新情况,公布咨询电话,组织专家解读,加强舆情监测,做好舆论引导。

(三)预警调整和解除

运营单位和有关地方交通运输主管部门要密切关注事态发展。预警信息发布单位要按照有关规定,适时调整预警级别或宣布解除预警,并重新发布、报告和通报有关情况。

【典型案例 7-1】

二、信息处理机制

(一)报告程序

运营突发事件发生后,运营单位应当立即向当地城市轨道交通运营主管部门和相关部门报告,同时通告可能受到影响的单位和乘客。

事发地城市轨道交通运营主管部门接到运营突发事件信息报告或者监测到相关信息后,应当立即进行核实,对运营突发事件的性质和类别做出初步认定,按照国家规定的时限、程序和要求向上级城市轨道交通运营主管部门和同级人民政府报告,并通报同级其他相关部门和单位。运营突发事件已经或者可能涉及相邻行政区域的，事发地城市轨道交通运营主管部门应当及时通报相邻区域城市轨道交通运营主管部门。事发地城市及以上地方各级人民政府、城市轨道交通运营主管部门应当按照有关规定逐级上报，必要时可越级上报。对初判为重大以上的运营突发事件，省级人民政府和交通运输部要立即向国务院报告。

（二）报告内容

报告内容主要包括事件发生的时间、地点、简要经过、可能造成的危害程度、影响范围、伤亡人数等。续报内容主要包括直接经济损失、已采取的应急处置措施、目前事件处置进展情况、下一步拟采取的措施。

三、应急响应机制

（一）先期处置

运营突发事件发生后，运营单位要立即采取有效处置措施，全力控制事态发展，并及时向相关地方处置城市轨道交通运营突发事件应急指挥机构提供相关基础资料、信息及事件情况等，迅速开展分析、评估，会同专业救援力量提出应急处置方案及建议。相关部门（单位）接报后，要立即组织救援队伍开展应急处置工作，并及时向同级处置城市轨道交通运营突发事件应急指挥机构办公室报告任务执行情况。

（二）响应启动

按照运营突发事件影响范围、危害程度和发展态势等，运营突发事件应急响应分为Ⅰ级、Ⅱ级、Ⅲ级、Ⅳ级四个等级。

1. Ⅰ级应急响应

发生或初判发生特别重大运营突发事件，省指挥部立即组织成员单位及专家进行分析研判，对事件影响及其发展趋势进行综合评估，报请省人民政府决定启动Ⅰ级应急响应，由省人民政府发布紧急动员令，向各有关单位发布启动相关应急程序的命令。省指挥部立即派出工作组赶赴事发地开展应急处置工作，并将有关情况迅速报告国务院及其有关部门。涉及跨省（区、市）、超出省人民政府处置能力或者需要由国务院负责处置的，报请国务院启动应急响应。

2. Ⅱ级应急响应

发生或初判发生重大运营突发事件，省指挥部立即组织成员单位及专家进行分析研判，对事件影响及其发展趋势进行综合评估，由省指挥部总指挥决定启动Ⅱ级应急响应，向各有关单位发布启动相关应急程序的命令。省指挥部立即派出工作组赶赴现场开展应急处置工作，并将有关情况迅速报告国务院、省人民政府及其有关部门（单位）。

3. Ⅲ级应急响应

发生或初判发生较大运营突发事件,事发地处置城市轨道交通运营突发事件应急指挥机构立即组织成员单位及专家进行分析研判,对事件影响及其发展趋势进行综合评估,由应急指挥机构主要负责同志决定启动相应的应急响应,并向各有关单位发布启动相关应急程序的命令。必要时,上一级交通运输主管部门派出工作组赶赴事件现场,指导开展相关应急处置工作。

运营突发事件发生在易造成重大影响的地区或重要时段时,可适当提高响应级别。应急响应启动后,可视事件造成损失情况及其发展趋势调整响应级别,避免响应不足或响应过度。

4. Ⅳ级应急响应

初判发生一般突发事件后,事发地县(市、区)政府(管委会)应急指挥机构应立即组织各成员单位和专家进行分析研判,对事件影响及其发展趋势进行综合评估,启动Ⅳ级应急响应。城市轨道交通运营主管部门派出工作组赶赴事发地,指导开展应急处置工作。

(三)响应措施

运营突发事件发生后,各有关地方、部门(单位)根据工作需要,组织采取以下措施。

1. 人员搜救

调派专业力量和装备,在运营突发事件现场开展以抢救人员生命为主的应急救援工作。现场救援队伍之间要加强衔接和配合,做好自身安全防护。

2. 现场疏散

根据预先制定的紧急疏导疏散方案,有组织、有秩序地迅速引导现场人员撤离事发地点,疏散受影响的城市轨道交通沿线站点乘客至城市轨道交通车站出口;对城市轨道交通线路实施分区封控、警戒,阻止乘客及无关人员进入。

3. 乘客转运

根据疏散乘客数量和发生运营突发事件的城市轨道交通线路运行方向,及时调整城市公共交通路网客运组织,利用城市轨道交通其余正常运营线路,调配地面公共交通车辆运输,加大发车密度,做好乘客转运工作。

4. 交通疏导

采取车站封闭、线路调整等手段,设置交通封控区,对事发地点周边交通秩序进行维护疏导,防止发生大范围交通瘫痪;开通绿色通道,为应急车辆提供通行保障。

5. 医疗救援

迅速组织当地医疗资源和力量,对伤病员进行诊断治疗,根据需要及时、安全地将重症伤病员转运到有条件的医疗机构加强救治。视情增派医疗卫生专家和卫生应急队伍、调配急需医药物资,支持事发地的医疗救援工作。提出保护公众健康的措施建议,做好伤病员的心理援助。

6. 抢修抢险

组织相关专业技术力量,开展设施设备等抢修作业,及时排除故障;组织土建线路抢险队伍,开展土建设施、轨道线路等抢险作业;组织车辆抢险队伍,开展列车抢险作业;组织机电设备抢险队伍,开展供电、通信、信号等抢险作业;组织消防抢险队伍,开展火灾抢险作业。

7. 维护社会稳定

根据事件影响范围、程度,划定警戒区,做好事发现场及周边环境的保护和警戒,维护治安秩序;严厉打击借机传播谣言制造社会恐慌等违法犯罪行为;做好各类矛盾纠纷化解和法律服务工作,防止出现群体性事件,维护社会稳定。必要时,按有关规定报请当地驻扎部队、武警部队、民兵预备役配合。

8. 信息发布和舆论引导

通过政府授权发布、发新闻稿、接受记者采访、举行新闻发布会、组织专家解读等方式,借助电视、广播、报纸、互联网等多种途径,运用微博、微信、手机应用程序(App)客户端等新媒体平台,主动、及时、准确、客观地向社会动态发布突发事件和应对工作信息,回应社会关切,澄清不实信息,正确引导社会舆论。信息发布内容包括事件时间、地点、原因、性质、伤亡情况、应对措施、救援进展及公众需要配合采取的措施、事件区域交通管制情况和临时交通措施等。

9. 运营恢复

在运营突发事件现场处理完毕、次生灾害后果基本消除后,及时组织评估;当确认具备运营条件后,运营单位应尽快恢复正常运营。

四、协调联动机制

发生跨地级以上突发事件,有关人民政府要根据需要及时启动跨区域运营突发事件应急联动机制,协同开展应急处置工作。

五、应急保障机制

（一）队伍保障

运营单位要建立健全运营突发事件专业应急救援队伍,加强人员设备维护和应急抢修能力培训,定期开展应急演练,提高应急救援能力。公安消防、武警部队等要做好应急力量支援保障。根据需要动员和组织志愿者等社会力量参与运营突发事件防范和处置工作。

（二）资金保障

运营突发事件应急处置所需经费首先由事件责任单位承担。城市轨道交通所在地城市及以上地方人民政府要对运营突发事件处置工作提供资金保障。

（三）物资保障

地级以上城市轨道交通所在地市人民政府和有关部门(单位)、运营单位要加强应急装备物资储备,鼓励支持社会化储备。交通运输主管部门、运营单位要建立城市轨道交通应急装备物资储备信息数据库,并实行动态管理。

（四）交通保障

交通运输主管部门要健全道路紧急运输保障体系,保障应急响应所需人员、物资、装备、器材等的运输,保障人员疏散。公安部门要加强应急交通管理,保障应急救援车辆优先通行,做好人员疏散路线的交通疏导。

（五）通信保障

地级以上城市轨道交通所在地市人民政府、通信主管部门要建立健全运营突发事件应急通信保障体系,形成可靠的通信保障能力,确保应急期间通信联络和信息传递需要。

（六）电力保障

地级以上城市轨道交通所在地市人民政府、电力主管部门要建立健全运营突发事件应急电力保障体系。运营单位要按照相关技术规范要求配置供电电源和自备应急电源,并加强对供电电源和自备应急电源运行管理的监督检查,确保应急期间电力可靠供应。

（七）技术保障

省交通运输厅会同有关部门(单位)和企业组织开展轨道交通安全保障技术研究,积极支持运营突发事件应急处置先进技术、装备的研发。交通运输主管部门要建立城市轨道交通应急管理技术平台,整合有关部门(单位)及运营单位有关信息资源,实现信息综合集成、分析处理、风险评估的智能化和数字化。

（八）联动保障

对跨地级以上市运营的城市轨道交通线路,有关人民政府要建立跨区域运营突发事件应急合作机制,并明确各级应急响应的责任主体。

六、后期处置机制

后期处置包括善后处置、事件调查和处置评估等。

善后处置是指城市轨道交通所在地城市人民政府要及时组织制定补助、补偿、抚慰、抚恤、安置和环境恢复等善后工作方案并组织实施。组织保险机构及时开展相关理赔工作,尽快消除运营突发事件的影响。

事件调查是指运营突发事件发生后,按照《生产安全事故报告和调查处理条例》等有关规定成立调查组,查明事件原因、性质、人员伤亡、影响范围、经济损失等情况,提出防范、整改措施和处理建议。

处置评估是指运营突发事件响应终止后，履行统一领导职责的人民政府要及时组织对事件处置过程进行评估，总结经验教训，分析查找问题，提出改进措施，形成应急处置评估报告。

第四节 城市轨道交通应急运输组织与调度

城市轨道交通发生突发事件，如发生设备故障、火灾、突发大客流（不包含节假日大客流情况）、治安消防类等事件，使得列车需降级运行或无法继续执行正常行车计划的情况下，运营单位要及时调整行车组织方案，同时加强客流监测情况，做好客流疏导等工作。在确保运营安全的前提下，尽可能维持线路运输能力。

一、突发事件行车调整方案

列车在行车过程中由于运营生产类事件、自然灾害、治安事件或恐怖袭击、公共卫生事件等原因，发生列车延误、列车运营中断、线路停运甚至是线网瘫痪时，会极大降低轨道交通系统的运行可靠性并导致客流聚集。因此，当线路面临突发运营中断事件时，如何快速有效地进行调度决策、合理有效利用资源以最大程度地维持线路运营、最大限度保障乘客安全并减少延误已成为城市轨道交通系统稳定可靠运营的关键。

常用的运营调整方式包括：

（一）限速运行

因设施设备故障或其他影响列车运行情况，需要准许列车临时限速运行且 ATS 具备限速功能时，由行车调度员下达调度命令并通过 ATS 设置或取消限速。限速运行应由有关方面论证后提出限速运行方案，方案应明确限速区域、限速值、限速时段及起止时间，报行车调度员，由其发布限速及取消限速命令。同一区域存在多个限速要求时，应取最小限速值。限速运行方案应在取消限速后至少保存 3 个月。

（二）扣车及紧急停车

遇突发情况时，为防止列车可能在区间长时间停留或进入前方非安全区段，可采用扣车进行运行调整。扣车指通过将列车扣停于车站站台，增加列车在车站的停站时间，达到确保列车安全、实现运行调整的目的。

（三）组织列车不停车通过部分车站

列车不停车通过可分为载客通过和放空通过两种情况。仅因车辆故障、设备故障、事故或车站因乘客滞留造成人多拥挤等原因引起运行秩序紊乱，或者因为特殊需要，方准许载客列车在部分车站通过，以达到恢复行车间隔，确保线路通畅和乘客人身安全的目的。在组织列车通过车站时，行车调度员应及时通知列车司机及相关车站。接到列车跳停的指令后，司机和车站应立即广播告知乘客列车不停站信息，严密组织好乘客乘降，确保乘客安全。末班车不能载客通过车站。

（四）调整列车发车时间、停站时间和区间运行时间

调整终端站发点是指由于某种原因，实际列车上线数少于图定列车数或线路发生拥堵时，可采用调整终端站发点措施；遇早高峰时段，为避免列车晚点，也可采取终端站早发措施，但应控制在 2 分钟内。

调整停站时间是指通过扣车或更改车站停站时间，以缩短列车与前后列车的间隔。

改变列车运行速度（调整区间运行时间）。除线路故障造成的区间限速外，为减少或增加列车在区间的运行时间，可采用改变列车运行速度的措施进行区间运行时间的调整。如遇小范围晚点情况，可组织列车赶点，即根据车辆的技术性能、司机操作水平和线路允许速度，组织列车加速运行，恢复正点。

（五）加开临时客运列车

在遇下列情况时，应组织加开临时客运列车：可预见性大客流，计划临时加开列车；线路多个车站发生大客流并预计半小时内不能缓解的，由车站申请临时加开；因客流较大，延长高峰小时开行的，按计划或命令临时加开；因车辆段（场）车辆调配调整，按车辆维修调度申请加开的；行车调度员认为有必要加开客运列车时。

（六）改变折返方式

当终端站具有 2 条及以上折返线时，在列车高密度到达的情况下，可采取 2 条折返线交替折返，以缓解车站的到达压力，有效及时地开通区间；当终端站具备站前站后折返模式时，在站后折返设备发生故障（如道岔故障）时，可采用站前折返方式，可有效降低故障影响。

（七）列车清客

当列车出现故障不能保障继续正常载客或由于线路拥堵调度员进行运营调整时，需对列车进行清客作业，保证乘客、列车运行的安全或防止线路堵塞。

（八）反方向行车

反方向行车是指在双线区间，列车的运行方向与线路规定的使用方向相反，主要用于特殊情况的列车运行调整及列车故障救援运行。

（九）单线双方向行车

单线双方向行车是指当运营线路中的一段线路受到阻塞，列车不能以正常方式运行时，列车在具备信号防护功能的同一条线路上进行往返运行的行车组织方式。单个列车在固定区域单线双方向运行且行车范围内所有道岔位置保持不变的，可按封锁区间组织。

（十）列车退行

列车退行是指使列车运行方向与列车原运行方向相反。

列车因故需在区间退行或列车越过停车标超过可退行距离需退行时，驾驶员应及时报告行车调度员。行车调度员应扣停后续列车，在确认列车退行路径空闲且满足安全防护距离、道岔位置正确且锁闭后，方可发布退行命令，必要时应组织车站行车人员做好引导。推进退行速度不应超过 10 km/h，牵引退行速度不应超过 35 km/h。

（十一）变更行车交路

如遇线路阻塞无法正常行车、前方区段异常，不允许列车进入或为均衡不同区段列车运能（大小交路列车密度的变更，上下行列车密度的变更），可采用变更列车终到目的地措施，进行运行调整。变更交路时，应就近选择具备折返功能的车站来安排列车折返，优先完成大客流车站的乘客输送。接到变更交路通知后，列车司机、车站应及时通知乘客，做好客运组织工作。

（十二）开行救援列车

开行救援列车由行车调度员负责组织实施。接到救援请求，决定实施救援后，行车调度员应向有关车站、司机发布开行救援列车的调度命令。命令内容包括被救援列车和救援列车连挂地点、救援列车运行路径、救援列车车次及注意事项等。

（十三）全人工模式行车

在运营期间遇下列情况应组织列车以全人工模式维持运营至终点站：车载报 ATP 故障，无法恢复 ATO 或 ATP 模式时；因地面信号设备故障，列车驶离故障区段后仍无法恢复 ATO 或 ATP 模式时；其他行车调度员认为有必要的情况。

二、突发大客流客运组织调整方案

当因自然灾害等原因导致城市轨道交通车站突发大客流时，运营单位应采取措施对客运组织进行调整，缓解站内客流压力。常用的客运组织调整方案包括设置应急导向标志、采取客流控制措施以及公交应急接驳等。

（一）设置应急导向标志

地铁应急情况下，可在换乘站等容易产生人群集聚的位置，安排工作人员指引乘客向空旷区域移动,使人群分布均匀,尽快疏散。当地铁发生故障无法正常运行时,可通过语音以及增设信息导向牌等方式告知乘客相关信息,避免不知情的乘客进入车站导致站内更加拥挤。必要时可建议乘客改乘其他交通方式。

(二)采取客流控制措施

当因列车或线路故障、大型活动、恶劣天气或其他突发事件的影响导致线路运能不足时,车站可临时采取客流控制措施,限制进站人数。车站客流控制分为三个级别,各等级的目的及措施如表 7-6 所示。

表 7-6 车站客流控制等级、目的及措施

站控等级	控制目的	控制主要措施
1 级客流控制	减缓乘客到达站台速度,减少站台乘客数量,站台人数少于站台可容纳人数的 2/3	1. 在站厅与站台的楼梯或扶梯连接处设置控制点,减少到达站台客流量 2. 改变扶梯走向,向下运行扶梯改为向上运行,引导乘客走楼梯,减慢乘客到达站台速度
2 级客流控制	减缓乘客进入付费区速度,减少付费区乘客数量。站厅付费区人数少于站厅付费区可容纳人数的 2/3	关闭部分进闸机,减缓乘客进入付费区速度,减少付费区乘客数量
3 级客流控制	减缓乘客进入车站速度,减少车站乘客数量。站厅人数少于站厅可容纳人数的 2/3	1. 在出入口设置控制点,分批进站,减少进站人数 2. 在出入口外设置回形线路,减缓乘客进站速度

(三)公交应急接驳

当突发事件影响较大,通过调整城市轨道交通行车组织仍不能快速疏散客流时,需要地面交通协助疏散客流。常用的地面交通应急保障方式包括疏运巴士、出租车以及调整公交线路。由于专门的疏运巴士和出租车投入较大,因此采用公交疏散最为有效。

三、典型突发事件下城市轨道交通应急运输组织与调度

(一)突发大客流

我们以突发大客流类事件为例,来证明城市轨道交通应急运输组织与调度。

突发大客流类事件是指在城市轨道交通运营中,由于各种因素致使城市轨道交通单位时间内候车、停留的乘客超过了该站设计许可的客流容量,并有继续增加的趋势,如不采取紧急措施将极有可能发生人员伤亡事故或意外的事件。因此,必须快速、果断地处置

运营中发生的大客流冲击类事件，维护城市轨道交通运营的稳定和秩序，确保城市轨道交通运行与乘客人身安全。

在城市轨道交通运营工作中，一般根据是否有对应的应急预案将大客流冲击类事件分为突发性大客流和预见性大客流。突发性大客流是指在城市轨道交通运营期间，在某一时段内发生不可预见的客流暴增，突发性大客流具有不可预见性、爆发性和瞬时性，会对城市运营秩序和服务带来重大挑战。突发性大客流的运输组织与调整如下。

1. 应急处置原则

在发生突发性大客流后，控制中心应遵循“安全第一、分级控制、合理引导、及时疏散”的原则进行处置。客流控制措施分为站控、线控、网控三个级别：站控遵循“由下至上、由内至外”和“先控制进站，后控制换乘”的原则；线控遵循“控辅援主，预留运力”的原则；网控遵循“一线受限，多线支援”的原则。

2. 应急处置程序

大客流冲击类事件处置程序如下。

(1) 前期处置。

① 信息接报。行车调度员接到车站汇报后，立即向当班值班主任报告，并通过闭路电视监控系统进行客流监控。

② 行车调整。行车调度员向发生大客流的车站值班站长了解人流动向及车站组织方案，视情况决定行车调整方案。

(2) 中期处置。

① 信息续报。控制中心值班主任在5分钟内通知指挥机构和现场处置机构成员及相关部门、中心，视情况通报公安城市轨道交通分局指挥室，按指挥机构总指挥的指示通知集团公司。

② 事件处置。根据客流变化情况的需要，指挥机构紧急调集人员、物资、交通工具等，必要时对客流进行疏散或采取只出不进、关站等措施，维修调度员通知全线其他车站做好乘客组织工作。

③ 行车调整。

A. 应根据实际情况及时组织备用车上线投入运营，缓解车站客流压力，备用车的加开时机和加开方案由值班主任决定。

B. 当客流较多，造成列车在多个车站连续出现延长停站时间的情况时，行车调度员根据现场实际情况及时对列车运行进行调整，防止列车运行间隔过大，尽量减少对乘客的影响。

(3) 后期处置。

① 信息通报。控制中心值班主任在接到指挥机构总指挥应急终止的命令后，通知相关车站恢复正常运营。

② 行车调整。车站大客流得到缓解后，行车调度员根据现场实际情况及时调整列车运行，安排备用车下线恢复备用状态，恢复按图行车。

3. 行车调度员在处置中的工作

(1) 关注本线实时客流情况,及时根据现场情况通过安排备车上线、加开列车、变更列车交路等手段调整列车间隔,尽量满足现场客运需求。

(2) 根据现场客流、列车满载率及运力情况,及时启动线控措施,或者根据值班主任指令协助邻线做好网控。

(3) 及时将客流异常情况报信息调度及值班主任。

4. 应急处置工作中的重、难点

(1) 行车调度员做好行车组织方案的选择。

(2) 行车调度员要尽可能掌握现场情况,并做好具体通报。

(二) 火灾类事故

火灾类事故主要指在城市轨道交通路网内各线的运营时段,在车站、列车、区间、线路等处突发火灾,危及乘客人身安全。由于城市轨道交通有大量的地下车站,受城市轨道交通环境的特定性等因素影响,当城市轨道交通突发火灾事故时,乘客逃生极其困难,造成群死群伤的可能性极大,故而火灾类事故是对城市轨道交通造成影响最为严重、危害最大的一类事故。以列车火灾类事故为例,其应急处置原则和流程如下。

1. 应急处置原则

(1) 原则上不组织乘客越过火场逃生,地面、高架线路应组织乘客往两端疏散。

(2) 当列车发生火灾时,通知司机尽量驾驶列车至前方站。

(3) 当着火列车迫停区间时,行车调度员及时扣停上下行列车,并及时通知两端车站协助处理。

(4) 在站厅与站台同层的车站,站厅发生火灾时按站台发生火灾的情况处理。

(5) 当换乘站着火时,各线载客列车在该站不停站通过。

2. 应急处置流程

(1) 前期处置。

① 信息接报。行车调度员在接到火灾汇报后,立即向当班值班主任报告并通过CCTV系统进行火情监视。值班主任立即报告指挥机构和现场处置机构的领导及成员。

② 行车调整。行车调度员向着火列车司机了解火势并和相关车站保持联系,指令前、后列车不得驶入火灾现场。

(2) 中期处置。

① 信息续报。OCC(运行控制中心)接到指挥机构指令后立即启动列车火灾应急预案,拨打火警电话,按规定进行信息通报。

② 事故处置。

ⅰ. 当列车火灾发生在车站或区间且列车可以继续运行时,值班主任指令邻近列车和前方车站或后方车站,组织工作人员准备进行着火列车灭火和协助乘客疏散,环控调度员视情况启动车站火灾事故模式。

ⅱ. 当列车火灾类事故发生在区间且列车被迫停车不能继续运行时,值班主任通知两端车站疏散乘客,若列车停留区域具备打开侧门条件,值班主任根据现场情况判断是否要求司机打开侧门,环控调度员按照FAS(Fire Alarm System,火灾报警系统)火灾模式标准启动相应区间隧道火灾通风模式。

③ 行车调整。

ⅰ. 当列车火灾发生在车站或区间且列车可以继续运行时,行车调度员扣停上下行列车,或者组织上下行列车限速不停站通过车站。

ⅱ. 当列车火灾发生在区间且列车被迫停车不能继续运行时,行车调度员扣停上下行列车。

(3) 后期处置。

① 信息通报。应急指挥机构接到现场处置机构火灾消除的报告后,授权OCC通知全线恢复正常运营,同时告知相关人员。

② 行车调整。值班主任宣布终止预案,行车调度员按相关专业限速要求办理行车、按图调整列车运行。

3. 行车调度员在处置中的工作

(1) 确认火点(列车位置、列车上的着火点)、火情及伤亡情况,并报告值班主任。

(2) 要求司机尽量维持列车进站。

(3) 如列车能够维持进站,则按“列车在车站发生火灾”的处理程序执行,并通知前方车站疏散在站乘客、做好列车在站灭火及乘客疏散准备工作。

(4) 如列车迫停区间,则立即组织区间疏散,并通知电调员疏散方向,同时通知两站,派相关人员进行区间引导。

(5) 当区间疏散时,扣停上下行进入该区间的列车。

(6) 必要时通知电调员停止该区域的供电。

(7) 在火灾扑灭后,经车辆及维修人员确认着火列车具备运行条件后调整回段,若不满足运行条件则组织列车救援下线。

(8) 车辆专业人员确认着火列车满足运营条件后,行车调度员方可组织列车上线运营。

4. 应急处置工作中的重、难点

(1) 确认火灾的具体位置及灾害情况,通知全线各站、各专业及相关领导,并在接到上级指示时及时传达执行。

(2) 根据现场需求判断是否对相应供电区段接触网停电;确认车站给排水系统正常运营模式,确认站台火灾模式自动执行(包括车站大系统和隧道通风系统)情况;与事故车站保持联系,及时掌握现场情况。

(3) 在火灾扑灭后,组织、协调相关部门对设施、设备进行检查,尽快恢复设施、设备的使用;统计火灾对设施(设备)的影响情况,确认线路出清,确认各项设备均恢复正常。

第五节 城市轨道交通突发事件应急管理模型

一、数据驱动的城市轨道交通客流预测和预警

随着轨道交通网络规模的扩大，大城市的轨道交通逐渐呈网络化运营，目前采用非接触式智能卡（AFC 系统）和电子支付系统，记录了大量的与乘客出行相关的时间地点数据，形成了系统、完善的城市轨道交通大数据。当城市轨道交通系统发生突发事件时，利用数据挖掘技术和信息技术，研究突发事件下轨道交通系统中乘客的出行模式和客流分布进行预测与预警，对于城市轨道交通列车的运行调整以及应急预案的制定等应急管理工作是至关重要的。

大数据驱动的城市轨道交通系统的客流预测与预警系统，以大规模地铁乘客刷卡数据、列车运行数据、线网拓扑数据、突发事件数据及各类运营场景参数数据为输入，采用机器学习与多智能体仿真相结合的方法，实现复杂运营场景、不同管理处置策略、不同线网结构、不同客流规模以及不同时空粒度下的城市轨道交通客流仿真推演，实现线网客流拥挤度估算、多运营场景下城轨管控策略优化、城市轨道突发事件客流诱导方案生成，为城市轨道交通应急管理决策与信息服务提供强有力支撑。其系统结构如图 7-8 所示。

该系统利用大数据、并行仿真手段，实现复杂突发事件场景、不同应急处置策略、不同线网结构、不同客流规模与结构以及不同时空粒度下满足不同精度速度需求的系统仿真模拟、数据驱动的管理优化以及精细化的信息服务。该系统主要具有以下功能：城市轨道交通运营场景的综合数字化编辑，包括客流规模与结构、列车时刻表、线网拓扑结构、突发事件场景、封站限流诱导措施等城市轨道交通“人—车—环—管”全要素的集成设置与编辑；复杂运营场景下的网络客流仿真、列车运行仿真，进而实现运输组织方案的动态仿真评估；突发事件场景下的客流预测与评估。

该系统主要包括数据层、功能层、展示层三个部分。① 数据层，为整个平台提供数据支撑。在基础数据库中整合了所有的数据，包括城市轨道交通基础设施、客流调查或刷卡数据、其他交通方式数据及各类统计指标数据等。核心数据用于城市轨道交通乘客出行行为特性的深度挖掘，进而为系统仿真与突发事件的客流预测提供基础输入。② 功能层，主要包含数据驱动的城市轨道交通系统仿真与管理优化的相关理论，包括动态路径搜索算法、行为决策模型；城市轨道交通仿真模型，实现列车运行仿真、线网客流仿真与车站微观仿真；城市轨道交通突发事件场景重构，实现客流多方式生成、复杂突发事件场景设置以及限流诱导方案编制等；城市轨道交通突发事件仿真预测评估，实现实时客流拥

挤度发布、突发事件演变模拟再现。③ 展示层，以多种形式在客户端或电子屏幕上展现车流图、城轨线路区间与列车满载、车站进出站量等统计指标；针对特定突发事件的仿真方案进行效果展示与对比分析。

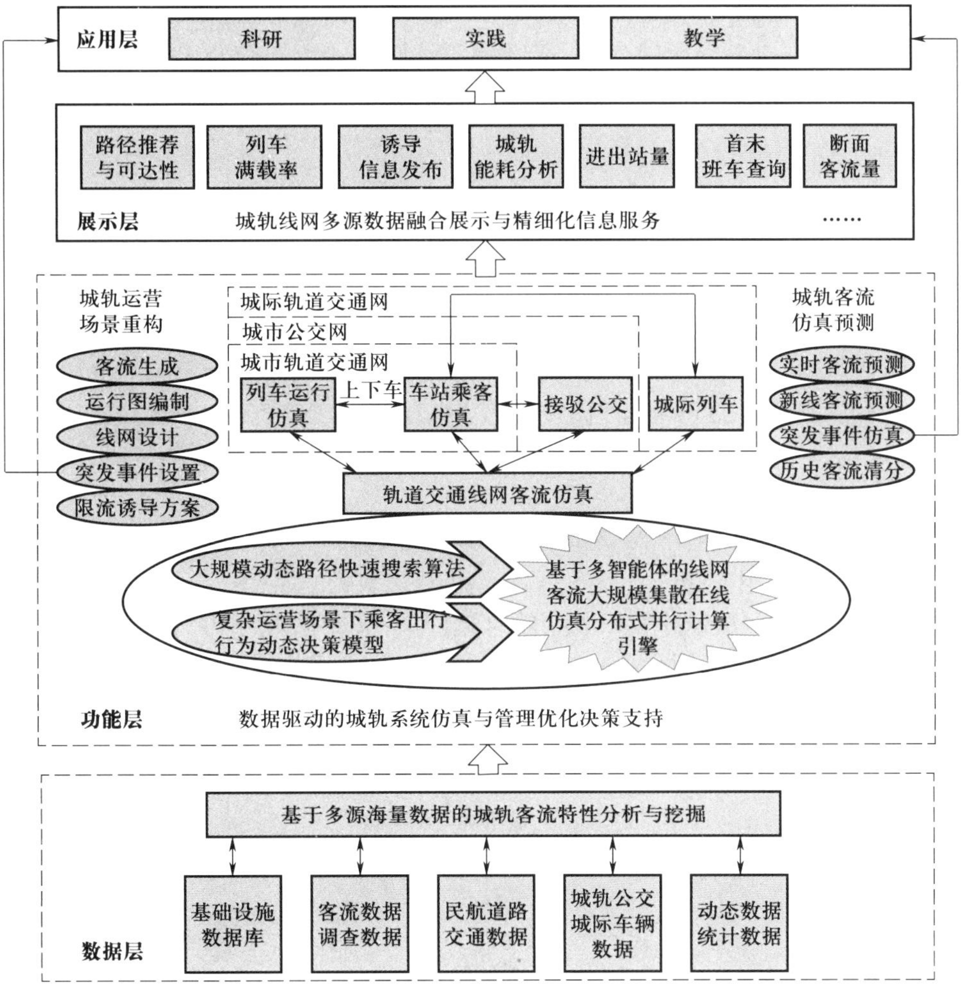

图 7-8　城市轨道交通客流分析与信息服务平台结构图

对于突发事件下的总量预测，可以采用深度学习算法进行计算。长短期记忆网络（Long Short-Term Memory，LSTM）是一种循环神经网络（Recurrent Neural Network，RNN）特殊的类型，可以学习长期依赖信息。LSTM 通过刻意的设计来避免长期依赖问题。对于输入序列，LSTM 能够捕捉时间序列学习长期依赖信息，通过三个门控单元，即遗忘门、输入门、输出门来对状态进行控制，实现有效保留特定信息用于时序预测。其基本 LSTM Cell 结构如图 7-9 所示。

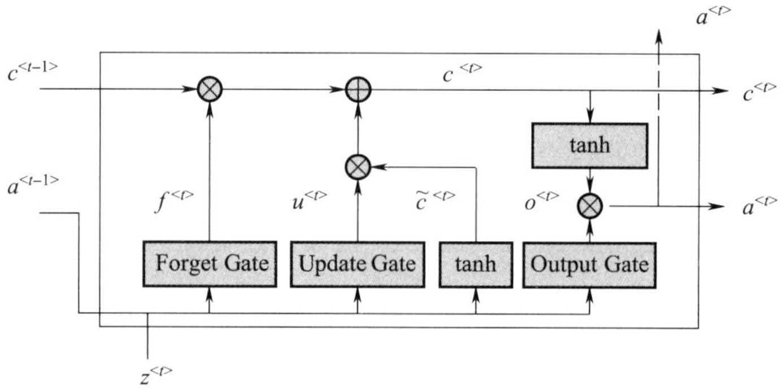

图 7-9　LSTM Cell 结构图

对于其输入序列 $\{z^t\}$ 及 LSTM 的输出序列 $\{a^t\}$，有如下更新公式：

$$\Gamma_u=\sigma(W_u[a^{<t-1>},z^{<t>}]+b_u)$$
$$\Gamma_f=\sigma(W_f[a^{<t-1>},z^{<t>}]+b_f)$$
$$\Gamma_o=\sigma(W_o[a^{<t-1>},z^{<t>}]+b_o)$$
$$c^{<t>}=\Gamma_u*\tanh(W_c[a^{<t-1>},z^{<t>}]+b_c)+\Gamma_f*c^{<t-1>}$$
$$a^{<t>}=\Gamma_o*c^{<t>}$$

在输入历史数据的样本集后，采用 LSTM 模型可以对突发事件下的城市轨道交通客流进行短时预测。采用 PyTorch 1.5 开发环境，网络设置为 2 层 LSTM 及末尾线性层，每一个 LSTM Cell 中的隐藏层个数为 8；城市轨道交通进站量数据采用归一化与反归一化处理。在模型拟测试过程，采取的训练数据自变量长度为 8，即利用前 8 个时间段的数据预测下一个时间段的数据。训练数据划分比例为 0.8，即最后 70 个数据作为模型的预测验证模型效果及输出指标。Epoch 长度设置为 1 000，即迭代 1 000 次使得模型参数训练愈加完善。

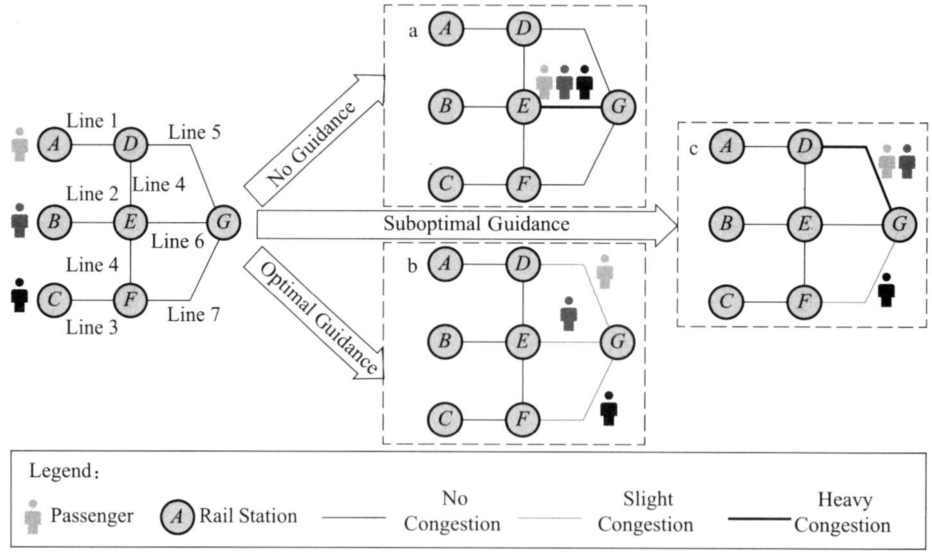

图 7-10　乘客在城市轨道交通网络中的运动过程图

进一步地，对于乘客在城市轨道交通网络中的运动过程（见图 7-10），可以采用多智能体仿真的方法，刻画乘客的出行路径。乘客的出行行为具有复杂性，且在出行前和途中的选择行为具有随机性，因此需要定义突发事件下乘客个体的出行决策、出行行为及与其他乘客的交互规则。首先生成两站之间的可行路径以供乘客进行选择，并将整个仿真周期划分为多个时间段。其次，在每个时段生成新的乘客智能体，为每个智能体分配一个可行的路径。最后，每个乘客智能体根据其当前的位置和状态，逐步完成进站、候车、上车、下车、换乘及出站等一系列过程。乘客的上下车过程将受到列车能力的约束，因此，突发事件下乘客可能被滞留在站台不能被服务。通过仿真，可以计算客流在城市轨道交通网络中的分布情况，瓶颈车站、区段等信息，针对满载率过高或者变化较大的车站和区段，进行预警信息的发布。城市轨道交通突发事件客流预测模块的界面设计如图 7-11 所示。

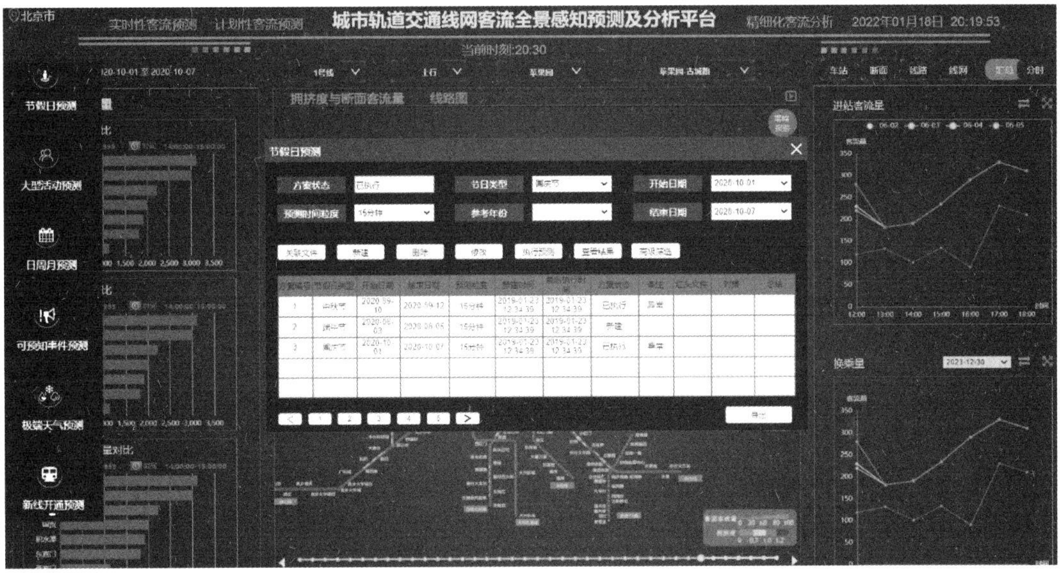

图 7-11　城市轨道交通突发事件客流预测模块界面图

二、城市轨道交通突发事件影响估计

（一）问题描述

随着我国城市轨道交通建设速度的加快，部分城市的城市轨道交通已逐渐由单线运营向网络化运营过渡。在网络化运营模式下，一旦网络中某一点发生突发事件，不仅会影响事发车站的客流，同时由于客流在网络内传播，还会影响网络中其他相关车站的客流。在这种情况下，网络中多个车站的客流出行受到延误或者损失，同时由于客流积压带来的拥堵还会影响乘客出行安全，此外也会给城市公共交通系统造成较大的压力。因此，在发生突发事件时，车站运营管理部门有必要对突发事件对网络上的客流分布的影响进行估计,并及时制定有效的行车组织计划和客流疏散计划,从而保证车站的正常运营和乘客安全。

城市轨道交通突发事件通常会造成行车延误或行车中断。运营公司调整行车后,对于乘客来说最直观的感受就是列车到达延误。运行延误时期是指从系统发生故障开始到系统恢复至正常计划状态时结束。运行延误时期主要包括两个时期:第一个时期是故障排除期,指从系统发生故障结束到系统排除故障结束;第二个时期是系统恢复期,指从系统排除故障结束到系统恢复至正常计划状态结束。从整个系统来看,可把突发事件的影响分为对路网客流量的影响和对乘客旅行时间的影响两大部分。本节基于正常运营及突发事件发生后的 AFC 数据,对突发事件对路网客流分布和乘客旅行时间的影响进行研究。

(二)受影响客流量的估算方法

当发生突发事件时,城市轨道交通网络乘客将出现以下五种选择行为:

(1) 继续乘坐城市轨道交通按原路线到达目的地;

(2) 继续乘坐城市轨道交通改变出站点;

(3) 继续乘坐城市轨道交通绕行到达目的地;

(4) 选择从邻近正常站点进入继续乘坐城市轨道交通;

(5) 放弃乘坐城市轨道交通。

对于已经在城市轨道交通网络中的乘客,选择(1)(2)(3)的乘客均有可能成为延误客流;选择(2)(3)的乘客将形成绕行客流。对于原本不在城市轨道交通网络中的乘客,选择(1)(2)(3)(4)的乘客均有可能成为延误客流;选择(2)(3)(4)的乘客将形成绕行客流;选择(5)的乘客将形成损失客流。

由于 AFC 数据中只有进入了城市轨道交通网络内的乘客刷卡信息,且突发事件下列车无法按照正常的运行图行驶,乘客的路径选择行为更加难以预测。从乘客路径的起点站、中间站、终点站来看,选择方式(2)出行的乘客,必是其路径终点站受到影响,选择方式(3)出行的乘客必是其中间站受到影响,选择方式(4)出行的乘客,必是其路径的起点站受到影响。因此本节受影响客流量的估算结合乘客路径的起点站、中间站、终点站三方面来进行。

为了估算受影响客流量,还需判定事件发生时,乘客是否在城市轨道交通网络内;如果某条路径上的乘客在突发事件发生时刻之前的某个时间段出发,且这些乘客的出发时刻以及路径旅行时间满足:事故发生时刻 < 出发时刻 + 计算旅行时间 < 事故结束时刻,那么这些乘客在事故发生时便已经在城市轨道交通网络内。突发事件发生前进站乘客受影响路径需求矩阵 $D_b(t,k)$ 计算公式如下:

$$D_b(t,k)=\begin{cases}D(t,k),\text{突发事件发生时 } k \text{ 路径上 } t \text{ 时段在轨道交通网络中进站的乘客}\\0,\text{其他}\end{cases}$$

城市轨道交通突发事件下受影响客流量的估算方法如下:

1. 损失客流量的估算

当城市轨道交通系统发生突发事件且乘客得知消息后，无法忍受长时间等待的乘客会选择不再乘坐城市轨道交通出行，损失客流量 Q_{sun} 的计算公式如下：

$$Q_{sun} = \sum_{s \in s_d} \sum_{t \in t_d} In_t^{sn} - \sum_{s \in s_d} \sum_{t \in t_d} In_t^{se} \tag{7-1}$$

式中：In_t^{sn}、In_t^{se}——在正常情况和突发事件下车站 s 在时段 t 内的进站量；

s_d——检测出进站量异常的车站集合；

t_d——受事故影响时段集合 $[\acute{t},\breve{t}]$。

那么选择放弃乘坐城市轨道交通出行的乘客比例 β 为：

$$\beta = \frac{Q_{sun}}{\sum_{s \in s_d} \sum_{t \in t_d} In_t^{sn}} \tag{7-2}$$

2. 绕行客流量的估算

形成绕行客流的乘客可能有以下三种情况：

(1) 乘客路径的起点站为行车受影响站点。如果乘客路径的起点站受到影响，将有一部分乘客选择从邻近正常站点进入城市轨道交通继续出行，设这个比例为 γ。

受影响客流量 Q_O 的估算公式如下：

$$Q_O(t) = \sum_k \gamma \times D(t,k) \times Z_e^o(k), t \in t_d \tag{7-3}$$

式中：$D(t,k)$ ——t 时段 k 路径上的客流需求；

$$Z_e^o(k) = \begin{cases} 1, \text{路径 } k \text{ 的起点站为受影响车站} \\ 0, \text{其他} \end{cases}$$

(2) 乘客路径的终点站为行车受影响站点。受影响客流量 Q_D 的估算公式如下所示：

$$Q_D(t) = \begin{cases} \sum_k D_b(t,k) \times Z_e^d(k), t < \acute{t} \\ (1-\beta) \times \sum_k D(t,k) \times Z_e^d(k), t \in t_d \end{cases} \tag{7-4}$$

式中：$Z_e^d(k) = \begin{cases} 1, \text{路径 } k \text{ 的终点站为受影响车站} \\ 0, \text{其他} \end{cases}$

(3) 乘客路径的中间站为行车受影响站点。受影响客流量 Q_M 的估算公式如下所示：

$$Q_M(t) = \begin{cases} \sum_k D_b(t,k) \times Z_e^m(k), t < \acute{t} \\ (1-\beta) \times \sum_k D(t,k) \times Z_e^m(k), t \in t_d \end{cases} \tag{7-5}$$

式中：$Z_e^m(k)$——$\begin{cases}1,\text{路径 }k\text{ 的中间站为受影响车站}\\0,\text{其他}\end{cases}$

3. 延误客流量的估算

突发事件发生以后，受影响线路列车无法准时到达地铁车站，以及由于受影响车站站台乘客聚集而无法正常上下车导致乘客在城市轨道交通系统中的旅行时间增加，从而产生了延误客流。

$$Q_{delay}=\sum_{i=1}^{N}n_i \tag{7-6}$$

式中：$\begin{cases}n_i=1,\text{第 }i\text{ 个乘客旅行时间增加}\\n_i=0,\text{其他}\end{cases}$

Q_{delay}——发生突发事件后使旅行时间增加的所有被延误乘客的总数量；

N——利用城市轨道交通系统出行的乘客总数。

（三）乘客出行延误计算方法

城市轨道交通系统中乘客出行的延误情况可以由平均延误时间、最大延误时间以及准时到达率三个指标来描述。

每个乘客的延误时间是指被延误乘客的旅行时间与原计划旅行时间之差，即

$$t_i^{delay}=t_i^{travel}-t_i^k \tag{7-7}$$

式中：t_i^{delay}——乘客 i 的延误时间；

t_i^{travel}——乘客 i 突发事件当日在城市轨道交通系统中的旅行时间；

t_i^k——乘客 i 平日所走路径 k 的计算旅行时间。

（1）平均延误时间$\bar{t}_{delay}$。

$$\bar{t}_{delay}=\frac{\sum_{i=1}^{N}t_i^{delay}}{Q_{delay}} \tag{7-8}$$

（2）最大延误时间$t_{\max}^{delay}$。

$$t_{\max}^{delay}=\max\{t_i^{delay}\} \tag{7-9}$$

（3）准时到达率 P。

$$P=\frac{N-Q_{delay}}{N} \tag{7-10}$$

三、扰动情况下城轨延误列车运行调整模型

（一）问题描述

列车在运行过程中难免会受到设备或人为等因素的干扰，使实际运行偏离计划运行图，造成列车延误，甚至运营中断。城市轨道交通系统具有发车间隔小、追踪时间短、客流时空差异性强的特征，存在不稳定性，一旦发生列车延误，如果处理不及时，便会造成运行系统的紊乱、乘客聚集，对系统产生一定的影响。因此，当列车发生延误后，需要及时进行调整，使其恢复"按图行车"。针对扰动情况下的列车延误，本节基于时刻表的余留时间提出列车运行调整策略，然后从乘客和运营商的角度出发，以最小化列车总偏差量和乘客总等待时间为目标函数，并结合实际设置约束条件，构建扰动情况下延误列车运行调整模型。

（二）模型构建

1. 符号参数

针对扰动情况下城市轨道交通列车运行调整问题，在后续建模过程中所用的部分符号参数如表 7-7 所示。

表 7-7 列车运行调整的相关符号

符号	符号定义
i	列车编号
j	车站编号
$Delay_j^i$	车次 i 的列车在车站 j 的延误时间
A_j^i/D_j^i	车次 i 的列车在车站 j 的计划到站 / 出站时间
$R_{j-1,j}^i$	车次 i 的列车从车站 $j-1$ 到车站 j 的计划区间运行时间
$R_{j-1,j,\min}^i$	车次 i 的列车从车站 $j-1$ 到车站 j 的最短区间运行时间
$R_{j-1,j,\max}^i$	车次 i 的列车从车站 $j-1$ 到车站 j 的最长区间运行时间
S_j^i	车次 i 的列车在车站 j 的计划停站时间
a_j^i	车次 i 的列车在车站 j 的实际到站时刻
d_j^i	车次 i 的列车在车站 j 的实际出站时刻
$r_{j-1,j}^i$	车次 i 的列车在车站 $j-1$ 到车站 j 的实际区间运行时间
s_j^i	车次 i 的列车在车站 j 的实际停站时间

续表

符号	符号定义
n_j^i	车次 i 的列车在车站 j 的实际下车乘客数量
$b_{j,\min}^i$	车次 i 的列车在车站 j 的最小作业时间
$S_{j,\max}^i$	车次 i 的列车在车站 j 的最大允许停站时间
$\gamma_k(t)$	乘客到达率
T_{ys}	停站时间的余留时间
T_{yr}	区间运行时间的余留时间
T_{yh}	发车间隔的余留时间
$L_{\max}$	列车最大载客量
$l_{j-1,j}^i$	车次 i 的列车到达车站 j 的实际载客量
$I_{j,\min}^{i-1,i}$	车次 $i-1$ 的列车和车次 i 的列车在车站 j 追踪间隔的最小值
$I_{\min}^{da}$	列车到发间隔的最小值
W_1	列车实际运行图与计划运行图的总偏差量
W_2	乘客总等待时间
W_{d1}	在车乘客的等待时间
W_{d2}	晚点时域内到站乘客的等待时间
W_{d21}	相邻两列连续列车间到站乘客的等待时间
W_{d22}	滞留乘客的额外等待时间
π_j^i	在车站 j 被列车 i 滞留乘客的数量
U_0	乘客等待时间放大系数
∂_1, ∂_2	子目标函数的权重系数
$w_{1,j-1,j}^i$	列车在区间运行时受到的不确定扰动项
$w_{2,j}^i$	列车在车站停车时受到的不确定扰动项
$u_{1,j-1,j}^i$	车次 i 的列车从车站 $j-1$ 到车站 j 的区间运行时间的调整量
$u_{2,j}^i$	车次 i 的列车从车站 j 停站时间的调整量

2. 模型假设

假设列车 i 在车站 $j-1$ 与车站 j 的区间运行时受到扰动的影响，造成列车 i 到站晚点，晚点时间为 $Delay_j^i$。为便于后续模型建立，还需做出如下假设：

(1) 假设列车延误时间在自动调整阈值内，不需要介入人工调整；

(2) 当扰动发生后，列车的晚点位置和晚点时间已知；

(3) 列车在线路上运行，采取站站停模式；

(4) 乘客到站乘车采用先到先服务原则；

(5) 列车在线路上运行，运行顺序保持不变，不允许发生越行；

(6) 扰动情况下，只考虑单线运营调整的情况。

3. 目标函数

本节从列车运行和乘客的角度出发，将晚点时域内乘客总等待时间、列车实际运行图与计划运行图的总偏差量两个指标有效结合，来构建目标函数。

(1) 列车实际运行图与计划运行图的总偏差最小化 W_1。主要考虑列车实际到发时刻与计划到发时刻的偏差量，所构建的列车总偏差量最小化的目标函数如式(7-11)所示。

$$W_1 = \min\left\{\sum_{j=1}^{m}\sum_{i=1}^{n}\left(|a_j^i - A_j^i| + |d_j^i - D_j^i|\right)\right\} \tag{7-11}$$

(2) 乘客总等待时间最小化 W_2。晚点时域内乘客总等待时间主要为两部分：第一部分是在车乘客的等待时间 W_{d1}，第二部分是晚点时域范围内到站乘客的等待时间 W_{d2}。

① 在车乘客的等待时间 W_{d1}。在车乘客的等待时间为列车到站实际载客量l_{j-1}^i减去下车的乘客数量n_j^i，再乘以实际停站时间，如式(7-12)所示。

$$W_{d1} = \sum_{j=1}^{m}\sum_{i=1}^{n}(d_j^i - a_j^i)\times(l_{j-1}^i - n_j^i) \tag{7-12}$$

② 晚点时域内到站乘客的等待时间 W_{d2}。晚点时域内到站乘客的等待时间主要考虑两列连续列车间到站乘客的等待时间和由于列车容量限制导致的滞留乘客的额外等待时间。

A. 两列连续列车间到站乘客的等待时间 W_{d21}。

$$W_{d21} = \sum_{j=1}^{m}\sum_{i=1}^{n}\int_{d_j^{i-1}}^{d_j^i}\gamma_j(t)\times(d_j^i - t)\,dt \tag{7-13}$$

B. 滞留乘客的额外等待时间 W_{d22}。

$$W_{d22} = \sum_{j=1}^{m}\sum_{i=1}^{n}\left(U_0\times\pi_j^i\times(d_j^{i+1} - d_j^i)\right) \tag{7-14}$$

晚点时域内到站乘客总等待时间的计算表达式如式(7-15)所示。

$$W_{d2}=W_{d21}+W_{d22} \tag{7-15}$$

乘客总等待时间的计算表达式如式(7-16)所示。

$$W_2=W_{d1}+W_{d2} \tag{7-16}$$

将建立的子目标函数进行加权得到总目标函数，如式（7–17）所示。

$$W=\partial_1 \cdot W_1+\partial_2 \cdot W_2 \tag{7-17}$$

4. 约束条件

列车运行调整的约束主要考虑线路条件、信号和列车自身等因素，并结合列车动态运行过程和列车运行图的相关要素进行设置。

（1）列车动态运行调整约束。假设车次 i 的列车在车站 $j-1$ 与车站 j 之间的区间运行时，受扰动的影响造成列车到站晚点，此时车次 i 的列车在车站 j 的实际发车时刻为车次 i 的列车在车站 $j-1$ 的实际发车时刻d_{j-1}^i与列车在车站 $j-1$ 与车站 j 的区间的实际运行时间$r_{j-1,j}^i$以及列车在车站 j 的实际停站时间s_j^i之和，如式（7–18）所示。

$$d_j^i=d_{j-1}^i+r_{j-1,j}^i+s_j^i \tag{7-18}$$

实际区间运行时间$r_{j-1,j}^i$为计划区间运行时间$R_{j-1,j}^i$与受到的不确定扰动项$w_{1j-1,j}^i$及对应的调整量$u_{1j-1,j}^i$之和，如式（7–19）所示。

$$r_{j-1,j}^i=R_{j-1,j}^i+w_{1j-1,j}^i+u_{1j-1,j}^i \tag{7-19}$$

实际停站时间s_j^i等于计划停站时间与受到的不确定扰动项$w_{2j-1,j}^i$及对应的调整量$u_{2j-1,j}^i$之和，如式（7–20）所示。

$$s_j^i=S_j^i+w_{2j-1,j}^i+u_{2j-1,j}^i \tag{7-20}$$

将上述式子合并，得到城市轨道交通列车实时动态运行调整约束，如式（7–21）所示。

$$d_j^i=d_{j-1}^i+R_{j-1,j}^i+S_j^i+w_{1j-1,j}^i+w_{2j}^i+u_{1j-1,j}^i+u_{2j}^i \tag{7-21}$$

其中，所允许的调整量与采取的调整策略有关。不同的策略的具体调整过程如下：

①“赶点运行”策略。赶点运行是指当列车发生延误后，在区间以高于计划运行的速度运行，从而缩减列车区间运行时间以抵消部分初始延误的运行调整策略。该策略要求延误时间在较小范围内，并且只有当列车 i 在后续区间的区间运行时间的余留时间大于零时，才可进行调整；否则，不可进行调整，如式（7–22）所示。

$$\begin{cases} u_{1j+k,j+k+1}^i \leqslant 0, u_{2j+k}^i=0 & \text{if} \quad T_{yr\,j+k,j+k+1}^i>0 \\ u_{1j+k,j+k+1}^i=0, u_{2j+k}^i=0 & \text{if} \quad T_{yr\,j+k,j+k+1}^i=0 \end{cases} \tag{7-22}$$

②“赶点 + 少停”策略。当晚点时间较长，仅通过“赶点运行”策略不能及时有效地恢复正常运行状态时，可通过缩短列车 i 的区间运行时间和停站时间来尽快恢复列车“按图行车”。该策略需要对区间运行时间和停站时间的余留时间进行调整，如式（7–23）所示：

$$\begin{cases} u^{i}_{1j+k,j+k+1} \leqslant 0, u^{i}_{2j+k} \leqslant 0 & \text{if} \quad T^{i}_{yr\,j+k,j+k+1} > 0, T^{i}_{ys\,j+k} > 0 \\ u^{i}_{1j+k,j+k+1} \leqslant 0, u^{i}_{2j+k} = 0 & \text{if} \quad T^{i}_{yr\,j+k,j+k+1} > 0, T^{i}_{ys\,j+k} = 0 \\ u^{i}_{1j+k,j+k+1} = 0, u^{i}_{2j+k} \leqslant 0 & \text{if} \quad T^{i}_{yr\,j+k,j+k+1} = 0, T^{i}_{ys\,j+k} > 0 \\ u^{i}_{1j+k,j+k+1} = 0, u^{i}_{2j+k} = 0 & \text{if} \quad T^{i}_{yr\,j+k,j+k+1} = 0, T^{i}_{ys\,j+k} = 0 \end{cases} \tag{7-23}$$

③ “赶压 + 少停”策略。当延误列车 i 对后续列车 $i+1$ 的正常运行产生影响时，应采用前行列车 i “赶点 + 少停”运行，后行列车“压点”运行的调整策略，相当于“赶点 + 少停”策略的一个补充。其中，“压点”是为了运行安全，列车以低于计划区间运行速度的速度运行或者增加停站时间，如式（7-24）所示。

$$u^{i+1}_{1\,j-1,j} > 0, u^{i+1}_{2j} = 0 \quad \text{if} \quad Delay^{i}_{j} > T^{i,i+1}_{yh\,j} \tag{7-24}$$

（2）区间运行时间约束。在调整列车运行时间时，考虑到线路、信号、列车自身等状况，列车区间运行时间应不低于区间运行时间的最小值，也不宜高于区间运行时间的最大值，如式（7-25）所示。

$$R^{i}_{j-1,j,\min} \leqslant r^{i}_{j-1,j} \leqslant R^{i}_{j-1,j,\max} \tag{7-25}$$

（3）停站时间约束。为了满足城市轨道交通列车的在站作业时间和保障线路运输效率，既要满足最小作业时间约束，又需要满足最大停站时间约束，如式（7-26）所示。

$$b^{i}_{j,\min} \leqslant s^{i}_{j} \leqslant S^{i}_{j,\max} \tag{7-26}$$

（4）列车追踪间隔约束。对于同方向行驶的连续列车，为了行车安全，追踪间隔需大于列车追踪间隔的最小值 $I_{\min}$；对于车站而言，相邻连续列车的到发间隔需要满足车站最小到发间隔$I^{da}_{\min}$，如式（7-27）至式（7-29）所示。

$$a^{i}_{j} - a^{i-1}_{j} \geqslant I_{\min} \tag{7-27}$$

$$d^{i}_{j} - d^{i-1}_{j} \geqslant I_{\min} \tag{7-28}$$

$$d^{i}_{j} - a^{i-1}_{j} \geqslant I^{da}_{\min} \tag{7-29}$$

（5）列车载客量约束。为了保证列车运行安全以及舒适度，列车实际载客量要低于列车额定载客量 $L_{\max}$，如式（7-30）所示。

$$l^{i}_{j} \leqslant L_{\max} \tag{7-30}$$

（6）发车时间约束。在列车延误情况下，列车的实际出站时刻不早于计划出站时刻，如式（7-31）所示。

$$d^{i}_{j} \geqslant D^{i}_{j} \tag{7-31}$$

（7）列车运行次序约束。在不考虑越行的情况下，相邻列车的到发时刻应满足式

(7−32)和式(7−33)。

$$a_j^i \geqslant a_j^{i-1} \tag{7-32}$$

$$d_j^i \geqslant d_j^{i-1} \tag{7-33}$$

四、运营中断场景下列车小交路运行调整模型

（一）问题描述

当突发事件导致城市轨道交通发生运营中断,列车在区间或者车站无法正常行车时,后续列车将无法正常通行,进而导致线路拥堵和乘客滞留,产生极大安全隐患。为减少中断产生的影响,在故障处理期间可以充分利用配线组织小交路运行。运营中断场景下线路示意图如图 7−12 所示。在该场景中,突发事件导致线路双向均无法正常通车。为维持线路运输能力,在故障区域两侧较近的折返车站组织列车进行小交路运行。

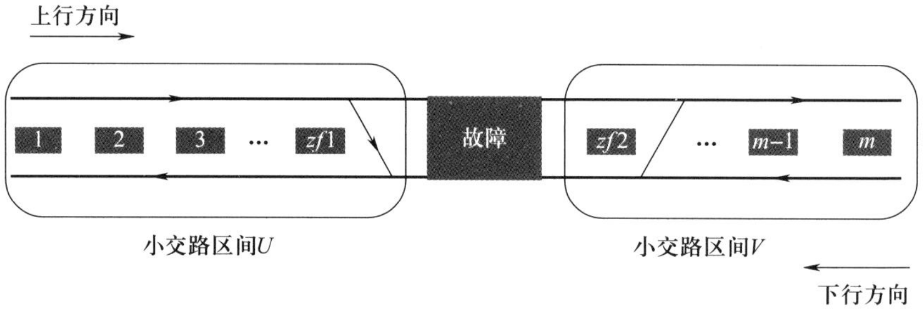

图 7−12　线路中断示意图

（二）模型构建

1. 模型假设

(1) 假设突发事件发生后,运营中断位置和中断持续时间已知。

(2) 乘客到站乘车采用"先进先服务"的原则。

(3) 除折返列车外,其余列车运行顺序保持不变,不允许越行。

2. 目标函数

以小交路区间 U 为例进行分析,假设上行方向车次 $\{i_1, i_2, \cdots, i_z\}$ 的列车在折返站 j 进行小交路运行,折返后的车次为 $\{l'_{i_1}, l'_{i_2}, \cdots, l'_{i_z}\}$。模型的目标为最小化车站滞留人数。总滞留人数主要分为两部分:第一部分为下行方向故障区域后续车站滞留乘客人数 π_1;第二部分为上行方向清客和后续列车压车导致的滞留乘客人数 π_2。

(1) 下行方向故障区域后续车站滞留乘客人数 π_1。主要考虑折返列车 l'_{i_z} 在各站滞留乘客人数以及折返列车 l'_{i_z} 与后续正常通行列车发车间隔内到站等待上车的乘客数量。

折返列车 l'_{i_z} 因在上行方向已完成清客，所以在下行方向到达各站时车内乘客数量如式(7-34)所示。

$$l_k^{l'_{i_z}}=\begin{cases}0 & k=j\\ l_{k+1,k}^{l'_{i_z}}+m_k^{l'_{i_z}}-n_k^{l'_{i_z}} & k<j\end{cases} \tag{7-34}$$

折返列车在下行方向各车站滞留乘客人数的计算，如式(7-35)至式(7-37)所示。

$$p_k^{l'_{i_z}}=\pi_k^{l'^q_{i_z}}+(d_k^{l'_{i_z}}-d_k^{l'^q_{i_z}})\times\gamma_k(t) \tag{7-35}$$

$$m_k^{l'_{i_z}}=\min\{p_k^{l'_{i_z}},L_{\max}-l_k^{l'_{i_z}}+n_k^{l'_{i_z}}\} \tag{7-36}$$

$$\pi_k^{l'_{i_z}}=p_k^{l'_{i_z}}-m_k^{l'_{i_z}} \tag{7-37}$$

式中：$d_k^{l'^q_{i_z}}$——折返车次 l'_{i_z} 的前一班车在各站的出站时刻；

$\gamma_k(t)$ ——该时段乘客在车站 k 的到站率，具有动态时变性。

在线路恢复通车时，故障线路的后续车站滞留乘客总人数，如式(7-38)所示。

$$\pi_1=\sum_{k=1}^{j}\pi_k^{l'_{i_z}}+\sum_{k=1}^{j}((d_k^{\overleftarrow{zct}}-d_k^{l'_{i_z}})\times\gamma_k(t)) \tag{7-38}$$

(2) 上行方向清客和后续列车压车导致的滞留乘客人数 π_2。

① 在折返站清客导致的滞留乘客人数 π_{2-1}。

$$\pi_{2-1}=\sum_{i\in\{i_1,i_2,\cdots,i_z\}}(1-\beta_j^i)\times l_{j-1,j}^i \tag{7-39}$$

② 上行方向因压车导致的滞留乘客人数 π_{2-2}。

$$\pi_{2-2}=\sum_{k=1}^{j}\pi_k^{i_z}+\sum_{k=1}^{j}((d_k^{\overrightarrow{zct}}-d_k^{i_z})\times\gamma_k(t)) \tag{7-40}$$

式中：$d_k^{\overrightarrow{zct}}$——上行方向线路恢复正常运行时列车在各站的出站时刻。

在故障处理结束时，上行方向滞留乘客人数 π_2，如式(7-41)所示。

$$\pi_2=\sum_{i\in\{i_1,i_2,\cdots,i_z\}}(1-\beta_j^i)\times l_{j-1,j}^i+\sum_{k=1}^{j}(\pi_k^{i_z}+(d_k^{\overrightarrow{zct}}-d_k^{i_z})\times\gamma_k(t)) \tag{7-41}$$

待故障处理结束，线路中总滞留乘客数量 C_π^2 最小化模型，如式(7-42)所示。

$$C_\pi^2=\min\Big\{\sum_{k=1}^{j}\pi_k^{l'_{i_z}}+\sum_{k=1}^{j}((d_k^{\overleftarrow{zct}}-d_k^{l'_{i_z}})\times\gamma_k(t))+\sum_{i\in\{i_1,i_2,\cdots,i_z\}}(1-\beta_j^i)\times l_{j-1,j}^i+\sum_{k=1}^{j}(\pi_k^{i_z}+(d_k^{\overrightarrow{zct}}-d_k^{i_z})\times\gamma_k(t))\Big\} \tag{7-42}$$

3. 约束条件

(1) 到发时刻约束。假设上行方向车次 i 的列车在折返站 j 进行小交路折返运行，折

返后的车次为 l_i'。对于上行车次 i 在车站 j 的到发时刻，用式（7-43）表示。

$$\begin{cases} a_j^{i\ up}=d_{j-1}^{i\ up}+r_{j-1,j}^{i\ up} \\ d_j^{i\ up}=d_{j-1}^{i\ up}+r_{j-1,j}^{i\ up}+s_j^{i\ up} \end{cases} \tag{7-43}$$

对于下行车次 l 在车站 j 的到发时刻，用式（7-44）表示。

$$\begin{cases} a_j^{l\ dn}=d_{j-1}^{l\ up}+r_{j-1,j}^{l\ up} \\ d_j^{l\ dn}=d_{j-1}^{l\ dn}+r_{j-1,j}^{l\ dn}+s_j^{l\ dn} \end{cases} \tag{7-44}$$

由于不考虑越行情况，对于同方向的连续车次，只有前行车次的列车已经出站，后行车次列车才允许进站，如式（7-45）所示。

$$\begin{cases} d_j^{i\ up}<a_j^{i+1\ up} \\ d_j^{l\ dn}<d_j^{l+1\ dn} \end{cases} \tag{7-45}$$

（2）折返站约束。

① 对折返站 j 的约束。由于列车的折返作业，折返列车 i 在下行方向到达车站 j 的时刻需要加上列车折返作业时间 $t_{j\ turn}^{i}$。并且，折返作业的时间需要控制在一定范围内，如式（7-46）所示。

$$\begin{cases} a_j^{l_i'dn}=a_j^{i\ up}+S_j^{i\ up}+t_{j\ turn}^{i} \\ t_{j\ turn}^{i\ \min}\leqslant t_{j\ turn}^{i}\leqslant t_{j\ turn}^{i\ \max} \end{cases} \tag{7-46}$$

由于一次只允许一辆列车进行折返，只有折返车次 i 的列车完成折返到达 j 后，后续列车 $i+1$ 才允许从车站 j 发车，如式（7-47）所示。

$$d_j^{i+1\ up}-a_j^{l_i'\ dn}>0 \tag{7-47}$$

② 对于车站 1 的约束。

引入 0-1 变量 $\gamma_{i,l}$：当列车车次 i 和 l 由不同列车提供服务，$\gamma_{i,l}=0$；否则 $\gamma_{i,l}=1$。在车站 1 上行方向车次与下行方向车次 l 的到发时刻，应满足以下折返要求，保证折返作业时间在一定范围内。

$$\begin{cases} a_1^{i\ up}-d_1^{l\ dn}\geqslant t_{1\ turn}^{\min}-M(1-\gamma_{i,l}) \\ a_1^{i\ up}-d_1^{l\ dn}\leqslant t_{1\ turn}^{\max}-M(1-\gamma_{i,l}) \end{cases} \tag{7-48}$$

式中：　　M——无穷大正数；

$t_{1\ turn}^{\min}$、$t_{1\ turn}^{\max}$——列车在车站 1 的最小和最大折返作业时间。

若由相同列车提供服务，则折返列车在车站 1 的到站时刻，用式（7-49）表示。

$$a_1^{i\ up}=a_1^{l\ dn}+S_1^{l\ dn}+t_{1\ turn}^{l} \tag{7-49}$$

此外，在车站 1 两连续车次的出发和到达时刻，应该满足式（7-50）的约束：

$$d_1^{l+1dn} - \sum_{i \in I} \gamma_{i,l}\, a_1^{i\,up} > 0 \tag{7-50}$$

思考与练习

1. 简述城市轨道交通“一案三制”的内容。
2. 城市轨道交通应急预案的作用是什么?
3. 城市轨道交通应急预案有哪些级别,不同级别应急预案的区别是什么?
4. 城市轨道交通应急响应有几个等级,每个等级启动的条件是什么?
5. 城市轨道交通突发事件行车调整手段有哪些,请至少写出四项并简单解释。

即测即评

第八章 城市公共汽电车应急管理

城市公共汽电车客运，是指在城市人民政府确定的区域内，运用符合国家有关标准和规定的公共汽电车车辆和城市公共汽电车客运服务设施，按照核准的线路、站点、时间和票价运营，为社会公众提供基本出行服务的活动。城市公共汽电车交通是以公共汽车、无轨电车为运载工具的公共交通方式。因此，本章所论述的城市公共汽电车属于地面公共交通。

我国人口基数较大，人口数量和机动车数量在不断增长，可利用的土地资源却非常有限，因此在很多城市都出现了人多地少、车多路少的现象。2020 年我国交通拥堵排名前 10 的城市如图 8-1 所示。发展城市公交是现阶段解决群众出行、缓解道路拥堵最有效的措施，同时也是在能源短缺背景下实现城市可持续发展的重要手段。

排名	城市	2020年度通勤高峰拥堵指数	2020年度通勤高峰实际速度(km/h)
1	重庆	2.260	24.06
2	北京	2.063	26.91
3	西安	1.987	26.41
4	上海	1.932	24.94
5	青岛	1.838	27.63
6	成都	1.763	32.72
7	武汉	1.707	30.12
8	深圳	1.673	33.93
9	天津	1.659	30.87
10	东莞	1.605	34.51

图 8-1　2020 年我国交通拥堵排名前 10 的城市

第一节 城市公共汽电车应急管理概述

随着我国积极确立并实施城市公共交通优先发展战略，城市公交规模迅速扩大，客运量稳步提升。2022 年末，我国拥有公共汽电车运营线路 7.8 万余条，运营总长度 166.45 万千米，完成城市客运量达到 755.11 亿人，占城市公共交通总客运量的一半左右。

但是公交在快速发展的同时也带来了公共交通突发事件的频发。自然灾害、交通事故、人为行为威胁等诸多因素都会引发公共交通突发事件，加之公共交通服务的受众广泛度和影响力，使公共交通突发事件带来的危害十分巨大。国内外公共交通突发事件给公共安全带来了严重的威胁（见表 8-1）。因此，城市公交系统要建立动态化应急处理方案，结合实际事件的性质、特征以及危害程度，采取有效的应急处理机制和控制措施，以避免发生事故或减轻事故造成的人员伤亡与财产损失。除事中、事后的应对处理工作之外，事前的预防预警在突发事件管理中有着极其重要的作用，能够及时发现公共安全事件苗头，协助政府相关部门及时分析判断、科学应对突发事件。

表 8-1　国内外城市汽电车交通突发事件统计

事件分类	时间	地点	原因与后果
自然灾害类	2019 年 6 月	菲律宾	暴雨导致公交车与其他车辆相撞，8 人死亡，15 人受伤
事故灾难类	2016 年 1 月	中国银川	公交车自燃，14 人死亡，32 人受伤
	2017 年 9 月	美国纽约	公交车与旅游客车相撞，3 人死亡，16 人受伤
	2000 年 7 月	中国广西	施工人员违章作业，驾驶员未遵守安全行车，79 人死亡
	2022 年 6 月	德国北威州	公共汽车与有轨电车相撞，1 人死亡，6 人重伤，33 人轻伤
	2022 年 7 月	肯尼亚	公交车刹车失灵，24 人死亡，多人受伤
	2022 年 7 月	阿富汗	公交车因洪水发生侧翻，4 人死亡，48 人受伤
	2022 年 10 月	印度	公交车与油罐车相撞引发火灾，12 人死亡，30 人受伤
社会安全事件	2005 年 7 月	英国伦敦	恐怖袭击，52 人死亡，多人受伤
	2009 年 6 月	中国成都	人为纵火，27 人死亡，74 人受伤
	2013 年 6 月	中国厦门	人为纵火，48 人死亡，30 人受伤
	2014 年 7 月	中国广州	人为纵火，2 人死亡，32 人受伤
	2018 年 10 月	中国重庆	乘客与司机争执互殴致公交车失控坠江，13 人死亡，2 人失联
	2020 年 7 月	中国贵州	司机报复心理，21 人死亡，15 人受伤

资料来源：根据网络资料整理。

一、城市公共汽电车突发事件分类和分级

城市公共汽电车突发事件，是指由于城市公共汽电车运营事故、城市公交场站内或公共汽电车车辆上遭受恐怖袭击或极端暴力袭击等原因引发，造成或者可能造成人员伤亡、大量人员需要疏散和严重社会危害的紧急事件。其基本要素一是发生地点在公共交通运行系统内，包括交通工具、运营站点设施、运行道路；二是会造成人身安全和财产的损失，甚至会导致严重危害社会稳定的情形。

（一）城市公共汽电车突发事件分类

城市公共汽电车突发事件分为四类：自然灾害类、事故灾难类、公共卫生事件和社会安全事件。据以上标准和规范，对常见的城市公共汽电车突发事件进行分类（见图 8-2）。

图 8-2　城市公共汽电车突发事件分类图

1. 自然灾害类

地震、洪涝、恶劣天气、重污染天气等自然灾害也极易对城市公共汽电车的安全运营造成不良影响。地震可能引起道路基础设施设备损坏,造成运营中断甚至人员伤亡;洪涝灾害可能导致道路基础设施设备损坏、车内进水、人员被困,造成运营中断甚至人员伤亡;大雾、冰雪等恶劣天气可能影响驾驶员驾驶行为,导致交通事故发生,造成人员伤亡。

2. 事故灾难类

导致城市公共汽电车发生事故的主要因素有:

(1) 驾驶员。城市公共汽电车驾驶员是事故的核心因素。驾驶员的驾驶特性包括感知特性、判断特性、操作特性。驾驶特性与运营安全密切相关,任何一个环节出错,都有可能直接引发事故。

① 感知特性。驾驶员如果其感觉器官接受信息的速度不够快,或者不能够正确认识交通环境中的事物,会引起一连串的错误,继而导致判断和操作失误,导致事故发生。

② 判断特性。驾驶员如果通过思考所做出的结论和决策与交通环境的实际情况不符,就会导致操作错误,最终导致事故发生。

③ 操作特性。驾驶员的操作特性主要是指其动作的准确性、稳定性以及协调性。操作失误是指驾驶员的肢体做出的操作动作不及时、不准确或者不协调,具体表现为驾驶员没有及时、正确地踏制动踏板或加速踏板,或者转动方向盘过度或不足。

(2) 乘客。乘客的不安全行为是造成事故的另外一个重要原因。主要有违反乘车规定,携带易燃易爆等违禁品上车,破坏车内安全设施,干扰司机驾驶行为,不遵守乘车规则,不规范候车等。

(3) 车辆。公交车技术性能的好坏是影响运营安全的重要因素,车的不安全状态也是造成事故的直接原因。公交车由于运行强度高、负载变化大、制动频率高、起步停车频繁,容易出现机件失效、零部件损坏的情况。

① 车辆原因导致火灾事故。

A. 电气线路故障。如仪表线束短路、线路连接松动、电气线路绝缘破损短路、潮湿漏电、蓄电池过热等原因形成电火花或者高温点燃周围的可燃物。

B. 燃料系统故障。燃料泄漏,遇到热源引起燃烧或爆炸。

C. 排气系统引发火灾。一般公交车的排气管温度可达 300℃ ~400℃,如果有油滴落在排气管上就会引起火灾;燃料燃烧不充分时,会在排气管进行二次燃烧,导致温度迅速上升,引起周围的可燃部件着火。

D. 机械摩擦起火。润滑系统缺油,机件因摩擦产生高温接触易燃可燃物引发火灾;制动器过热、轮胎过热等引起火灾。

E. 交通事故引起火灾。发生交通事故时,油箱、油泵、油管易破裂,与撞击时产生的火花接触起火;撞击过程中线路受到震动或受到汽车撞击时产生的高温影响失去绝缘能力导致连电打火等。

F. 其他设备故障引起火灾。例如公交车上的空调压缩机、监控设备、车载电视等设备存在火灾隐患,遇到火星,甚至振动引起火灾。

② 车辆原因导致道路交通事故。

A. 严重超载。严重超载时，急刹车急停车容易造成乘客伤害。超载会影响车辆操纵性能，降低制动性能，破坏行驶稳定性，加速零部件的损坏。

B. 转向系统失控。转向系统故障，或者转向器自由行程过大，会造成行车中躲避不及时而引发事故，转向操纵失控会造成严重事故。

C. 制动系统失效。制动效能下降或制动失灵，导致车辆制动距离过长或没有制动、制动跑偏等引发事故。

D. 行驶系统故障。行车中轮胎爆炸、气压不足、车轮脱落、车架弯曲变形等故障都会造成事故。

E. 电气系统损坏。车内电气机构发生故障，导致驾驶员部分指令无法发出，威胁运营安全。

F. 车内装置不安全。如座椅、扶手强度不够，车内软化设计不够，未用安全玻璃等对乘客造成伤害。

3. 公共卫生事件

城市公共汽电车作为城市主要的公共交通工具之一，其所运输的乘客数量庞大，尤其是在日常通勤高峰期，车内人员密集度极高、空间相对密闭、空气流通性差，传染性病菌和病毒极易在此类环境中传播扩散。因此，城市公共汽电车极易出现公共卫生事件。

4. 社会安全事件

突发的社会安全事件，如重大刑事案件、恐怖袭击事件和较大规模的群体性事件都会引起城市组织系统的非正常运转，导致公共危机爆发。因群体性事件，如城市居民罢工、暴乱引发车内人员伤亡的事件；车内乘客之间打架斗殴引发的治安事件；个人恐怖主义，主观上故意破坏城市公共汽电车运营安全，如人为纵火烧毁公交车。

（二）城市公共汽电车突发事件分级

根据 2018 年交通运输部发布的《城市公共汽电车突发事件应急预案》，城市公共汽电车突发事件按照性质类型、严重程度、可控性和影响范围等因素，可将其分为四级（见表 8-2）：Ⅰ级（特别重大）、Ⅱ级（重大）、Ⅲ级（较大）和Ⅳ级（一般）。

表 8-2　城市公共汽电车突发事件分级

突发事件级别	特征
Ⅰ级（特别重大）	城市公交场站内或公共汽电车车辆上发生严重危及人员生命安全的运营事故，造成或可能造成 30 人以上死亡或失踪，或危及 30 人以上生命安全的 市公交场站内或公共汽电车车辆上遭受恐怖袭击或极端暴力袭击，造成或可能造成 30 人以上死亡或失踪，或危及 30 人以上生命安全的；其他可能造成特别重大损失的城市公共汽电车突发事件

续表

突发事件级别	特征
Ⅱ级（重大）	城市公交场站内或公共汽电车车辆上发生严重危及人员生命安全事件，造成或可能造成10人以上、30人以下死亡或失踪的，或危及10人以上、30人以下生命安全的 城市公交场站内或公共汽电车车辆上遭受恐怖袭击或极端暴力袭击，造成或可能造成10人以上、30人以下死亡或失踪的，或危及10人以上、30人以下生命安全的 其他可能造成重大损失的城市公共汽电车突发事件
Ⅲ级（较大）	城市公交场站内或公共汽电车车辆上发生严重危及人员生命安全事件，造成或可能造成3人以上、10人以下死亡或失踪的，或危及3人以上、10人以下生命安全的 城市公交场站内或公共汽电车车辆上遭受恐怖袭击或极端暴力袭击，造成或可能造成3人以上、10人以下死亡或失踪的，或危及3人以上、10人以下生命安全的 其他可能造成较大损失的城市公共汽电车突发事件
Ⅳ级（一般）	城市公交场站内或公共汽电车车辆上发生危及人员生命安全事件，造成或可能造成3人以下死亡或失踪的，或危及3人以下生命安全的 城市公交场站内或公共汽电车车辆上遭受恐怖袭击或极端暴力袭击，造成或可能造成3人以下死亡或失踪的，或危及3人以下生命安全的 其他可能造成一般损失的城市公共汽电车突发事件

上述分级标准有关数量的表述中，“以上”含本数，“以下”不含本数。

【典型案例8-1】

二、城市公共汽电车应急管理体系

城市公共汽电车突发事件应急管理是指在城市公共汽电车交通运营主体单位为了降低突发事件的危害，基于突发事件的起因、过程及后果进行全面分析，有效集成社会各方面的相关资源，对突发事件进行有效预警、控制和处置的过程。

城市公共汽电车应急预案是指在风险分析和评估的基础上，针对可能发生的突发事件或事故，事先制定的应对处理方案或措施。城市公共汽电车应急管理体制通常是指应急管理机构的组织形式，也就是综合性应急管理机构、各专项应急管理机构以及各地区、各部门的应急管理机构各自的法律地位、相互间的权力分配关系及其组织形式等。城市公共汽电车应急管理机制是指在突发事件事前、事发、事中、事后全过程中，采取的各种制度化、程序化的应急管理方法与措施，应急管理机制具有固化性、规范性、累积性、综合性和发展性的特点。城市公共汽电车应急管理法制是一个国家和地区就突发事件应对工作而制定或认可的，处理国家权力之间、国家权力与公民权利之间、公民权利之间复杂社会关系的法律原则和规范的总和，它是常态法制的必然延伸，制定完善的应急管理法律体系是政府依法实施应急管理的基本保障。本章节仅简要介绍城市公共汽电车应急管理体制和应急管理法制，应急预案和应急管理机制将在后续章节详细介绍。

（一）城市公共汽电车应急管理体制

城市公共汽电车应急管理体制主要解决两个问题：一是各种应急管理主体的角色、地位、组织形式和相互关系；二是各种应急管理主体权力与职能的设定和分配。我国城市公共汽电车应急管理组织机构由国家、省、市和运营企业四级组成（见图 8-3）。

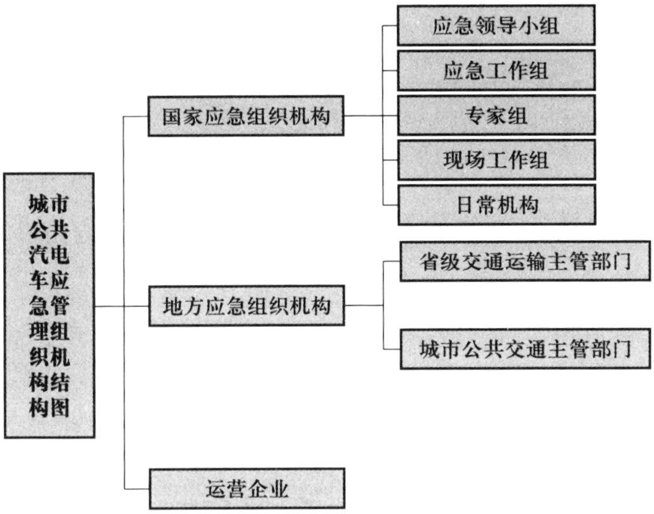

图 8-3　城市公共汽电车应急管理组织机构结构图

省级交通运输主管部门、城市公共交通主管部门可参照国家城市公共汽电车突发事件应急组织机构组建模式，根据本地区实际情况成立应急组织机构，明确相应职责。城市公共汽电车运营企业是突发事件应对工作的责任主体，要建立健全应急指挥机制，针对可能发生的突发事件完善应急预案体系，建立与相关单位的信息共享和应急联动机制。

（二）城市公共汽电车应急管理法制

城市公共汽电车应急管理法制方面更多地依赖国务院和各部委发布的法律文件。其中，《中华人民共和国突发事件应对法》对应急管理工作的全过程做了原则性的规定；《国家突发公共事件总体应急预案》是全国应急预案体系的总纲，明确了各类突发公共事件分级分类和预案框架体系，规定了国务院应对特别重大突发公共事件的组织体系、工作机制等内容，是指导预防和处置各类突发公共事件的规范性文件；《突发事件应急预案管理办法》依据《中华人民共和国突发事件应对法》《国家突发公共事件总体应急预案》等法律、行政法规制定而成，对各级政府部门、基层组织、企事业单位等的应急预案的规划、编制、发布、备案、演练、修订、培训、宣传教育等工作进行规范管理；《交通运输突发事件应急管理规定》是依据《中华人民共和国突发事件应对法》制定的对交通运输突发事件应急管理工作各个环节提出统一、规范的要求，明确各方责任义务，规范交通运输突发事件应急处置行动的规范性文件；《国务院关于城市优先发展公共交通的指导意见》是国务院为实施城市公共交通优先发展战略所提出的指导意见；《城市公共汽车和电车客运管理规定》是根据《国务院关于城市优先发展公共交通的指导意见》，结合实际情况而制定的，对城市公共汽电车的规划建设、运营管理等方面做出详细规定。

第二节 城市公共汽电车应急预案

应急预案的编制过程实质上是一个整合、利用和创造城市公共交通相关知识的过程。预案内容应根据国家一级总体应急计划大纲，结合历史公交车突发事件和区域特点制定。城市公共汽电车应急预案应尽可能详细，所需知识的类型、渠道、形式和标准应明确。首先，应包括其应急组织的体制、职责和运行机制，使组织的权力和职责明确，应急工作有序开展；其次，要明确应急队伍和物资的建设，包括救援队伍、专家信息、应急物资等信息。此外，城市的公共有轨电车应急预案还应涵盖公共交通行业对风险和隐患的认识、常见的应对公共汽电车突发事件的措施类型。

公共交通系统突发事件应急预案编制工作势在必行，只有指导得当，处理及时，有序地展开事故抢险救援工作，才能尽可能减少事故带来的损失，保障其他出行者不受影响，出行畅通。为了维护社会长治久安，保护人民生命财产安全，稳定整个城市的经济发展，制定城市公共汽电车应急预案，建立预案的整体思路的首要目标就是保障公共安全，确保城市公共汽电车安全运行。

一、城市公共汽电车应急预案分类

做好城市公共汽电车预案的工作，能够有效减少大量损失。城市公共汽电车预案按照不同的标准划分，其分类如下所示。

（一）按照预案的功能与目标划分

按照预案的功能与目标划分，城市公共汽电车应急预案可分为：城市公共汽电车综合应急预案、城市公共汽电车专项应急预案、城市公共汽电车现场处置方案。

1. 城市公共汽电车综合应急预案

城市公共汽电车综合应急预案是指处理各类事故的综合文件，它规定了应急方针、组织机构和相关职责，以及应急行动、措施和保障措施的基本要求和程序。

2. 城市公共汽电车专项应急预案

城市公共汽电车专项应急预案是指针对具体的事故类别、危险源和应急保障制定的计划或方案。

3. 城市公共汽电车现场处置方案

城市公共汽电车现场处置方案是指针对具体的装置、场所或设施、岗位制定的应急处置措施方案。

（二）按照预案的编制主体划分

按照预案的编制主体划分，城市公共汽电车突发事件应急预案可分为国家城市公共汽电车突发事件应急预案、省级城市公共汽电车突发事件应急预案、市级城市公共汽电车突发事件应急预案及城市公共汽电车运营企业突发事件应急预案。

1. 国家城市公共汽电车突发事件应急预案

它是指交通运输部应对城市公共汽电车突发事件和指导地方城市公共汽电车突发事件应急预案编制的政策性文件，由交通运输部公布实施，报国务院备案。

2. 省级城市公共汽电车突发事件应急预案

它是指省级交通运输主管部门按照交通运输部制定的城市公共汽电车突发事件应急预案，在省级人民政府的领导下和交通运输部的指导下，为及时应对本行政区域内发生的城市公共汽电车突发事件而制定的应急预案，由省级交通运输主管部门组织制定并公布实施，报省级人民政府和交通运输部备案。

3. 市级城市公共汽电车突发事件应急预案

它是指城市公共交通主管部门按照交通运输部制定的城市公共汽电车突发事件应急预案和省级城市公共汽电车突发事件应急预案，在城市人民政府的领导下和省级交通运输主管部门的指导下，为及时应对本行政区域内发生的城市公共汽电车突发事件而制定的应急预案，由城市公共交通主管部门组织制定并公布实施，报城市人民政府和省级交通运输主管部门备案。

4. 城市公共汽电车运营企业突发事件应急预案

它是指城市公共汽电车运营企业根据国家及省级、市级城市公共汽电车突发事件应急预案的要求，结合自身实际，为及时应对可能发生的各类突发事件而制定的应急预案，由各城市公共汽电车运营企业组织制定并实施，报所属地城市公共交通主管部门备案。

二、城市公共汽电车应急预案框架

应急预案指的是针对可能发生的事故，为迅速、有序地开展应急行动而预先制定的行动方案，完整的城市公共汽电车应急预案框架通常应该包括如下八项内容。

（一）总则

为了提升应对突发事件的应急处置能力，降低突发事件危害程度，保障人民生命、资产安全，依据相关法律法规，制定总则，包括：编制目的、编制依据、适用范围及应急工作原则。

1. 编制目的

为了更好地规范城市公共汽电车突发事件的相关工作，有效指导和协调各地建立健全应急预案体系，应对城市公共汽电车突发事件，及时保障和恢复城市公共汽电车的正常运行。

2. 编制依据

编制依据为《中华人民共和国突发事件应对法》《国家突发公共事件总体应急预案》《突发事件应急预案管理办法》《交通运输突发事件应急管理规定》等相关规定。

3. 适用范围

本预案指导当地城市公共汽电车突发事件的交通主管部门，以便对城市公共汽电车突发事件的应对。

4. 应急工作原则

当城市公共汽电车发生紧急情况时，省交通厅、城市公共交通厅和公共汽电车客运所在城市的公共汽电车运营企业应根据实际情况说明本预案的原则。

（二）危险源与风险分析

1. 人的因素

人的因素造成城市公共汽电车突发事件包括驾驶员人为操作原因、乘客人为原因以及其他社会人员原因。

驾驶员因其感知、判断以及操作等特性异常，造成追尾、刮擦、翻车、碰撞等交通事故；乘客违反乘车规定，携带违禁品上车，误触或破坏车内设施设备、干扰驾驶员等行为都会造成不同程度的安全事故。另外，因驾驶员、乘客以及其他社会成员的不良行为而引发的车内外人员受伤和死亡的安全事件，例如，驾驶员恶意驾驶、放毒气、泼硫酸、烧汽油等人为蓄意行为。

2. 车辆因素

车辆因素造成的城市公共汽电车突发事件包括车辆自燃、车辆方向盘失灵、刹车系统失灵、轮胎脱落或爆炸等机械故障。

3. 道路因素和环境因素

良好的道路条件是公交安全运营的基础。道路路面状况、视距、交叉口特征、道路安全设施条件等都是影响车辆安全运行的因素。道路因素直接引发的事故较少，作用于驾驶员或车辆间接引发的事故较多。公交车在弯道、陡坡、施工路段，由于视线不良、路况较差等原因引发的事故频率相对较高。

环境因素则分为车辆内部环境、外部交通环境。车内空气质量与流通性、噪声、振动等都将影响驾驶员的思维与判断能力，进而影响行车安全；外部交通环境包括道路安全设施、天气状况、交通量等，交通环境直接影响驾驶员的判断与操作，恶劣的交通环境更容易导致事故。

上述因素中，极端行为易造成严重事故，人为制造的火灾、爆炸、个人泄愤驾驶公交车等极端行为导致的事故后果十分严重，例如2009年成都公交“6·5”人为纵火事件导致27人死亡，74人受伤。另外，由于道路原因直接引发的事故也极易造成严重事故，尤其是桥梁、隧道等道路脆弱环节，例如1994年韩国过江大桥坍塌导致公交车坠江，32人死亡，17人受伤。除此之外，由于其他原因引发的突发事件所造成的伤亡与损失较小。

（三）组织机构及职责

不同部门制定分工明确的分级应急组织机构，确定应急指挥组、专家组、现场工作组、日常机构及各相关部门、相关企业及主要负责人的职责，指明各个部门相对应的职责，明确分工，城市公共汽电车应急管理组织机构及职责如图8–4所示。

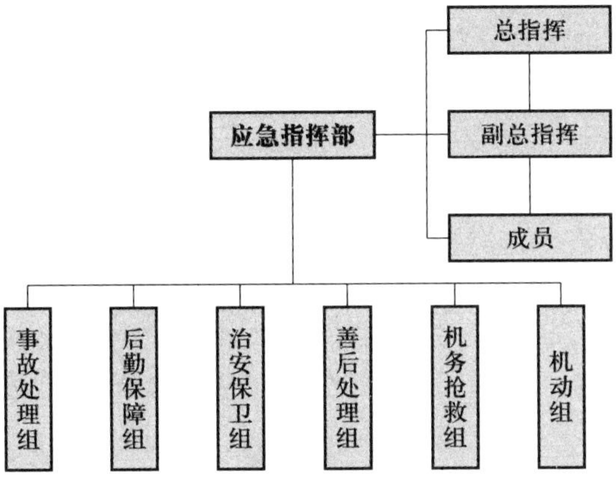

图8–4　城市公共汽电车应急管理组织机构及职责示意图

（四）预防与预警

按照《交通运输综合应急预案》的相关要求，明确各级交通运输主管部门的日常工作及需要开展的预警预防的工作，要做到：建立健全各种规章制度，落实安全生产责任；加强对人员的管理控制，对驾驶员从业资质的审核，强化调度管理；保障各类应急设备、设施、器材的有效使用。

（五）应急响应

城市公共汽电车的应急响应主要包括以下内容：先期处置、响应分级、响应程序、恢复运营等内容。

1. 先期处置

先期处置要明确先期处置的人员构成、职责及处置原则等。

2. 响应分级

交通运输部、省市级如何应急响应要根据事故危害程度大小、影响范围和单位控制事态的能力等因素来确定。

3. 响应程序(处置方案生成)

具体的响应程序步骤如下:交通运输部、省市部门启动相应程序;对相关信息进行处理,指导现场医疗救护、人员搜救疏散及转移、信息发布、抢修救援、交通疏通等工作。

4. 恢复运营

恢复运营要求做到全面排查、持续跟踪,把突发事件给运营带来的损失降到最低。

(六) 应急保障

各级交通主管部门应有效且合理安排应急演练、应急培训等工作,明确团队沟通保障、队伍保障、资金保障、奖惩与追究等内容。

(七) 附则

主要补充规定计划的管理、更新、制定和解释权、实施或生效时间等内容。

(八) 附录

附录主要包括各种规范化格式文本、城市公共汽电车应急组织体系图、城市公共汽电车应急报告程序图和城市公共汽电车应急人员通信录、城市公共汽电车应急保障资源信息表等。

上述要素之间相互支撑且关联,构成了我国城市公共汽电车应急预案的基本框架。在以上要素中,规划的重难点是应急组织体系、应急处置响应、保障措施。

三、城市公共汽电车应急预案编制现状

随着《国务院关于城市优先发展公共交通的指导意见》的提出,在城市大力发展公共交通,鼓励居民选择乘坐城市公共交通工具出行是未来解决城市居民出行的策略和大趋势。城市公共交通的大力发展,必然伴随着各类突发事件的发生。因此,为预防和减少城市公共汽电车各类突发事件的发生,控制突发事件造成的影响程度,最大限度降低突发事件的损失,我国正在不断完善城市公共汽电车应急管理法规体系。

2018 年 3 月 27 日,交通运输部办公厅发布《城市公共汽电车突发事件应急预案》,该预案的编制目的为规范和加强城市公共汽电车突发事件的应急管理工作,指导、协调各地建立和完善应急预案体系,有效应对城市公共汽电车突发事件,及时保障、恢复城市公共汽电车正常运行。该预案发布后,为地方各级城市公共汽电车突发事件应急预案的制定提供了依据。截至目前,制定了城市公共汽电车突发事件应急预案的部分单位如表 8-3 所示。从表中可以看出,当前只有少数省份和城市专门制定了应对城市公共汽电车突发事件的应急预案,且未有城市公共汽电车运营企业针对突发事件编制相应的应急预案。

表 8-3　城市公共汽电车突发事件应急预案编制现状

级别	单位	名称
国家级	交通运输部	《城市公共汽电车突发事件应急预案》
省级 / 直辖市	天津市	《天津市城市公共汽电车突发事件应急预案》
	江苏省	《江苏省城市公共汽电车突发事件应急预案》
	河北省	《河北省交通运输厅城市公共汽电车突发事件应急预案》
市 / 区级	庄河市	《庄河市城市公共汽电车突发事件应急预案》
	天津市静海区	《天津市静海区城市公共汽电车突发事件应急预案》
	天津市津南区	《天津市津南区城市公共汽电车突发事件应急预案》
	兰州新区	《兰州新区城市公共汽电车突发事件应急预案》

第三节
城市公共汽电车应急管理机制

我国城市公共汽电车突发事件应急运行机制具有统一指挥、分级响应的特点，应急管理主要包括预防与应急准备、监测与预警、应急处置与救援、事后恢复与重建四个阶段。在城市公共汽电车应急管理全过程中，监测预警机制能够日常排查安全隐患，实时获取突发事件数据与相关信息并向城市公共汽电车运营企业发布预警信息；应急响应机制决定相关部门能否对突发事件做出及时有效的应对；信息发布机制能够在应急管理过程中使公众获得及时、准确、客观、全面的信息；信息处理机制作用于各级响应启动后各部门对突发事件的处理与执行工作；协调联动机制主要在现场应急处置与救援阶段发挥作用；善后处置机制保证事后恢复与重建阶段最大限度消除事故影响，尽快恢复公共汽电车的正常运营秩序；沟通协调机制贯穿于城市公共汽电车应急管理工作的始终，可提高应急处置效率。因此，本节主要介绍城市公共汽电车应急管理的监测预警机制、应急响应机制、信息发布机制、信息处理机制、协调联动机制、善后处置机制与沟通协调机制等方面的内容。

一、监测预警机制

各级交通运输主管部门按照相关要求开展预警预防工作，通常在日常工作中按照《城市公共汽电车突发事件应急预案》来执行，不断完善预警预防联动机制，做好预警信息的收集和处置工作。为指导城市公共汽电车运营企业做好相应的应急准备，省级交通运输主管部门应当明确自身责任，同有关部门和单位建立健全定期会商和信息共享机制，预判和分析各类风险信息。城市公共交通主管部门在本行政区域内应该加强对公共汽电车安全生产情况监测。若出现可能造成重大及以上等级突发事件的事件及信息时，要及时报告同级人民政府和上级交通运输主管部门。城市公共汽电车运营相关的企业也应当明确自身责任，要做到：监测及分析日常数据并预估灾害的影响程度；落实相关机构及人员的各项职责；明确信息监测方法及其处理程序；建立健全相关预防监测体系；对常规安全隐患进行排查；对可能的风险进行防控。各个企业应当及时向有关部门报告相关情况。

各个相关部门要对路线长度、站点距离、线路开行方向、线路覆盖、线路重叠、线路结构、线路衔接性、服务时间、客运量、运营成本、载客水平、站立乘客数、发车间隔时间上限、发车时间下限、换乘点、公交站亭等相关指标进行监测。

二、应急响应机制

（一）分级响应

城市公共汽电车突发事件应急响应三级分别为：交通运输部、省、市。Ⅰ级应急响应由交通运输部启动，省、市级部门应急响应分为Ⅰ级、Ⅱ级、Ⅲ级、Ⅳ级四个等级。

城市公共汽电车突发事件分级响应流程详见图 8-5。

1. Ⅰ级城市公共汽电车突发事件的应对

Ⅰ级应急响应由事发地省级交通运输主管部门、城市公共交通主管部门及交通运输部分别实施。交通运输部及时应对，视情派工作组对现场进行指导和协调。

2. Ⅱ级城市公共汽电车突发事件的应对

省级部门应急响应由事发地省级交通运输主管部门启动并实施，本级部门应急响应由相关城市公共交通主管部门启动并实施，相应级别不应低于省级部门应急响应级别。

3. Ⅲ、Ⅳ级城市公共汽电车突发事件的应对

市级部门应急响应由事发地城市公共交通主管部门启动并实施。

（二）响应程序

目前，我国城市公共汽电车突发事件已经建立起完整的一级响应流程，城市公共汽电车突发事件应急Ⅰ级响应流程如图 8-6 所示。

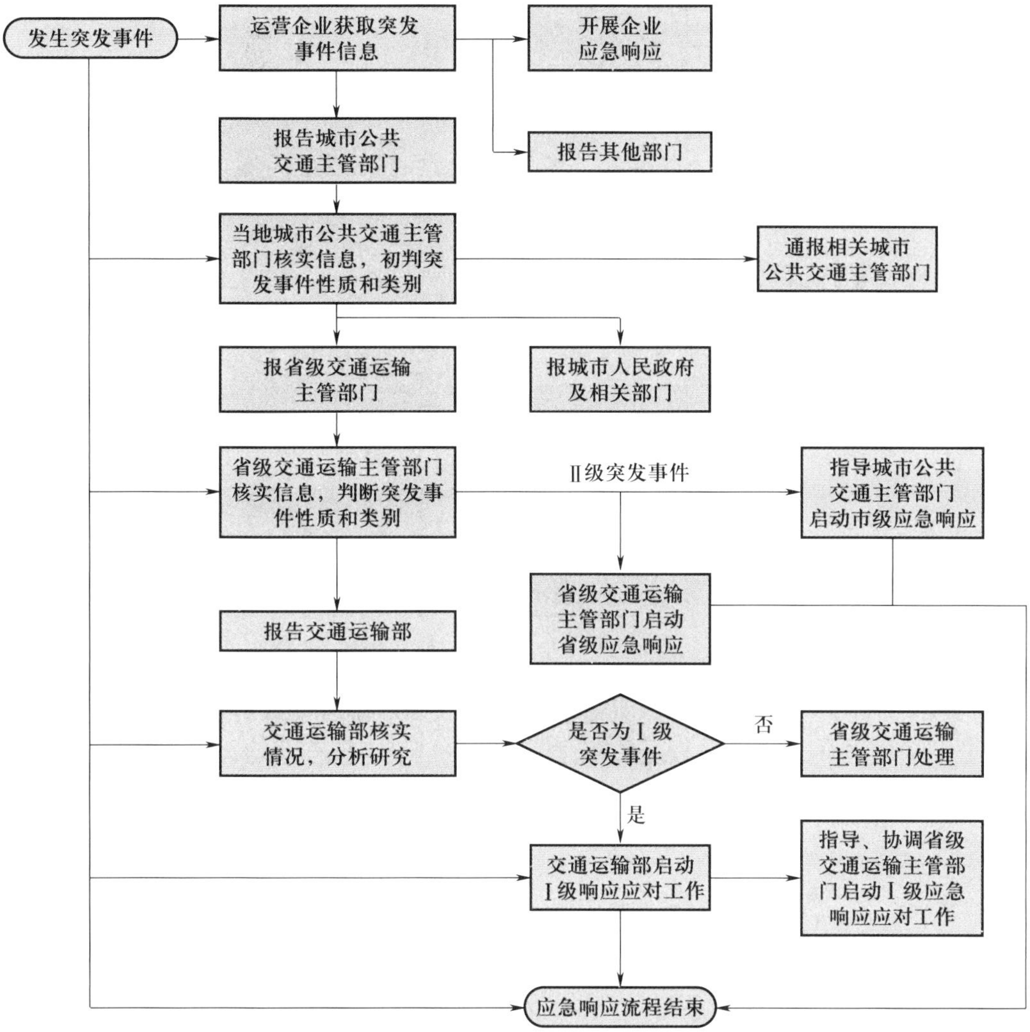

图 8-5　城市公共汽电车突发事件分级响应流程图

交通运输部应急响应启动程序由其专门的机构执行。该程序需要按照国务院或根据事发地省级交通运输主管部门的请求进行部署,将相关情况及时核实并进行分析研究后报部应急办。部运输服务司商应急办,提出启动Ⅰ级应急响应的相关建议。经过分管部领导同意后,报请部长核准,方可拟启动Ⅰ级应急响应。与此同时,成立部领导小组,各部门按照职责开展相关工作,按规定报中办信息综合室和国务院总值班室,抄送应急协作部门后通知相关省级交通运输主管部门。需要得到上一级主管部门的协调处置,按照规定及时启动相应级别的应急响应。

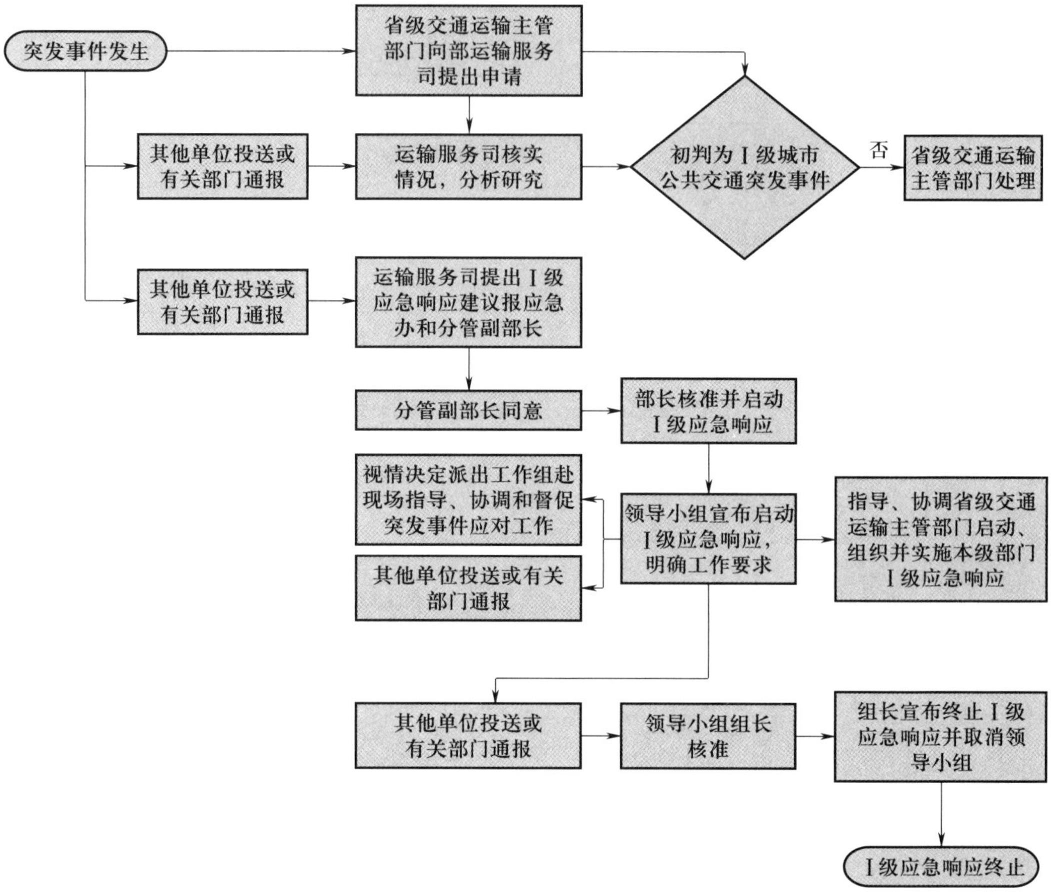

图 8-6　城市公共汽电车突发事件Ⅰ级应急响应流程图

【典型案例 8-2】

三、信息发布机制

网络信息的不当传播会造成极其严重的不良影响，因此，政府及城市公共汽电车网络平台发布的信息应当具有权威性、及时性、准确性、严肃性、安全性。为使其信息发布平台的一系列流程如信息采集、发布、审核等工作进一步规范化，管理者在处理事故过程中应该在事故发生的第一时间向社会发布及时、准确、客观、全面的信息，以得到社会的理解、配合和支持。与此同时，为减少不必要的损失，交警部门应当向其他道路使用者提供信息。

第一，为了减少社会的恐慌猜测，应当及时快速地发布信息。灾害发生后，出于自身安全与否及权益的考虑，大家希望尽可能多、尽可能快地获得有关信息，导致其心态具有极大的不确定性。因此，政府及当地的媒体若可以及时地发布信息，树立舆论的权威，就可以让人们更全面地、最大限度地了解灾害真相，以便每个人都能及时应对，也能避免不当谣言的传播。

第二，为了有效发挥公众及政府应急合力的作用，应该公开发布信息，以更好地保障公众的知情权、参与权与监督权。及时准确地公布信息，也可以得到公众的理解和配合，灾害应急处置效率也将会被提高。

第三，为了确保应急处置过程中大家的思想稳定，应当发布准确的信息。准确解释事故灾害的同时，减轻人们思想上的负担；纠正错误信息的同时，还能避免流言蜚语。

第四，为了更好地统一灾害状态下人们的思想动态，应当科学地发布信息。大众媒体不仅要发布信息，更是要将爱国主义、集体主义的价值观传递给大众。因此，科学发布信息，可以使信息融入传播内容作用于受众，使正确的价值观得到社会公众的普遍认可。

四、信息处理机制

城市公共汽电车突发事件发生后，城市公共汽电车运营企业迅速而有效地通告可能受到影响的单位和乘客，同时应当立即向当地主管部门和相关部门报告。

事发地相关部门接到或监测到突发事件信息报告相关信息后，应当立即核实，判断突发事件的性质和类别，按照国家规定的时限、程序和要求逐级上报（必要时可越级上报），通报当地其他相关部门和单位的同时，报告上级交通运输主管部门及当地人民政府。事发地城市公共交通主管部门应当按照有关规定处置。

若该事件初判为重大及以上的，省级交通运输主管部门应当立即报告交通运输部。交通运输部应及时有效地按照相关规定，将信息上报中办信息综合室以及国务院总值班室。若该事件为跨省级行政区域突发事件，交通运输部要及时通报相关省级交通运输主管部门。

Ⅰ级应急响应被交通运输部启动后，事发地省级相关部门按照“零报告”制度，应将应急处置工作进展情况上报部运输服务司，报告内容包括事件的地点、类型、发生时间、受损情况、影响范围和程度、发生原因、发展势态、已采取的应急处置措施和成效、联系人及联系方式等，并形成定时情况简报直到应急响应终止。具体报送程序、报送方式严格按照《交通运输突发事件信息报告和处理办法》等相关规定执行。省、市级部门应急响应的信息报送与处理参照交通运输部应急响应执行。本地信息报送内容要求与处理流程由省级交通运输主管部门制定。

五、协调联动机制

城市公共汽电车发生事故后，现场工作组指导协调、联动各个部门开展应急处置工作，具体措施如下：

按照提前制定的疏散方案，指导现场疏散及相关部门有秩序撤离；疏散受影响乘客；引导现场人员撤离事发地点；分区封控、警戒有关线路；阻止乘客及无关人员进入。

根据疏散乘客数量和发生突发事件的城市公共汽电车的运行方向，做好乘客的转运工作，调整城市公共交通路网客运组织，指导地方交通运输主管部门及时调配其他车辆。

在突发事件现场指导人员搜救工作，做好自身安全防护的同时，协调相关部门调派专业力量和装备，指导现场救援队伍加强衔接配合。

指导相关部门对事发地点周边状况进行指导，开展交通疏导、医学救援、抢修抢险等；诊断治疗及转运伤病员、开展工程抢险救援；保护和警戒事发现场及周边环境。

借助多种途径，运用新媒体平台，指导突发事件的宣传报道，做好信息发布工作，主动及时地将突发事件和应对工作信息向社会持续动态发布，澄清不实信息。

六、善后处置机制

善后处置是指事故发生后，通过采取各种措施，最大限度地消除事故影响，以达到恢复城市公共汽电车正常运营秩序的目的。城市公共汽电车的善后处置工作应当包括三个方面：采取必要措施来恢复交通秩序；处理受害者的善后（包括死者的善后、伤者的生理和心理救治）；通过对事故发生全过程的调查，分析事故发生的原因，对处置过程中的救援抢险等工作进行分析和总结，指出不完善的地方并加以改进，以此完善应急处置体系。

七、沟通协调机制

当城市公共汽电车发生事故后，各部门人员需要协调与配合，实现各部门间资源的整合共享与综合利用，这样各部门才能及时、有序开展救援工作，发挥整体优势，提高事故处置效率。

第四节 城市公共汽电车应急运输组织与调度

城市公共汽电车突发事件是在城市公共汽电车运行过程中发生的，与城市公共汽电车有关，且城市公共汽电车运营企业不能预见的，由人为或自然条件原因引发的，对正常营运生产带来影响并可能导致人员伤亡和财产损失的突发事件的总称。城市公共汽电车突发事件除了具有突发事件的普遍特点外，还具有以下特点：

(1) 高度社会敏感性。城市公共汽电车是为社会公众提供出行服务的基础公共交通工具，城市公共汽电车突发事件产生的影响及后果易受到社会公众的广泛关注。

(2) 发生场地特殊性。城市公共汽电车是一个移动的公共场所，其作为城市公共汽电车突发事件发生的主要场地，如果城市发生拥堵的情况，会对应急救援处置造成较大影响。

(3) 隐患不易排除性。由于城市公共汽电车出行服务提供的对象为各类社会人员，停靠站点多，运营线路开放，无法像地铁一样设置安检设施排除可能隐患，导致城市公共汽电车突发事件的人为因素控制比较困难，难以预防。

一、城市公共汽电车突发事件应急处置原则及流程

（一）城市公共汽电车突发事件应急处置原则

1. 以人为本，快速反应

时刻将人民群众的生命安全放在首位，应急处置时应本着最大限度地减少人员伤亡及财产损失的原则进行处置。在突发事件发生后，相关部门应根据现场情况及相关应急预案立刻做出反应，注重时效性，尽快消除突发事件造成的影响。

2. 统一指挥，协同联动

在突发事件发生后，相关部门应立即成立应急指挥机构，遵循统一指挥的原则，各级部门、人员按照职责和统一命令进行协同联动，共同快速有效地处置突发事件。

3. 科学可行，兼具实效

相关部门采取科学决策的手段，发挥高科技及专家人才作用，制定相关应急处置方案。方案应做到措施具体、责任落实、内容完整、简洁规范，并同时具有时效性、科学性及可操作性。

4. 预防为主，综合治理

加强预防体系建设及应急处置队伍建设，相关部门要提升应急处置能力，积极开展应急演练。同时，要做到综合治理，以人防为核心加强组织建设，以物防为保证规范应急物资配置，以技防为保障创新应急处置模式。

5. 科学决策，专业支持

及时更新技术、设备和工具，提高预防和应对客运交通突发事件各项工作的科技含量和装备水平；充分发挥专家作用，进一步提高预防和应对能力。

（二）城市公共汽电车突发事件应急处置流程

一个典型的应急过程的参与机构及成员包括运营公司应急领导小组、应急领导办公室、站务员、驾驶员及乘务员。其中应急领导小组由运营公司根据应急预案明确的成员组成和职责确定，负责应急处置的统一指挥工作；应急领导办公室为应急领导小组下设单位，负责突发事件的调查工作并向应急领导小组汇报；站务员、驾驶员及乘务员为应急方案的直接实施者。一个完整的城市公共汽电车突发事件处置流程包括以下四个过程：建立应急管理机构、信息调查及评估、应急决策及实施、运营恢复及总结。

1. 建立应急管理机构

建立应急管理机构是指按照应急预案规则成立应急领导小组，该小组要对突发事件下的应急处置工作进行统一部署、指挥和领导，并做出应急处置重大决策；协调相关机构

成立应急领导办公室,协助应急领导小组工作。

2. 信息调查及评估

信息调查及评估是指应急领导办公室及时收集并调查突发事件的相关信息,进而分析突发事件进一步恶化或扩散的趋势,从而评估该城市公共交通突发事件可能造成的后续影响及其严重程度,最终上报应急领导小组并提出应急处置的建议。

3. 应急决策及实施

应急决策及实施是指应急领导小组综合相关信息及运营公司的应急资源储备情况进行科学有效的决策。应急领导办公室要根据决策内容对各部门的人员进行组织协调配置、资源调配。根据上级指令,站务员及时进行城市公共汽电车运营线路的运营调整工作,驾驶员及乘务员有效组织乘客及周围群众进行应急疏散。

4. 运营恢复及总结

运营恢复及总结是指突发事件造成的影响消除后,应迅速开展相关城市公共汽电车运营线路的恢复工作,保障乘客的出行需求。各级组织对应急处置的结果进行总结评估,对暴露的应急隐患及体系缺陷进行处理。

二、城市公共汽电车突发事件的应急响应措施

针对自然灾害、事故灾难、公共卫生、社会安全四类城市公共汽电车突发事件,具体响应措施如下所示。

(一)自然灾害类

我国部分地区自然灾害频发,极易对行车安全造成严重威胁。处置措施及要领包括以下内容:行车过程中突遇恶劣天气时,驾驶员立即降低车速,尽量跟车行驶,保持安全车距,开启危险报警闪光灯,控稳方向盘,平稳行驶,如需改变行驶路线应尽量缓打方向。行车过程中,如遇暴雨、冰雹等极端恶劣天气,要及时选择安全区域停车躲避,开启危险报警闪光灯、示廓灯。行车过程中突遇台风时,驾驶员要握稳方向盘,降低车速,防止因横风作用致使行驶方向偏移,尽量减少超车。如果是逆风行驶,要注意风向突然改变或者道路出现较大弯度时,因风阻突然减小而导致车速猛然加快。行车过程中突遇泥石流、山体滑坡时,驾驶员应立即减速或停车观察,确认安全后尽快通过,或行驶到安全区域停车,情况不明时避免自行清理路障,若行驶车辆无法避让泥石流、山体滑坡时,应及时弃车逃生,等待救援。行车过程中突遇地震时,驾驶员要握稳方向盘,立即寻找开阔地点停车,避免驶入桥梁、隧道、堤坝等设施,同时提醒车内人员加强自身防护。地震过后,应保持低速行驶,观察道路损坏情况,保障行车安全。

常见的几种自然灾害的具体处理措施如下。

遇到地震时,驾驶员应急处置要点包括:发生地震时,公交车像爆胎似的,驾驶员无法掌控方向。此时,驾驶员必须握紧转向盘,尽快驾驶到空旷区域,或靠路边安全、平稳停车。乘客应急处置要点包括:发生地震时,乘客在车辆没有停稳之前,要抓稳扶好,防止

碰撞、摔倒。待车辆停稳后，听从驾驶员和乘务员的指挥，迅速、有序下车，寻找附近开阔、安全的地方，注意避开高大建筑物、烟囱、架空管道、高压线、变电器、桥梁、山坡陡崖、危岩滚石、河岸等危险地带。

遇到泥石流突发事件时，驾驶员应急处置要点包括：在泥石流多发地区，遇大雨或连续阴雨天气时，驾驶员要特别留意发生泥石流的可能性。行驶途中遭遇泥石流时，要尽快安全停车，组织乘客撤离车辆。乘客应急处置要点包括：发生泥石流灾害时，乘客要听从驾驶员和乘务员的指挥，不要因顾及行李物品而浪费宝贵的逃生时间。要选择最短、最安全的路径，有秩序地下车，向沟谷两侧山坡或高地（与泥石流成垂直方向的山坡）跑，切忌顺着泥石流前进方向奔跑，不要上树或在陡峻山体下躲避。泥石流过后不要急于返回危险区域，防止灾害再次发生。

发生台风突发事件时，驾驶员应急处置要点包括：驾驶员要适当降低车速，正确辨认风向，握稳转向盘，防止因横风作用致使行驶方向偏移。要注意车辆的横向稳定性，尽量减少超车。如果是逆风行驶，要注意风向突然改变或道路出现较大弯度时，风阻突然减小，车速将猛然加快。自行车、三轮车、摩托车等受风力作用稳定性变差，与其相遇时，要适当增大安全距离。要与超高或是超长的大型车辆，尤其是挂车等特殊车辆保持足够的安全距离，防止这些车辆来回摆动发生擦碰。乘客应急处置要点包括：台风天气在公交站台候车时，要防范广告牌等高处悬挂物发生坠落的危险。由于大风作用，公交车辆行驶稳定性变差，乘客要坐（站）稳扶好，避免发生磕碰。

发生洪涝突发事件时，驾驶员应急处置要点包括：日常要注意观察易积水路段，在发生洪涝灾害时做到心中有数，实时了解调度指挥中心发出的路况信息，根据指令改道或采取区间运行措施。涉水行进时尽量放慢速度，注意观察道路积水情况，若水深已超过半个轮胎高度，要报告调度部门，获批后绕道行驶，若不能绕道要安全停车等待，并向乘客说明情况，获得乘客的理解。乘客应急处置要点包括：洪涝灾害发生时，尽量避免外出。必须外出时要尽量绕过积水严重的地段。同时注意驾驶员的绕道提醒，选择离目的地最近的停靠站下车。在积水中行走时要注意观察漩涡区，防止跌入井、坑、洞中，不要在立交桥下、涵洞等低洼容易积水的路段行走。

发生冰雹突发事件时，驾驶员应急处置要点包括：因地面积雹会降低公交车制动效能和行车稳定性，驾驶员要减缓车速，必要时靠路边安全停车，向乘客解释情况，获得乘客的理解。乘客应急处置要点包括：发生冰雹灾害时，要听从驾驶员和乘务员的指挥，关紧车窗，以免被砸伤。如果公交车临时停驶，乘客不要强行下车以免被冰雹砸伤，耐心等待冰雹停止后，继续乘车前行。

（二）事故灾难类

城市公共汽电车在运行过程中，容易受到交通环境、治安消防类等突发事件的影响，该类突发事件下驾驶员和乘务员作为直接参与主体，应严格遵守相关规章制度，采取正确的应急响应措施，一定要以保障乘客人身安全为前提，将乘客出行的受影响程度降至最低。

当车辆遭遇抛锚事故时，首先，驾驶员和乘务员要保持冷静，方可理智应对，在做好对乘客解释工作的同时，将乘客迅速疏散到安全地带。疏散乘客时，若车辆抛锚位置附近存在车站，驾驶员、乘务员应引导乘客换乘同一线路上的下一辆城市公共汽电车；若附近无车站，应拦截同一线路的其他城市公共汽电车，组织乘客换乘，必要时可通知运营公司派遣应急城市公共汽电车来疏散乘客。同时，驾驶员应设法将抛锚车辆移至不妨碍其他车辆正常通行的安全地带，设置安全警告标志牌，还可根据自己能力和水平排除故障或将车开至修理厂进行修理。

当车辆内部遭遇着火突发事件时，首先，驾驶员和乘务员要保持冷静，驾驶员应当尽快停车，迅速关闭电源、燃油、燃气开关并开启车门及应急车门。应急处理后，驾驶员和乘务员提醒乘客采取自我保护，并保护呼吸系统，组织乘客有序逃生，防止乘客在突发事件下的混乱和恐慌现象发生。遇到车门无法打开的情况，驾驶员、乘务员需维持车内乘客秩序，采取手动操纵应急阀并打开应急车窗的方式，来组织乘客逃生。

当遭遇车辆驾驶事故如碾压、刮擦、翻车时，驾驶员立即停车的同时关闭发动机，切断电源，开启危险报警灯，拉紧驻车制动器，正确放置危险警告标志。驾驶员和乘务员立即组织车上乘客快速地疏散到安全区域，做好现场的保护工作。现场有伤员时，驾驶员、乘务员迅速组织伤员的自救和互救，在抢救时将乘客的人身安全放在首位。

当事故仅造成轻微财产损失，未造成人身伤亡，且当事人对事实及成因无争议时，应立即恢复现场交通。驾驶员可在符合公司相关规定的原则下，通过协商来处理损害赔偿事宜。不能自行解决的事故，立即报警，并及时向运营公司汇报。

（三）公共卫生类

公共交通工具与市民生活息息相关，保持公交车卫生，为自己也为他人提供干净、舒适的乘车环境需要每位市民共同参与。公交公司应加大对公交车的清洁力度，给市民提供清洁的乘车环境。与此同时，市民也应该提高文明意识，主动保持车内卫生。

疫情期间，出行人员要做好防护，按照停留时间、出行地卫生设施状况等，准备一定数量的医用口罩、免洗手消毒剂等。搭乘较为密闭的公共交通工具如地铁、汽车、飞机时，应全程佩戴好口罩，同时尽量减少手与公共区域的接触，避免手在清洁前接触面部。应当尽量保持空气流通，适量打开车窗，包括司机舱的窗户。如属密闭式 / 空调式车厢等，应将新风送风量调至最大，增加换气的次数。一般情况下，车厢内每天清洁消毒 1~2 次，特别注意在抵达终点站下客后对车辆内部空间进行 1 次清洁消毒。

（四）社会安全类

城市公共汽电车社会安全类突发事件包括的群体性事件、恐怖袭击事件、涉外事件，一旦发生，将产生非常严重的社会影响。

城市交通群体性事件的关注点主要集中在交通事故引发群体性事件等的研究上。群体性事件发生的根源大多是利益冲突，交通事故的发生、善后处理等都存在引发群体性事件的隐患，为此应采取一系列措施来消解隐患，如重视利益诉求、完善预警机制、树立处置工作原则、理清职责等。第一,健全民意互动机制。给公众一个表达自身诉求的平台,让政府官员可以深入辖区沟通,形成真正意义上的良性互动。为此,政府要重视公众的利益诉求,协调好不同利益主体的利益差别,保障利益受损者的利益,实现利益均衡;要保障公众的知情权;要严肃法纪,维护正义与政府公信力。第二,强化利益表达的制度化建设。推进利益表达的制度化,提高利益表达的理性化、规范化。包括从制度上拓宽、保障利益表达的渠道,保障表达利益诉求的平等机会,完善司法救济手段。第三,完善民众的政策参与机制。交通涉及民生,需要强化交通领域公共政策与决策的社会参与,公共事务要面向公众,争取民意支持。

【典型案例 8-3】

恐怖袭击和涉外事件发生不多,但一旦发生,产生的后果非常严重,如典型案例 8-3 所示。

三、城市公共汽电车突发事件运输组织调整手段

城市公共汽电车运营线路由于沿途发生的突发事件而无法照常运营,或城市公共汽电车因在行车过程中遭遇治安事件、恐怖袭击、公共卫生事件、交通事故而中断运营,此时将导致城市公共汽电车线网运输能力的局部受损,极大地降低城市公共汽电车系统的运行可靠性及运输能力,导致客流堆积并严重影响乘客出行。因此,当城市公共汽电车系统面对此类的突发事件时,运营管理者应综合了解突发事件影响信息,合理规划调度有效资源,协同调整运输组织方案,快速有效地进行决策,发布相关调整调度命令并迅速执行,从而最大限度地保障乘客出行安全及减少出行延误。

常用的城市公共汽电车运输组织调整手段包括运营线路调整、运营车辆时刻表调整、运营车辆调度三个方面。

(一)运营线路调整

运营线路调整指运营公司根据突发事件在线路上的影响位置、日常运营线路服务的客流分布、线路周边的公交站点分布情况等,对运营线路的走向、停靠站点进行调整。运营线路调整目的为在保证城市公共汽电车安全运行的前提下,为乘客提供足够的运输能力,保障乘客的出行,并将乘客出行受影响程度降至最低。运营线路调整可适用于以下两种情况:线路运行环境受损和大客流。

线路运行环境受损指的是由于城市公共汽电车运营线路经过区域受雨雪等恶劣天气影响,或发生泥石流或道路塌陷等自然灾害,或进行市政施工,或发生突发公共卫生事件,导致的线路运行环境受损。

大客流指的是由于城市公共汽电车服务范围内举办和发生大型活动、重大治安事件等,造成大客流冲击。运营公司需配合交通管理部门对城市公共汽电车运营线路进行协同调整以便迅速疏散滞留客流。

在运营线路调整期间为避免乘客对消息了解不够及时,应及时向市民发布并更新调整信息,若有乘客进行咨询,应当做好解答及反馈。常见的运营线路调整方式包括:新增

线路、线路跳站运行、线路区间运行、线路绕行甩站、线路停驶。

1. 新增线路

新增线路指在给定站点的集合中，选择合理的服务站点序列，并新增临时的运营线路，派遣相应城市公共汽电车车辆进行运营，服务站点上乘客的出行需求。新增线路的适用场景包含以下几个：大型活动下大客流的疏散、火灾等事故下滞留客流的接驳等；线路运行条件需满足城市公共汽电车的正常运营；选择新增线路服务站点时需同时考虑运营成本、客流疏散效率、运营车辆来源等；新增线路运营车辆可从其他线路进行调配，或直接调配应急城市公共汽电车；待突发事件影响消除及客流疏散完成后，取消新增线路，并归还运营车辆。

2. 线路跳站运行

线路跳站运行指调整城市公共汽电车运营线路，使其在某些特定站点通过而不停车。当城市公共汽电车运营线路服务范围内突发公共卫生事件导致某些小区被封闭且相应提供服务的城市公共汽电车运营站点被关闭时，采取跳站运行可保障其余站点乘客的正常出行并防止公共卫生事件的传播。当该城市公共汽电车运营线路用于大客流疏散时，为迅速疏散滞留客流，也可采取跳站运行的组织手段，减少线路运行时间，提升疏散效率。待突发公共卫生事件得到控制或客流疏散完成后，应及时恢复线路的正常运行。

3. 线路区间运行

线路区间运行指运营线路是在突发事件影响的道路前便中断运营服务，即城市公共汽电车只运营原始线路的一段。譬如，原来该城市公共汽电车行程是 A 和 B 之间，而 A 和 B 之间的站点 C 处发生火灾等突发事件，而日常运营中 A 和 C 之间客流为该线路服务的主要对象，此时公交部门将正常运营 A 和 B 之间的车次，调整为运营 A 和 C 之间的区间公共汽电车。

线路区间运行适用场景为：当运营线路经过的部分道路由于受到暴雨、结冰、塌陷、火灾、交通管控等影响，使得城市公共汽电车无法正常通行。确定线路运行区间时应考虑线路服务客流结构、区间首末站点的驻车条件、线路可用的城市公共汽电车数量。如果该线路的可使用车辆数量满足不了区间运行调整后线路的运营需求，可考虑直接调配应急城市公共汽电车或从其他线路进行调配。待突发事件影响道路恢复通行条件后，应及时恢复线路的正常运行并归还运营车辆。

4. 线路绕行甩站

线路绕行甩站指当运营线路经过道路受突发事件影响而无法正常服务该道路上的城市公共汽电车站点时，线路采取绕行其他可行驶交通路段并甩站可正常服务的相关站点的运营组织手段。譬如，原来该城市公共汽电车服务于 A、B、C 三个站点之间，而站点 B 处发生火灾等突发事件，无法为城市公共汽电车正常服务，此时公交部门将正常运营 A、B、C 之间的车次，调整为绕行甩站正常站点 D，即在 A、D、C 之间运营。

线路绕行甩站适用的场景与线路区间运行相似，运营公司在结合线路服务客流结构与线路是否存在可行绕行路径的基础上，对受影响站点在线路中的服务位置采用两种调整方案进行选择。线路绕行甩站时应避免过远的绕行距离、过多的甩站个数，以此来避免对乘客造成的严重延误。待突发事件影响道路恢复通行条件后，应及时恢复线路的正常运行。

5. 线路停驶

线路停驶指取消既有的运营线路，不提供该线路上的运营服务。线路停驶适用于运营线路受突发事件影响的范围广及线路日常服务乘客的客流量较小的场景。比如当城市公共汽电车运营线路沿途发生大暴雨、大雪，导致经过道路瘫痪，无法通行车辆。线路停驶后要对乘客做好解释工作，同时为乘客提供其他备选出行线路或其他出行方案。线路停驶后原先运营该线路的城市公共汽电车若无其他需求，可调配至其他车辆资源不足的运营线路。待突发事件影响消除后，应及时恢复线路的正常运行。

（二）运营车辆时刻表调整

城市公共汽电车运营车辆时刻表调整指对各运营线路的车辆发车间隔和发车频率进行调整。在以下几种情况下，需进行运营车辆时刻表调整：

(1) 运营线路上车辆由于车内治安事件、抛锚、交通事故等突发事件导致某个班次严重晚点或中断运营，此时应调整后续车辆的发车间隔来降低车辆突发事件对乘客出行造成的影响。

(2) 当线路运行环境受损或大客流冲击事件发生时，运营线路发生调整，此时应同时调整运营车辆时刻表，以更好匹配客流结构及调整后的运营线路。

(3) 当突发事件发生导致运营公司服务范围内多条运营线路发生调整，此时应考虑全网客流的换乘情况，协同调整各线路的车辆时刻表，减少乘客在运营线路间的换乘等待时间。

城市公共汽电车运营调度管理的主要职责之一，就是要根据客流变化为每条城市公共汽电车线路选择合理的发车频率，合理的发车频率也是评估城市公共汽电车运营服务水平的决定因素之一。在日常运营中，城市公共汽电车的运营工作人员是基于一定的数据来确定发车频率的，大多数情况下是根据工作经验以及客流调查数据来确定的；在突发事件下，运营者应结合现有信息估计线路服务的最大客流、断面客流，考虑运营线路的资源配置（如驾乘人员数量、应急城市公共汽电车数量）、与原始时刻表的偏差，对运营线路发车频率和发车间隔进行调整，以保证各线路运营车辆之间有效换乘衔接，且在给定时间段内可以提供的载客能力与突发事件下运营线路沿线上的最大载客量相适应。待突发事件影响消除后，应平稳地进行过渡，及时恢复各运营线路的正常时刻表。

（三）运营车辆调度

运营车辆调度指已知各运营线路的需求、城市公共汽电车车辆数及可用车辆数，统筹调度各运营线路的车辆及储存的应急城市公共汽电车，最大限度地保证突发事件下各运营线路的车辆时刻表按时实施。在以下几种情况下，需进行运营车辆调度：

(1) 运营线路上多辆城市公共汽电车由于突发事件影响无法正常投入运营（如恶劣天气下未做好车辆保养造成大量车辆需进行维修），此时应调度其余运营线路车辆或应急城市公共汽电车来完成该线路的运营任务。

(2) 突发事件导致运营公司服务范围内多条运营线路的车辆时刻表发生调整,使得各线路所需求的车辆数与已有的资源不匹配,此时应对全网车辆进行协同调度,保证突发事件下各运营线路的车辆时刻表按时实施。

在日常运营中,运营车辆调度除了满足基本的乘客服务需求外,需协同考虑城市公共汽电车公司的经济效益和社会效益。行车现场调度应做到:首末班车发车准点率为100%;高峰小时计划班次执行率不小于95%;行车大间隔(日)发生率不大于3%。而在城市公共汽电车的突发事件下,运营车辆调度应以出行需求为首要标准,力保滞留乘客有效疏散,同时要考虑运营车辆与运营线路之间的匹配和运营车辆的调度成本,最终决策选取最优的调度方案,最大限度确保突发事件下各线路的城市公共汽电车线路正常运营。突发事件影响消除后,返回应急城市公共汽电车停车场或者及时归还调度车辆,或开往原负责的运营线路。

第五节 城市公共汽电车突发事件应急管理模型

一、公共汽电车线路调整模型

(一) 问题描述

考虑一条公共汽电车线路,经过一系列首尾相连的运营区段并按顺序服务一系列站点。当线路运行环境受损时,导致公共汽电车在一部分运营区段无法正常行驶,因此需绕行至其他可行驶的运营区段,以进行线路调整并为乘客提供替代的运输服务。本问题中仅考虑使用绕行策略对公共汽电车线路进行调整,考虑每个站点的服务效益(服务该站点给社会、运营者带来的效益)以及运营成本,对公共汽电车线路调整进行优化决策,最终输出调整后的公共汽电车线路。

(二) 模型构建

1. 符号

针对所研究的公共汽电车线路调整问题建立相应模型,模型中所用到的符号如表8-4所示。

表 8-4　公共汽电车线路调整模型的相关符号

符号	符号定义
参数	
N	站点集合
A	运营区段集合
A^*	线路运行环境受损导致公共汽电车无法正常行驶的运营区段集合
A^0	原始公共汽电车线路所经过的运营区段集合
i	站点编号
a	运营区段编号
s_a	运营区段 a 的始端站点
e_a	运营区段 a 的终端站点
s_0	原始公共汽电车线路的始端站点
e_0	原始公共汽电车线路的终端站点
t_a	运营区段 a 的运行时间
w_i	站点 i 的服务效益
c_0	公共汽电车单位运行时间成本
$\mathrm{D}T_{\max}$	调整后公共汽电车线路的总运行时间相对于原始线路的最大偏差
$\mathrm{D}L_{\max}$	调整后公共汽电车线路的经过运营区段数量相对于原始线路的最大偏差
C_{total}	公共汽电车总运营成本
W_{total}	公共汽电车线路实现的总服务效益
α	服务效益相对于成本的转换系数
F	总的目标函数值
变量	
x_a	0-1 变量，当调整后公共汽电车线路经过运营区段 a 时为 1，反之为 0

2. 模型假设

(1) 假设各运营区段的运行时间已知，不考虑运行时间的不确定性；

(2) 假设各站点的服务效益提前根据客流刷卡数据进行分析标定；

(3) 调整后公共汽电车线路的始端和终端站点与原始线路一致；

(4) 仅考虑单趟公共汽电车的运营成本和获取的服务效益进行优化。

3. 目标函数

(1) 调整后公共汽电车线路实现的总服务效益最大化 W_{total}。调整后公共汽电车线路实现的总服务效益为其所服务的各个站点的服务效益之和,如式 8-1 所示:

$$W_{\text{total}} = \sum_{a \in A} x_a w_{s_a} + w_{e_0} \tag{8-1}$$

(2) 调整后公共汽电车线路的总运营成本 C_{total}。调整后公共汽电车线路实现的总运营成本为其所经过的各个运营区段的总运行时间之和与单位运行时间成本的乘积,如式 8-2 所示:

$$C_{\text{total}} = c_0 \sum_{a \in A} x_a t_a \tag{8-2}$$

将建立的子目标函数进行加权求和得到总目标函数,如式 8-3 所示:

$$F = \alpha W_{\text{total}} + C_{\text{total}} \tag{8-3}$$

4. 约束条件

(1) 起点及终点一致约束。调整后公共汽电车线路的始端和终端站点与原始线路一致,因此调整后公共汽电车线路必须经过一个始端站点与原始线路始端站点相同的运营区段及一个终端站点与原始线路始端站点相同的运营区段,如式 8-4、8-5 所示:

$$\sum_{a \in A \mid s_a = s_0} x_a = 1 \tag{8-4}$$

$$\sum_{a \in A \mid e_a = e_0} x_a = 1 \tag{8-5}$$

(2) 线路运行环境受损约束。调整后公共汽电车线路不能经过那些无法正常行驶的运营区段,如式 8-6 所示:

$$x_a = 0, \forall a \in A^* \tag{8-6}$$

(3) 站点流平衡约束。调整后公共汽电车线路在任意站点处均应满足流平衡约束。对于站点 i(站点 i 不等于原始线路的始端站点 s_0 或终端站点 e_0)来说,该线路所经过的始端站点为 i 的运营区段数应与终端站点为 i 的运营区段数相等,且每个数都应小于等于 1,如式 8-7,8-8 所示:

$$\sum_{a \in A \mid s_a = i} x_a = \sum_{a \in A \mid e_a = i} x_a, \forall i \in N \backslash \{s_0, e_0\} \tag{8-7}$$

$$\sum_{a \in A \mid s_a = i} x_a \leqslant 1, \forall i \in N \backslash \{s_0, e_0\} \tag{8-8}$$

(4) 最大调整偏差约束。调整后公共汽电车线路的总运行时间和所经过的运营区段数量与原始线路的偏差不能大于一个给定的值。该组约束目的为控制绕行的幅度,避免

过长时间或过多停站的绕行线路。约束表示如式 8-9、8-10 所示，其中$|A^0|$为集合 A^0 中所包括的运营区段的数量：

$$\sum_{a \in A} x_a t_a - \sum_{a \in A^0} t_a \leqslant \Delta T_{\max} \tag{8-9}$$

$$\sum_{a \in A} x_a - |A^0| \leqslant \Delta L_{\max} \tag{8-10}$$

另外，所生成的调整后的公共汽电车线路可能存在不合理的闭环子回路，当对模型进行求解时若发现该类闭环子回路的存在，应采取相应方法来破除闭环子回路。

二、公共汽电车时刻表调整模型

（一）问题描述

考虑多条调整后的公共汽电车线路，已知其在各服务站点的停站时间和在各运营区段的运行时间，优化各条调整后的公共汽电车线路时刻表，以实现各线路之间更好换乘。本问题中考虑每个换乘活动（哪条线路在哪个站点换乘到另一条线路的哪个站）的换乘等待时间，决策各条调整后的公共汽电车线路上各车次的发车间隔，考虑最小化全网总换乘等待时间，最终输出各条调整后的公共汽电车线路上各车次的发车时间。

（二）模型构建

1. 符号参数

针对所研究的公共汽电车时刻表调整问题建立相应模型，模型中所用到的符号参数如表 8-5 所示。

表 8-5　公共汽电车时刻表调整模型的相关符号

符号	符号定义
参数	
L	调整后的公共汽电车线路集合
N_l	调整后的公共汽电车线路的服务站点集合
Q_l	调整后的公共汽电车线路在研究时段内的车次集合
l, l'	调整后的公共汽电车线路编号
i, j	站点编号
q, q'	车次编号
$h_l^{\min}$	调整后的公共汽电车线路 l 上车次的最小发车间隔

续表

符号	符号定义
$h_l^{\max}$	调整后的公共汽电车线路 l 上车次的最大发车间隔
d_i^l	调整后的公共汽电车线路 l 上各车次在站点 i 的停站时间
r_{ij}^l	调整后的公共汽电车线路 l 上各车次在运营区段 ij 间的运行时间
$rt_{li}^{l'j}$	由公共汽电车线路 l 站点 i 换乘至公共汽电车线路 l' 站点 j 的换乘走行时间
t_{dep}^{lq}	原始公共汽电车线路 l 上车次 q 的首站发车时间
$\mathrm{D}_l^{\max}$	调整后的公共汽电车线路 l 上各车次的发车时间相对于原始线路的最大偏差
M	一个很大的正数
W_{total}	全网总等待时间
变量	
t_{arr}^{lqi}	调整后的公共汽电车线路 l 上车次 q 在站点 i 的到达时间
t_{dep}^{lqi}	调整后的公共汽电车线路 l 上车次 q 在站点 i 的出发时间
h^{lq}	调整后的公共汽电车线路 l 上车次 $q-1$ 与车次 q 的发车间隔
$w_{lq}^{l'q'}$	大于等于 0,为公共汽电车线路 l 车次 q 换乘至公共汽电车线路 l' 车次 q' 的换乘等待时间
$x_{lq}^{l'q'}$	0-1 变量,公共汽电车线路 l 车次 q 成功换乘至公共汽电车线路 l' 车次 q' 时为 1,反之为 0

2. 模型假设

(1) 假设各公共汽电车线路上车次在运营区段的运行时间及站点的服务时间已知,仅决策各车次间的发车间隔;

(2) 假设不考虑容量约束,乘客换乘至第一个允许的车次并上车;

(3) 假设时刻表调整前后第一个车次的发车时间不变。

3. 目标函数

时刻表调整后全网公共汽电车线路间的总换乘等待时间 W_{total} 最小,即各个换乘活动的换乘等待时间之和最小,如式 8-11 所示:

$$W_{\mathrm{total}} = \sum_{l \in L} \sum_{q \in Q_l} \sum_{l' \in L} \sum_{q' \in Q_{l'}} w_{lq}^{l'q'} \tag{8-11}$$

4. 约束条件

(1) 换乘活动约束。对于一个从线路 l 上车次 q 换乘至线路 l' 上车次 q' 的换乘活动来说，其换乘走行时间为 $rt_{li}^{l'j}$，其中站点 i 和站点 j 为对应的换乘前后站点，如果车次 q 到达站点 i 的时间加上所需的换乘走行时间 $rt_{li}^{l'j}$ 小于车次 q' 在站点 j 的发车时间，则该换乘活动能成功换乘，即此时$x_{lq}^{l'q'}$等于 1，具体约束如式 8-12、8-13 所示：

$$M(x_{lq}^{l'q'}-1)\leqslant t_{\text{dep}}^{l'q'j}-(t_{\text{arr}}^{lqi}+rt_{li}^{l'j}) \tag{8-12}$$

$$t_{\text{dep}}^{l'q'j}-(t_{\text{arr}}^{lqi}+rt_{li}^{l'j})\leqslant Mx_{lq}^{l'q'} \tag{8-13}$$

（2）换乘等待时间约束。当上述换乘活动能成功换乘时，该换乘活动的换乘等待时间为$t_{\text{dep}}^{l'q'j}-(t_{\text{arr}}^{lqi}+rt_{li}^{l'j})$，具体约束如式 8-14 所示：

$$t_{\text{dep}}^{l'q'j}-(t_{\text{arr}}^{lqi}+rt_{li}^{l'j})-Mx_{lq}^{l'(q'-1)}\leqslant w_{lq}^{l'q'} \tag{8-14}$$

（3）时刻表约束。调整后公共汽电车线路 l 上车次 q 在站点 i 的到达时间为车次 q 的首站发车时间加上站点 i 前各区段的运行时间和各站点的停站时间之和，如式 8-15 所示：

$$t_{\text{arr}}^{lqi}=t_{\text{dep}}^{l1}+\sum_{k=1}^{q}h^{lk}+\sum_{k=1}^{i-1}d_k^l+\sum_{k=1}^{i}r_{(k-1)k}^l \tag{8-15}$$

调整后公共汽电车线路 l 上车次 q 在站点 i 的离开时间为车次 q 的首站发车时间加上站点 i 前各区段的运行时间和各站点的停站时间之和，再加上站点 i 的停站时间，如式 8-16 所示：

$$t_{\text{dep}}^{lqi}=t_{\text{dep}}^{l1}+\sum_{k=1}^{q}h^{lk}+\sum_{k=1}^{i}d_k^l+\sum_{k=1}^{i}r_{(k-1)k}^l \tag{8-16}$$

调整后公共汽电车线路 l 上车次 $q-1$ 与车次 q 的发车间隔应在规定的最大最小发车间隔之内，如式 8-17、8-18 所示：

$$h^{lq}\geqslant h_l^{\min} \tag{8-17}$$

$$h^{lq}\leqslant h_l^{\max} \tag{8-18}$$

（4）最大调整偏差约束。调整后公共汽电车线路 l 上车次 q 的发车时间相对于原始线路的偏差应该在最大的允许范围之内，如式 8-19 所示：

$$\left|t_{\text{dep}}^{l1}+\sum_{k=1}^{q}h^{lk}-t_{\text{dep}}^{lq}\right|\leqslant\Delta_l^{\max} \tag{8-19}$$

三、公共汽电车应急调度模型

（一）问题描述

考虑多条公共汽电车线路，经过线路和时刻表的调整后，已经决策出各线路的走向及线路上各车次的时间信息。即给定调整后公共汽电车线路的班次信息,从多个公共汽电车车场派遣车辆完成所规划的车次,允许不同线路间的跨线运营,以所需的公共汽电车数量最小为目标,决策研究区域内的公共汽电车调度方案。

(二)模型构建

1. 符号参数

针对所研究的公共汽电车线路应急调度问题建立相应模型,模型中所用到的符号参数如表 8-6 所示。

表 8-6　公共汽电车应急调度模型的相关符号

符号	符号定义
参数	
N	站点集合
L	调整后的公共汽电车线路集合
Q_l	调整后的公共汽电车线路 l 在研究时段内的车次集合
P	公共汽电车车场集合
K	公共汽电车集合
i	站点编号
l	调整后的公共汽电车线路编号
q, q'	车次编号
p	公共汽电车车场编号
k	公共汽电车编号
s_q	车次 q 的始端站点
e_a	车次 q 的终端站点
t_{dep}^{q}	车次 q 离开始端站点的时间
t_{arr}^{q}	车次 q 到达终端站点的时间
t_{ij}	公共汽电车从站点 i 到站点 j 的运行时间
θ_{kp}	0-1 参数,当公共汽电车 k 属于车场 p 时为 1,反之为 0
X_{total}	所需的公共汽电车总数
变量	
x_k	0-1 变量,当公共汽电车 k 参与应急调度时为 1,反之为 0
$y_{qq'}^{k}$	0-1 变量,当公共汽电车 k 服务完车次 q 后继续完成车次 q' 时为 1,反之为 0
z_{pq}^{k}	0-1 变量,当公共汽电车 k 从车场 p 出发来服务车次 q 时为 1,反之为 0
z_{qp}^{k}	0-1 变量,当公共汽电车 k 服务完车次 q 后返回车场 p 时为 1,反之为 0

2. 模型假设

(1) 假设各站点间的运行时间已知,不考虑运行时间的不确定性;

(2) 假设所存储的应急公共汽电车数量足够;

(3) 允许公共汽电车在不同线路间的跨线运营;

(4) 假设每辆公共汽电车初始从所属车场出发并最终返回所属车场。

3. 目标函数

以所需的公共汽电车数量最小 X_{total} 为目标,如式 8-20 所示:

$$X_{\text{total}}=\sum_{k\in K}x_k \tag{8-20}$$

4. 约束

(1) 公共汽电车初始和终止约束。对于属于车场 p 的公共汽电车 k 来说,当它参与运营时,公共汽电车 k 初始从车场 p 出发来服务第一个车次并在服务完最后一个车次后返回车场 p,如式 8-21、8-22、8-23 所示:

$$\sum_{l\in L}\sum_{q\in Q_l}\sum_{p\in P}z_{pq}^k=x_k \tag{8-21}$$

$$\sum_{l\in L}\sum_{q\in Q_l}\sum_{p\in P}z_{qp}^k=x_k \tag{8-22}$$

$$\sum_{l\in L}\sum_{q\in Q_l}(z_{qp}^k+z_{pq}^k)\leqslant 2\theta_{kp} \tag{8-23}$$

(2) 班次服务约束。对于每个规划的车次 q 来说,它必须被一个公共汽电车服务,该车要么来自车场,要么来自上一个服务车次的终端站点,如式 8-24 所示:

$$\sum_{k\in K}\sum_{p\in P}z_{pq}^k+\sum_{l\in L}\sum_{q'\in Q_l}\sum_{k\in K}y_{q'q}^k=1 \tag{8-24}$$

(3) 流平衡约束。对于每个规划的车次 q 和公共汽电车 k 来说,当公共汽电车 k 服务车次 q 时,公共汽电车 k 的来源和去处唯一。对于来源来说,该车要么来自车场,要么来自上一个服务车次的终端站点;对于去处来说,该车要么返回车场,要么前往下一个服务车次的始端站点,如式 8-25 所示:

$$\sum_{p\in P}z_{pq}^k+\sum_{l\in L}\sum_{q'\in Q_l}y_{q'q}^k=\sum_{p\in P}z_{qp}^k+\sum_{l\in L}\sum_{q'\in Q_l}y_{qq'}^k \tag{8-25}$$

(4) 车次间接续服务约束。对于每个规划的车次 q 和车次 q' 来说,如果两个车次被一个公共汽电车接续服务,则车次 q 在终端站点的到达时间加上该站点前往车次 q' 的始端站点的运行时间应早于车次 q' 在始端站点的出发时间,如式 8-26 所示:

$$(t_{\text{dep}}^{q'}-t_{\text{arr}}^{q}-t_{e_q s_{q'}})\sum_{k\in K}y_{qq'}^k\geqslant 0 \tag{8-26}$$

思考与练习

1. 什么是城市公共汽电车,发展城市公共汽电车的作用是什么?
2. 请简述城市公共汽电车的分类与分级。
3. 请简述城市公共汽电车的应急处置原则。
4. 什么是城市公共汽电车突发事件?
5. 简述突发事件下的电动公交车调度模型的目标函数和约束条件。

即测即评

第九章 综合交通系统应急管理

综合交通系统应急管理是一种针对交通运输网络中可能出现的各种紧急情况，如自然灾害、交通事故、大规模拥堵等，而建立的一套预防、准备、响应和恢复的综合策略与执行体系。该体系依托智能交通系统、大数据分析、云计算等先进的信息技术，实现对交通状况的实时监控与预测，以便快速识别、解决危机。

第一节 综合交通系统应急管理概述

一、综合交通系统简介

综合交通系统，在我国重大战略规划中常用作综合交通运输体系，它是指为满足国家发展和社会需求，各种运输方式在社会化运输范围内和统一运输过程中，按其技术经济特点有机结合而成的分工协作、连接贯通、布局合理的交通运输综合体。其中每种运输方式有其特定的运输线路和运输工具，从而形成了各自不同的技术运营特点、经济性能和合理使用范围。其主要包括三个子系统：① 综合运输网及其接合部系统，指铁路、公路、港口等多种交通方式构成的运输网络及其配套设施。② 综合运输生产系统，指多种运输方式组成的联合运输系统，如海铁联运等。③ 综合运输组织、管理和协调系统，指的是协调配合各种运输方式的管理信息系统。

按照提供服务种类不同，综合交通系统可以分为客运和货运两类。两类系统的区别主要在于参与的运输方式所提供的服务类型。由于综合客运交通系统的构成更加复杂，也是国家政策法规的侧重点。因此，除了特殊标注外，本章所称综合交通系统为综合客运交通系统。

按照综合交通系统的范围不同，综合交通系统可分为综合交通枢纽和综合交通网络。前者为站点层面，主要为各种交通方式在某个城市节点的有机结合；后者为网络层面，范围更广也更为宏观，主要为各种交通通道的组合及衔接。最后，对综合交通系统的相关国家政策和发展趋势进行总结分析。

（一）综合交通枢纽

1. 分类

综合交通枢纽是指整合多种运输方式为一体的运输站点，是辐射一定区域的客运集散和转运中心。作为综合交通系统的重要节点，综合交通枢纽是各种运输方式交通网络的交会和运输转换的衔接处，是实现客运“零距离换乘”、货运“无缝化衔接”的现代交通运输的核心，也是构建综合交通运输体系的关键。此外，综合交通枢纽与百姓的日常公共交通出行密切相关，不仅是城市对内交通的桥梁，还是对外交通的纽带，对城市的发展有着重要的导向作用，目前已越来越受到人们的关注和重视。

2005 年，《全国城镇体系规划纲要（2005—2020 年）》指出要在全国范围内建设一级综合交通枢纽城市和二级综合交通枢纽城市，由此引出了综合交通枢纽城市的概念。综合交通枢纽城市是指服务于所在区域、全国乃至于全球交通网络的综合交通运输节点型城市。据《国务院关于印发“十三五”现代综合交通运输体系发展规划的通知》，综合交通枢纽城市可以分为国际性综合交通枢纽、全国性综合交通枢纽、区域性综合交通枢纽三大类（见图 9-1），各类综合交通枢纽详细信息如表 9-1 所示。

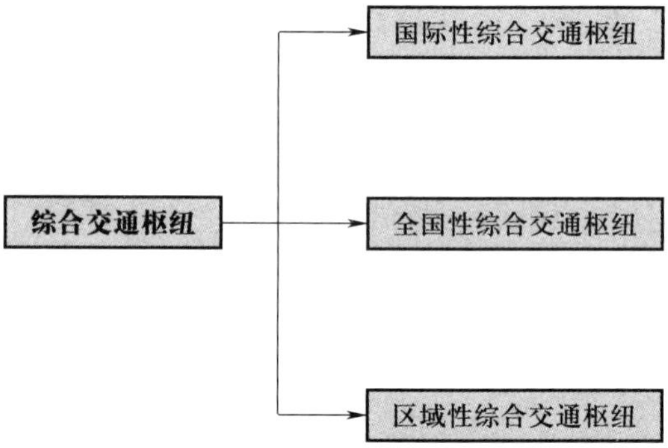

图 9-1　综合交通枢纽分类图

表 9-1　综合交通枢纽城市分类及简介

枢纽类别	定义	功能	典型城市
国际性综合交通枢纽	处于综合交通网络的核心地位，是依托国际社会、经济和文化交流中心，在世界范围内具有影响力的功能完善的交通中枢	强化国际人员往来、物流集散、中转服务等综合服务功能	北京、天津、上海、南京、杭州、广州、深圳等
全国性综合交通枢纽	处于综合交通网络的运输大通道重要交会区，依托省级经济、文化和政治中心，以及在中国经济和国际贸易中地位突出的重要港口、大型机场所在城市	在跨区域人员和国家战略物资运输中集散和中转的功能突出，有广大的吸引和辐射范围，对全国综合交通网络的合理布局、衔接顺畅和高效运行具有全局性的作用和影响	哈尔滨、长春、沈阳、大连、石家庄、秦皇岛、唐山、青岛、济南等
区域性综合交通枢纽	处于综合交通网络的主要交会处，依托省内重要城市，以及在区域经济和贸易中起主要作用的沿海港口、干线机场所在城市	在综合交通网络格局中具有承上启下的重要作用，对区域交通布局产生重大影响，发挥重要作用	长江经济带中的南通、芜湖、九江、岳阳、宜昌、泸州等城市

《全国城镇体系规划纲要(2005—2020年)》进一步指出要着力打造国际性综合交通枢纽、加快建设全国性综合交通枢纽、积极建设区域性综合交通枢纽,提升枢纽一体化服务功能。具体需要科学规划设计交通枢纽,推进多种运输方式统一设计、同步建设、协同管理;加快推进一批铁路物流基地、港口物流枢纽、航空转运中心、快递物流园区等规划建设和设施改造;推进城市主要站场枢纽之间直接连接,有序推进重要港区、物流园区等直通铁路等措施。对于综合交通枢纽的分类,因其服务对象不同而有所区别。此处以综合客运交通枢纽为例进行详细介绍。

(1) 按交通功能划分,可以分为城市对外客运枢纽和市内公交枢纽两种。

城市对外客运枢纽是城市内外客运交通紧密衔接的关键,通过高效换乘,实现水路、铁路、公路、机场与市内公共交通方便连接。

市内公交枢纽是城市内部多条轨道或者公交线路汇集的场所。

(2) 按交通方式的组合划分,可以分为方式换乘枢纽和线路换乘枢纽两种。

方式换乘枢纽是指公共汽电车交通与轨道交通、港口、铁路、航空等交通方式衔接的枢纽。

线路换乘枢纽主要是指公共汽车、轨道交通线路之间包括公共汽车与长途汽车线路间的交会处枢纽。

(3) 按交通组织划分,可以分为始发站枢纽、中途站枢纽和混合枢纽三种。

始发站枢纽有多条轨道交通及公交线路的始发站,各线路分别设有调度室、车辆排队场所,各自根据本线路的客流状况确定发车频率和首末班车时刻,一般各站独立调度,相互之间没有协调。

中途站枢纽是若干条线路的交叉或重叠处,同一方向的若干线路共用一个站台。如果线路太多,可以分为几组,每组一个站台。

混合枢纽既有始发站又有中途站,这是一类比较多见的交通枢纽。

(4) 按承担的客流性质划分,可以分为换乘型枢纽、集散型枢纽和混合型枢纽三种。

换乘型枢纽是指以承担公共交通之间或公共交通与其他客运交通方式之间的换乘客流为主,而区域性集散客流较小。

集散型枢纽是指以承担公共客运枢纽所在区域的集散客流为主,换乘客流较小。

混合型枢纽是指既有大量换乘客流又有大量区域集散客流的公共客运枢纽。

(5) 按服务区域划分,可以分为都市级客运枢纽、市区级客运枢纽和地区级客运枢纽三种。

都市级客运枢纽是指位于火车站、航空港、客运港、公路主枢纽等对外交通出入口以及城市中心区的公共客运枢纽。

市区级客运枢纽是指位于城区内交通中心处或辐射卫星城、城市新开发区等的公共客运枢纽。

地区级客运枢纽是指位于地区性区域中心客流集散点的公共客运枢纽。

(6) 按布置形式划分,可以分为平面枢纽和立体式枢纽两种。

平面枢纽是指枢纽站在同一平面,客流集散和换乘、交通工具的进出及转换均在同一平面完成。

立体式枢纽是指枢纽站为地上或地下多层结构形式。适用于交通方式复杂、用地受到限制的地点。

2. 功能

综合交通枢纽的功能主要包括集散和中转功能、一体化功能及经济功能。具体含义如下：

(1) 集散和中转功能。综合交通枢纽一般地处区域主要中心城市,能够为区域内部和区域对外的人员及物资交流提供集散和中转服务,带动和支撑区域经济的发展,是城市对外联系的桥梁和纽带。

(2) 一体化功能。综合交通枢纽能够以信息化、网络化为基础,改进运输组织方式,实现各种运输方式一体化管理,完成运输服务全过程,是提高运输效率、降低运输成本、节约资源、实现交通可持续发展的有效途径。

(3) 经济功能。综合交通枢纽作为运输网络上的节点,集各种运输方式的信息、设备和组织管理于一体,吸引着大量的客货流,是交通运输产业发展的重要支撑,能够为运输网络吸引和疏散客货流,推动交通运输产业发展,促进周边区域经济增长,带动地区土地开发,成为区域经济的增长点。

(二) 综合交通网络

综合交通网络是指由彼此协作、相互补充与紧密配合的多种运输方式的交通线路、港站和枢纽共同组成,并以交通线路为连接线,交通港站与枢纽为连接点,可进行直达运输和联合运输的交通运输网络。综合交通网络不仅仅是各种运输方式网络的简单叠加,而是各方式网络通过相互协调的有机整合。

1. 类型

从组成来讲,综合交通网络可分为三个部分：

(1) 由综合交通运输固定设施组成的交通运输实体网络,也是通常所指的综合交通运输基础网络；

(2) 由综合交通运输线路与交通运输移动设备共同组成的综合交通运输运营网络；

(3) 由各种综合交通运输资源信息组成的综合交通运输信息资源网络。

按照网络辐射范围及各种运输方式之间的耦合类型,综合交通网络可以分为以下三种：

(1) 城市内综合交通网,主要包括城市道路、城市公共交通及城市轨道交通；

(2) 区域综合交通网,主要包括区域内高速公路、城际铁路和航空线路；

(3) 全国综合立体交通网,以各种交通运输方式的主要干道为主骨架,是我国区域间、城市群间、省际以及连通国际运输的主动脉,是各种运输方式资源配置效率最高、运输强度最大的综合交通网络。

2. 特点

从组成和结构来看,综合交通网络的特点包括以下四个方面。

(1) 分布特点。综合交通网络的分布图式大体与其所在区域的对外运输联系及区内各地间运输联系的总格局相近似。

(2) 结构特点。在运输部门结构上具有一定的组合特点，且取决于所在区域的资源开发、经济发展、交通位置和自然条件等方面的特征。

(3) 组成特点。由若干地位、作用与功能不同的交通线路(全国主干线路、开发或先锋线路)所组成。

(4) 层次特点。有一定的地域等级层次，除最高一级的全国综合交通运输网外，尚有大区、省区和地区等其他一些较低等级或层次的综合交通运输网。

3. 需求量级

下面根据《国家综合立体交通网规划纲要》具体介绍我国综合交通网络的发展规划。依据国家区域发展战略和国土空间开发保护格局，结合未来交通运输发展和空间分布特点，将重点区域按照交通运输需求量级划分为三类。

(1) 京津冀、长三角、粤港澳大湾区和成渝地区双城经济圈 4 个地区作为极。

(2) 长江中游、山东半岛、海峡西岸、中原地区、哈长、辽中南、北部湾和关中平原 8 个地区作为组群。

(3) 呼包鄂榆、黔中、滇中、山西中部、天山北坡、兰西、宁夏沿黄、拉萨和喀什 9 个地区作为组团。

4. 具体规划

按照极、组群、组团之间交通联系的强度，打造由主轴、走廊、通道组成的国家综合立体交通网主骨架。具体发展规划如下：

(1) 构建 6 条主轴。加强京津冀、长三角、粤港澳大湾区、成渝地区双城经济圈 4 极之间联系，建设综合性、多通道、立体化、大容量、快速化的交通主轴。拓展 4 极辐射空间和交通资源配置能力，打造我国综合立体交通协同发展和国内国际交通衔接转换的关键平台，充分发挥促进全国区域发展南北互动、东西交融的重要作用。

(2) 构建 7 条走廊。强化京津冀、长三角、粤港澳大湾区、成渝地区双城经济圈 4 极的辐射作用，加强极、组群、组团之间联系，建设京哈、京藏、大陆桥、西部陆海、沪昆、成渝昆、广昆等多方式、多通道、便捷化的交通走廊，优化完善多中心、网络化的主骨架结构。

(3) 构建 8 条通道。强化主轴与走廊之间的衔接协调，加强组群与组团之间、组团与组团之间联系，加强资源产业集聚地、重要口岸的连接覆盖，建设绥满、京延、沿边、福银、二湛、川藏、湘桂、厦蓉等交通通道，促进内外连通、通边达海，扩大中西部和东北地区交通网络覆盖。

（三）综合交通系统发展趋势及相关国家政策

目前我国正处于建设交通强国的关键阶段，高质量的综合交通系统是重要的支撑骨架，相关政策的指导性和支持性也十分明显，例如 2019 年中共中央、国务院印发实施的《交通强国建设纲要》指出要建设现代化高质量综合立体交通网络。以国家发展规划为依据，发挥国土空间规划的指导和约束作用，统筹铁路、公路、水运、民航、管道、邮政等基础设施规划建设。以多中心、网络化为主形态，完善多层次网络布局，优化存量资源配置，扩大优质增量供给，实现立体互联，增强系统弹性。强化西部地区补短板，推进东北地区提质改造，推动中部地区大通道、大枢纽建设，加速东部地区优化升级，形成区域交通协调发展新格局。《国家综合立体交通网规划纲要》指出到 2035 年，基本建成便捷顺畅、经济高效、绿色集约、智能先进、安全可靠的现代化高质量国家综合立体交通网，实现国际国内互联互通、全国主要城市立体畅达、县级节点有效覆盖，有力支撑“全国 123 出行交通圈”（都市区 1 小时通勤、城市群 2 小时通达、全国主要城市 3 小时覆盖）和“全球 123 快货物流圈”（国内 1 天送达、周边国家 2 天送达、全球主要城市 3 天送达）。交通基础设施质量、智能化与绿色化水平居世界前列。交通运输全面适应人民日益增长的美好生活需要，有力保障国家安全，支撑我国基本实现社会主义现代化。到本世纪中叶，全面建成现代化高质量国家综合立体交通网，拥有世界一流的交通基础设施体系，交通运输供需有效平衡、服务优质均等、安全有力保障。

与此同时，《综合运输服务“十四五”发展规划》指出虽然目前我国综合运输服务快速发展，服务能力水平不断提高，但是仍然存在一些短板和问题，例如综合运输服务一体化水平不高，多层级、一体化综合运输枢纽体系尚未形成，旅客联程运输和货物多式联运总体处于起步阶段；行业治理水平不高，法律法规建设滞后，从业人员素质有待提升，综合交通运输管理体制机制尚未完全理顺，统一开放有序的运输市场尚未全面形成；行业安全稳定基础仍不牢固，应急运输体系韧性不强。因此，作为综合交通系统日常运营的重要保障，符合发展要求的综合交通应急管理体系的构建成为提升综合交通应急管理能力的关键所在。

二、综合交通系统突发事件及应急管理特点

（一）背景及意义

当今世界正经历百年未有之大变局，新一轮科技革命和产业变革深入发展，我国已转向高质量发展阶段，具有多方面的优势和条件，但是国际国内新形势对综合运输服务发展提出了更高要求，亟须解决目前存在的问题及短板。为此，“十四五”期间，综合运输服务的发展方式要更加注重质量效益和安全生产，除了注重组织模式一体融合，创新发展动力及新老业态融合外，还需要打造保障有力的安全应急服务体系。国务院印发的《综合运输服务“十四五”发展规划》在具体任务中指出要“健全应急运输保障体系，建立健全多部门联动、多方式协同的综合交通应急运输管理协调机制”。因此，为提升行业本质安全水平，应完善国家综合交通应急管理体系，提高国家的综合交通应急管理水平，支撑更高水平的平安中国建设。

综合交通系统应急管理的应用对象可从突发事件发生的规模角度进行分类，具体分为节点层面（如综合交通枢纽）及网络层面（如城市群）突发事件。把握不同类型突发事件的特点、性质、机理，并依据危险程度对其进行分级管理是科学应对和有效处置的基础。由于综合交通系统衔接多种交通运输方式，服务一定区域的客运及货运，其本质上是一个复杂的有机系统，由多个子系统组成，各个子系统间相互关联。当大规模突发事件发生

时,一种灾害可能引发一系列灾害,从而对综合交通系统产生冲击性影响,并在时空层面进行扩散,与此同时某一子系统的崩溃可能引发整个综合交通系统崩溃,引起连锁反应,造成极大损失,严重威胁公众的生命健康和公共财产安全,在一定程度上影响社会秩序的稳定。以综合交通枢纽为例,与单一枢纽相比,综合交通枢纽更容易受到不安全因素的威胁,作为交通基础设施重大结构的重要组成部分,综合交通枢纽不仅面临着泥石流、地震等自然灾害,还面临着爆炸袭击、纵火等人为破坏威胁。综合交通枢纽一旦发生灾害,疏散困难,影响恶劣,导致系统无法正常运转,甚至会造成重要交通干线或城市瘫痪。

单一地应用某种交通方式进行应急处置难度较大,因此对于积极防范和处置各类突发事件,增强综合交通系统应急处置能力,提高各交通方式的协同管控能力,实现防范日常化、决策科学化、指挥信息化、保障制度化,确保综合交通系统的安全稳定具有重要意义。

(二)综合交通系统的突发事件

同之前所介绍,根据突发事件可能造成的危害程度、波及范围、影响力大小、人员及财产损失等情况,突发事件可划分为特别重大、重大、较大、一般四个级别。综合交通系统的突发事件主要包括自然灾害、事故灾难、公共卫生事件、社会安全事件四大类。以上类型中,自然灾害突发事件最为常见,影响也较为严重。下面总结了几种典型的自然灾害突发事件。

1. 暴雪等恶劣天气

暴雪是指日降雪量(融化成水)≥ 10 毫米的天气现象。暴雪并不只是造成某种单一交通方式的设施无法正常工作,还可能导致某一空间范围内的全部交通运输网络设施的运行受到影响。大雪天气不仅会造成道路积雪、能见度降低、路面结冰,还会造成轨道交通的接触网、道岔等设施受冻,从而影响铁路的正常运行,更会限制航空运输,造成航班取消和延误,可能引起一定区域内综合交通系统的整体瘫痪。

以 2013 年昆明暴雪为例,12 月 15 日当日上午 8 时许,昆明地区出现雨雪天气,一个小时后雪量逐渐增大,对城市交通产生了影响。对于航空运输,受冰雪影响航班起飞出现排队现象,同时进港航班则受停机位的限制,无法正常进港,使得大面积航班延误,多个进出港航班取消。当日下午 5 时 15 分,相关部门启动了昆明机场大面积航班延误应急预案三级响应。截至当日下午 7 时,取消进出港航班 42 班;延误 1 小时以上的航班 3 班,延误 4 小时以上的航班 36 班;候机楼内滞留旅客高达 11 228 人。对于高速公路运输,由于持续降雪及气温不断下降,导致路面结冰严重,曲陆、功昭、嵩待、昭待等多条高速公路封闭。

2. 地震灾害

地震是由于地表下岩层断裂和移动而产生的突然、快速的地面摇晃。近些年来,随着地壳运动越来越频繁,地震断裂带十分活跃。当发生较大地震灾害时,附近的交通基础设施会遭到破坏,从而影响综合交通系统的正常运营。

以 2008 年“5·12”汶川地震为例,该地震造成包括公路、铁路和航空等交通系统的严重破坏。公路方面,据交通部统计,汶川地震共造成 24 条高速公路受到影响,161 条国家级、省级干线公路受损,8 618 条乡村公路受损,6 140 座桥梁受损,156 条隧道受损。铁路方面,据原铁道部统计,汶川地震造成灾区铁路干线塌方,其中宝成线 4 处、成昆线 4 处、成渝线 7 处塌方，还造成 31 列客车、149 列货车在途中滞留。航空方面，以成都双流机场为例，5 月 12—14 日共取消航班 430 余班，影响旅客 64 000 余人。为尽快疏散旅客，各航空公司增加飞往灾区的航班，采取同区域同方向不分公司、不分票价统一组织疏散，以及免收退票、改签手续费等应急措施。鉴于震后应急救援的紧迫性，同时，由于部分地区道路完全中断，航空系统承担着运输救灾物资、转运灾区伤病员等多项重要的震后救援任务。例如，成都双流机场的货物运输由日常的 700~800 吨 / 日增至 3 000 吨 / 日，为了保障救灾人员、物资运输和疏散旅客，增加通往重庆、绵阳等周边机场的航班数量。

3. 火灾

火灾可以分为自然火灾和人为火灾。自然火灾大多是由于干旱、高温、大风或雷击等特殊气象条件造成的。人为火灾则是由易燃易爆品、建筑物内燃气管道泄漏、用电设备绝缘被破坏等因素造成的。在事故后果方面，火灾及其引起的爆炸事故有可能直接造成交通系统中断，并且产生的浓烟或有毒物质等将会造成持续性的影响。

比较典型的案例如“8·12”天津滨海新区爆炸事故。2015 年 8 月 12 日 22 时 51 分 46 秒，位于天津市滨海新区天津港的瑞海公司危险品仓库发生火灾爆炸事故，造成 165 人遇难、8 人失踪、798 人受伤，304 幢建筑物、12 428 辆商品汽车、7 533 个集装箱受损。爆炸发生后相关部门紧急采取临时交通管控措施，天津境内滨海高速南岗站入口、轻纺城站入口、临港站出口、永定新河站出口交通管制，河北境内沿海高速歧口主线站天津方向交通管制。受滨海新区东海路附近火灾事故影响，津滨轻轨 9 号线暂时停止运营，在爆炸中损毁严重的津滨轻轨终点站东海路于 9 月份开始在原址上重建。

4. 水灾

最近 40 多年来，我国平均每年出现洪涝灾害 5.8 次。水灾多发生在雨量充沛的特殊地理位置与地势低平的地方，暴雨、强降雨会造成短时涌入大量积水而无法及时排出。一般来讲，夏季是防洪防汛的重要时期，但洪灾有时也发生在其他季节。水灾主要会造成各类交通中断，对水运、城市内公共交通和轨道交通的影响尤为明显。根据中国气象部门的规定，24 小时降水量在 50 毫米以上的强降雨称为“暴雨”。极端暴雨将会使道路、桥梁、水利工程及交通枢纽等设施损失严重。此外，强降雨还会进一步诱发洪水、泥石流、山体滑坡等次生灾害，造成交通中断、交通枢纽瘫痪等问题。

2021 年 7 月下旬，极端暴雨袭击河南多地，引发严重水涝灾害，河南省会城市郑州交通一度面临停摆。城内地铁全线停运，航班被大面积取消，多条高铁列车被迫折返，多个高速公路路段被禁行。由于郑州是全国性的交通枢纽，特大暴雨导致的郑州铁路、航空和公路运输大面积中断的影响波及全国。铁路方面，暴雨前，郑州站每日客流量约 40 万人次。受连日暴雨灾害影响，7 月 20 日，郑州站所有列车停运，大量旅客滞留。同时，这对邻近的西安、石家庄、武汉等多地客运也产生较大影响。航空方面，20 日当天，郑州机场进出港航班大面积取消。高速公路方面，郑州境内 G343、S227、S233、S235、S236 等局部路段发生路面积水，造成公路中断、禁行等。

5. 热带气旋

热带气旋具备巨大的能量，常伴随着狂风、暴雨、巨浪和风暴潮等现象的发生，往往会造成人民生命和财产损失，包括人员伤亡、房屋毁损、交通瘫痪、通信中断等。2006 年 5 月 9 日，中华人民共和国国家质量监督检验检疫总局（现国家市场监督管理总局）和中国国家标准化管理委员会发布《热带气旋等级》，其中把风力超过 12 级的热带气旋划分为台风、强台风和超强台风三个级别。由于热带气旋破坏力巨大，会引发交通中断，亟须制定一系列的交通管控措施，以减少对沿海城市的交通系统造成的影响。

2014 年第 9 号超强台风“威马逊”以 140 节风速登陆海南省文昌市，主要影响范围包括海南、广东、广西和云南等省、自治区。据统计，受“威马逊”影响的区域，海上航运和各地机场处于完全停运状态，陆地上多条公路受阻。海南省受到的影响最为严重，海口地区地面交通全线瘫痪，其中多条公交线路受积水影响停运，海南岛东环高铁停运，海南岛南北两大机场海口美兰机场和三亚凤凰机场 18 日航空交通全面中断，两大机场共计超过 12 000 名旅客受到影响。

（三）综合交通系统应急管理特点

综合交通系统应急管理是一项极其艰巨而复杂的任务，它包括一系列的决策内容，如预警时间、响应时间、信息和指令发布程序等。同时，它还受到自然环境、社会环境、经济条件、公众群体心理等多种外界因素的影响。

针对突发事件的具体特点，综合交通系统应急管理需要重点关注以下两点：

(1) 针对突发事件的突发性和不确定性，做好资源准备工作。突发事件的破坏性往往超过了日常的处置能力，需要有超乎寻常的资源量来应对。因此，在做应急管理准备时，需要做好资源和人员队伍准备，保证各项基本生活物资的储备，提前做好救援人员队伍建设。

(2) 针对突发事件的复杂性，做好机制准备工作。突发事件的复杂性超出正常工作机制的处置水平，因此需要推动建立非常态下的工作程序和工作机制来应对各类复杂的突发事件。此外，由于综合交通系统涉及突发事件的种类多、项目广，在构建机制时还需充分考虑系统内各运输方式之间的相互关系，确保应急管理工作协调稳定进行。

第二节 综合交通系统应急管理体系

一、综合交通系统应急管理体系内容

构建综合交通系统应急管理体系，完善综合交通系统应急管理机制是综合交通系统安全运营的重要保障。根据《交通运输综合应急预案》《综合运输服务“十四五”发展规划》及《北京市重点站区突发事件总体应急预案》等相关文件，梳理出综合交通系统应急管理体系的具体目标与主要任务和基本原则。

（一）具体目标与主要任务

具体目标为切实加强交通运输综合应急管理工作，实现综合交通系统的应急防范常态化、应急决策科学化、应急联动信息化、应急保障制度化，增强综合交通系统突发事件防范与处置能力，最大限度地预防和减少突发事件造成的损害，维护公众的生命财产安全，保障综合交通系统的安全运行。

主要任务包括：建立健全多部门联动、多方式协同的综合交通应急运输管理协调机制。完善综合交通应急运输网络，构建应急运输大数据中心，推动信息互联共享。统筹陆域、水域和航空应急救援能力建设，建设多层级的综合运输应急运力储备体系。

（二）基本原则

1. 以人民为中心

坚持一切从人民利益出发，一切对人民负责，最大限度地减少突发事件造成的影响。切实加强应急救援人员的安全防护，充分发挥专业救援力量和社会力量的作用。

2. 预防为主

贯彻落实“安全第一，预防为主，综合治理”的方针，坚持应急与预防相结合、常态与非常态相结合。建立和完善监测和预警体系，做好常态下的风险评估、物资储备、队伍建设、应急演练等工作。

3. 协同应对

充分利用应急资源，发挥各部门和社会公众的作用，建立健全应急处置协同联动机制，明确各方责任，形成统一指挥、功能齐全、反应灵敏、协调有序、运转高效的应急管理体制。

4. 科学应对

充分利用现代化的技术手段，做好预测、预警工作，充分发挥专家队伍和专业人员的作用，提高应对突发事件的科学决策和指挥能力。

二、综合交通系统应急管理机制

一般来说，综合交通系统应急管理体系主要包括综合交通系统应急预案、综合交通系统应急管理体制、综合交通系统运行机制和综合交通系统法制。对于综合交通系统，需要制定完善的应急预案体系；建立集中统一的指挥机构；建立健全监测预警、应急处置与救援、恢复与重建、保障等管理机制；通过依法行政，努力使突发公共事件的应急处置逐步走上规范化、制度化和法制化轨道。其应急预案和管理机制是法制建设的前提，其中管理机制的构建更为复杂，地位也更为重要，并且包含部分应急预案的内容。

（一）组织体系

1. 应急领导小组

在启动突发事件Ⅰ级应急响应时，依托交通运输部应急工作议事协调机构，同步成立交通运输部应对××事件应急工作领导小组（以下简称领导小组）。领导小组是Ⅰ级突发事件的指挥机构，由部长或经部长授权的分管部领导任组长，分管部领导、部总师或部内牵头单位、办公厅负责人任副组长，相关单位负责人为成员，并指定一名助手作为联络员。

突发事件Ⅱ级及以下应急响应，参照Ⅰ级应急响应处置模式，由相应部内单位在分管部领导的指导下，会同有关单位视情况采取必要的应对措施。

2. 应急工作组

领导小组下设综合协调组、应急指挥组、新闻宣传组，并视情设立通信保障组、通行和运力保障组、后勤保障组等若干个工作组，根据需要由部相关司局和单位人员组成，负责应急处置工作的具体实施。视情况成立专家组和现场工作组，在领导小组统一协调领导下开展工作。应急工作组在领导小组决定终止Ⅰ级应急响应时自动解散。

以综合交通枢纽为例，其中综合协调组的主要职责包括：

(1) 研究制定综合交通枢纽应对突发事件的政策措施和指导意见；

(2) 负责具体指挥综合交通枢纽一般突发事件应急处置工作；

(3) 当突发事件超出综合交通枢纽处置能力时，依程序报请应急指挥机构提供支援，或提出组建临时应急指挥部建议；

(4) 分析总结综合交通枢纽突发事件应对工作，制定工作规划和年度工作计划；

(5) 负责指导综合交通枢纽应急队伍的建设管理以及应急物资的储备保障等工作。

应急指挥组的主要职责包括：

(1) 在协调小组工作职责的基础上，负责具体指挥综合交通枢纽较大突发事件应急处置工作；

(2) 在相关领导机构的统一指挥下，参与重大或特别重大突发事件应急处置，做好对接保障工作。

3. 专家组

按照突发事件分类处置的原则，由应急指挥组在专家库中选择与事件处置相关的专家组成专家组，负责对应急准备、应急行动、应急响应终止和后期分析评估提供专业咨询和建议。根据需要参加突发事件的应急处置工作。

4. 现场工作组

现场工作组由部内牵头单位带队，相关部门和单位派员参加，必要时可由部领导或部总师带队。现场工作组按照部工作部署，在现场协助地方人民政府开展突发事件应急处置工作，并及时向领导小组报告现场有关情况。

（二）管理机制

综合交通系统应急管理机制是综合交通系统应对突发事件的应急管理体系的主要组成部分，是为保障公共安全，有效预防和应对突发事件，避免、减少和减缓突发事件造成的危害，消除其对社会产生的负面影响，而建立起来的以政府为核心，其他社会组织和公众共同参与的有机体系，是应对交通运输突发事件时的组织、制度、行为、资源等相关应急要素及要素间关系的总和。如何实现综合交通系统应急防范常态化、应急决策科学化、应急联动信息化、应急保障制度化，增强综合交通系统突发事件防范与处置能力，最大限度地预防和减少突发事件造成的损害，保护公众的生命财产安全，保障综合交通系统安全运行，是制定综合交通系统应急管理机制的主要目的。应急管理机制分为监测预警、应急处置与救援、恢复与重建、保障四个部分。具体内容解释说明如下：

1. 监测预警

(1) 综合协调组加强对重要基础设施的安全监督检查，建立健全风险防控和监测体系，完善监测制度，规范监测信息获取、报送、分析、发布的格式和程序。综合协调组成员单位根据各自职责分工，及时汇总、分析、处理本地区、本行业（领域）风险监测信息，并负责收集、整理和研究国内外可能对综合交通枢纽造成重大影响的风险和突发事件信息，预测可能发生的情况。

(2) 安排专人进行24小时值守，对可能发生的突发事件进行监测。组织各类风险监测信息的汇总、分析和处理，定期组织区域综合风险评估与风险形势分析，召开公共安全形势分析会议，研判突发事件的总体形势，提出防范措施建议。

(3) 综合协调组组织建立重点站区运力接续基础信息数据库和站区人群聚集监测系统，完善监测网络，配备必要的设施设备，明确专职或兼职人员，对可能发生的突发大客流和人群滞留事件进行监测。

(4) 综合协调组负责重点站区突发事件预警管理工作。

(5) 综合协调组办公室可根据属地相关部门和综合交通枢纽实际情况，发布预警信息，并报备。

(6) 有关部门发布突发事件预警信息后，可根据实际情况调整站区预警级别，并报备。

(7) 当确定突发事件不可能发生或危险已经消除时，预警发布单位应按照程序宣布解除预警，并通报相关单位，经报备后，宣布解除预警。

2. 应急处置与救援

(1) 信息报送。综合协调组办公室负责统一管理综合交通枢纽的信息报送工作；获悉突发事件的公民、法人或其他组织，应立即向事发地有关部门或指定的专业机构报告。各有关部门要及时向综合协调组办公室、有关主管部门报告突发事件信息；对于能够判定为一般及以上突发事件等级的，事件本身比较敏感或发生在重点区域、特殊时期的，可能产生较大影响的突发事件或突出情况信息，综合协调组成员单位要立即通报综合协调组办公室；对于暂时无法判明等级的突发事件，综合协调组成员单位应迅速核实，向综合协调组办公室报告；对于涉密的重要信息，负责收集数据的部门应遵守相关的管理规定，做好安全保密工作。

(2) 先期处置。突发事件发生后，事发单位和相关基层组织、社会组织要立即开展先期处置。事发单位立即组织本单位应急队伍和工作人员营救受害人员，疏散、撤离、安置受到威胁的人员；突发事件发生后，如现场存有易燃易爆危险品或发生起火、漏电、漏水、漏气等情况，现场先期处置人员要立即通知有关主管部门实施排爆、灭火、断电、断水、断气等措施，清除现场危险品，避免次生危害的发生；综合协调组办公室接报后，值班领导赶赴现场，指挥各单位应急力量开展先期处置；及时向有关部门、单位报告；组织群众转移疏散，调动应急队伍和工作人员疏散、撤离、安置受到威胁的人员，如有受伤人员，应首先营救；采取控制危险源、标明危险区域、封锁危险场所及其他防止危害扩大的必要措施。

(3) 分级响应。根据突发事件应对和事态控制能力，结合综合交通枢纽实际情况，在应急指挥部成员单位开展先期处置的基础上，进行分级响应。

(4) 现场指挥部。发生突发事件后，按照相关预案规定，设立现场指挥部。现场指挥部由总指挥、执行指挥和各工作组组长组成，实行总指挥负责制。总指挥行使重要事项决策和行政协调权，执行指挥行使专业处置权。现场指挥部根据需要可选择设置综合协调组、专业处置组、宣传信息组、治安交通组、通信保障组、医疗救护组、后勤保障组、专家顾问组等工作组。按照“安全就近、方便指挥”的原则，在突发事件现场周边适当的位置或指挥通信车辆上设立指挥场所，开展突发事件的应急处置工作。公安、交管、消防、医疗急救、应急、宣传及处置主责部门应按照职责，迅速调动有关专业应急力量赶赴现场，掌握现场态势，控制事态发展，减少人员伤亡和经济损失。

(5) 处置措施。突发事件发生后，根据事件情况，由综合协调组及应急指挥组等相关部门、有关单位，采取有针对性的应急处置措施。

(6) 信息发布与新闻报道。综合交通枢纽突发事件的信息发布工作，由综合协调组进行管理与协调。一般突发事件发生后，由综合协调组负责新闻发布工作。较大突发事件新闻发布方案和发布内容经上级批准后，由应急指挥组等相关部门实施发布。重大、特别重大突发事件新闻发布方案和发布内容，由新闻发布协调小组制定并报有关领导批准后组织实施。

(7) 应急结束。突发事件处置工作已基本完成，次生、衍生的事件危害已基本消除，各成员单位和保障部门在接到应急结束的指令后，方可撤离现场，应急处置工作即告结束。应急结束后，综合协调组办公室应及时通知参与事件处置的各相关单位。

3. 恢复与重建

(1) 善后处置。相关部门组织实施善后处置工作，及时制定善后处理措施和恢复重建计划并组织实施，并协助相关部门做好善后处置工作，进行现场清理和环境污染消除，及时修复被破坏的城市基础设施。

(2) 应急救助。突发事件发生后，有关部门需做好受灾人员抚慰及救助款物的管理、调拨和发放等工作。

(3) 事故调查。突发事件发生后，依据有关法律、法规和规定，由相关单位组织开展事件调查，查明事件原因和性质，提出整改防范措施和处理建议。

(4) 总结评估。二级响应应急处置结束后，根据需要，可由事件处置主责部门组织开展应对工作总结评估。一级响应和扩大响应应急处置结束后，应由事件处置主责部门牵头开展突发事件应对总结评估工作，按时限要求报送上级部门。

4. 保障

(1) 应急队伍保障。应急指挥组要确定应对突发事件岗位专兼职处置人员，明确应急处置职责，现场处置准确高效，应急指令落实到位；综合交通枢纽物业、保安、环卫保洁等单位建立兼职应急队伍，作为处置突发事件的辅助力量进行支援保障；根据突发事件的性质和特点，由现场指挥部总指挥依照预案调用相关专业应急队伍，统一指挥调度专业应急队伍、应急后援队伍和辅助力量。

(2) 指挥系统技术保障。相关部门建立集通信、调度和指挥于一体的综合交通枢纽日常运行与应急指挥智慧平台，保障应急指挥中语音交互、多领导远程参与应急指挥、全面的应急监控、分级响应启动、快捷的下行上报、多资源共享等功能，以满足各种复杂情况下处置各类突发事件的指挥要求。

(3) 交通和运力保障。突发事件发生后，根据需要开设应急救援“绿色通道”，保障应急救援车辆优先通行。在突发大客流情况下，视情实施地铁延时、增加夜班公交、调配出租车保点等措施，保障运力充足。

(4) 物资装备保障。本着“物资前置、就近支援”原则，结合综合交通枢纽属地行政区应急物资保障体系，制定应急物资储备计划，建设应急物资储备库，组织应急物资的监管、储备、更新、补充、调拨和紧急配送体系等工作，建立健全各项应急物资的日常管理制度。

(5) 医疗卫生保障。统筹医疗卫生资源，协调疾病预防控制机构、院前急救机构和医疗机构参与突发公共卫生事件处置及突发事件紧急医学救援工作。

(6) 治安保障。突发事件发生后，由公安部门负责社会治安秩序保障，立即在突发事件处置现场周围设立警戒区和警戒哨；城管、保安队伍配合做好现场封控、疏散救助群众、维护公共秩序等工作。

(7) 应急场所保障。突发事件发生后，综合协调组可根据突发事件危险程度及事态发展情况启用应急避难场所或临时应急疏散区，并按照疏散预案组织人群进入应急场所避难。

(8) 气象服务保障。由气象局负责气象服务保障工作，提供天气预报并加强对极端天气的监测和预警，重点时期频次加密，并提供临近预报。

(9) 资金保障。为确保突发事件发生时能够快速反应、协调指挥，提高综合实战能力，综合协调组成员单位需按照部门职责，在年度部门预算中安排相关应急工作经费。

第三节
综合交通系统应急疏散

在综合交通系统中，应急管理在突发事件暴发前属于预警管理的范畴，突发事件爆发后则属于应急管理的范畴。应急管理包括预防、就绪、响应、恢复四个阶段。本节将重点介绍综合交通应急系统中的响应阶段，也就是组织营救和救治受突发事件影响人员，帮助其撤离危险区域并妥善安置，即综合交通系统应急疏散。

一、综合交通系统应急疏散目标

城市综合交通系统由多种交通方式组成，大型的综合交通枢纽通常包含高速铁路、民航、城市公共交通、城市轨道交通等大运力公共交通方式，以及网约车、共享车等新型交通方式。比如2019年竣工的北京大兴机场综合交通枢纽，包括北京大兴国际机场、京雄城际铁路等城市间交通方式，还包括大兴机场大巴、北京地铁大兴机场线、各类出租车和网约车等城市内交通方式，并且各种交通方式均可以在换乘大厅实现换乘，对城市居民的便捷出行起到了至关重要的作用。

城市综合交通枢纽作为城市交通网络的关键组成部分，是连接城市各种交通方式的纽带，具有客流量大、交通方式多样、流线交织复杂等特点，在综合交通网络的高效运转中起到至关重要的作用。目前，我国大城市的综合交通枢纽客流日益增长，人员聚集现象日益严重，安全风险不断提高，尤其是在车辆密集到达的高峰时刻，容易出现疏散能力与客流需求不匹配的现象，严重影响了综合交通枢纽的运行效率。因此，为了应对各类突发事件，综合交通枢纽的交通应急管理需要协调多种方式的交通资源配合，设计有效的交通疏散诱导和控制策略，以达到有序疏散的目的。

应急疏散，特别是以交通疏散为主要方式的区域紧急疏散事件是典型的复杂系统。一个完整的综合交通疏散系统由疏散者、疏散指挥人员与疏散场景（疏散过程中的环境统称，包括交通路网系统、天气、灾害背景等）组成，其中疏散者、疏散指挥人员都具有智能性，他们能够自主选择疏散撤离时间、路径、目的地、行为等；区域范围内的疏散人数众多，相互之间存在交互作用。另外，整个综合交通系统中存在多种交通方式，每种交通方式所构成的交通系统之间存在相互作用，互相影响也能够互相配合。

综合交通网络由多模式交通网络耦合而成，突发事件将对各种方式交通网络的节点和路段造成影响，严重时网络的通行能力和拓扑结构将会发生变化，因此需要对综合网络的应急交通管理考虑多种交通方式之间的相互作用机理，设计科学有效的协同组织与应急疏散方案。此外，在突发事件情况下，选择综合交通系统的出行者在网络上的活动规律也会发生变化，尤其是在大规模、大范围的突发事件下，城市区域的疏散规划需求也会增大，疏散方案的制定需要进一步考虑以下问题，如将人员疏散到哪里，通过何种方式疏散到目的地，避难场所的设置与车辆能力的设置，多模式交通如何协同等。

应急疏散是应急响应阶段防止和减少人员伤亡的重要措施，突发事件的应急交通疏散预案是整个应急预案中非常重要的一项内容。决策者需要在常态下设计和制定预案，在灾前进行计划的调整和部署，并在灾难即将发生或已经发生时予以执行。一个较为完备的疏散预案，使得处于危险区域的人员能够尽快疏散至安全区域或者避难所，使得突发事件带来的损失达到最小。对于疏散规划者而言，他们希望能够将受灾人群尽可能快速和安全地转移，在进行疏散规划时要考虑缩短和降低总的疏散时间和疏散过程的风险，加快突发事件的响应速度，减少事件整体持续时间，尽快将综合交通网络的运行状态恢复到正常水平，减小突发事件对综合交通网络的影响程度，提高城市交通网络的韧性和可靠性。对于选择私人交通方式的疏散人员，他们需要在交通疏散管理控制策略的限制下合理地选择出行路径，以尽快地离开危险区域；对于选择公共交通方式的疏散人员，他们需要在指定的位置等待疏散车辆，在车辆能力的允许范围内有序地乘坐车辆疏散。

在疏散方案的制定中，疏散时间是量化疏散行为和评价疏散方案效果的主要指标。最小化疏散时间需要考虑以下指标：网络清空时间，即交通网络里最后一辆车或者最后一个人离开危险区域或者到达安全区域的时间；每辆车的疏散时间，即各个车辆完成其出行过程的总时间；最大车辆疏散时间，即所有车辆最大的旅行时间。疏散风险能够评估疏散方案的安全性，也是疏散时考虑的重要指标。疏散风险要考虑人在灾害区域等待的风险、疏散过程中的风险、不同的灾害及其次生灾害对不同交通方式造成的潜在风险等。此外，疏散方案的制定需要关注整个疏散过程耗费的成本问题，如开放避难场所的费用、避难场所提供的物资、交通控制措施的成本等，在满足疏散需求的同时，应减少疏散的资金投入。

二、综合交通系统应急疏散原则

城市综合交通系统的应急疏散目的在于分析出行者在突发事件下的交通需求以及交通行为特性，制定相应的管理和控制措施来保证供给和需求的有效匹配，从而提高综合交通系统的可靠性。在进行综合交通系统的疏散策略制定时，由于涉及多种交通方式的耦合，因此通常采用系统最优准则合理安排各类运输资源以及疏散路径，设计优化的资源配置与疏散方案，使人员能够有效地通过各类交通方式进行综合疏散。进一步地，为了兼顾疏散路径的公平性，应考虑相同起终点下的出行路径时间在某一范围，尽量减少路径出行总时间之间的差异，从而指定合理的疏散路径，避免产生部分疏散人员等待时间过长的情况。

系统最优的疏散原则假设所有疏散人员能够完全听指挥，而且各类交通方式均能按照既定的时间和路线行驶。但是，在具有私家车出行的情况下，出行者往往有多条路径进行疏散，特别是在道路情况发生变化时，会动态地变更路径避开潜在的拥堵路段。

因此,城市综合交通系统的应急疏散策略还应结合用户均衡的准则,对疏散策略加以补充。

实际情况中,突发事件可能对综合交通系统中各类交通方式的需求和供给均产生影响,疏散人员的出发时间、目的地、疏散路径等出行需求会产生动态的变化,交通网络的连通性以及通行能力等也会发生实时的改变。因此,综合交通系统的应急疏散策略应考虑动态性与随机性对疏散策略的影响,设计鲁棒的疏散方案以应对突发事件的不确定性。

对于城市的综合交通枢纽,在重要节假日、春运、暑运等期间,铁路的到发列车数量大幅增加,铁路客流量和综合客流量急剧攀升,容易在铁路进站、出站区域形成大客流聚集,发生群体踩踏事件的可能性高。综合交通枢纽的应急疏散,主要是针对局部区域产生的人员聚集情况,从瓶颈设施布局和区域疏散流线设计两个角度,进行人员的疏散组织优化。另外,对于交通供给能力大范围降低的突发事件,需要综合各类交通方式的运输计划以及能力安排,以满足动态系统最优行为准则为前提,设计枢纽协同疏散优化策略,以快速有效地疏散客流,避免客流大量聚集。

对于城市综合交通网络,部分大城市本来就存在严重的交通拥堵问题,一旦发生自然灾害、事故灾难、公共卫生事件和社会安全事件等突发事件,将会突然产生大量交通需求,交通压力骤增,使得原本十分脆弱的道路交通网络更加恶化,甚至造成类似 2008 年南方暴雪灾害和 2012 年北京“7·21”特大暴雨事件情况下的整体交通瘫痪,给城市应急救灾带来很大影响。在发生突发事件时更需要合理高效地进行疏散组织管理,这就要求事先做好各类突发事件的预防和预案,一旦发生紧急事件,人群和车辆的疏散路径、交通组织管理、避难所选择、救援人员到达等问题都应该在应急交通疏散预案中进行详细规划。以疏散路径规划和交通组织设计为核心的应急疏散交通网络优化是制定疏散预案的关键环节,但国内外在应急预案研究领域尚没有形成系统完善的理论和方法体系,特别是对疏散路径规划和交通组织两者交互作用机理缺乏深入分析和量化建模。因此,为有序实施交通组织,提高疏散效率,迫切需要对应急疏散进行全面系统的研究,以确定适合中国国情和符合交通运输环境条件的应急疏散规划管理研究方向,建立相应的方法和体系。

三、综合交通系统应急疏散内容

城市综合交通系统的应急疏散包括综合交通枢纽的应急疏散和综合交通网络的应急疏散两个部分。综合交通枢纽的应急疏散主要是对枢纽内行人的运动路径进行合理的规划与诱导,通过调整各类交通方式车辆的到发时刻与运输能力,以最短的时间将聚集在枢纽的人群进行快速的疏散,避免人员聚集以及由此引发的二次事故。综合交通网络的应急疏散按交通方式可分为私人交通与公共交通两部分。对于私人交通(一般为道路交通),可设计柔性的应急交通管控措施,如路径推荐与诱导、可变信息板提醒等,降低交通网络拥堵的风险,同时,可设计硬性的应急交通管控措施,如道路封路、道路限速、信号控制、转弯限制、可变车道控制等,有效地配置道路资源。对于公共交通,需要合理安排车辆的时空路径,设置疏散地点进行避难场所选址,有效规划疏散人员在综合交通网络上的出行路径,从而实现运力资源安排与配置。

城市综合交通系统的应急交通疏散涉及多种交通方式的相互作用,因此在选取疏散方法时应当充分考虑各交通方式之间的协同合作。以最为常见的自然灾害事件为例,一旦城市内发生暴雨,很容易使得城市内交通系统的负荷大幅增加甚至瘫痪,从而造成乘客的滞留。这种情况下只依靠单一交通方式的疏散效果通常难以满足需求,因此需要考虑多种交通方式之间的协调配合来达到应急疏散的效果。

具体来说,当客流集中在交通枢纽内部时,可以使用交通枢纽协同疏散的方法;针对行动不便或者没有车辆的人群,可以考虑采用道路与公交协同疏散的方法;针对发生于高峰时间段的地铁车站内部的滞留客流,可以考虑采用公交与地铁协同疏散的方法;针对规模较大、涉及范围广、不确定性高、结构复杂的客流情况,需要采用大规模路网多模式疏散的方法。

下面对以上四种综合应急疏散方法进行详细介绍。

(一)交通枢纽协同疏散

城市综合交通枢纽是融合多层次交通网络的重要节点。对枢纽内多种交通模式之间的衔接特性与耦合机理进行分析,构建多种方式紧密衔接的协同疏散方法,调整各类交通方式的运行时刻表,合理规划人员在枢纽内的运动路径,是进行综合交通枢纽应急疏散的重要方法。

城市综合客运枢纽通常汇集了地铁、高铁、公交等交通方式,受高铁、公交等离散到达时间的影响,枢纽内的乘客需求通常呈现出明显的时间异质性。此外,通过其他方式到达枢纽,然后换乘至地铁枢纽站站台的乘客将通过一系列步行设施。由于设备设施通行能力的限制,枢纽内多模式客流的到达与换乘也会受到相应的影响。

针对综合交通枢纽潜在的聚集风险,可采用行为建模与仿真模拟的方法,计算疏散人员在枢纽内的运动过程以及拥挤情况,根据个体的速度与位置差异来测算事故发生的临界状态。考虑个体行为的不确定性,通过模拟不同设备条件下的瓶颈疏散过程,设计枢纽内的客流疏导策略与设备设施的布设方案。针对枢纽局部形成的客流拥挤情况,结合用户最优与系统最优的疏散准则,建立基于多模式路径的动态行人分配模型,分析人群局部区域疏散过程中流量传播过程。进一步考虑设备设施的可调整性,分析不同设置方案下的空间连接特性,设计优化的人员疏散流线方案,以缓解高密度瓶颈的客流聚集情况。

在突发事件条件下,短时内各类交通方式(如高铁列车、地铁列车、公交等)会出现集中到达的现象,客流数量会在短时间内迅速增加,大量的乘客短时间内到达枢纽内部,再根据自身的需求进行各种行为选择。因此,各流线上的换乘设施的通行能力必须要有所保证,否则就会产生长距离排队、拥堵现象。因此,在突发大客流情况下,综合交通枢纽需要实施地铁延时、增加夜班公交、调配出租车保点等措施,保障运力充足。具体而言,可以通过优化地铁列车开行时刻及数量，尽可能地减少乘客在枢纽内的滞留时间。提升乘客的换乘效率，确保枢纽及地铁站台的安全性，在满足人员疏散的前提下，尽可能地提高疏散效率。

根据突发事件的特性，分析综合交通枢纽内人员运动的宏观流体演化特性，结合各交通方式的到达量和服务能力，建立多模式交通枢纽网络疏散可靠性模型，估算交通供给和需求的动态变化对枢纽整体疏散可靠性的影响，分析各类交通方式的鲁棒性。针对疏散薄弱环节，考虑综合交通枢纽的多交通方式耦合特点，以总疏散时间最少、疏散可靠性最大为指标，结合人群在枢纽内的交织运动特性，分析乘客的多模式备选路径集合，考虑不同方式的衔接特性，建立多交通方式的动态系统最优疏散模型，计算分时分段的动态协同客流疏散方案，实现综合交通枢纽的协同疏散组织优化。

（二）道路与公交协同疏散

在城市综合交通系统的应急疏散过程中，由于部分行动不便、没有车辆的人员无法采用私家车出行，因此需要选用公共交通的方式进行应急疏散。在容量有限的疏散网络中，不同类别甚至同一类别不同出行方式均存在着博弈竞争关系。因此，城市交通系统可以看作一个有规则的多模式叠加、复合的网络系统。在单模式交通网络中，出行者只能以一种交通方式出行，只是在路径上有选择行为；在多模式复合交通网络中，出行者从起点出发，首先要选择交通模式，在交通模式网络内部可能要选择路径或选择换乘点，从一种模式切换为另一种模式。

疏散网络系统作为城市交通系统的一种特殊形式，也延续了这一复合网络特性。根据疏散者使用的交通工具，疏散网络可以视为由私人交通疏散网络与公共交通疏散网络构成的复合网络，且两类网络间存在着博弈竞争关系。两类疏散网络均有其独特的系统特性。私人交通疏散网络服务于拥有私人疏散工具的人群，其交通分配遵循用户平衡原理；公共交通疏散网络中运行的公交车辆则运行在固定的疏散线路上，其交通分配可由疏散管理者控制以实现系统最优。这种不同网络间分配方式的差异性阻碍了不同疏散方式间的统一量化建模，即多模式应急疏散问题难以用一类模型进行综合建模与求解。因此，疏散网络的复合网络特性极大地增加了多模式应急疏散问题的建模与求解难度。

城市道路与公交协同疏散问题通常建立基于网络流优化的疏散路径的优化模型，包括最短路、最大流、最快流、最小费用流等，通过优化流在网络中移动的轨迹来确定疏散路径。传统的基于路段层面的节点－弧网络模型采用节点和线段来简化描述道路网，它与实际情况有着较大差别：在实际路网中不同类型的交叉口均被描述成了无差别的节点，具有不同线形、不同车道布设的路段则均被描述为仅有不同简单属性的线段，这样的描述不能体现该交叉口是否存在交织的情况。因此，部分研究对疏散路网进行基于车道的建模，在消除交叉口冲突点和减少交叉口交织点的前提下，建立以最小化疏散距离为目标的扩展最小费用网络流模型。

针对这一问题，可以考虑以其中的一种疏散方式的路径规划为研究对象优化疏散网络，并将路径规划得到的交通分配数据作为固定参数，以供下一种疏散方式的路径规划使用，直至所有疏散方式均完成路径规划。这一简化方式以牺牲优先级别较低的疏散方式的效率来尽可能地提高优先级别较高疏散方式的效率，但其应用有一个前提条件：后一种疏散方式路径规划后产生的网络交通流对前一种疏散方式的路径规划无影响或有微弱影响，以保证路径规划结果的有效性。

在现有的多模式疏散规划中，通常以私人交通作为优先级别最高的疏散方式。这种以私人交通为主的多模式疏散规划方法，以私人交通疏散效率作为首要优化目标，通过交通组织与路径规划的集成优化模型实现对疏散网络拓扑结构的重构。随后，将私人交通疏散交通流作为背景交通流，在重构后的疏散网络中实现公共交通的疏散路径规划。城市公共交通工具有限的数量保证了公共交通疏散路径规划仅能对私人交通疏散规划产生微乎其微的影响。

此外，可以考虑以公共交通为主的多模式疏散规划方法，以公共交通的疏散效率为首要优化目标，并在不降低首要目标的前提下进行私人交通疏散路径规划。但是通常情况下，不同疏散方式在道路上共享路权、混合行驶，且私人交通工具在所有的疏散车辆中拥有压倒性比重，这些性质导致私人交通路径规划会对公共交通路径规划带来很大影响。因此，这种模式实施的前提是需要通过交通组织和控制策略给予公共交通独立路权，将其从混合交通流中分离出来，以实现公共交通为导向的多模式疏散规划方法的实际应用。

（三）公交与地铁协同疏散

城市轨道交通突发故障，如发生干扰性事件使得部分轨道交通线路中断运营或发车间隔增加，导致运力下降，从而无法满足乘客出行需求，造成大量乘客滞留在地铁站。在上下班高峰时段，这一问题可能更加严重，甚至可能导致严重的人群踩踏事故。

在轨道交通突发事件的应急响应过程中，轨道交通和公交线路被看作两种互为补充的方式，可共同用来疏散滞留的乘客。在此背景下，接驳公交网络设计的目标就是要决策其线路结构以及运营频率，从而降低包括乘客出行时间以及运营成本在内的系统总成本。在实际中，常规地面公交以及其他的轨道交通线路剩余的运力可能较为有限，或者其相应的线路对于乘客来说不够便利，这就要求设计接驳公交线路来提供额外的运力以高效地疏散滞留乘客。从本质上来说，接驳公交网络属于一种连接不同地铁站，并为乘客提供替代线路的临时公交线路。

与一般的网络设计问题相比，接驳公交网络设计存在以下几方面特点：① 轨道交通突发故障情况下，公交车的运行时间将会出现明显波动；② 运营于接驳公交线路的车辆数存在限制；③ 公交车站以及其他换乘设施无法改善，使得接驳公交网络设计属于一次性的设计问题。

对于较大规模的轨道交通网络而言，其在突发故障情况下的所有可行接驳公交线路规模非常庞大，无法通过列举的方式找到所有可行的接驳公交线路，因此需要设计高效算法来动态地生成接驳公交线路，并考虑客流需求以及相关的线路容量约束。

（四）大规模路网多模式疏散

大规模路网多模式疏散涉及的时间长、不确定性高、决策范围广、交通运输依赖性强，是一项重要、艰巨而复杂的决策任务。在发生大型突发事件如飓风灾害、人为恐怖袭击时，城市综合交通网络的疏散人员分布具有不均衡特性，综合交通网络的供给能力具有不确定性，为了保障人员的有效疏散，要尽可能地利用有限的交通网络资源，以乘客损失最小、运营成本最低等为目标，研究确定大规模网络条件下多种交通方式相结合的协同疏散组织策略。在多模式综合疏散场景中，考虑到轨道交通网络运力大、效率高、可控性强的特点，让其承担重要的疏散功能，也要重点分析列车运行调度的问题，如车辆开行区间、开行时段以及开行数量等具体方案，以快速有效地疏散危险区域中的人员。

多模式综合交通网络的应急疏散问题需要考虑不同交通网络之间的相互影响，疏散过程中不同交通方式的出行需求会相互转化。例如，道路交通网络破坏后，处于灾害环境内的人员将被采用轨道交通的方式进行疏散。不同的交通方式也需要相互衔接，对于全域性破坏情况下的交通网络，要分析综合交通网络的可达性，设计运输优化组织方案以尽可能地利用整个综合网络中的剩余交通资源和备用资源。因此，建立综合网络资源约束下的车辆协同优化方法的过程中，不仅要考虑突发事件的持续时间、影响范围等不确定因素，还要考虑不同运输方式之间的耦合机制。科学合理地利用多模式综合交通网络的运输资源，建立优化的运输组织方案，能够快速有效地疏散滞留客流和车流，以减小突发事件对运输网络的负面影响。

首先，需要分析大型突发事件对城市多模式交通网络的通行能力以及疏散人员的出行特性的影响。通过分析突发事件下交通系统中出行者在城市内的活动规律，对疏散人员的出行分布、出行频率、出发时刻、出行时间、出行路径进行数据采集与行为机理预测，提出相应的出行行为多样性和一致性模型，以揭示出行活动中的分布规律，进而建立突发事件（如路网中断、能力降级等）下人员疏散的出行需求时空演化模型。

然后，针对突发事件对综合交通网络的影响特性，研究网络条件下的交通流演化规律以及时空分布特性，分析突发事件下城市综合交通网络的运行特征，基于网络拓扑变化、交通需求波动、通行能力渐变等影响因素，评估突发事件下城市综合交通网络运行的影响范围和强度，识别重点区域。

最后，针对所识别的重点道路交通瓶颈路段或节点，分析限行、禁行等局部交通管控措施对路网交通运行状态的干预效果，分析各类交通管控措施对城市道路交通系统运行可靠性的影响研究，设置分区（时）疏散、多点限流等交通管控方法之间的协同与联动机制。结合地铁、铁路等骨干交通网络的运输特性，设计应对突发事件的轨道交通网络客流疏散、车流控制和时刻表优化的综合应急管理优化策略，建立综合灾害条件下城市轨道交通应急管理方法，研究综合灾害条件下不同方式之间的相互作用原理，进而构建道路网、公交网和轨道网协同组织与快速疏散方法与优化技术。

第四节 综合交通系统应急疏散模型与方法

城市综合交通应急管理策略的本质就是针对不同情景进行疏散模型的建立,并基于实际数据迅速获得问题的满意解,涉及的主要科学问题有:① 如何建模才能提高模型的泛化能力,如突发事件的不确定性造成了情景的多样性,原有的优化建模的泛化能力较差,不再适用于多情景问题的建模;② 如何建模才能提高模型的动态调节能力,如突发事件具有动态演化特性,需考虑应急策略的实时动态调节能力,易造成建模方法的动态性而难以求解;③ 如何建模才能提高模型生成策略的自适应能力,如应急策略执行后会对事态造成影响,但由于传统的应急策略缺乏对策略效果的自评估,无法评判之前求解策略的好坏,无法形成"求解 - 自评估 - 再完善"的自适应反馈机制,从而不利于决策者的下一步决策。

由于城市群应急疏散网络本质上是综合了应急物流网络、通信网络、人员疏散及救援网络等多维度的复杂超网络,其结构复杂、节点繁多。为了统筹城市群范围内各种应急资源,建立高效的城市群应急交通网络体系,需要根据城市群综合网络的拓扑结构、应急需求和具体灾害情景等对城市群应急交通网络进行综合规划。

本节以道路与公交联合疏散、地铁与公交接驳疏散为例,介绍如何针对不同情景建立疏散模型、制定应急策略,并进行综合交通系统中的疏散规划。

一、道路与公交联合疏散

在自然或人为灾难的情况下,需要将人们从受影响的灾区运送到安全的地方,也就是避难所。在大规模疏散中,人们可以通过不同的方式前往避难所,包括开车、乘坐公交车、乘坐地铁、乘坐火车等。避难所需要提供足够的物资和休息场所,也包括小汽车的停车空间等。疏散者的目标是尽可能快、尽可能安全地撤离,在此基础上考虑成本。

由于存在行动不便或没有私家车的疏散人员,需要通过公共交通进行疏散。并且以私家车作为交通方式的疏散对交通网络造成的拥堵更加严重、疏散过程更加复杂不可控、对停车空间的需求带来的成本更高,而且比以公共汽车作为交通方式的疏散更加危险。因此本模型主要考虑采用私人交通(私家车)和公共交通(公共汽车)进行联合疏散,将灾害区域的人员转移到安全地带或者避难所的疏散过程。

对于交通网络来说,突然出现大量交通需求,会在道路上造成交通堵塞,模型中用道路通行能力的限制来模拟交通拥堵。公共交通与私人交通两种交通方式共用道路网络资源,因此在进行疏散时需要考虑二者的相互影响。通常而言,公共交通的车辆路线主要由疏散规划者制定，而私人交通的车辆可以在疏散过程中听从指挥安排，或者在组织策略的引导下自主选择路径。于是假设本模型采用系统最优（SO）的方法。

构建有向图 $G=(\mathcal{N},\mathcal{A})$，对于每个时间步，每条弧 $(i,j)\in\mathcal{A}$ 上附加旅行时间 δ_{ij}^t、弧容量 κ_{ij}^t、风险值 r_{ij}^t。所考虑的时间范围用 $\mathcal{T}$ 来表示，用于确定模型中疏散时间的上限。对于公共交通，假设已知一组集合点 $\mathcal{N}^B\subseteq\mathcal{N}$，疏散人员在集合点集合，等待通过公交运送到避难所。对于每个集合点 $i\in\mathcal{N}^B$，每个时间步 $t\in\mathcal{T}$，有多少需要被疏散的人员出现在该集合点是已知的，表示为 l_i^{Bt}。对于私家车，每个时间步 $t\in\mathcal{T}$，在每个出现疏散需求的节点 $i\in\mathcal{N}^l(\mathcal{N}^l\subseteq\mathcal{N})$，有多少人乘坐私家车开始出行是已知的，表示为 l_i^{lt}。已知可能的避难所地点为 $\mathcal{N}^S\subseteq\mathcal{N}$。每个避难所 $i\in\mathcal{N}^S$ 能够容纳的人员数量为 u_i，停车空间为 u_i^l。可用的公共汽车集合为 B，假设所有的公共汽车有相同的容量 $\mathcal{C}$，并且都从场站 $d\in\mathcal{N}$ 出发。

模型目标为最小化疏散持续时间、疏散风险以及疏散过程中产生的费用，费用主要用开放避难所的数量来表示，并加上相应的约束条件。因此建立一个优化模型来进行避难所位置选择、公共交通和私人交通的路径选择等决策，作为决策支持系统的一部分，为疏散规划人员提供可参考的解决方案。

模型中的变量和参数含义如表 9-2 所示。

表 9-2　私人交通与公共交通联合疏散模型中的参数与变量

变量	描述	变量	描述
$\mathcal{N}$	网络中的节点	Δ	网络清空时间
$\mathcal{A}$	网络中的弧	R	疏散风险
$\mathcal{N}^B\subseteq\mathcal{N}$	网络中产生公交疏散需求的点	S	投入使用的避难所数量
$\mathcal{N}^l\subseteq\mathcal{N}$	网络中产生私家车疏散需求的点	x_{ij}^{bt}	公交 b 在时间步 t 经过弧 (i,j)
$\mathcal{N}^S\subseteq\mathcal{N}$	网络中被选定为避难所的点	f_{ij}^t	私家车在时间步 t 经过弧 (i,j)
$\mathcal{B}$	公交车集合	g_{ij}^{bt}	公交 b 上的人员数量
κ_{ij}^t	时间步 t 弧 $(i,j)\in\mathcal{A}$ 的容量	v_j^{lt}	时间步 t 从 j 出发的私家车
$\mathcal{T}^t$	时间范围	w_j^{lt}	时间步 t 到达 j 的私家车
δ_{ij}^t	时间步 t 弧 $(i,j)\in\mathcal{A}$ 的疏散时间	v_j^{bt}	乘坐公交车从 j 出发的人员
r_{ij}^t	时间步 t 弧 $(i,j)\in\mathcal{A}$ 的疏散风险	w_j^{bt}	乘坐公交车到达 j 的人员
$\mathcal{C}$	公交车容量	z^t	时间步 t 是否有私家车需求
u_j^l	避难所 $j\in\mathcal{N}^S$ 的停车空间	y_i	避难所 i 是否开放
u_j	避难所 $j\in\mathcal{N}^S$ 的人员容纳量	l_i^{lt}	网络中的私家车疏散需求
α	公交车 / 汽车的容量之比	l_j^{Bt}	网络中的公交车疏散需求

模型结构如下所示：

（一）目标函数

$$\min(\Delta, R, S) \tag{9-1}$$

其中，Δ 是疏散时间，即最后一个人到达安全区域的时间。疏散时间有以下约束：

$$\Delta \geqslant t\, z^t\ \forall t \in \mathscr{T} \tag{9-2}$$

$$\Delta \geqslant \sum_{(i,j)\in\mathscr{A}} \sum_{t\in\mathscr{T}} \delta_{ij}^t x_{ij}^{bt}\ \forall b \in \mathscr{B} \tag{9-3}$$

而 R 是疏散总风险，是由所有时间步中各个弧的风险之和给出的，取决于通过各弧的人数。一条弧在一个时间步的风险是其固定风险值乘以该时间步中该弧上的人数。

$$R = \sum_{t\in\mathscr{T}} \sum_{(i,j)\in\mathscr{A}} r_{ij}^t \left(f_{ij}^t + \sum_{b\in\mathscr{B}} g_{ij}^{bt}\right) \tag{9-4}$$

S 是开放 / 使用避难所花费的费用，取决于投入使用的避难所数量：

$$S = \sum_{i\in\mathscr{N}} y_i \tag{9-5}$$

（二）约束条件

所有公交车都从场站出发，每辆公交车在每个站点只能停一次，并且不会重复出现：

$$\sum_{(i\ j)\in\mathscr{A}} x_{ij}^{bt} \geqslant \sum_{k:(j,k)\in\mathscr{A}} x_{jk}^{b(t+\delta_{jk}^t)}\ \forall b \in \mathscr{B}, t \in \mathscr{T}, j \in \mathscr{N}' \tag{9-6}$$

$$\sum_{i:(d,i)\in\mathscr{A}} \sum_{t\in\mathscr{T}} x_{di}^{bt} \leqslant 1\ \forall b \in \mathscr{B} \tag{9-7}$$

私家车有以下约束。其中约束式(9-8)是私家车的流量守恒约束。约束式(9-9)是容量约束，对每个出现私家车疏散流的时间步，$z^t=1$。约束式(9-10)确保在时间步 t 已经被疏散走的人员不大于 t 之前出现的需要疏散的人员。约束式(9-11)确保最终节点 i 出现的所有疏散人员全部开始疏散。

$$v_j^{lt} - w_j^{lt} + \sum_{i:(i,j)\in\mathscr{A}} f_{ij}^t = \sum_{k:(j,k)\in\mathscr{A}} f_{ij}^{t+\delta_{jk}^t}\ \forall t \in \mathscr{T}, j \in \mathscr{N}' \tag{9-8}$$

$$\alpha f_{ij}^t \leqslant \kappa_{ij}^t z^t\ \forall t \in \mathscr{T}, (i,j) \in \mathscr{A} \tag{9-9}$$

$$\sum_{s=1}^{t} v_j^{ls} \leqslant \sum_{s=1}^{t} l_j^{ls}\ \forall t \in \mathscr{T}, j \in \mathscr{N}^l \tag{9-10}$$

$$\sum_{t\in\mathscr{T}} v_j^{lt} = \sum_{t\in\mathscr{T}} l_j^{ls}\ \forall j \in \mathscr{N}^l \tag{9-11}$$

公交有以下约束。其中约束式(9-12)是每条公交线路的流量守恒约束,约束式(9-13)是容量约束,同时将客流限制为公交车实际使用的弧。约束式(9-14)和约束式(9-15)类似于式(9-10)和式(9-11),保证乘坐公交车的疏散人员也及时撤离。

$$v_j^{bt}-w_j^{bt}+\sum_{i:(i,j)\in\mathscr{A}}g_{ij}^{bt}=\sum_{k:(j,k)\in\mathscr{A}}g_{ij}^{b(t+\delta_{jk}^t)}\ \forall b\in\mathscr{B},t\in\mathscr{T},j\in\mathscr{N} \tag{9-12}$$

$$g_{ij}^{bt}\leqslant C\,x_{ij}^{bt}\ \forall b\in\mathscr{B},t\in\mathscr{T},(i,j)\in\mathscr{A} \tag{9-13}$$

$$\sum_{s=1}^{t}\sum_{b\in\mathscr{B}}v_j^{bs}\leqslant\sum_{s=1}^{t}l_j^{Bs}\ \forall t\in\mathscr{T},j\in\mathscr{N}^B \tag{9-14}$$

$$\sum_{t\in\mathscr{T}}\sum_{b\in\mathscr{B}}v_j^{bt}=\sum_{t\in\mathscr{T}}l_j^{Bs}\ \forall j\in\mathscr{N}^B \tag{9-15}$$

约束式(9-16)将个人交通和公共交通通过容量约束联系在一起:

$$\alpha f_{ij}^t+\sum_{b\in\mathscr{B}}x_{ij}^{bt}\leqslant\boldsymbol{\kappa}_{ij}^t\ \forall t\in\mathscr{T}(i,j)\in\mathscr{A} \tag{9-16}$$

每个投入使用的避难所必须有足够的容量来容纳疏散人员,并且提供足够的停车空间给用于疏散的私家车,约束条件如下:

$$\sum_{t\in\mathscr{T}}w_j^{lt}\leqslant u_j^l y_j\ \forall j\in\mathscr{N}^S \tag{9-17}$$

$$\sum_{t\in\mathscr{T}}w_j^{lt}+\sum_{b\in\mathscr{B}}w_j^{bt}\leqslant u_j y_j\ \forall j\in\mathscr{N}^S \tag{9-18}$$

疏散人员只能在出现的节点出发,在避难所结束疏散,约束条件如下:

$$v_i^{bt}=0\ \forall b\in\mathscr{B},t\in\mathscr{T},i\in\mathscr{N}\setminus\mathscr{N}^B \tag{9-19}$$

$$v_i^{lt}=0\ \forall t\in\mathscr{T},i\in\mathscr{N}\setminus\mathscr{N}^l \tag{9-20}$$

$$w_i^{bt}=0\ \forall b\in\mathscr{B},t\in\mathscr{T},i\in\mathscr{N}\setminus\mathscr{N}^S \tag{9-21}$$

$$w_i^{lt}=0\ \forall t\in\mathscr{T},i\in\mathscr{N}\setminus\mathscr{N}^S \tag{9-22}$$

以及模型涉及的非负约束如下:

$$f_{ij}^t\geqslant 0\ \forall t\in\mathscr{T},(i,j)\in\mathscr{A} \tag{9-23}$$

$$g_{ij}^{bt}\geqslant 0\ \forall b\in\mathscr{B},t\in\mathscr{T},(i,j)\in\mathscr{A} \tag{9-24}$$

$$v_i^{bt},w_i^{bt}\geqslant 0\ \forall b\in\mathscr{B},t\in\mathscr{T},i\in\mathscr{N} \tag{9-25}$$

$$v_i^{tt},w_i^{lt}\geqslant 0\ \forall t\in\mathscr{T},i\in\mathscr{N} \tag{9-26}$$

$$\Delta,R,S\geqslant 0 \tag{9-27}$$

二、地铁与公交的接驳公交网络设计

城市轨道交通突发故障情况下的接驳公交网络设计问题是一个多模式网络流模型。这里将接驳公交网络设计问题写成静态的网络设计问题，目标在于决策相应的接驳公交线路结构以及运营频率，从而满足决策时段内的客流需求。接驳公交线路属于环形线路，每一条接驳公交线路都从特定的轨道交通站点出发并最终回到该站点。一般而言，选择滞留乘客较多的站点作为始发站。用有向图 $G(N,A)$ 表示包括轨道交通、地面公交以及接驳公交在内的综合交通网络，一个轨道交通站点（地铁站）包括相应的轨道交通子节点、地面公交子节点以及接驳公交子节点，各类型的子节点通过相应的换乘弧来连接，表示乘客在不同交通方式之间的换乘。每个 OD 对乘客可以在始发站和终点站的任意类型子节点开始和终止当次出行过程。

模型中的参数和变量如表 9-3 所示。

表 9-3 轨道交通故障下乘客疏散的接驳公交网络设计模型的参数与变量

变量	描述	变量	描述
K	OD 对的集合	C_0	公交车辆的综合运营成本
O_k	第 k 个 OD 对的起始站节点集合	V_a	可供使用的公交车辆数目
D_k	第 k 个 OD 对的重点站节点集合	t_{ij}	弧 (i,j) 运行时间
R_b^e	常规地面公交线路集合	c_m	乘客在地铁车辆的时间价值
R_m	轨道交通线路集合	c_b	乘客在公交车辆的时间价值
R_b^*	所有可行的接驳公交线路集合	c_t	乘客在步行的时间价值
$\xi_{ij}^{m,r}$	$\in\{0,1\}$，为 1 则轨道交通线路 $r\in R_m$ 经过弧 (i,j)，反之为 0	$\xi_{ij}^{b,r}$	$\in\{0,1\}$，为 1 则轨道交通线路 $r\in R_m$ 经过弧 (i,j)，反之为 0
c_p^k	第 k 个 OD 对乘客的溢出惩罚	τ_j	乘客在弧 $(i,j)\in A_t$ 换乘惩罚
$\beta_{ij}^{e,r}$	$\in[0,1]$，常规地面公交线路 r 经过弧 (i,j) 时剩余运力的比例	Q^k	城市轨道交通故障情况下第 k 个 OD 对的客流需求量
f_r^m	正常条件下轨道交通线路 r 的运营频率	x_{ij}^k	第 k 个 OD 对乘客经过弧 (i,j) 的流量
f_r^e	正常条件下常规地面公交 r 的运营频率	z^k	城市轨道交通故障情况下第 k 个 OD 对乘客的溢出惩罚
$f_{\max}$	接驳公交线路的最大运营频率	y_r^b	城市轨道交通故障情况下第 r 条接驳公交线路的运营频率
S_m	城市轨道交通的车辆容量	S_b	公交车辆容量

模型结构如下所示：

（一）目标函数

$$\min \sum_{k \in K} \sum_{(i,j) \in A_m} c_m t_{ij} x_{ij}^k + \sum_{k \in K} \sum_{(i,j) \in A_b} c_b t_{ij} x_{ij}^k + \sum_{k \in K} c_p^k z^k + \sum_{k \in K} \sum_{(i,j) \in A_t} (c_t t_{ij} + \tau_j) x_{ij}^k + C_0 \sum_{r \in R_b^*} \sum_{(i,j) \in A_b^r} \xi_{ij}^{b,r} t_{ij} y_r^b \tag{9-28}$$

目标函数是要最小化包括乘客出行成本以及接驳公交运营成本在内的系统总成本，式(9-28)的前两项分别表示乘客在轨道交通、地面公交以及接驳公交弧上的出行成本，第三项表示乘客的溢出流量惩罚，第四项表示乘客换乘过程中的步行时间成本以及在节点 j 的换乘惩罚，最后一项表示包括燃料、人工等费用在内的接驳公交运营成本。

（二）约束条件

$$\sum_{r \in R_b^*} \sum_{(i,j) \in A_b^r} \xi_{ij}^{b,r} t_{ij} y_r^b \leqslant V_a \tag{9-29}$$

式(9-29)表示轨道交通突发故障情况下可以用于从事接驳公交服务的车辆数目约束。

$$\sum_{(i,j) \in A_m \cup A_b | i \in O_k} x_{ij}^k + z^k = Q^k, \forall k \in K \tag{9-30}$$

$$\sum_{(i,j) \in A_m \cup A_b | j \in D_k} x_{ij}^k + z^k = Q^k, \forall k \in K \tag{9-31}$$

$$\sum_{(i,j) \in A_m \cup A_b | j \in O_k} x_{ij}^k = 0, \forall k \in K \tag{9-32}$$

$$\sum_{(i,j) \in A_m \cup A_b | i \in D_k} x_{ij}^k = 0, \forall k \in K \tag{9-33}$$

$$\sum_{j \in N | (i,j) \in A} x_{ij}^k - \sum_{j \in N | (i,j) \in A} x_{ji}^k = 0, \forall k \in K, \forall i \notin \{O_k, D_k\} \tag{9-34}$$

式(9-30)至式(9-34)表示每个 OD 对 k 的乘客在起点站、终点站以及其他节点上的流量守恒约束。其中，式(9-30)表示对每个 OD 对 k 而言，从起点站的轨道交通以及公交(包括常规地面公交和接驳公交)出发的客流量，加上溢出的客流量等于该 OD 对的总需求量。式(9-31)表示对每个 OD 对 k 而言，到终点站的所有类型节点终止的客流量，加上溢出的客流量等于该 OD 对的总需求量。式(9-32)和式(9-33)表示避免乘客返回到起点站或者从终点站出发。式(9-34)表示每个 OD 对在其他节点上的流量守恒。

$$\sum_{k \in K} x_{ij}^k - \sum_{r \in R_m} \xi_{ij}^{m,r} S_m f_r^m \leqslant 0, \forall (i,j) \in A_m \tag{9-35}$$

$$\sum_{k\in K} x_{ij}^{k} - \sum_{r\in R_m} \beta_{ij}^{e,r} S_b f_r^e \leqslant 0, \forall (i,j) \in A_b^e \tag{9-36}$$

$$\sum_{k\in K} x_{ij}^{k} - \sum_{r\in R_b^*} \xi_{ij}^{b,r} S_b y_r^b \leqslant 0, \forall (i,j) \in A_b^r \tag{9-37}$$

式(9-35)至式(9-37)表示轨道交通、常规地面公交以及接驳公交网络弧上的容量约束。其中约束式(9-36)考虑利用常规地面公交的容量来疏散轨道交通故障情况下的滞留乘客。

$$0 \leqslant x_{ij}^{k}, z^{k} \leqslant Q^{k}, \forall k \in K, (i,j) \in A \tag{9-38}$$

$$0 \leqslant y_r^b \leqslant f_{\max}, \forall r \in R_b^* \tag{9-39}$$

式(9-38)和式(9-39)是非负约束,定义决策变量的可行域。

思考与练习

1. 什么是综合交通系统?
2. 什么是综合交通枢纽?
3. 综合交通枢纽城市的主要功能有哪些?
4. 综合交通网络的含义是什么?
5. 综合交通网络的特点有哪些?

即测即评

主要参考文献

［1］纪庭超，马克祥，李钦富，等．我国应急管理体系面临的挑战及发展建议［J］．中国应急管理科学，2021（7）：4-10．

［2］闪淳昌，薛澜．应急管理概论：理论与实践［M］．北京：高等教育出版社，2012．

［3］曹杰，于小兵．突发事件应急管理研究与实践［M］．北京：科学出版社，2014．

［4］左雄．突发气象灾害应急管理研究与实践［M］．北京：气象出版社，2011．

［5］王宏伟．应急管理导论［M］．北京：中国人民大学出版社，2007．

［6］韩辉，伍波，贾娇娇，等．2021 年 10 月全球传染病疫情概要［J］．疾病监测，2021，36（10）：3．

［7］高荣伟．细数五起国际关注的突发公共卫生事件［J］．生命与灾害，2021（2）：10-13．

［8］丁洁．论科学技术的发展对于社会发展的推动与负面影响［J］．时代教育，2012（23）：227．

［9］尹培彦，杨战英．北京应急管理理论与实践［M］．北京：北京出版社，2012．

［10］唐中明，李成军．突发公共事件应急管理的国际比较［J］．中外企业家，2011（1）：74-78．

［11］张广泉．风险交织叠加　防范刻不容缓：近年我国自然灾害特点及其影响分析［J］．中国应急管理，2020（7）：14-15．

［12］乌建平，刘更新．预防医学［M］．2 版．北京：科学出版社，2017．

［13］洪佳冬，方强．社区卫生服务中心突发公共卫生事件应急处置［M］．北京：科学出版社，2014．

［14］艾春香．新常态下社会安全治理策略改进与思考：评《社会安全治理新格局》［J］．安全与环境学报，2021，21（6）：2894-2895．

［15］孙静．美国交通运输应急管理研究及启示［J］．大众标准化，2021（3）：187-189．

［16］高小平，刘一弘．应急管理部成立：背景、特点与导向［J］．行政法学研究，2018（5）：29-38．

［17］陈安，陈樱花．公共危机与应急管理领导干部读本［M］．北京：中共中央党校出版社，2020．

［18］陈国平，罗一芳，陈乐蓓，等．浅谈应急管理部的成长历程［J］．科技视界，2019（33）：245-246．

［19］王宏伟．高质量发展：新发展理念对应急管理的新要求［J］．中国安全生产，2021，16（3）：28-29．

［20］陈安．应急管理发展 70 年回顾与展望［N］．中国应急管理报，2019-10-01（7）．

［21］尹培彦，杨战英．北京应急管理理论与实践［M］．北京：北京出版社，2012.

［22］姜安鹏，沙勇忠．应急管理实务：理念与策略指导［M］．兰州：兰州大学出版社，2010.

［23］王宏伟．突发事件应急管理：预防　处置与恢复［M］．北京：中央广播电视大学出版社，2009：120-122.

［24］陈安，等．现代应急管理理论与方法［M］．北京：科学出版社，2009.

［25］刘铁民．应急预案重大突发事件情景构建：基于“情景－任务－能力”应急预案编制技术研究之一［J］．中国安全生产科学技术，2012，8(4)：5-12.

［26］姜传胜，邓云峰，贾海江，等．突发事件应急演练的理论思辨与实践探索［J］．中国安全科学学报，2011，21(6)：153-159.

［27］薛元杰，周建新，刘铁民．突发事件应急预案的评估研究［J］．中国安全生产科学技术，2015，11(10)：127-132.

［28］王裕荣．交通运输　交通运输卷［M］．济南：山东科学技术出版社，2007.

［29］秦勇，等．轨道交通突发事件分析与动态应急管理方法［M］．北京：科学出版社，2016.

［30］刘晓琴．铁路应急管理辅助决策方法研究［D］．北京：中国铁道科学研究院，2017.

［31］曹杰，于小兵．突发事件应急管理研究与实践［M］．北京：科学出版社，2014.

［32］孙静．美国交通运输应急管理研究及启示［J］．大众标准化，2021(3)：187-189.

［33］黄珊，吕红霞，张杰．跨区域综合交通运输网应急预案编制技术研究［J］．交通运输工程与信息学报，2021，19(1)：109-114.

［34］谢科范，朱姝帆．新时期应急管理部架构下应急管理体制的变化［J］．中国发展观察，2018(Z2)：65-69+92.

［35］黄传英．城市公共安全治理与地方实证研究［M］．南宁：广西人民出版社，2019：268.

［36］翁大涛．交通运输应急管理体系研究［J］．中国水运(下半月)，2017，17(1)：57-59+62.

［37］王文李．综合交通运输体系应急保障工作现实问题及措施［J］．中国水运，2020(7)：146-148.

［38］田芳，赵光辉，刘玥彤．中国交通应急管理：现状与政策研究［J］．中国市场，2019(16)：5-14.

［39］魏航，李军，王浩．有害物品运输的总风险分析［J］．中国安全科学学报，2005，15(12)：5.

［40］吴宗之，多英全，刘茂，等．危险品道路运输过程风险分析与评价方法研究［C］．风险分析专业委员会年会，2004.

［41］蔡文，郭开仲，黄芸．物元分析与价值工程［J］．广东工业学院学报，1984(1)：12-22.

[42] 李德毅，孟海军，史雪梅．隶属云和隶属云发生器[J]. 计算机研究与发展，1995，32(6)：6.

[43] 赵光辉，陈立华．公路交通应急管理教程[M]. 北京：人民交通出版社，2013.

[44] 周学农．公路交通应急管理[M]. 长沙：湖南人民出版社，2010.

[45] 肖鹏飞．我国公路交通应急管理的法律依据和处置原则[J]. 道路交通管理，2020(4)：10-11.

[46] 任刚，等．基于过饱和控制的疏散网络优化模型[J]. 交通运输系统工程与信息，2015(3)：107-113.

[47] 任刚，等．基于反向车道与冲突消除的疏散网络优化设计[J]. 中国公路学报，2015(3)：88-93.

[48] 赵星，等．基于消除交叉冲突的疏散网络优化模型[J]. 交通运输系统工程与信息，2016(4)：139-145.

[49] 龙建成，郭嘉琪．动态交通分配问题研究回顾与展望[J]. 交通运输系统工程与信息，2021(5)：125-138.

[50] 高明霞，洪娃艺，司倩倩．基于最大流增流关键边的疏散逆向路段优化[J]. 交通运输系统工程与信息，2016(3)：194-199.

[51] 陈星．基于动态交通分配的区域疏散实时交通控制研究[J]. 科学技术与工程，2013(35)：10763-10768+10548.

[52] 张亚洲，詹登民．地震震损道路应急抢通技术研究[J]. 四川水力发电，2014，33(S1)：35-39.

[53] 龚鹏飞．道路交通突发事件分类与分级[J]. 灾害学，2013，28(1)：45-49.

[54] 杨兆升，宋淑敏，杜鹏程，等．大型公共场所应急状态下交通诱导疏散模型[J]. 吉林大学学报(工学版)，2012，42(3)：588-593.

[55] 刘晓乐．重大自然灾害公路应急管理体系探讨[J]. 山东交通科技，2020(4)：144-145.

[56] 乔俊，孟学雷，孙慧萍，等．铁路突发事件分类分级研究[J]. 铁道运输与经济，2019，41(4)：1003-1421.

[57] 董锡明．轨道交通事故分析与预防[M]. 北京：中国铁道出版社，2016.

[58] 贾利民，秦勇，程晓卿，等．现代铁路应急管理[M]. 北京：科学出版社，2011.

[59] 贾利民，秦勇，王艳辉，等．青藏铁路运营与安全综合监控系统[M]. 北京：科学出版社，2007.

[60] 程学庆，贾华强，唐瑞雪，等．高铁应急救援管理及预案研究[M]. 北京：中国铁道出版社，2015.

[61] 冉江亮，韩宝明，李得伟，等．突发事件下高速铁路列车运行调整研究[J]. 铁道运输与经济，2021，43(4)：128-134.

[62] 王莉，朱涛，徐杰，等．突发事件下旅客列车行车组织双层规划模型[J]. 东南大学学报(自然科学版)，2015，45(5)：996-1001.

[63] 苗义烽 . 突发事件下的列车运行调度模型与算法研究[D]. 北京：中国铁道科学研究院，2015.

[64] 中华人民共和国住房和城乡建设部 . 城市轨道交通技术规范：GB 50490—2009 [S]. 北京：中国计划出版社，2009.

[65] 周玮腾，韩宝明，杜恒，等 . 城市轨道交通行车调度[M]. 北京：北京交通大学出版社，2020.

[66] 秦勇，王卓，贾利民 . 轨道交通应急管理系统体系框架及应用研究[J]. 中国安全科学学报，2007，17(1)：57-65.

[67] 董云周，鲁工圆，董健 . 城市轨道交通应急预案编制与优化[J]. 都市快轨交通，2019(3)：138-144.

[68] 王纪芳 . 广州地铁线网车站大客流控制策略[J]. 现代城市轨道交通，2013(1)：73-76.

[69] 杜峻 . 浅谈城市公交恶劣天气运行应急预案的编制[J]. 人民公交，2011(11).

[70] 查伟雄，冯涛，严利鑫 . 考虑车辆到达时间窗的应急公交调度优化模型[J]. 重庆交通大学学报(自然科学版)，2021(8).

[71] 苏跃江，周芦芦，钟志新，等 . 突发公共卫生事件下公共汽电车管理对策[J]. 现代城市研究，2020(10).

[72] 张颖 . 深圳地铁中断运营情况下应急公交接驳优化研究[D]. 北京：中国铁道科学研究院，2021.

[73] 李孟晖，杨益鸣 . 公交疏散高危疏散单元集识别模型研究[J]. 黑龙江交通科技，2021(5)：327.

[74] 马昌喜，王超，郝威，等 . 突发公共卫生事件下应急定制公交线路优化[J]. 交通运输工程学报，2020，20(3).

[75] 彭小兵，黎莉 . 城市交通群体性事件处置机制研究[J]. 重庆大学学报(社会科学版)，2014(2).

[76] 马广文 . 交通大辞典[M]. 上海：上海交通大学出版社，2005.

[77] 陈瑞熙，朱熹，魏玉聪 . 大型综合交通枢纽客流应急疏散仿真技术研究[C]//第十五届中国智能交通年会科技论文集(1)，2020：334-343.

[78] 许敏，刘志欣 . 大型交通枢纽突发事件应急管理研究[M]. 上海：上海交通大学出版社，2018.

[79] 刘爱文，夏珊，徐超 . 汶川地震交通系统震害及震后抢修[J]. 震灾防御技术，2008(3)：243-250.

[80] 王志，李蔼恂，李军，等 . 超强台风“威马逊”对道路交通的影响分析[J]. 公路，2016，61(1)：149-154.

[81] 李代坤，何世伟，申永生，等 . 综合交通枢纽城市级节点布局优化研究[J]. 交通信息与安全，2012(4)：52-55.

[82] 王修华，张云娇，程婕 . 铁路在综合交通枢纽城市中的战略作用研究[J]. 铁道

勘察，2019(3)：75-77.

[83] 陆锡明．大都市一体化交通[M]. 上海：上海科学技术出版社，2003.

[84] 刘灿齐．现代交通规划学[M]. 北京：人民交通出版社，2001.

[85] 郑祖武，等．现代城市交通[M]. 北京：人民交通出版社，1998.

[86] 董雷，刘凯．物流枢纽的内涵与特性分析[J]. 综合运输，2008(3)：44-47.

[87] 刘春梅．我国综合交通运输与区域经济发展协调研究[J]. 现代商业，2013(9)：105.